D1924810

Ben Donald

Deutschland for Beginners

Ben Donald

Deutschland for Beginners

Meine abenteuerliche Reise ins Land von Weltschmerz und Sauerkraut

Aus dem Englischen übertragen
von Sigrid Ruschmeier und Brigitte Walitzek

C. Bertelsmann

Die Originalausgabe ist 2007 unter dem Titel »Springtime for Germany«
bei Little, Brown (London) erschienen.

FSC
Mix
Produktgruppe aus vorbildlich bewirtschafteten Wäldern und anderen kontrollierten Herkünften
Zert.-Nr. GFA-COC-1262
www.fsc.org
© 1996 Forest Stewardship Council

Verlagsgruppe Random House FSC-DEU-0100
Die für dieses Buch verwendete FSC-zertifizierte Papier *EOS*
liefert Salzer, St. Pölten.

2. Auflage
© 2007 by Ben Donald
© der deutschsprachigen Ausgabe 2008 by C. Bertelsmann Verlag, München,
in der Verlagsgruppe Random House GmbH
Umschlaggestaltung: R·M·E Roland Eschlbeck/Rosemarie Kreuzer
Satz: Uhl + Massopust, Aalen
Druck und Bindung: Friedrich Pustet, Regensburg
Printed in Germany
ISBN 978-3-570-01037-2

www.cbertelsmann.de

Für Meringue, Boobie
und die kleine Gigi

Inhalt

Dank

Das ehrgeizige Vorhaben, Deutschland zu einem Reiseland insbesondere für meine Landsleute zu machen, war nicht einfach umzusetzen und ohne Hilfe nicht zu schaffen. Das wusste ich. Ich bin vielen Menschen zu Dank verpflichtet, die mich wider besseres Wissen drängten, an meinem Traum festzuhalten.

Meinem Agenten Patrick Walsh, der sich für das Projekt begeisterte und mich davon überzeugte, dass niemand einen normalen Reisebericht über Deutschland kaufen würde; Tim Whiting für den ursprünglichen Auftrag und Stephen Guise, der ein wunderbarer Lektor ist und vor allem dafür sorgte, dass das Buch kein typisch deutscher dicker Wälzer wurde; den beiden ehemaligen deutschen Botschaftern, Thomas Matussek und Wolfgang Ischinger, für ihre Gastfreundschaft und Unterstützung des Buchvorhabens und ihrer Protokollchefin, Sybille Fürchtenicht; Linda Borchert und Udo Grebe von der Deutschen Zentrale für Tourismus für ihre ständige Ansprechbarkeit und ihre Hilfe bei der Beschaffung nützlicher Kontakte während meiner Besuche in Deutschland; den Touristen-Informationen vor allem in Lübeck, München und Heidelberg; Henning Wehn, weil er mich zum Lachen brachte – zweimal; Siegfried Helm; Ray Furlong, BBC-Korrespondent in Berlin, für seine Insiderkenntnisse; Elisabeth Sandmann für ihre Kontakte und ihren Rat in Sachen Hintergrundlektüre; Matthias Müller für seine kenntnisreichen Erklärungen zur modernen deutschen Popmusik und ihrer Malaise; Oliver Dienhoff für seine Gastfreundschaft während der Fußballweltmeisterschaft; Andrea Wulf für ihren Rat, ihre Beate-Uhse-Biographie und vor allem dafür, dass sie mir das Hamburger Nachtleben zeigte; Claudia Amhor-Croft vom Goethe-Institut; Sebastian Payne und Marcel Orford-Williams von der Wine Society für das mittägliche Glas Riesling und den Überblick über deutschen Wein in den sanften Betonhügeln von Stevenage; Adrian Bridge beim *Daily Telegraph*. Darüber hinaus danke ich den vielen mir unbekannten Deutschen, die nichts ahnend zu meiner neu gefundenen Deutschland-Liebe und zu meinem Verständnis dieses ihres Landes beitrugen.

Nun zu Freunden und Verwandten: Ich bedanke mich bei Nina Heisel für ihren steten Nachschub an Einsichten in und Updates über das moderne deutsche Leben, ihre ironische Einstellung zu ihrem Heimatland und ihre Gesellschaft an der Ostsee und in Heidelberg (die anstrengende Hochzeit in Kapitel 4 war ihre); Claudia Zell für ihre Empfehlungen zur deutschen Komikkultur und dafür, dass sie mich mit dem Towel Club bekannt gemacht hat; Marco und Svetlana für ihre Begleitung aufs Oktoberfest und zu Nach-Wiesn-Partys; Hans von Trotha für Einblicke in sein geliebtes Berlin und seine fachmännische Einführung in die deutschen Philosophen bei einem denkwürdigen Abendessen am Prenzlauer Berg; Charlie »Jürgen« Bailey und seiner Frau Sarah für ihre Begleitung in Baden-Baden und für den Mut, sich mit mir in die gemischten Nacktbade-Anstalten zu wagen; Robin für seine Ermutigung und seine redaktionelle Kritik; Gordon für seine Einzeiler und für die Überarbeitung der ersten Entwürfe; all meinen Deutschlehrern an der Schule und den wundervollen Schriftstellern, mit denen sie uns bekannt machten; Mum und Dad, weil sie mich immer auf Reisen mitschleppten, mich unterstützten und, im Rückblick, besonders für jenes Jahr in Sandhausen, wo vielleicht alles begann, und meinem Bruder Ed für seine Hilfe beim Zusammenstückeln von Erinnerungen an diese Zeit; meiner wundervollen Frau Merida, die sich nicht nur zu Deutschland bekehrte – und unsere Kinder jetzt auf eine deutsche Schule schicken will – sondern mich an die Ostsee und auf Weihnachtsmärkte begleitete und mich, wieder zu Hause, viele einsame Nächte hindurch fütterte und tränkte, während ich goethegleich in meiner Dachkammer saß und mit Worten rang. Vor allem aber gilt mein Dank jenem Mann, der es mir wahrscheinlich nicht danken wird, dass ich ihn nenne, und der deshalb Fritz heißen soll. Ohne seine überragenden Kenntnisse, wie man ein Buch zustande bringt, seine Begleitung durch das ganze Projekt, seine redaktionelle Bearbeitung, seine Vorschläge zur Strukturierung und nicht zuletzt sein reiches Wissen über die Deutschen – und sein Begreifen dessen, was ich über sie zu sagen versuchte und wie es gesagt werden musste – wäre ich verloren gewesen. Dieses Buch ist genauso seins wie meins, aber bescheiden oder klug oder vorsichtig, wie er ist, wird er wahrscheinlich jede Komplizenschaft leugnen.

Praia da Luz via Kensal Green

1. Weltschmerz

Auf der Couch

der (o. Pl.) (bildungsspr.): die seelische Grundstimmung prägender Schmerz, Traurigkeit, Leiden an der Welt u. ihrer Unzulänglichkeit im Hinblick auf eigene Wünsche, Erwartungen

»Und du, Ben? Wo hast du dich in letzter Zeit rumgetrieben und dir diese tolle Sonnenbräune geholt?«

Folgende Szene: Ein Essen bei Freunden. Der Sancerre fließt in Strömen. Den Parmaschinken an einem Salat mit Balsamico-Dressing und die dazu gereichte Focaccia haben wir hinter uns, ebenso den Atkins-Diät-kompatiblen gegrillten Thunfisch. Jetzt, bei Tiramisu und Kaffee, wendet sich die Unterhaltung dem Thema Reisen zu, und plötzlich knistert die Atmosphäre geradezu vor Anspannung, als alle insgeheim die Kudos ihrer jeweiligen Urlaubsziele vergleichen. Eine Runde Reisepoker ist angesagt. Der Gastgeber eröffnet relativ bescheiden mit einem Klassiker, sagen wir Paris (»Uns bleibt immer Paris«), oder mit einer Villa in der Toscana respektive der Provence. Nicht gerade originell, aber selbst nach all den Jahren gut genug, um ihm einen Platz in der Runde zu sichern. Als alle ausreichend in Lavendelfeldern geschwelgt und ihre Eindrücke und Erfahrungen in genügend Extra-vergine-Plattitüden gepresst haben, wird das verlängerte Wochenende in Prag ausgespielt. Ach ja, Prag! Das hochgepriesene Paris Mitteleuropas. Einst so abseits aller Touristenpfade und vor allem so »unentdeckt«, jetzt jedoch so passé wie ein Prada-Kostüm vom letzten Jahr; sein gesellschaftlicher Wert verwässert vom Bier allzu vieler Junggesellen-Wochenenden. Riga oder Montenegro, Darling, da solltest du hin! Je nachdem, was für Leute Sie kennen, kommt irgendjemand an dieser Stelle garantiert mit der China-Reise an, die er kürzlich unternommen hat. Hochachtung, Anerkennung und leise Missgunst allerseits. Ein Royal Flush der Ming-Klasse. Aber wie lange noch, bis alle Welt schanghait sein wird?

Zurück zu Ihnen. Wie fühlen Sie sich in diesem Augenblick? Sind Sie immer noch sicher, dass Ihr letztes Reiseziel cool und hip genug war für Ihre Mitgliedschaft in diesem illustren Reiseclub? Oder kommt Ihnen allmählich der Verdacht, dass Sie Ihren letzten Urlaub, den Sie bis jetzt für wundervoll hielten, an einem alles andere als angesagten Ort verbracht haben? Haben Sie nichts weiter zu bieten als ein jämmerliches Paar Zweien?

Ich sitze in so einer Runde und habe mir außer der Schilderung eines Patagonien-Trips Geschichten von Begegnungen mit Gorillas und obskuren Stammesangehörigen irgendwo in Afrika angehört. Schließlich werde ich ins Visier genommen.

»Deutschland«, sage ich herausfordernd.

Entgeisterte Blicke, abfällig gekräuselte Lippen und verdattertes Stirnrunzeln ringsum.

»Ach so, klar!«, kommt es dann. »Die Fußballweltmeisterschaft! Was für Spiele hast du dir denn angesehen?«

Ich schüttele den Kopf. »Nein, es war nicht wegen der WM«, sage ich. »Ich bin einfach so hingefahren.«

»Du hast Urlaub gemacht? In Deutschland? Hast du den Verstand verloren?«

»Ehrlich gesagt war ich in letzter Zeit sogar öfter da.«

Jetzt geht es richtig los:

»Wo denn? In einem Ferienlager?«

»Dann kennst du dich jetzt ja mit Lederhosen und Schenkelklatschen aus.«

»Hast du sie an den Küsten und Landeplätzen bekämpft, um einen Liegestuhl zu ergattern?«

»… oder hast du dich an ihre Sitten und Gebräuche angepasst, ›*Ich habe einen großen Pimmel*‹ gerufen und bist nur noch splitterfasernackt rumgelaufen?«

»… versuchst du deshalb, dir diesen Schnurrbart wachsen zu lassen?«

Pause. Habe ich nur geblufft? Muss ich passen? Nein. Ich habe nämlich ein As im Ärmel.

»Genau so habe ich auch gedacht«, sage ich. »Bis ich Manny traf, meinen Reise-Therapeuten.«

Ich hatte Manny – wen wundert's? – natürlich am Flughafen kennen gelernt. In der Abflughalle herrschte ein Gedränge wie auf einer Einkaufsstraße zur Hauptgeschäftszeit. In hell erleuchteten Duty-free-Shops kämpften Luxusmarken um Aufmerksamkeit, während Reiseziele in aller Welt sanft über blässliche Monitore flackerten und Reklametafeln die Produkte lokaler Tochterfirmen multinationaler Konzerne anpriesen. Über allem, vernuschelt durch die niedrige Decke und den synthetischen Teppichboden, ein unaufhörliches babylonisches Gebrabbel geradebrechter Abflugsankündigungen, die durch die Lautsprecher gewispert wurden.

Wie sehr hatte ich es geliebt, auf Reisen zu gehen. Aber wo bitte war hier die Magie? Und was wollten all diese anderen Leute? Mit ihren Reiseführern und ihren nervtötenden Rucksäcken, die sie ständig auf- und zuklickten. Touristen! Billigtouristen! Chavellers! Garantiert unterwegs nach Thailand oder Australien. *Ich* dagegen war ein echter Pionier, ein wahrer Reisender! Wieso aber hatte ich so gar keine Lust, mich mit irgendwelchen Leuten zu unterhalten? Wieso kapselte ich mich ab und suchte mir einen Platz so weit wie möglich von allen anderen entfernt? Hatte ich etwa eine Reiseblockade?

Egal. An meinem Ziel angekommen, würde ich freudig mit Einheimischen und Fremden sprechen und neue Erfahrungen suchen. Aber nicht hier, nicht unter all diesen Lemmingen …

Im nächsten Augenblick drang ein Amerikaner in meine private Schutzzone ein.

»Darf ich?«, fragte er und ließ sich, ohne meine Antwort abzuwarten, auf den Sitz neben mir plumpsen.

»Manny«, strahlte er mich an und streckte mir die Hand entgegen. Er war groß und schlaksig, Ende vierzig, hatte einen grau melierten Bart, ein markantes Gesicht, kurze, stoppelige, silbergraue Haare und trug einen unauffällig-lässigen Geschäftsanzug, war aber umgeben von der schwer zu erklärenden Aura eines dieser gebildeten, stillen Amerikaner, die unvermittelt an den merkwürdigsten Orten auftauchen.

»Wo soll's denn hingehen?«, erkundigte er sich unverdrossen, nachdem ich seine ausgestreckte Hand kühl übersehen, mich aber dazu herabgelassen hatte, meinen Namen zu murmeln.

Ich sagte es ihm.

»Das erste Mal?«

Selbstverständlich nicht! Ich weiß nicht mehr, wo genau ich damals hinwollte, aber es war natürlich etwas hochgradig Einzigartiges und Vorzeigbares, ein Ort, den ich fast als mein persönliches Eigentum empfand. Immerhin war ich schon dort gewesen, bevor die unsäglichen Touristenhorden ihn »entdeckten«.

»Alle Achtung«, rief Manny. »Da würde ich auch gerne mal hinreisen.« Ich fühlte mich gebührend geschmeichelt, wusste jedoch gleichzeitig, dass ich jetzt nicht mehr um eine Unterhaltung herumkommen würde.

»Nehmen Sie es mir nicht übel«, fuhr Manny denn auch prompt fort, »aber für jemanden, der gerade eine Reise antritt, sehen Sie nicht gerade glücklich aus.«

»Also wirklich –«, entrüstete ich mich. Bloß weil ich nicht

mit einem permanenten Burger-King-Lächeln herumlief, musste ich noch lange nicht unglücklich sein! Aber Manny hatte etwas Entwaffnendes, das meiner Entrüstung den Wind aus den Segeln nahm. Außerdem hatte er recht.

»Und für einen Reisenden sind Sie nicht gerade gesprächig und aufgeschlossen.«

»Während Sie sich anscheinend mit Vorliebe an Fremde heranmachen«, konterte ich mit einem Lächeln.

»Stimmt«, grinste er. »Aber um ehrlich zu sein, betreibe ich gerade eine Feldstudie. Ich habe Sie und Ihre ganze Haltung beobachtet. Sie sind von all dem hier enttäuscht« – seine Geste umfasste die Menschenmassen, die Geschäfte, die Reklametafeln –, »obwohl Sie es natürlich nicht sein wollen. Und das deprimiert Sie noch mehr.«

Anscheinend konnte er meine Gedanken lesen. Oder zumindest meinen Gesichtsausdruck deuten. »Vielleicht kann ich Ihnen helfen. Ich bin Reise-Therapeut.«

Reise-Therapeut? Ich hatte natürlich von Schulden-, Stil- und Lebensberatern gehört, auch von Leuten, die aus Teeblättern die Zukunft vorhersagen. Benötigten wir jetzt auch noch Experten, die uns sagten, wie und wohin wir in Urlaub fahren sollten?

»Die Wahl deines Reiseziels kann dein Leben verändern? Etwas in der Art?«

»Lachen Sie nur. Aber Sie haben alle klassischen Symptome.«

»Symptome?«

»Des Heimway-Syndroms.«

»Nie gehört.«

»Kein Wunder. Obwohl es sich um eine Befindlichkeitsstörung handelt, die in der westlichen Welt immer mehr um sich greift und zu Depressionen und kultureller Bindungslosigkeit führt.«

Als Kalifornier zeichnete sich Manny durch eine lässig-gedehnte Sprech- und eine verwirrend psychoanalytisch angehauchte Ausdrucksweise aus.

»Ich selbst habe dieses Syndrom vor mehreren Jahren identifiziert und nach mir benannt, Manny Heimway.«

Ach so! Noch einer, der sich an den langen amerikanischen Psychogebrabbel-Zug anhängte. Ähnlich wie Naturforscher mussten auch Seelengurus ständig irgendwelche Entdeckungen nach sich selbst benennen. Ich sollte zusehen, dass ich schleunigst Land gewann.

Der Lautsprecher rettete mich. Ich stand auf, um Manny seinem persönlichen Syndrom zu überlassen.

»Hier, nur für alle Fälle.« Mit einem abgeklärten Lächeln überreichte er mir seine Karte. »Ich könnte Ihnen wirklich helfen. Aber fürs Erste – wie heißt es immer so schön?«

Ich hatte nicht die geringste Ahnung.

»Der Weg ist das Ziel.«

Diese Worte im Ohr ging ich zu meinem Gate. Meine Gemütslage schwankte zwischen verwirrt und beleidigt.

Außerdem fühlte ich mich ertappt.

Heim und Garten völlig umkrempeln – meinetwegen. Aber Reisegewohnheiten? Schönen Dank auch, sagte ein Teil von mir. Was in Dreiteufelsnamen wusste dieser Manny denn schon über das Reisen? Die meisten Amerikaner besaßen ja nicht einmal einen Pass! Aber eine andere Stimme forderte mich auf, nicht vorschnell zu urteilen und nicht so negativ zu sein. Wenn ich mich für einen echten Reisenden hielt, sollte ich offen und neugierig sein. Schließlich hatte Manny meinen Trübsinn richtig gedeutet. Ich ärgerte mich ja nur darüber, dass ich weder begreifen noch artikulieren konnte, wieso ich mich so elend fühlte. Ich sah mich in der rappelvollen Halle um und war wie gelähmt vor Menschenfeindlichkeit und Apathie. Mir ging es wirklich nicht gut. Litt ich tatsächlich am Heimway-Syndrom? Sosehr der Gedanke mir missfiel: Vielleicht brauchte ich tatsächlich Hilfe? Manny hatte nicht weiter gefährlich gewirkt und schien nur mein Bestes im Sinn zu haben.

Das Infinity-Büro lag in einem Souterrain der Harley Street: eine besänftigende Kombination aus gedämpftem Licht, das durch gelblich getönte Scheiben fiel, plätscherndem Wasser und, etwas gewöhnungsbedürftig, aromatischem Zimtduft. Die perlenden Klänge von Beethovens 5. Klavierkonzert erhoben sich über das Wassergeplätscher, als ich in einen schwarzroten Plüschsessel sank, versorgt mit Kaffee und einer Brezel. Beides hatte mir Renate, die Empfangsdame, auf feinstem Villeroy&Boch-Porzellan kredenzt. Fast kam ich mir vor wie in einem Massagesalon. Aber nein. Auf dem Tisch ausgebreitete Broschüren informierten mich darüber, dass es sich hier um »die Absprungchance für ›Infahrung‹« handelte; »die zeitweise Abwendung von ›Erfahrung‹ und von der Außenwelt«. »Leave your troubles outside«, forderte ein riesiges Schild an der Wand hinter dem Empfangspult und erinnerte damit an die Worte des Conférenciers im legendären *Cabaret*.

Weitere Reise-Aphorismen in diversen Sprachen grüßten mich zusammen mit mehreren Ölgemälden an den Wänden von Mannys Allerheiligstem.

»Hi, Ben! Immer herein mit Ihnen. Ich hatte so ein Gefühl, dass wir uns wiedersehen würden.«

Manny, anscheinend unverändert, wie ich ihn von unserer ersten Begegnung in Erinnerung hatte; doch diesmal in weit geschnittener Hose, schwarzem Rollkragenpullover und Turnschuhen.

»Machen Sie es sich bequem und erzählen Sie mir, was Sie auf dem Herzen haben.«

Ich gab mir einen Ruck und ließ mich auf das Patientensofa

sinken. Von der Decke blickten die einem »Anonymus« zugeschriebenen Worte »Reisen macht frei« auf mich herab.

»Also«, fing ich an. »Ich halte mich für einen relativ weit gereisten Menschen. Natürlich bin ich kein Abenteurer oder Forschungsreisender, aber ich hatte das Glück, ziemlich viel von der Welt gesehen zu haben. Unterwegs zu sein, ferne Orte zu erkunden, vor allem solche, die vielleicht nicht gerade unentdeckt, aber doch wenig besucht sind, und neue Menschen kennen zu lernen, war für mich seit jeher das Schönste. Es gibt allerdings immer noch eine Menge Orte, an denen ich nicht war, und eine Menge Menschen, die ich noch nicht kenne…«

»Sie Glücklicher«, sagte Manny. »Aber lassen Sie mich raten: All das kann Ihnen ein Gefühl der Sinnlosigkeit nicht nehmen, das Sie zunehmend empfinden. Sie fühlen sich getrieben von elitärem Abscheu gegen den Zirkus des Massentourismus und können nicht zugeben, dass auch Sie ein Teil davon sind?«

Ich hatte angenommen, ich würde das Reden übernehmen. Aber Manny hatte den Nagel auf den Kopf getroffen, selbst wenn er sich ein bisschen verquer ausdrückte. Ich nickte gequält.

»Immer öfter kommt es Ihnen vor, als seien die Kulturstätten der Welt zu Raststätten an der globalen Autobahn verkommen, ihre Bedeutung reduziert auf Billigsouvenirs und Kitsch.« Vor meinem inneren Auge sah ich die angeblich echtindigenen peruanischen Musikantentruppen, die im Restaurant unterhalb von Machu Picchu auf ihren Panflöten »Hey Jude« zum Besten gaben. Manny hatte den Nagel wirklich auf den Kopf getroffen.

»Sie könnten schier verzweifeln, weil Sie so großartige Bauwerke wie beispielsweise die Pyramiden nicht mehr betrachten können, ohne von Tausenden knallbunt gekleideter, rucksackschleppender Trottel aus aller Herren Länder umdrängt zu werden. Für solche Ignoranten sind, wie Sie selbstgefällig denken, diese Wunder nur Perlen vor die Touristensäue! Es ärgert Sie, dass die Leute inzwischen in Massen an Orte fahren können, die eigentlich doch Ihnen gehören. Orte, die so etwas wie der Schlüssel zu Ihrer Seele sind und zu denen Sie und nur Sie allein, so dachten Sie jedenfalls, einen ganz besonderen Bezug haben.«

Manny war jetzt voll in Fahrt und überschlug sich fast vor Empörung über diese himmelschreiende Ungerechtigkeit.

»Ich wette, Sie haben sich schon oft vorgestellt, Hiram Bingham oder Giovanni Belzoni zu sein und Machu Picchu oder Abu Simbel als Erster zu entdecken. Ich wette, Sie haben sich sogar den Kommunismus zurückgewünscht, damit Orte, die Sie als persönliche Eroberung betrachten, nach wie vor höchstens für echte Abenteurer erreichbar wären. Zumindest aber geschützt vor Junggesellen-Wochenenden und vor der orangefarbenen Fröhlichkeit von Billig-Airlines ohne Service und ohne Klasse.«

Mannys Monolog schien kein Ende zu nehmen. Er hatte die Diagnose »seines« Syndroms perfekt einstudiert.

»In diesem unserem Zeitalter der Massenbeförderung und der Muss-Listen für Städte-Reisen haben Sie sich garantiert manchmal gefragt: Hat das Wort ›Reisen‹ überhaupt noch eine Bedeutung? Sie trauen sich kaum, den Reiseteil der Sonntagszeitung mit seiner allwöchentlichen Ergänzung ›Unvergessliche Orte, die Sie unbedingt gesehen haben müssen, bevor Sie sterben‹ aufzuschlagen. Aus Angst, wieder einmal eines Ihrer Traumziele darin zu entdecken, aufgelistet von selbst ernannten ›Reiseexperten‹, damit die Massen darüber herfallen können. Während Sie niemals mehr hinfahren können, weil das so wäre, als würden zwei Frauen auf einer Hochzeit im gleichen Kleid erscheinen.«

War Manny auch auf zu vielen Dinnerpartys gewesen? Nach einer kurzen Pause, in der er nach Luft schnappte, redete er weiter.

»Hadern Sie wegen der Vergewaltigung einer Welt, von der Sie dachten, sie sei nur dazu da, von Ihnen bestiegen zu werden?«

Ich fühlte mich ertappt, gedemütigt und vielleicht sogar ein bisschen unmoralisch.

»So weit würde ich nicht gehen. Aber manchmal fühle ich mich so – so desillusioniert, dass ich fast lieber zu Hause bleiben würde. Es ist, als wäre ich übersättigt oder überdrüssig oder was weiß ich. Der Zauber ist dahin.«

»Ach ja, der Zauber des Reisens. Darauf kommen wir später noch zurück. Zunächst jedoch: Was ist mit all den anderen?«, bohrte Manny nach. »Haben diese anderen nicht auch das Recht, so wie Sie zu denken – über die Welt und über Orte, die ihnen lieb und teuer sind? Das Recht, Sie, Ben, auf dieselbe Weise abzuqualifizieren, wie Sie es umgekehrt mit ihnen tun? Was macht Sie so einzigartig?«

»Das ist ja das Schlimme«, antwortete ich. »Wahrscheinlich gibt es da draußen Tausende, die genauso denken wie ich … Aber ich kann die Massen einfach nicht mehr ertragen, diese ganze, diese ganze … Globalisierung!«

»Ja, ja«, kam es von Manny. »Der Planet, auf dem wir leben, ist längst kein ›Lonely Planet‹ mehr, auch wenn die Reiseführer das gern suggerieren. Das Reisen ist der heilige Gral unserer Zeit, das Opium für die Städter, das Erste, was jeder junge Mensch in seinem Lebenslauf unter ›Interessen und Hobbys‹ auflistet, der Traum aller Studenten, die auf einen Platz an der Uni warten, das Mittel gegen jede Midlife-Crisis. Alles Mist! Von wegen Selbstfindung durch Reisen. Man muss sich selbst gefunden haben, bevor man aufbricht. Oder, noch besser, sich selbst zu Hause lassen!«

»Was aber können Sie tun, Manny? Heilen Sie mich. Helfen Sie mir, meine Liebe zum Exotischen wiederzufinden.«

»Wie ich schon bei unserer ersten Begegnung vermutete, sind Sie ein ganz normaler Fall von Heimway-Syndrom. Oder anders ausgedrückt: Sie leiden an etwas, das die Deutschen *Weltschmerz* nennen. Sie leiden an der Welt und ihrer Unzulänglichkeit.«

Wir hatten es also nicht nur mit einer selbst benannten Malaise zu tun, sondern auch mit dem dazu passenden psychologisierenden Befindlichkeitsjargon.

»Was Sie brauchen, ist eine Idee. Sie brauchen einen Ort, der Ihre Fähigkeit zum Staunen wiedererweckt und Ihre Reiseantennen wieder zum Vibrieren bringt. Die Reiseantennen, auf die Sie einst so stolz waren und die Sie als Symbol für jenen interessierten, aufgeschlossenen Menschen empfinden, für den Sie sich halten: jemand, der für alles, für andere Menschen und für andere Orte, offen ist und die Welt jeden Tag neu mit weit ausgebreiteten Armen willkommen heißt.«

»Super. Und wo wäre dieser Ort?«

»Sie meinen, wo doch jeder Winkel der Welt schon erforscht ist?«

Manny setzte sich für die große Offenbarung in Positur:

»Nun, im Gegensatz zu dem, was Sie und Ihresgleichen denken, gibt es ein noch völlig unerschlossenes Gebiet, eine verloren gegangene oder vielmehr übersehene Welt, ein Land, das im wahrsten Sinne des Wortes unentdeckt geblieben ist. Eingesponnen in dunkle, feindselige Mythen, wurde es seit über sechzig Jahren, als es aus dem Denken der meisten Weltbewohner ausgelöscht wurde, kaum betreten. Ein Land, vor dessen Besuch viele zurückschrecken, so wenig wissen sie darüber, so unzugänglich erscheint es ihnen. Und wo ist dieses ferne, unzugängliche Land, fragen Sie? Nun, so fern und unzugänglich ist es gar nicht. Es ist ein europäisches Märchenland, ein romantisches Waldland, ein Land der Flüsse, der Seen, der Berge und Weinberge, der Wälder, der Schlösser, der Literatur und der Musik …«

Manny wirkte verzückt, als er mit bebender Stimme weitersprach: »… der schnellen Autos und der schönen Frauen. Ein Land, das erhalten blieb, weil es vergessen wurde, ein Land, das nur darauf wartet, neu entdeckt zu werden.«

Dramatische Pause.

»Ich meine Deutschland!«, sagte Manny mit triumphierender, beinahe postkoital entrückter Stimme.

Ich hätte mich fast an meinem Kaffee verschluckt.

Deutschland ein Märchenland? Deutschland ein Allheilmittel für die Welt, eine Kur gegen Depressionen? Dieses Land hatte nicht gerade den besten Ruf.

Manny erhob sich und umwanderte das Konstrukt der aberwitzigen Idee, die er soeben in den Raum geworfen hatte. Als habe er mich vergessen, fing er leise lächelnd an, ein Liedchen vor sich hin zu singen, das mir irgendwie bekannt vorkam.

»I know what you're thinking!
You wonder why I chose her.
Out of all the countries in the world.«

Woher nur kannte ich es?

»Bei allen psychischen Erkrankungen ist die Selbsterkenntnis der erste Schritt zur Heilung. Die Deutschen sagen dazu auch *Selbstwahrnehmung*«, fuhr Manny fort, dem anzusehen war, dass er meine Fassungslosigkeit abstoßend vorhersehbar fand. »Was wissen Sie über Deutschland?«

Aus der Boulevardpresse und aus der legendären Fernsehserie *'Allo 'Allo,* die im besetzten Frankreich spielt und in der die Deutschen, aber auch die Franzosen und die Engländer durch den Kakao gezogen werden, und, nicht zu vergessen, von Basil Fawlty aus *Fawlty Towers* wusste ich alles über Deutschland, was ich je darüber wissen wollte. Noël Coward hatte einst in einem bitterbösen, sarkastischen Lied gefleht, die Briten sollten nicht so biestig zu den Deutschen sein. War es jetzt an der Zeit, ein bisschen nachsichtiger mit ihnen umzugehen?

Persönlich kannte ich Deutschland nur von kurzen Geschäftsreisen, die sich auf ein Paralleluniversum aus Hotels, Büros und Mercedes-Taxen beschränkten. Ich hatte in Städten wie Frankfurt und München an Besprechungen teilgenommen, die sich problemlos auf Englisch abwickeln ließen, weil fast ausnahmslos alle Deutschen *Über-Linguisten* zu sein schienen. Deutschland war wichtig, aber nur als Markt, ein Opfer seines eigenen wirtschaftlichen Erfolgs. Abgesehen davon beschränkten sich meine Erfahrungen mit Deutschen auf frühmorgendliche Wettrennen zu spanischen Liegestühlen, auf *Lebensraum*-Kämpfe an italienischen Stränden und auf Rempeleien in der Schlange vor dem Skilift. Nie hatte ich auch nur annähernd den Wunsch verspürt, meinen Urlaub in Deutschland zu verbringen. Und die Massen von Deutschen an den Stränden des Mittelmeers ließen doch wohl nur den Schluss zu, dass nicht einmal sie selbst in ihrem eigenen Land Urlaub machen wollten!

Manny gerierte sich nun mehr wie ein Unternehmensberater.

»Heutzutage sind Nationen wie Markenartikel.«

O nein!, dachte ich. Bitte keine von diesen Management-Trainings-Theorien. Wieso hatte ich mir nicht einfach selbst einen zweiwöchigen Meditationskurs in Kerala verordnet?

»Reisen sind das neue Einkaufszentrum. Und so wie manche Marken in und andere out sind, so haben jedes Land, jede Region, jede Stadt und jede Insel einen Marktwert, der je nach Konjunktur-Barometer so wie der einer Aktie steigt oder fällt.«

Ich dachte an die Dinnerpartys, die mich in Mannys Arme getrieben hatten. Dort wurden Reiseziele tatsächlich gehandelt wie Aktien und Anleihen. Manny hatte recht.

»Und so wie die Leute sich weigern, bestimmte Marken zu tragen, beispielsweise C&A, die nicht angesagt sind, so gibt es Orte, an denen niemand Urlaub machen will.«

Richtig. Und zusammen mit Taiwan und Nordkorea führte Deutschland die Liste dieser Orte an.

»Aber eine Marke ist wie ein Stereotyp – sozusagen alles, was manche Leute je über die Kultur eines Landes wissen werden. Anders gesagt, ein Vorurteil, das man abbauen muss.«

Fein. Aber die Marke Deutschland hatte sich in der Vergangenheit wahrlich einen verdammt schlechten Ruf erworben. Das war und blieb das Problem!

»Wussten Sie, dass pro Jahr durchschnittlich nur etwa 1,6 Millionen Briten nach Deutschland fahren, verglichen mit rund 11 Millionen, die es nach Frankreich zieht und rund 14 Millionen, die über Spanien herfallen?«

Manny schien sich gut mit Statistiken auszukennen.

»Was spricht gegen Deutschland?«, wollte er wissen.

Ich hörte ganze Chöre rund um den Dinnertisch anschwellen, die Listen deutscher Mängel und Verfehlungen herunterrasselten. Aber Manny meinte es unverkennbar ernst.

»Probieren Sie es doch einfach in den Sommerferien aus.«

Ich verzog das Gesicht.

»So banal es klingen mag: Die Sonne hat selbst für wahre Reisende, wie Sie laut eigener Aussage einer sind, oberste Priorität; auch in Deutschland können Sie sich entspannen und braun werden.«

Ich dachte an John Keats' *Ode an die Nachtigall,* in der es heißt: »Becher, bis zum Rand gefüllt mit ew'gem Süden [...] Nach Floras Füllhorn schmeckend, voll und rein, nach Tanz, Gesang und heitrer Fröhlichkeit!«. Klang für mich nicht sehr nach Deutschland.

»Wenn Sie sich auf meine Therapie einlassen, werden Sie eine wunderschöne, sonnige Seite Deutschlands kennen lernen, von der Sie wahrscheinlich nicht einmal ahnten, dass es sie überhaupt gibt.«

»Aber selbst wenn es sonnig ist«, hielt ich dagegen, »wie soll Deutschland mich von meinem ... meinem ... wie immer Sie es auch genannt haben, heilen?«

»Ihrem *Weltschmerz*? Machen Sie sich darüber keine Gedanken. Das kommt von selbst. Wir fangen mit einem einfachen ersten Schritt an. Wenn Sie die ganze Behandlung mitmachen, werden Sie sehen. Ich werde Sie auf eine Reihe ungewöhnlicher, unterhaltsamer und überraschender Reisen schicken, bei denen Sie dieses Land und seine Bewohner, die Sie vielleicht zu kennen glaubten, neu entdecken werden. Gemeinsam werden wir Ihrer Seele wieder Flügel verleihen und den Deutschen in Ihnen hervorlocken. Sie werden die Kunst erlernen, ein Deutscher zu sein!«

2. Freikörperkultur

Splitternackt an der Ostsee

die (o. Pl.): Baden u. Bewegung in der freien Natur mit nacktem Körper, Abk.: FKK

Als ich meiner Frau eröffnete, dass wir die Sommerferien in Deutschland verbringen würden, sagte sie höflich Nein, danke; sie führe lieber nach Wales. Etwas Besseres als den Tod fände sie überall. Schließlich habe sie dort Verwandte. Und wenn es schon keine Garantie auf gutes Wetter gebe, so zumindest einen Strand.

»In Deutschland gibt es auch kilometerlange Strände«, hielt ich ihr entgegen – das hatte ich gerade selbst erst herausgefunden.

Beim Studium einer Karte aus Mannys sogenanntem Therapie-Paket mit kulturellen Hintergrund-Informationen hatte ich entdeckt, dass Deutschland eine Küste besitzt – nein, sogar zwei. Eigentlich hatte ich das immer gewusst, doch Sonne, Sand und Meer nie mit Deutschland in Verbindung gebracht. Es hätte ebenso gut ein Binnenstaat sein können, so wenig hatte ich es auf meiner Ferien-am-Meer-Peilung.

Als begeistertem Hörer des Seewetterberichts auf BBC 4 hätte mir präsenter sein müssen, dass Deutschland zwischen Holland und Dänemark ein nicht unerhebliches Stück Nordsee namens Deutsche Bucht besitzt. Jetzt begriff ich, dass es auch einen Küstenabschnitt südöstlich von Dänemark sein Eigen nennt, der gen Osten einmal viel länger war, heute allerdings an der polnischen Grenze endet. Die Deutschen nennen das Meer Ostsee. Bei uns heißt es Baltisches Meer, was anders und kälter klingt, tiefgründig und geheimnisvoll.

Man würde jedenfalls nicht als Erstes an einen perfekten Bade-Urlaub mit Schippchen und Eimerchen am Strand denken.

Unter Zuhilfenahme von Mannys *500 Charming Hotels and Inns in Germany* – die Ausgabe war schon von 2003 und seitdem nicht überarbeitet worden –, hatte ich trotz meines eingerosteten Deutsch bald für meine Frau, meinen kleinen Sohn und mich ein Zimmer mit Aussicht in einem Badeort namens Kühlungsborn an den Gestaden der Ostsee gebucht. Hoffte ich jedenfalls.

Nun würde ich zur Abwechslung also einmal Deutsche auf Urlaub in ihrem eigenen Land sehen, einen Menschenschlag, dem man normalerweise nur in den Ländern anderer Leute begegnet. Was sollten wir einpacken? Natürlich Handtücher. Am besten vielleicht zwei für jeden – es konnte ja sein, dass wir zusätzliches Kriegsgerät für die Annexion von Sonnenliegen oder Liegestühlen benötigten. Badeanzug, Badehose? Vielleicht nicht. Ich war mit der Vorstellung groß geworden, dass Leute, die im Adams- beziehungsweise Evakostüm an den Stränden Europas herumliefen, meist Deutsche waren. Vielleicht trugen sie in ihrem eigenen Land auch keine Badekleidung. Als einer meiner Freunde hörte, dass wir an die deutsche Ostseeküste wollten, witzelte er: »Die Deutschen hassen Kleidung, außer Uniformen«, und erzählte von einer Freundin, die ihren deutschen Gatten an einem Nacktbadestrand in Spanien kennen gelernt hatte.

Also bitte! Schluss mit den Vorurteilen. Ich müsse mich ihrer entledigen wie ein Deutscher seiner Kleidung, hatte Manny gesagt. Doch er hatte mir auch geraten, mich auf mich selbst zu besinnen und den Deutschen in mir herauszulassen. Woraufhin ich mir ein Paar Birkenstock-Schuhe zugelegt hatte. Sie waren sehr bequem, die Passform Ergebnis gewissenhaftesten orthopädischen Experimentierens, doch auch klobig und recht hässlich. Trotzdem freute ich mich, dass ich in deutschen Schuhen über deutschen Boden schreiten würde. Unter keinen Umständen allerdings würde ich weiße Socken dazu anziehen, insbesondere da ich mein Haupthaar weder vokuhila noch im Gesicht trug.

Als wir unsere Sachen zusammengesucht hatten, packten wir sie in jene andere, im Prinzip deutsche Erfindung, einen Rucksack. Dann konnte es losgehen. Nur der VW Westfalia fehlte. Wir mussten uns mit der Lufthansa begnügen.

Das Tor zur Ostsee war für uns Lübeck im Bundesland Schleswig-Holstein, eine wunderbar erhaltene beziehungsweise wieder aufgebaute, von einem Graben umgebene mittelalterliche Hafenstadt mit mehreren idyllischen, hellgrün oxydierten Kupfertürmen und hohen, schmalen Giebelfachwerkhäuschen, die mich an Amsterdam erinnerten. Blendend weiß verfugt, mit vielen niedrigen Stockwerken und winzigen Fenstern, schienen sie mir wie eine Miniaturmärchenwelt, in einem Verkleinerungsspiegel gesehen. Das mittelalterliche Holstentor mit seinen dicken, runden Türmen und schiefergrauen, spitzen Zaubererhüten sah aus wie zwei nächtlich versteinerte Magier.

Lübeck, die stolze Stadt am Meer, las ich, war einst die Perle unter den Hansestädten. Die Hanse (wie in Luft*hansa*) war ein loser politischer, wirtschaftlicher und militärischer Zusammenschluss von Handelsstädten, die vom 12. Jahrhundert an ein mächtiges Handelsmonopol im gesamten Nord- und Ostseeraum bildeten. Überhaupt reichte die Küstenlinie Deutschlands einst weit nach Osten bis zur früher deutschen Stadt Memel im heutigen Litauen. Mir war gar nicht klar gewesen, wie groß das zweite deutsche Reich am Vorabend des Ersten Weltkrieges gewesen war. Da waren die Deutschen doch eigentlich gut bedient gewesen …

Lübeck war auch eine Stadt der Studenten, so schien mir:

Klapprige Drahtesel lehnten an Mauern oder standen gestaffelt in geschlossener Schlachtenreihe an Fahrradständern. In der Altstadt führte ein Geflecht enger, gepflasterter, autofreier Straßen, die im Licht der Straßenlaternen salzig-feucht und kupferfarben glänzten, auf Plätze, die von schummrigen Laubengängen umgeben waren. Es waren nicht viele Menschen unterwegs, doch wenn ich durch die beschlagenen Fenster in die lauschigen Kneipen und Bars schaute, sah ich geselliges studentisches Leben. Wenn ich allerdings die spitzen Türme hinaufblickte, die sich am mondhellen Himmel abzeichneten, erinnerte mich die Stadt mehr an Transsylvanien als an Norddeutschland.

Die Landschaft östlich von Lübeck, schon in dem Bundesland mit dem für englische Zungen zündenden Namen Mecklenburg-Vorpommern gelegen, war überraschend grün und üppig. Hinter den in regelmäßigen Abständen die berühmten Alleen säumenden Linden und Buchen lagen saftige, mit Gänseblümchen und Butterblumen gesprenkelte Wiesen voller wohlgenährter, weidender Kühe wie aus einem Kinderbuch oder einer Lurpak-Butterwerbung. Das Bild, das sich uns bot, war fast zu vollkommen. Wegen ihrer endlosen Flächen nur dünn besiedelten Ackerlandes nennt man die Region die »Kornkammer Deutschlands«, doch wenn man über die geraden Alleen durch das weite, einsame Land fuhr, kam man sich wie in Frankreich vor. Wie in der Provence – wenn wir in einem 2CV gesessen hätten und die Bäume Platanen gewesen wären. Das Land ringsum lag ursprünglich und still vor uns, eine ruhige Ecke Europas; Flüsse und Bäche durchzogen sie bis hinunter nach Berlin. Hier war es mindestens so schön wie im englischen Lake District.

Wie Eastbourne und andere -bournes an der englischen Küste erwies sich Kühlungsborn im Grunde als eine einzige lange Strandpromenade. Aber hier waren wir in Deutschland, und man hätte sie fast übersehen. Sie war nämlich nicht wie bei uns von Autos, Minigolfanlagen, Billigspielhallen, dem umherfliegenden Abfall von Fish-and-Chips-Buden, viktorianischen Hotels, von denen die Farbe abblätterte, und Bed-and-Breakfasts mit Spitzengardinchen verunstaltet, sondern beinahe völlig hinter einem Streifen dichter, duftender Kiefern verborgen. Man kam mit dem Auto nicht dorthin. Ja, auch die Autos waren sozusagen dem Blick entzogen. Ihr Luftverschmutzungspotenzial wurde durch ein teuflisches Einbahnstraßensystem weit weg vom Meer auf ein Minimum reduziert. Man gelangte nur zu Fuß oder mit dem Fahrrad ans Wasser; alle Hotels stellten ganze Bataillone von Fahrrädern (mit Dynamo betriebenen Lampen!) gratis zur Verfügung.

Die Residenz *Waldkrone*, ein im Stil der Bäderarchitektur des beginnenden 20. Jahrhunderts frisch renoviertes Gebäude, lag am westlichen Rand des Orts in einer Sackgasse mit säuberlich gestutzten Rasenflächen, niedrigen Hecken und dezent hinter dem Haus gelegenem Parkplatz. Alles wirkte sauber, ordentlich und weiß wie das Filmkulissenstädtchen aus *Truman Show*. Das Hotel *Schloss am Meer* direkt am Strand war eine vielgiebelige Neotudorvilla, weiß verputzt, mit verschieden breiten Bändern aus rotem Sandstein abgesetzt und mit schweren romanischen Bogenbalkonen aus rotem Backstein; das Gebäude ähnelte von Weitem einem großen mittelalterlichen Fachwerkhaus. Gegenüber der Waldkrone lagen die Residenzen *Tannhäuser* respektive *Rheingold*, benannt nach den beiden Wagner-Opern. Bei der Residenz *Rheingold* war eine ganze Wand bis unters Dach mit wilden Bergen, düsteren Wäldern, dem Rhein als brausendem Felsbach und den drei Rheintöchtern bemalt. Heidnische Göttinnen wie Aphrodite, die man allenthalben in Griechenland sieht, mögen ja noch angehen; doch dieses Wandgemälde verhieß nicht gerade Sonne, Sand, unbeschwerte Heiterkeit und Erholung. Nein, ganz im Gegenteil. Es fehlte nur noch Siegfried, der gewiss einen furchterregenden Gegner im Kampf um Sonnenliegen abgegeben hätte.

In Kühlungsborn und in der Residenz *Waldkrone* herrschte eine Atmosphäre gediegener Ruhe und Ordentlichkeit. Der förmliche Herr mit dem kantigen Gesicht, ausstaffiert wie ein Portier in einem Londoner Fünf-Sterne-Hotel, stellte sich als Besitzer heraus. Auf die reizende Art der Deutschen, die das englische W und V nicht richtig aussprechen, hieß er uns »wery velcome« und beglückwünschte uns, dass unsere Ankunft mit einer Schönwetterperiode zusammenfalle; die Vorhersage für die nächsten Tage sei hervorragend. Als ich unterwegs einen Blick auf die Ostsee riskiert hatte, in der sich die schnell dahinziehenden, dunkelgrauen Wolken spiegelten, hatte ich mir nicht vorstellen können, dass es hier jemals warm war. Doch da es nun plötzlich sogar heiß werden sollte, wollte ich mir auf jeden Fall für den nächsten Tag eine Sonnenliege sichern, ging früh zu Bett und stellte den Wecker, um einen fliegenden Start hinlegen zu können ... Der morgige Tag war mein!

Es dämmert. Ein Hahn kräht, ein Chor von Kuckucksuhren ertönt, unter fetten, ganzkörperbehaarten deutschen Sonnenanbetern brechen tumultartige Zustände aus, als sie sich ihre Handtücher schnappen und nach unten rasen, um die besten Sonnenliegen zu ergattern, während der Rest des Hotels in tiefem Schlummer liegt. Denkste! Als sie den Swimming Pool erreichen, segelt ein Union-Jack-Handtuch über sie hinweg, tippt zweimal kurz auf dem Wasser auf, landet auf dem besten Liegestuhl, entrollt sich, und zum Vorschein kommt eine Dose kühlen Biers. Schockiert blicken die Deutschen hoch. Woher ist dieses energische Handtuch gekommen? Da tritt ein haarloser britischer Adonis, ein Bild von einem Mann, lässig auf seinen Balkon im sechsten Stock, öffnet eine Dose Bier und begrüßt die Frühaufsteher selbstzufrieden mit den Worten: »Mal wieder schön heute, was?«

So geschehen in der Werbung für Carling Black Label Anfang der 1990er-Jahre. Ganz so schneidig lief es bei mir nicht. Ich stand um sieben auf und begab mich, Badelaken in der Hand, beschwingten Schrittes, nicht voll Bier, aber voller Erwartungen, zum Strand, um den idealen Standort für den ersten Tag zu suchen. Ich rechnete mit einem Riesenteppich schon ausgebreiteter Handtücher. Zumindest mit ein paar Menschen.

Von wegen. Kein Schwein. Nicht das kleinste *Würstchen.*

Die Deutschen hatten gar keine Sonnenliegen oder Liegestühle. Bei etwas derart Mickrigem, Wackligem bliebe ja viel zuviel dem Zufall überlassen. Nein, die Deutschen brauchten offenbar eine solidere, kompaktere Stellage, deren Besitz im Zweifelsfalle jederzeit beweisbar war. Deshalb haben sie den *Strandkorb* erfunden! Wobei der Begriff »Korb« der Sache nicht annähernd gerecht wird. Es handelt sich um ein massives, wehr- und dauerhaftes Strandmöbel! Stellen Sie sich ein zweisitziges Sofa auf einem Holzrahmen vor, mit leuchtend bunten Polstern, drei Wänden aus Weidengeflecht darum herum und einer Überdachung aus Weidengeflecht, nicht unähnlich einem Kabriodach. Das ganze Ding erreicht eine Höhe von eineinhalb Metern. Unter dem Sitz verbergen sich herausziehbare Fußstützen, sodass man die Füße hochlegen und sich in voller Länge ausstrecken kann; in zwei abschließbaren Holzschubladen kann man Kleidung verstauen, ein Überraschungspicknick oder – das eine oder andere Bierchen.

Strandkörbe sind eine Kreuzung zwischen einer Strandhütte und einem Kasperletheater und bevölkern in stramm ausgerichteten Dreier- oder Viererreihen mit meist vier oder fünf Metern Abstand voneinander den Strand das ganze Jahr über; je nach Verleihfirma blau-weiß gestreift, grün-weiß kariert, rot-gelb gestreift. Wegen ihres Gewichts sind sie praktisch nicht wegzubewegen, und wenn sie nachts mit Holzbrettern verbarrikadiert und mit Vorhängeschlössern versperrt sind, stehen sie da wie Wachtposten und verbreiten eine so gespenstische Atmosphäre, dass der mondbeschienene Strand wie ein Friedhof anmutet.

Der erste *Strandkorb* wurde 1882 von Wilhelm Bartelmann erfunden, einem Korbmacher aus dem unweit von Kühlungsborn gelegenen Rostock. Er war auf die Bedürfnisse einer Urlauberin zugeschnitten, die an Rheumatismus litt und es am Strand bequem haben wollte. Der findige Bartelmann funktionierte offenbar einen Wäschekorb um, den er bei sich herumliegen hatte, und der Prototyp war geboren. Seine Frau entwickelte die Idee weiter und eröffnete ein Verleihgeschäft. Jetzt werden jedes Jahr um die 10 000 Strandkörbe hergestellt, die deutsche Meeresküsten von den Ostfriesischen Inseln im Westen bis zur Insel Rügen im Osten zieren. Sie sehen so viktorianisch aus, dass ich mich als Engländer in Sachen Exzentrizität ungewohnt ausgetrickst fühlte. Bei den Deutschen haben sie mittlerweile Kultstatus erlangt und stehen als Retro-Kuriositäten in Häusern, Wohnungen und Gärten und sogar auf den Terrassen von Alpenrestaurants. Ich hatte nicht übel Lust, mir einen für meinen Garten in London mitzunehmen. Manche Deutsche lassen sie sich sogar maßanfertigen mit Stereoanlagen, Chintzbezügen, Sitzheizungen und Lampen, als handle es sich um ein Auto der Luxusklasse. *Vorsprung durch Strandkorbtechnik.*

Man kann die *Strandkörbe* für etwa sieben Euro pro Tag mieten. Doch üblicherweise buchen die deutschen Urlauber sie gleich für eine ganze Woche und dann auch noch oft Monate, wenn nicht sogar Jahre im Voraus. Viele wollen nicht nur ihren *Stamm*strandkorb haben, sondern wissen auch gern, wer ihre Nachbarn – idealerweise auch *Stamm*gäste – sind. Früher haben sie noch Wände darum herum errichtet, um ihren *Lebensraum* abzustecken. Wenn das auch heute nicht mehr erlaubt ist, war mir eines nun glasklar: Der Strandkorb und nicht das *home* ist dem Deutschen, was dem Engländer sein *castle* ist, und die Liebe der Teutonen zu ihrem *home* beginnt am Strand.

Ich musste also nicht um einen Liegestuhl kämpfen. Und war zutiefst enttäuscht, weil ich um den schadenfreudigen Showdown und um die Chance betrogen wurde, traditionellen englischen Strandverteidigungswillen gegen germanischen Stranderoberungswillen aufzubieten. Ein deutscher Anwalt hat angeblich sogar einmal überprüft, ob das Ablegen von Badetüchern ein gesetzliches Eigentumsrecht begründet. Er kam zu dem Schluss, dass ein britischer Tourist seine legitimen Rechte in Anspruch nehme, wenn er die implizite Reservierung ignoriere. Gott bewahre, das würde man als Brite doch nie tun. Schließlich ist man ein Ehrenmann! Vielleicht ist dieses Problem nur eine Sache zwischen Angelsachsen und Deutschen und hat viel mit der Selbstwahrnehmung Ersterer als Vertreter eines supercoolen Fairplay zu tun. Auf jeden Fall aber wirft es ein Licht auf die Ähnlichkeit der Briten mit den Deutschen: Beide sind wir stets auf der Suche nach *Lebensraum*, wenn wir im Land anderer Menschen Ferien machen. Käme ein Italiener daher und erblickte ein Handtuch auf einem ansonsten leeren Liegestuhl, auf dem er sich gern niederlassen würde, würde er das Corpus delicti wahrscheinlich, ohne weiter darüber nachzudenken, beiseitelegen, keineswegs aber ganze Werbekampagnen darum herum kreieren. Ich konsultierte unseren Hotelbesitzer in der Angelegenheit. »Ja, ich habe auch schon gehört, dass die Engländer gern ihre Liegestühle vorher reservieren«, sagte er in seinem deutschen Englisch und hatte meine Frage vollkommen missverstanden. Unerhört!

Zeit zum Baden.

Die Ostsee war so gezeiten- und wellenlos wie das Mittelmeer. Zwei gut abgepolsterte, kälte-isolierte deutsche Damen im besten Alter wateten schon furchtlos hinaus, um ihre morgendlichen Leibesübungen zu absolvieren. »Mal wieder schön heute, was?«, begrüßte ich sie leise und wagte mich – schließlich wollte ich mich nicht blamieren – auch bis zur Taille ins Wasser. So kalt war es gar nicht mal. Doch gerade, als ich mich koppheister ins feuchte Nass stürzen wollte, fiel mein Blick auf – eine *Qualle*! Und nicht nur eine! Nein, kleine, rosige oder weiße, sich blähende Pilze aus durchscheinender Gallerte vermehrten sich plötzlich regelrecht vor meinen Augen. Aber obwohl sich diese Geschöpfe mit Mücken ganz gewiss den Preis für die »nutzloseste Spezies auf diesem Planeten« teilen, konnten sie nicht zu schlimm sein, denn die beiden wohlbeleibten Damen schoben sie lässig beiseite. Die brennenden Viecher bildeten offenbar nur einen dünnen Streifen im Wasser, hinter dem man sich ohne Angst tummeln konnte. Nachdem die Damen und ich fröhlich miteinander herumgeplanscht hatten, unterhielt ich mich am Strand mit ihnen und erfuhr, dass Quallen fest zum Inventar dieser Breiten gehören. Die weißen sind harmlos; lediglich die rosafarbenen verursachen fiese Verbrennungen. Deutsche Kinder machen sich einen Spaß daraus, sich gegenseitig damit zu bewerfen. Hm, wie verschieden Kinder doch aufwachsen …

Es juckte mich zwar immer noch nach einem anglo-germanischen Kräftemessen, doch selbst beim Toasten am Frühstücksbüfett des Hotels wurde es mir verwehrt. Aber im hoteleigenen Fahrradschuppen mussten wir feststellen, dass jemand am Vorabend die Schlüssel zu den besten Rädern an sich gebracht hatte. Ich hatte eines gefunden, das mir gefiel, und wollte es gerade ausprobieren und den Sattel verstellen, als eine deutsche Dame mit selbstzufriedener Miene und dem Schlüssel zu dem eingebauten Schloss erschien. Da ich just in dem Moment entdeckte, dass ein Reifen platt war, überließ ich es ihr mit ausgesuchter Liebenswürdigkeit.

Wie in vielen nordeuropäischen Ländern ist das Fahrrad auch in Deutschland ein heiß geliebtes Fortbewegungsmittel. Hier allerdings ein eigentümlich antiquierter Typ. Die schnittigen Linien und das Chichi-Zubehör modischer Mountainbikes oder Rennräder scheinen nicht Sache der ernsthaften Deutschen. Sie mögen wohl eher robuste, solide Drahtesel aus den 1930ern, mit Gesundheitslenkern und Körben. Noch ein Paar Birkenstocks und man sieht auf diesen Rädern sofort deutsch aus.

Die halbe Straße durch Kühlungsborn wurde in beide Richtungen von Fahrradfahrern benutzt, doch es gab auch einen separaten Fahrradweg zwischen Fahrbahn und Bürgersteig. Ich kam mir vor wie in Flann O'Briens *Der dritte Polizist* – als sei die gesamte Einwohnerschaft mit ihren Fahrrädern verschmolzen. Überall Fahrradmenschen: junge Pärchen, Familien, Rentner; und alle machten gesundheitsfördernde Ausflüge, nicht ohne die neueste Zusatzausrüstung – Beiwagen mit Picknickkörben, Anhänger mit Kindern, riesige Wasserkanister, Rucksäcke, volle Satteltaschen. Was das Herz begehrte. Alle strotzten vor Naturliebe, Entdeckerfreude und dem Bewusstsein, dass sie gegen alle Unbilden des Lebens in der wilden Natur gewappnet waren. Das Durchschnittsalter war beeindruckend: Kühlungsborn war nicht minder ein Reiseziel für Senioren als Eastbourne. Doch anders als an der englischen Südküste warfen sie hier keine wehmütigen Blicke von Teehausterrassen hinaus zum Horizont ihrer Vergangenheit. Nein, das hier war protestantisches Carpe diem: Das Leben beginnt mit 70, und zwar hier und jetzt.

Es war schön, an einem Ort zu sein, wo es keine Engländer gab. Für Deutschland als Heilmittel gegen Weltschmerz oder das Heimway-Syndrom sprach allein schon das pure Nichtvorhandensein anderer ausländischer Besucher. Überall um mich herum hörte ich nur Deutsch, und das war endlich auch einmal gut so! Normalerweise sträubten sich mir alle Nackenhaare oder rutschte mir das Herz in die Hose, wenn ich im Urlaub kampfbereite Deutsche hörte oder allüberall Schilder mit der Aufschrift »Zimmer frei« sah. Aber hier passte es hin, und Deutschland, zumindest dieser Teil, diente sich niemandem in einer anderen Sprache als Deutsch an. Manny hatte ja sogar gemeint, Mecklenburg-Vorpommern habe Bayern und den Schwarzwald als Nummer eins unter den inländischen Feriengebieten für Deutsche überflügelt. Doch erfreulicherweise unternahm es keinerlei Versuch, dieses Geheimnis über die Landesgrenzen hinaus zu verbreiten.

Komischerweise wehte aber allenthalben die deutsche Fahne an Masten und auf Hoteldächern. Warum, wusste ich nicht, denn diese Fahne sieht man nicht sehr oft; ja, die Deutschen selbst haben es sich seit 1945 kaum gestattet, sie aufzuziehen. Vielleicht fiel mir vor allem deshalb jetzt der Kontrast zwischen der Leichtigkeit der sonnigen Meeresküste und den schwerfälligen Farben Schwarz, Rot, Gelb bzw. Gold auf, die zweifellos Teil des Ballasts waren, den ich – mit Mannys Hilfe – abschütteln sollte. Die Farben anderer Nationen waren mir – aus der Tourismuswerbung, von Plakaten und Broschüren – vertraut; doch deutsche Flaggen sieht man selten auf den fünf mal zehn Meter großen Anschlagflächen in London. Die Leute würden am Ende noch denken, der Dritte Weltkrieg sei ausgebrochen.

In meiner Vorstellung war Gelb aus irgendeinem Grunde die Farbe Deutschlands, der Lufthansa, der Post und der zahlreichen Orts- und Verkehrsschilder auf den Straßen.

Selbst die Grenzpolizisten, die wir bei unserer Ankunft auf dem Flughafen sahen, trugen senffarbene Hemden. Mit braunen Schlipsen und schmuddelig grünen Mützen gefällig auszusehen ist hart für käsige Nordeuropäer! Gelb ist eine heikle Farbe, nicht nur, wenn man sie tragen muss, sondern auch, wenn man sie in großen Mengen um sich hat. Kränklich, nackt, ehrlich und ohne Geheimnis. Und wohl kaum sexy. Schwarz-Rot-Gelb beziehungsweise Gold waren, angeregt von den Uniformen des Lützow'schen Freikorps, die Farben der deutschen Einheitsbewegung und der Vorkämpfer für eine deutsche Republik und ab 1848/49 die Bundesfarben. Die späteren Reichsfarben Schwarz-Weiß-Rot stammen aus dem Schwarz-Weiß Preußens und dem Rot-Weiß der Hanse und wurden von 1918/19 bis 1933 von Schwarz-Rot-Gold abgelöst. Angeblich hasste Hitler das Gelb und bezeichnete es als »Hühnerkacke«. Und vielleicht hatte er da ja einmal sogar recht …

Nach angenehmem halbstündigem Radeln über gut gepflegte Fahrradwege durch duftende Wälder mit einem gelegentlichen Blick aufs Meer erreichten wir das wunderbar einsam gelegene Heiligendamm. Seltsam, dass es einmal eine Zeit gab, in der die Menschen sich vom Meer fernhielten, weil es in ihren Augen schmutzig, gefährlich, ungesund … und viel zu voll mit Quallen war. Irgendwann Ende des 18. Jahrhunderts kamen die Engländer auf die Idee, das Schwimmen im Meer zu einer Massenfreizeitbeschäftigung zu entwickeln. Der Prinzregent war längst nach Brighton entfleucht und hatte das »schmutzige Wochenende« erfunden. Der zukünftige Jetset war schon in Nizza und hatte dafür gesorgt, dass die Strandpromenade dort nach »les Anglais« benannt wurde, bevor die Deutschen nachzogen. Denn ungefähr zur gleichen Zeit sorgte der damalige Herzog Friedrich Franz I. von

Mecklenburg-Schwerin dafür, dass Heiligendamm gegründet wurde. In Schwerin hatte er zwar ein wunderschönes, auf einer Insel im Schweriner See gelegenes, beige-goldenes Schloss mit barocker Gartenanlage im Stil Ludwig XIV., doch er hatte auch eine Krankheit und wagte auf Anordnung seines Arztes 1793 als erster Deutscher am »Heiligen Damm« einen Sprung ins Meer. Danach entstand hier Deutschlands erstes »Seebad«. Es gibt dort keinen grandiosen Pier wie in Brighton; aber das »Seebad« sollte zu einem Traumort der Deutschen werden. Hier wurden viele Ideen zur Förderung der Gesundheit entwickelt, die auch heute noch eine wichtige Rolle in Psyche und Lebensart der Deutschen spielen.

Während in England das Meer lediglich mehr oder minder lärmiger Freizeitgestaltung dient, verbunden mit der vagen Vorstellung, dass einem die Seeluft guttut, gibt es in Deutschland spezielle Orte der Erholung, die man Kurorte nennt. In dem Wort »Kur« stecken alle möglichen Bedeutungen, die mit Gesundheit, Behandlung und Heilung zu tun haben. Im Mittelpunkt des Kurorts steht das Kurhaus, in dem aber meistens nicht, wie ich dachte, eine Heilquelle sprudelt, sondern das Rathaus mit angeschlossenem städtischem Touristeninformationszentrum untergebracht ist. In Kühlungsborn und hier in Heiligendamm war dieses Kurhaus ebenso wie in anderen Badeorten und *Kaiserbädern*, die Ende des 19. Jahrhunderts überall an der Küste entstanden, das nobelste Gebäude und Zentrum des gesellschaftlichen Lebens.

Dem Deutschen dient das Seebad also keineswegs zum zwanglosen Zeitvertreib, während dessen man tun und lassen kann, was man will. Nein, man betritt eine Stätte des Heilens und Geheiltwerdens mit ihrer eigenen unabhängigen Verwaltung, für die man sogar eine *Kurtaxe* zahlt, eine Art Gesundheitssteuer. Alle Hotels in der Gegend berechnen allen Besuchern die Kurtaxe automatisch als Aufschlag auf den

Zimmerpreis, und so verstand ich auch die beiden seltsamen Quittungen, die mir unser Hotelier mit den Worten überreicht hatte, ich solle sie stets bei mir tragen. Sie belegten, dass auch ich zur Pflege und zum Erhalt des abfallfreien Strandes, der Fahrradwege, der tadellos geschnittenen Hecken, Rasenflächen und zur allgemeinen Kurverwaltung mein Scherflein beigetragen hatte. Ich wies mich damit als zahlender Kurgast aus und konnte mich des Zugangs zum Strand, der Gratisbenutzung von Strandtoiletten und Stadtbücherei, unentgeltlicher Promenadenkonzerte und anderer Veranstaltungen ebenso erfreuen wie des Zutritts und manchmal sogar verbilligten Einlasses zu verschiedenen Kureinrichtungen und deren Diensten. Tagesbesucher, die nur ein Weilchen am Strand liegen und sonnenbaden wollten, hatten auch ihren Obolus zu entrichten. Überall an der Promenade gab es Automaten, an denen man wie an Parkuhren für 1,20 € eine Tageskarte ziehen konnte und sollte. War das protestantische Verantwortungsgefühl nicht genügend ausgeprägt und überlegte man, ob man sich um die Bezahlung drücken sollte, sorgten Unmengen Schilder mit der Aufforderung, bitte einen Kurtaxenschein zu lösen, dafür, dass man ein schlechtes Gewissen bekam. Wie streng die Kontrollen tatsächlich waren, weiß ich nicht, ich habe nie einen »Strandkontrolleur« zu Gesicht bekommen. Ich hätte allerdings auch nicht gewusst, was er angehabt hätte. Eine blaue Uniform oder Zivil? Am Ende sogar gar nichts?

Am Anfang war Heiligendamm ein beliebter Treff für die adligen Stände. Später folgten Schriftsteller, Maler, Musiker wie Mendelssohn, Proust oder Rilke, aber auch noch Angehörige königlicher Familien wie die Romanows. Friedrich Franz jedenfalls begann, adäquate Bauten errichten zu lassen, um seine Kumpel unterzubringen. Das sind die dem Brighton der Regency-Zeit nachempfundenen schönen Häuser, die man nun in der »weißen Stadt am Meer« findet und die man, wenn nicht mit dem Fahrrad, dann mit der heute noch tadellos funktionierenden Schmalspur-Dampfeisenbahn erreicht. Die hat ebenfalls der Herzog bauen lassen, damit er und, wie gesagt, seine Kumpel bequem und bester Laune zum Strand gelangen konnten.

Als sich das modische Baden im Meer an der deutschen Küste ausbreitete wie die Handtücher, reisten auch die wohlhabenden bürgerlichen Deutschen, die Biedermänner, an und setzten sich mit bombastischen, schnörkeligen Gebäuden, die meiner Ansicht nach überhaupt nicht zum Meer passen, ihr eigenes Denkmal.

Das Schloss am Meer und das *Rheingold* in Kühlungsborn beweisen das aufs Schönste, ebenso wie die beliebten Möchtegern-Mittelalterburgen. Es sah aus, als sei Rio Ferdinand, der Abwehrstar von Manchester United, zusammen mit anderen Sportskameraden aus der Premier League hierhergezogen und habe das Gehalt von ein paar Wochen und den Geschmack, der im umgekehrten Verhältnis dazu stand, in einen Pulk von Ferienhäusern investiert.

Von Besuchen am Mittelmeer war ich gewöhnt, dass die sanften Farben des aus der jeweiligen Gegend stammenden Steins mit der Landschaft und dem unregelmäßigen Mauerwerk harmonieren, Unkraut und mediterraner Verfall alles natürlich und bewohnt aussehen lassen. Hier hingegen trugen – in meinen Augen – viele Häuser keinerlei Zeichen der Zeit; ihre harten Konturen, schweren Farben und ihr unechtes Fachwerk stachen brutal von der Küstenlinie mit den weichen Farben ab. Sie wirkten wie aus einer anderen Kultur importiert und erinnerten mich an die deutsche Kolonialarchitektur, die ich in Namibia gesehen hatte.

Deutschland eroberte sich sehr spät Kolonien: seinen »Platz an der Sonne« in Afrika. Im 19. Jahrhundert war es zu intensiv damit beschäftigt, sich selbst als Nation zu finden und zu gründen. Ein paar Brocken bekam es aber doch noch von der Welt ab, namentlich für knapp 30 Jahre Namibia (früher Deutsch-Südwestafrika, direkt neben Südafrika). Die Stadt Lüderitz, nach dem Bremer Kaufmann Adolf Lüderitz benannt, der 1883 das Gebiet rund um die Bucht Angra Pequena (später Lüderitzbucht) erwarb, könnte gar nicht deutscher aussehen und sein. Dort spricht man in vielen Läden Deutsch, kann Schwarzwälder Kirschtorte futtern, und vor dem sandigen Hintergrund der Wüste Namib zur einen und den riesigen Brechern des Atlantik zur anderen Seite bieten die teutonischen Fachwerkbauten, hier und dort mit Türmchen geschmückt, einen unerwarteten, irgendwie unpassenden Anblick. Wahrscheinlich aber auch nicht unpassender als viktorianische Prachtbauten mitten in Delhi.

Obwohl Deutschland wenige Kolonien besaß, leben viele Deutsche im Ausland, besonders in Nord- und Südamerika. Denken Sie an Namen wie Eisenhower, Rumsfeld, Schwarzkopf und Costner. Auch waren deutsche und deutschsprachige Hochadelstöchter und -söhne bei allen europäischen Dynastien immer sehr begehrt zur Blutauffrischung – seit Jahrhunderten auch bei uns in England. Royals liefern können die Deutschen – siehe Katharina die Große auf dem russischen Thron.

Die Deutschen in Südamerika, so hatte ich geglaubt, seien alle Nazis, die nach 1945 dorthin geflüchtet waren, um sich möglicher Strafverfolgung zu entziehen. Doch nach Mannys Unterlagen – er wollte mich offenbar unbedingt darauf hinweisen, dass auch Deutschland ein Platz in der Geschichte der europäischen Kolonialmächte gebühre – sind sie schon seit mehreren Jahrhunderten dort. Brasilien importierte eine zumindest Deutsch sprechende Habsburgerin als Kaiserin und vor allem für den Süden Deutsche, die mit ihrem bereits berühmten Arbeitsethos und technologischen Können neue landwirtschaftliche Nutzflächen schaffen sollten. Es gibt dort Orte mit Namen Blumenau und Novo Hamburgo, in denen die Bewohner deutschstämmig sind, die Häuser wie die in den bayerischen Alpen aussehen und die Männer Lederhosen und die Frauen spitzenbesetzte Taschentücher tragen. Blumenau ist, nach München, offenbar Veranstalter des größten Oktoberfests der Welt, und in Argentinien gibt es eine Zeitung mit dem in altdeutscher Frakturschrift gesetzten Titel *Argentinisches Tageblatt*, deren »Nachrichten aus aller Welt« angeblich nur aus der deutschsprachigen Welt berichten.

Nun zu einem anderen Thema: Bizarr an allen Stränden einer nach Norden liegenden Küste (und große Teile der Küste Deutschlands liegen nach Norden) ist, dass die Sonnenhungrigen, die sich ja gern der Sonne zuwenden, hier gezwungen sind, verkehrt herum zu liegen, mit den Füßen zum Land und dem Kopf meist tiefer, und nicht aufs Meer, sondern landeinwärts zu blicken. Recht bedacht gibt es sehr wenige Orte in Europa, an denen das möglich ist. Das mag, für sich genommen, belanglos sein. Doch als wir in Kühlungsborn aus dem Gebüsch traten, das Fahrradweg und Strand trennte, bot sich uns der beeindruckende Anblick Hunderter in Reih und Glied in ihren Strandkörben sitzender oder liegender Deutscher, die uns entgegenblickten wie Publikum bei einer Freilichttheateraufführung. Noch eindrucksvoller war dieser Anblick an einem Nacktbadestrand, an dem wir plötzlich frontal mit den versammelten Genitalien Dutzender nackter Deutscher konfrontiert waren.

Ich Dummkopf. Ich hatte vergessen, den Wegweiser zu lesen, auf dem klar und deutlich stand, dass von unserem Standpunkt aus nun der ein Kilometer lange *FKK-Strand* begann. Nicht, dass ich gewusst hätte, wass *FKK* hieß; für mich klang es wie eine Filiale des Ku-Klux-Klan. Doch weit gefehlt! FKK steht für »Freikörperkultur«. Freikörperkultur? Was um alles in der Welt bedeutete das? In kurzen, schnöden Worten: »Raus aus den Klamotten!« Doch die Deutschen haben eine Philosophie der Nacktheit daraus entwickelt und sprechen über den menschlichen Körper in der Sprache von Unternehmensberatern.

»Ihr Briten seid derart prüde und verklemmt, was Nacktheit angeht«, hatte Manny, der aus dem Land von *Baywatch* kam, erwidert. »Selbst in eurem eigenen Schlafzimmer! Aber diese Einstellung ist total oberflächlich; ihr haltet euch buchstäblich zu bedeckt. Die Deutschen sind viel tiefgründiger, sie denken über die nackte Haut und deren unvermeidliche Mängel hinaus. Mit dem Ergebnis, dass sie viel freier werden. Auch Sie, mein lieber Ben, werden geistig freier, wenn Sie sich von der Haltung der Deutschen zum Baden und zum menschlichen Körper etwas abgucken ...«

Die ersten Ideen zur *Körperkultur* entstanden in Deutschland Ende des 19. Jahrhunderts, um behäbige deutsche Stadtbürger dazu zu bringen, mehr ins Freie zu gehen und den Hemdkragen zu lockern. Die ersten Badeanzüge bedeckten noch weitgehend alles, was man aber bald zu einengend fand. Andererseits befanden wir uns hier in Preußen, und waren die Preußen nicht für ihre Liebe zu Uniformen berühmt? Eigenartig, dass sie so erpicht darauf schienen, sich ihrer zu entledigen. Ursprünglich müssen sie toleranter und vorausblickender gewesen sein als die übrigen Deutschen.

Ende des 19./Anfang des 20. Jahrhunderts jedenfalls entwickelten die Deutschen urplötzlich das Bedürfnis, nackt herumzulaufen. Ein antisemitisch-völkischer deutscher Weltverbesserer mit dem beziehungsreichen Namen Heinrich Pudor (das lateinische Wort bedeutet »Scham«, und das benutzte er als Pseudonym) schrieb das erste viel gelesene Werk zur Nacktkultur mit dem Titel *Nackende Menschen – Jauchzende*

Zukunft und wurde damit einer der Väter der deutschen Freikörperkultur. Dann folgte das Manifest eines Mitstreiters, Richard Ungewitter, mit dem Titel *Nacktheit*, eine Utopie totaler Blöße. In Klingberg am Südufer des Pönitzer Sees gründete der Lebensreformer Paul Zimmermann 1903 einen der sogenannten *Freilichtparks*, und 1920 konnte man sich am ersten Nacktbadestrand Deutschlands auf der Insel Sylt aalen. Gleichzeitig zogen Wanderprediger mit dem schönen Namen *Kinder des Lichts* in Scharen durch die Gegend und verkündeten, dass nichts zwischen die Sonne, Spenderin des Lebens, und unsere Haut treten dürfe. Die Deutschen sind eindeutig die Erfinder der organisierten Massennacktheit.

Und nicht zufrieden damit, die deutschen Strände erotischer zu machen, brachten 1929 deutsche Einwanderer das neue Evangelium der Nacktheit unter Führung von Kurt Barthel und seinem American Social Nudism mit in die USA; die American League for Physical Culture wurde gegründet. Ob Manny Mitglied war? Hitler schaltete die deutsche Nudistenbewegung gleich; sie verlor viele ihrer Anhänger. Doch mit dem Beginn des Massentourismus und der »Make love not war«-Bewegung der 1960er, insbesondere der Studentenrebellion von 1968, bekam FKK neuen Zulauf und erhob sich wie Phönix aus der Asche. Andere Länder wie Jugoslawien hießen deutsche Touristen, die sich ausziehen wollten, mit offenen Armen willkommen. In deutschen Städten wie Berlin und Frankfurt ließen die Studenten bei ihren Protesten gegen den Vietnam-Krieg und die alten, konservativen Werte, die sie für die Verbrechen des Dritten Reichs verantwortlich machten, durchaus auch schon einmal mehrere oder alle Hüllen fallen. Hier an der Ostsee, im früheren kommunistischen Teil Deutschlands, in dem es einst keinerlei Reise- und Redefreiheit gab, war das Nackt-Herumlaufen eine der wenigen Möglichkeiten, sich frei zu fühlen.

Jawohl, man gebe ruhig der DDR die Schuld, als frönten jetzt nur noch rote Socken oder alte Menschen dem Nudismus. Doch das traf offenkundig nicht zu. Vor mir – Anfang des 21. Jahrhunderts! – lagen junge deutsche Paare und Familien, und die Kinder des neuen wiedervereinigten Deutschland tollten nackt, wie Gott sie schuf, um sie herum.

Ich erfuhr, dass in Deutschland Dutzende große, bekannte Organisationen und Vereine für Nudisten existieren, die Tipps geben, wo man unbelästigt der Kleiderlosigkeit frönen kann. Der Internet-Reiseführer für Nudisten www.FKK-reisefuehrer.de nennt die besten Orte. Die FKK-Jugend propagiert in ihrem Manifest »65 Argumente für FKK«: »Freikörperkultur fördert die geistige Gesundheit« (na, fein); »der Naturist (...) hat weniger Stress als die Kleidung tragenden Zeitgenossen« (ein lahmer Vorwand, sich ab und zu derselben zu entledigen); »Studien zeigen, dass es bei Naturisten bedeutend seltener zu außerehelichem Sex, Inzest und Vergewaltigungen kommt als unter Nicht-Naturisten« (was haben sie gegen außerehelichen Sex?); »Nacktheit unter der Sonne fördert die allgemeine Gesundheit und regt die Produktion von Vitamin D an« (ja, aber spielen die nackten Genitalien dabei die entscheidende Rolle?), und schließlich »Freikörperkultur unterstützt den Feminismus und den Kampf für die Freiheit der Frauen«.

Ob wir die Philosophie der Naturisten nun kannten oder nicht – ihre vor uns aufgereihten Vertreter waren schwer zu ignorieren. Konnte ich mich überwinden und mich zu ihnen gesellen?

»Sie müssen nackt baden«, hatte Manny mir befohlen.

Gehörte das zur Kunst, ein Deutscher zu sein? Wahrscheinlich! Aber war es auch ein Mittel gegen *Weltschmerz*?

»Sie müssen näher an das tief in Ihnen liegende Unbewusste herangehen.«

Erst zum Schluss, in der vertrauensbildenden Abgeschiedenheit der Insel Hiddensee, brachte ich den Mut auf, nackt zu baden. Der Strand war zwar nicht ausdrücklich als »FKK« ausgewiesen, doch wer würde sich in Deutschland schon beschweren? Außerdem war bereits ein splitterfasernacktes älteres Paar bis zu den Knien im Wasser, und eine Familie mit zwei Kindern rannte im Adamskostüm herum.

Meine Neugierde war geweckt, und ich wollte ihnen ein paar Fragen stellen: warum sie FKK-Anhänger waren und ob FKK zur Kultur der Deutschen dazugehörte? Hatte ich den Mumm? Vielleicht redeten Nudisten ja nicht miteinander, und FKK war trotz seiner Offenheit etwas sehr Privates? Vielleicht gab es einen Verhaltenskodex wie bei den Freimaurern? Derartig ins Flattern geraten war ich nicht mehr, seit ich mich mit 13 ermannt hatte, Mädchen in Diskos anzusprechen. Aber da war ich angezogen gewesen. Und die Mädchen auch. Und man durfte gucken. Wie um alles in der Welt sollte ich hier ein Gespräch beginnen? »Kommen Sie oft nackt hierher?«

Wie ein pickliger Teenager verpatzte ich meinen Auftritt. Sagte irgendwas Albernes ... dass es mein erstes Mal und für mich als Engländer eher heikel sei. Doch das störte Wolfgang und Sabine nicht im Geringsten; sie schauten mich freundlich amüsiert an und erzählten freimütig. Sie seien Anfang vierzig und kämen aus Hamburg. Sie hätten sich in die Ostsee verliebt und kämen, seit die beiden Kinder da seien, schon seit sechs Jahren hierher. An Nacktbaden hätten sie eigentlich nie gedacht, jedenfalls nicht in Deutschland. Sie hätten sich nicht extra Nacktbadeorte ausgesucht, wenn sie ins Ausland gefahren seien, und auch nie daran gedacht, dass Nacktbaden etwas spezifisch Deutsches sei. Viele ihrer Freunde badeten nackt, aber das sei kein Thema.

Wir unterhielten uns gut zehn Minuten lang. Sie fanden

es interessant, dass ein englisches Paar Ferien in Deutschland machte, und wollten wissen, ob es mir gefiel. Ich nickte und hoffte, dass man mir das auch ansah. Sie waren so freundlich, dass ich meine Nacktheit fast vergaß. Wir hätten das Gespräch ebenso ungezwungen angezogen in einem Café führen können. Wir waren nur zufällig nackt am Strand. Und das äußerlich Sichtbare war unerheblich. Ging es in der Freikörperkultur nicht genau darum?

Ich kam mir ganz schön dumm vor, als ich mit eingezogenem Schwanz zu meiner süffisant lächelnden Gattin zurückschlich. Dann tat ich so, als sei ich Deutscher, und watete durch Schlamm und scharfe Steine in das flache Wasser, dessen Oberfläche von einer kalten Brise gekräuselt war. Tat ich das, weil ich es oder weil es ein amerikanischer Vollidiot wollte? Meine Frau lachte und machte vom Strand aus Fotos. *Weltschmerz* war nicht annähernd so schlimm wie das, was ich durchlitt. Verdammt, Manny sollte gefälligst stolz auf mich sein. Selbst wenn ich es nicht war, in keinerlei Hinsicht.

Die Deutschen haben sogar ein Wort für einen Strand, der kein FKK-Strand ist: *Textilstrand* – was nach Vermummung klingt. Als müsse man einen solchen besonders kennzeichnen, weil sonst ganze Küstenstriche von wild gewordenen Nackedeis überschwemmt würden. Es gibt auch *Hundebadestrände*, wenn ich auch nie begriff, wer sonst noch dort baden durfte und ob für unsere vierbeinigen Freunde Kleiderzwang oder Zwang zur Nacktheit bestand.

Kein Zweifel: Die Deutschen haben System in die Ferien am Meer gebracht. Die Liegestühle sind stabile Strandkörbe, die wohleingeteilten Strände werden besteuert und die Dünen vor Erosion geschützt. Der Gast wird nicht nur zum Radfahren ermutigt, sondern dazu abkommandiert und im Trupp mit anderen auf unzählige Fahrradwege geschleust. So gesehen schien das Leben in Deutschland nicht nur Eisschlecken zu sein. Aber wenigstens wusste ich, dass ich mir den Fuß nicht an einer herumliegenden Glasscherbe aufschlitzen würde. Und es gab weder Privatstrände noch demolierte Liegestühle, noch aufdringliche Strandhändler, die einem zu Wucherpreisen eiskalte Getränke und Zuckermandeln andrehen wollten.

Das deutsche Strandleben war also sehr gesund und erquicklich, alles Praktische penibel geregelt. Doch gerade dadurch, dass alles durchorganisiert und nichts dem Zufall überlassen war, mangelte es meines Erachtens ein wenig an Spontaneität und Lebenslust. Wo war der Spaß, warum spielten so wenige Kinder chaotisch und ausgelassen am Meer? Ich war nicht überrascht, als ich las, dass L'Tur, einer der großen deutschen Reiseveranstalter, in vier deutschen Städten (Hamburg, Köln, Dresden, München) an vier verschiedenen Tagen eine eintägige, sogenannte Urlaubsakademie veranstaltet hatte. Nachdem eine Umfrage ergeben hatte, dass die Männer die Kunst des Ferienmachens verlernt hatten, bot L'Tur kostenlose Nachhilfe zu vier Problembereichen an: eine Stilberatung zu dem, was in den Urlaubskoffer gehört (keine Sandalen, weiße Socken und Hawaii-Hemden), ein Fitnesstraining zum Abspecken und damit Mann am Strand nicht sofort einschläft, Tanzunterricht, damit Mann beim Schwofen an lauschigen Abenden mithalten kann, und eine Massage, bei der ihn die Masseuse Techniken lehrt, mittels derer er seine Frau verwöhnen kann, wenn er sie mit Sonnencreme einschmiert. Fehlte nur noch »die Kompetenz zur gesellschaftlichen Integration«, wie zum Beispiel, mit Kindern Sandburgen zu bauen. (Versuche von Deutschen, Burgen zu bauen, hatte ich bisher nur an einigen Kühlungsborner Residenzen mit ihren Fantasy-Türmen gesehen.) Und wie wär's damit, die Teilnehmer zu ermutigen, »das Kind in sich herauszulassen«, und sie zum Schluss des Kurses, wenn sie voll frischer Lebenslust waren, mit einem Zeugnis und einem Strandlaken zu belohnen, auf dem das Wort »besetzt« prangte, statt, wie geschehen, mit einem 100-Euro-Reisegutschein?

Dass die Deutschen vergessen hatten, wie man sich amüsiert, erstaunte mich nicht. Und dass es Versuche gab, das zu analysieren und Abhilfe zu schaffen, fand ich gleichermaßen typisch. Es war so deutsch, dass es fast schon US-amerikanisch war, und schwappte, in Gestalt von Therapeuten wie Manny, ja auch längst herüber.

Aber was täte es den Deutschen gut, sich mal ein wenig gehen zu lassen! Das fand ich an einem sehr munteren, endsommerlichen Abend im Zentrum von Kühlungsborn bestätigt. Eine fröhliche Fete mit Live-Band, Würstchen- und Bierständen – dank der Kurtaxe mit freiem Eintritt – endete urplötzlich und vollkommen abrupt um 22 Uhr, als sie gerade richtig in Schwung gekommen war. Halb Mensch, halb Fahrrad, entschwanden die Besucher in die Nacht, und die ganze Stadt zog sich wie ein deutscher Philosoph in sich selbst zurück. Offenbar hatte hier Deutschlands berühmte *Sperrstunde* gegriffen, der gemäß nach zehn Uhr abends in der Regel draußen keine Speisen und Getränke mehr verkauft werden dürfen. Früher lachten die Festlandeuropäer ja immer über die Schließzeiten der britischen Pubs. Doch was war das denn nun? Binnen einer halben Stunde war alles wie leer gefegt und nur noch eine einzige Kneipe für alle die geöffnet, die sich tollkühn zu später Stunde noch einen Schluck genehmigen wollten. Da es weit und breit keine öffentlichen Verkehrsmittel oder Taxis gab – von beidem hat man in Kühlungsborn bestimmt noch nie gehört –, lief ich auf Schusters Rappen durch die menschenleeren Straßen. Alle Fensterläden waren geschlossen. Ich kam mir vor wie ein Ausgestoßener, ein Stadtstreicher. Erst recht, als ich feststellte, dass ich auch aus meinem Hotel ausgeschlossen war, und nicht hoffen konnte, jemanden zu wecken, nicht einmal meine Frau. Ich musste in unserem Mietauto schlafen. Wenn nur alles im Leben so verlässlich wäre wie ein Volkswagen …

Zu viel durchintellektualisierte Nacktheit, schon kommt ein kastriertes Nachtleben dabei heraus.

Es heißt, die Vergangenheit sei ein anderes Land. In England ist es die Insel Wight. Schon im Deutschland des 19. Jahrhunderts soll Bismarck (ein Vorfahre des berühmten Londoner Bonvivants) gesagt haben, dass er vor dem Weltuntergang nach Mecklenburg ziehen werde, weil dort alles 100 Jahre später passiere. Ich wollte nicht so lange warten.

Bis auf eine kurze Zeitspanne einige Jahre nach der Wiedervereinigung, angeheizt von neugierigen Schickimicki-Berlinern, war die Ostseeküste, nie schick. Eine Weile zwar aristokratisch, aber nicht mondän. Mondän ist offenbar Sylt, eine Insel, von der ich noch nie gehört hatte; es ist die nördlichste in einer Gruppe namens Nordfriesische Inseln in der Nordsee. Dieses Sylt, gleich südlich der dänischen Gewässer, ist eine lange, dünne, autolose Sandbank, auch sie durchzogen von gesundheitsfördernden Fahrradwegen und an den Stränden mit Strandkorb-Theaterbühnen bestückt. Weit im Norden gelegen, mit berühmten Wanderdünen und sehr ursprünglich, hat diese Insel eigentlich nichts Besonderes zu bieten, nur eine eigentümliche, schwer zu benennende reizvolle Atmosphäre. Was Manny erzählt hatte, klang wunderschön. Doch es gab einen Wermutstropfen. Gut ausgestattet mit Feinschmeckerrestaurants, war Sylt – samt seinen Preisen – als äußerst exklusiv und als die deutsche Schwesterinsel von Capri bekannt. Reiche und Schöne aus Hamburg oder München besitzen hier Ferienvillen und verlegen ihr Stadtleben an den Strand. Hochnobel! Aber nichts für mich!

Ich hatte nicht nur nicht gewusst, dass Deutschland eine Küste, sondern auch nicht, dass es Inseln hatte. Außer natürlich Mallorca, das praktisch eine deutsche Insel ist, samt DJs und Rave-Szene – eben das, was Ibiza für die Engländer ist.

»Ja, aber den Deutschen ist die Liebe zu Inseln als Orten des romantischen Exils angeboren!«, rief Manny.

Zweifellos auch, weil sie sich in einem derart abgegrenzten *Lebensraum* wohlfühlen.

»Wussten Sie, dass den Deutschen früher Sansibar gehörte?«

Glücklicherweise bekamen die Briten die sogenannte Gewürzinsel 1890 im Austausch für ein kleines, aber strategisch wichtiges Stück roten Granitfelsens in der Nordsee namens Helgoland. Gott sei Dank! Denn sonst wäre das Traumziel von Flitterwöchnern und Freddie Mercurys Geburtsort deutsch geblieben. Stellen Sie sich vor, wie anders es um die deutsche Musikgeschichte bestellt wäre, wenn Songs wie »Vee Are Ze Champions« und »Bicycle Race« zum nationalen Liedgut gehören würden.

Sylt und Helgoland spielen, wie die linden grünen Eilande Mainau und Reichenau im Bodensee, im Bewusstsein der Deutschen eine große Rolle. Doch eine in jeder Hinsicht weit größere spielt Rügen, ganz im äußersten Nordosten des Landes, das reinste unverdorbene Naturparadies. Das heißt, bis die Vogelgrippe die Insel aus den falschen Gründen in die Schlagzeilen brachte. In der *Sun* erschien prompt eine Karikatur mit einer Karte aus dem Zweiten Weltkrieg, auf der ein großer Pfeil mit Hakenkreuz von Rügen nach Großbritannien flog.

Vor Rügen fuhren wir erst einmal nach Zingst auf dem Darß, einer Halbinsel in einer einzigartigen Boddenlandschaft, dichten, schilfumstandenen Gewässern und Fischerdörfern unter einem ätherisch weiten nördlichen Himmel.

Ein Naturschutzgebiet von unerwarteter, unberührter, überwältigender Schönheit. Wie immer in Deutschland durfte die Zivilisation nur unter strengen Bedingungen eindringen; man konnte das Gebiet nur vollends genießen, wenn man aus dem Auto ausstieg und die Natur zu Fuß erkundete. Statt Fachwerkhäusern standen hier weiß getünchte, reetgedeckte kleine Häuser, krumm und schief, weit weniger protzig als die Fußballervillen in Kühlungsborn. Die Häuschen hatten mit dem Alter, fast menschlich, einen ganz eigenen Charakter gewonnen. Ein-, zweimal bogen wir um eine Ecke und sahen Häuser, die um eine saftig grüne Wiese mit einem Ententeich gruppiert waren. Das Grün war so geräumig, dass man es als pfiffigen kleinen Kricketplatz mit Eiche hätte benutzen können. Ach, wenn die Deutschen doch nur Kricket spielten! Sie ahnen ja nicht, was ihnen entgeht. Aber garantiert wären sie mal wieder viel zu gut. Sie hätten genau die Unverdrossenheit und Geduld des Philosophen für dieses Spiel, das sich über fünf Tage hinziehen kann, und wären garantiert Meister des Square-cut und Swingers. Ich glaube, ich habe sogar irgendwo gelesen, dass Shane Warne, bisher unübertroffen in der Kunst, einem Ball den richtigen Drall zu geben, deutsche Ahnen hatte.

Rügen ist vom Festland durch eine Meerenge getrennt, an deren gegenüberliegendem Ufer das schöne, lebendige Stralsund angesiedelt ist, das fast 200 Jahre zu Schweden gehörte und gewaltige, strenge, hohe gotische Gebäude aus rotem Backstein hat, wehrhaft und reich. Von Rügen aus erinnerte die Silhouette Stralsunds an die der Meeresstädte Oslo oder Stockholm: niedrig am Horizont, wie halb versunken oder wie ein Schlachtschiff auf hoher See.

»Das Dorf liegt im Walde verborgen, weit hinüber zur Linken. Es besteht fast nur aus Fremdenheimen in den verschiedensten Stilarten der Bäderarchitektur: pseudomaurisch, altbayrisch, dem Tadsch Mahal nachempfunden und puppiges Barock, mit weißen Gitterbalkonen.« Christopher Isherwood schrieb über Rügen in *Lebwohl, Berlin*, einer Reihe von Vignetten, auf denen der Film *Cabaret* basiert, mit dessen Bildern im Kopf ich Deutschland bisher eigentlich immer gesehen hatte. Was Isherwood 1931 beschrieben hatte, traf auch heute noch zu. Wir mieteten uns eine altbayrische Holzfällerhütte mitten im Buchenwald an der Nordostecke der Insel, im Herzen des Nationalpark Jasmund. Die Hütte war fast unangemessen gemütlich für den Hochsommer. Doch weit entfernt davon, sich glatt und adrett wie Kühlungsborn zu präsentieren, hatte Rügen etwas wunderbar Ungeschliffenes und bot alle möglichen Kuriositäten und mysteriösen Überraschungen.

Im 19. Jahrhundert wurde die Stadt Binz Rügens größter Badeort. Davor waren schon die Fürsten von Putbus von ihrer Residenz aus mit einer Schmalspurbahn – die Deutschen lieben Spielzeug-Eisenbahnen – nach Belieben nach Binz und an den Strand gefahren. Leider ist dank des Umgangs der DDR-Regierung mit dem politisch nicht genehmen architektonischen Erbe nichts von dem Schlossgebäude in Putbus erhalten geblieben. Nur der ziemlich große Marstall und die Orangerie, die einen überraschend mediterranen Anblick boten, sind noch vorhanden: Die klaren klassizistischen Gebäude leuchteten weiß, es herrschte die schläfrige, zeitlose, flirrende Stimmung eines spanischen *pueblo blanco*. Die Parkanlagen und sonstige Nebengebäude waren im französischen formalen Stil gehalten; die symmetrischen Reihen kunstvoll in Form geschnittener Bäume und im Halbkreis um gepflegte Rasenflächen gepflanzter Hecken warfen in der Mittagssonne dekorative Schatten.

Binz war der erste und einzige Ort an der Ostseeküste, an dem ich echtes Ferientreiben erlebte, eine Atmosphäre von Lebendigkeit, Jugend und allenthalben Bemühen um mediterranes Flair. Während des Kalten Krieges zog Binz jedes Jahr über eine Million DDR-Bürger an und ist offenbar heute noch genauso populär. Die Strandpromenade mit ihren Cafés, Eisdielen, baumgesäumten Fußgängerwegen und der Bäderarchitektur hätte auch in Nizza oder Cannes oder irgendeinem anderen der austauschbaren Mittelmeer-Badeorte sein können. Es fehlten nur die Palmen, die Schoßhündchen und die auf Jugendlich getrimmten Alten. Vielleicht war ja hier endlich der Schick, den ich in Kühlungsborn vermisst hatte. Doch beinahe sofort kam es mir auch schon wieder hohl vor. Entwickelte ich wirklich einen Hang zu FKK, eine Aversion gegen alles Oberflächliche?

Binz war allerdings – im Wortsinne – nicht halb so hohl wie das Gebäude, auf das wir wenig später stoßen sollten und auf dessen Existenz ich gänzlich unvorbereitet war. Ich hatte Manny versprochen, mir Mühe zu geben, während der Therapie nicht an Hitler zu denken. Doch wie konnte er von mir verlangen, den Anblick, der sich mir nun bot, zu ignorieren? 150 Meter vom Strand entfernt stand ein 4500 Meter langer, kahler, brauner, massiver, nicht enden wollender Betonkasten, sechsstöckig inklusive Erdgeschoss, mit Tausenden identischer Wohnungen. Eine gewaltige Mietskaserne, die man in Kilometern messen konnte: Prora, inmitten von Bäumen am Meer, das Nazi-Pendant zu Butlins Holiday Camps, erbaut von der Nazi-Organisation Kraft durch Freude, die wiederum von der Deutschen Arbeitsfront getragen wurde. Prora sollte allen, die kriegswichtige Arbeit leisteten, einen wohlverdienten Urlaub am Meer ermöglichen.

Als die vollständigen Pläne für Prora 1937 bei der Pariser Weltausstellung gezeigt wurden, bekam der Architekt Clemens Klotz (nomen est omen) den Grand Prix d'Architecture. Der fertige Koloss sollte ein Theater mit 20000 Plätzen und ein ähnlich voluminöses Kino, eine Festhalle und (Jahrzehnte vor den Center Parcs) zwei Wellenbäder bekommen. Doch der Bau wurde vom Ausbruch des Krieges unterbrochen und das, was erbaut worden war, nie benutzt. Immer noch steht alles leer, ohne direkt zu verfallen, ist aber einfach zu viel Beton, als dass irgendjemand wüsste, was man damit machen soll. Eine Kuriosität für Besucher.

Ungeachtet dessen, dass die britischen Lehrpläne für Geschichte sehr »hitlerisiert« waren, hatte ich von Kraft durch Freude (KdF) noch nie gehört und musste Manny dafür danken, dass er diese bedeutsame Wissenslücke füllte. In KdF war der Sozialismus der national*sozialistischen* Bewegung enthalten, die ich immer nur als »Nazismus« gekannt hatte. In einigen Punkten waren manche Nazis vermutlich ein wohlmeinender, gesellschaftlich engagierter Haufen gewesen. Billige Ferien für Arbeiter anzubieten war ja keine schlechte Idee. Man ist nur bei etlichen anderen Dingen ein wenig zu weit gegangen. Um auf die Idee mit den billigen Ferien oder der einförmigen Architektur zu kommen, brauchte man übrigens keinen Hitler. Man sehe sich nur die Costa del Sol an.

Außer Ferienanlagen baute KdF Schiffe für preiswerte Kreuzfahrten, und der KdF-Wagen wurde später der Volkswagen, gebaut in der KdF-Stadt Wolfsburg, wo das VW-Werk heute noch ansässig ist. In gewisser Weise waren die KdF-Führer die Stelios Haji-Ioannous des damaligen Zeitalters. Das Nazi-Braun hat ja sogar ein wenig mit dem widerlichen Orange von Haji-Ioannous easyJet gemeinsam. Und wenn die Nazis heute noch da wären? Na, sie würden vermutlich eine Deutsche Urlaubsakademie gründen.

Das Flaggschiff der KdF-Kreuzfahrtflotte, erfuhr ich aus Mannys Notizen, war die Wilhelm Gustloff, der erste Ozeandampfer für ein Massenpublikum, mit Schwimmbädern, Theater, Friseur und Turnhalle. Die Wilhelm Gustloff war für 2000 Passagiere gedacht, hatte aber beinahe 9000 Zivilpersonen an Bord, meist Evakuierte und Flüchtlinge aus den an der Ostsee gelegenen Provinzen und Städten, als sie in den letzten Monaten des Krieges torpediert wurde und sank. Es ist wenig darüber berichtet worden (und ich hatte überhaupt nichts davon gewusst), dass rund 6000 Menschen den Tod fanden – wahrscheinlich der größte Verlust an Menschenleben beim Untergang eines einzigen Schiffes. Mehr als bei der Titanic, doch Hollywood hat es bislang nicht zur Kenntnis genommen.

Ich fand Prora faszinierend, war mir aber klar, dass es eine sehr fragwürdige Anziehungskraft auf mich ausübte. Es war kein Pilger-Ort, doch unleugbar ein Monument, das Reisende und nicht nur Kriegstouristen oder Historiker interessierte. Auf makabre Weise liegt der Reiz noch existierender Nazirelikte in Deutschland nicht darin, dass sie von geschichtlichem Interesse sind. Auch ich spürte hier, dass mich über die Historie hinaus etwas anderes anzog.

»Wir leben in einem Zeitalter, in dem der Kriegstourist auf der Welle eines erregenderen anderen mitschwimmen will«, erklärte mir Manny mit triumphierend funkelnden Augen. »Ja, das Böse und das Leid aus Vergangenheit und Gegenwart gehören mit zur Magie des Reisens und berühren die Seele. Leute wie Sie zieht es ja auch in die arme, unterentwickelte Welt, die Sie so wunderschön und unschuldig finden! Doch Sie sind nichts als ein Voyeur!«

Na gut, wenn die Stätten des Bösen zu meinem Rehabilitationsprogramm gehörten, dann hatte Deutschland sie im Dutzend billiger. Doch der Gedanke war mir unangenehm, und ich fand es an der Zeit, Prora den Rücken zu kehren.

Rügens berühmteste Sehenswürdigkeit sind die Kreidefelsen. Was auch gut und schön ist, wenn man nicht schon mal in Dover war. Denn dann ist man einigermaßen enttäuscht. (Allerdings erreicht man die weißen Klippen von Rügen nicht mit einer verrosteten Sealink-Fähre.) Die lange Wand zerklüfteter Kreidefelsen mit furchterregenden, fantastischen Spitzen ist zum Ort spiritueller Pilgerfahrten geworden und in das Nationalbewusstsein der Deutschen eingebrannt. Das liegt an dem Maler Caspar David Friedrich, der aus Greifswald kam und 1818 »Kreidefelsen auf Rügen« malte. Ein Bild, von dem ich eine Kopie an der Wand in Mannys Praxis gesehen hatte: Drei Gestalten schauen unter den winddurchtosten Ästen einer Buche über die Klippen hinaus zu einem weiten, scheinbar endlosen Horizont – nein, eine Person schaut nach unten. Von dort unten sind dramatische, über die Jahrhunderte ausgewaschene, wilde Kreidestalagmiten bedrohlich auf sie gerichtet. Das Bild hat nichts Repräsentatives, es rührt einen an, ist suggestiv und symbolkräftig. Unter anderem symbolisiert es das Einssein des Menschen mit der Natur und seine Winzigkeit im Universum.

Wie immer in Deutschland war die Hauptattraktion nicht mit dem Auto erreichbar. Man musste sich die Aussicht verdienen und seine Naturnähe mit ein wenig Schweiß unter Beweis stellen. Mehrere Wanderwege führten durch den Buchenwald. Die Sonne strahlte vom Himmel, in den Lichtsäulen zwischen den dicken Baumstämmen tanzte der Staub. Die Vögel sangen im Walde, und unser 15 Monate alter Sohn rannte voraus. Es war urtümlich schön.

Gemeinsam mit Unmengen in hochwertige Wanderkluft gekleideter Deutscher, die ihre Wohnwagen auf dem Parkplatz gelassen hatten und auf der Suche nach ein wenig Kraft durch Freude und nach dem Glanzstück der rund 15 Kilometer langen Kreidefelsenküste waren, erblickten wir bald eine Nadel wie die vor der Insel Wight, mit Namen Königsstuhl. Einer von zwei Sagen nach hat sich der schwedische König Karl XII. 1715 hier einen Stuhl hinstellen lassen, von dem aus er eine Seeschlacht gegen die Dänen befehligte und deren Niederlage beobachtete. Sich vorzustellen, man sei der schwedische König oder Caspar David Friedrich, der mit der Natur kommunizierende Maler, Philosoph und Reisende, wurde nun allerdings erheblich erschwert durch die Massen mit ihren Fahrrädern und ihrer easyJet-*Freude* sowie durch das unvermeidliche Besucherzentrum. Alle zusammen verhinderten ein friedliches Nachsinnen.

Auf Rügen herrschte eine fragile, fast mystische Atmosphäre. Vielleicht lag es an dem Zusammentreffen von Prora, den romantischen Klippen und dem leuchtenden Flickenteppich aus Wiesen und Feldern mit goldenem Weizen, der im Wind wogte, als sei er ein Lebewesen. Oder auch an dem Wissen, dass die Wälder voller Grabhügel von Steinzeitmenschen waren. Die Insel lag da wie eine Fata Morgana aus Buchten, Bodden und oft fadendünnen Landstreifen; an manchen Stellen sah es aus, als sei sie gerade erst auseinandergerissen. In dem fantastischen überklaren nördlichen Sonnenlicht erwartete ich halbwegs, Windmühlen zu sehen.

Als wir am nächsten Morgen die Holzfällerhütte verließen, fand ich im Gästebuch den frischen Eintrag eines bayrischen Paares: »Wir haben ein zweites Mallorca entdeckt!« Ich stöhnte auf.

Alles in allem war es mal wieder schön, wirklich! Zum einen gegen alles Erwarten warm. Ich war sogar braun geworden in Deutschland! Die Landschaft war schöner, als ich sie mir je vorgestellt hatte. Mir waren die Augen für unbekannte Winkel eines Landes geöffnet worden. »Unbekannt«, »Abseits der ausgetretenen Pfade« – genau das suchte ich ja auf Reisen. Gewann ich allmählich ein gutes Verhältnis zu Deutschland, färbte das Leben dort allmählich auf mich ab? Schon zog ich mich wie ein Deutscher an und aus und nannte sogar eine recht attraktive Barttracht mein Eigen.

Wer aber war der Kobold in meinem Kopf, wer oder was verhinderte, dass ich gänzlich hingerissen war?

Was stimmte nicht mit einem Land, das funktionierte, das sauber, umweltbewusst, ruhig, anständig und gesund war? Seltsam, dass man diese Eigenschaften an Deutschland als negativ empfand. Gäbe es eine Garantie aufs Wetter, würde sicher bald ein Club Med seine erste deutsche Ferienanlage an der Ostsee eröffnen. Aber es war einfach nicht sexy oder verführerisch, und mir wurde nun klar, dass ich ein wenig mehr Verfall, Ungeplantheit und Unvollkommenheit mochte, wenn ich auf Reisen war.

»Das ist das Problem, Sie nehmen sich selbst, all Ihre Probleme und das Stadtleben mit. Wenn Sie reisen, sehen Sie nicht das, was auf Ihrem Weg liegt, sondern versuchen nur, den Hochglanzbüros der Ersten Welt und den überall gleichen Geschäftsstraßen zu entfliehen.«

Natürlich war das Problem hausgemacht, natürlich lag es bei mir.

Doch wie peppt man etwas, das in ein System gepresst, sauber, ehrlich und ökologisch unbedenklich – ja, sogar gelb – ist, so auf, dass es verführerisch und sexy wird? Wenn man die Orte, die wir gesehen hatten, als Personen beschreiben würde, dann wären sie ungeschminkte, brave deutsche Mädchen mit praktischen Kleidern und Topfschnitt (und dem Namen Sigrun), bei deren Anblick man gern auf den Schüleraustausch in der zwölften Klasse verzichtete. Protestantisch und ohne Geheimnis; ein offenes Buch und alles andere als *Fräulein fatales*.

»Urlaub ist wie ein One-Night-Stand! Man ist fasziniert vom Geheimnis und der Fremdheit des Neuen. Wie oft kehren Sie dorthin zurück, wo Sie schon einmal waren? Sie wollen jeden neuen Ort nutzen und benutzen und zum nächsten gehen; der Rest von Geheimnis, den er vielleicht noch bergen könnte, wäre angesichts der Menge gleich gesinnter vergewaltigender Reisender später ohnehin nicht mehr auffindbar.«

Zur deutschen Ostseeküste würde ich – auf der Suche nach Abgeschiedenheit und Unverdorbenheit – gern zurückkehren, wenn ich Maler, Wanderer, Naturfreund oder sogar FKKler wäre. Ihre Schönheit ist den ewig gleichen Palmenstränden in Florida und der harten, trockenen Kargheit weiter Abschnitte der Mittelmeerküste weit überlegen. Und vielleicht wirkt sich ja auch der Klimawandel zu ihren Gunsten aus.

Doch für mich bot sie nicht genug Geheimnis und appellierte nicht ausreichend an meine niederen, großstädtischen Instinkte, seien sie auch noch so grob. Italien mag wie die meisten mediterranen Länder viel zu aufgedonnert und oberflächlich verführerisch sein, für mich ist es das Richtige. Und genau, wie ich der italienischen Besessenheit von »la figura« und des schönen Scheins überdrüssig wurde, wusste ich jetzt, dass mir das auch mit der ehrlichen deutschen Ablehnung alles Oberflächlichen passieren konnte. An den deutschen Küsten hatte ich eine bodenständige, aber auch langweilige, gelbe bäurische Zurückweisung städtischen Glanzes, das ganze Gegenteil von »figura«, erlebt. Wie sollte ich es nennen? *Freikörperkultur*?

3. Selbstwahrnehmung

Nicht biestig sein

die (o. Pl.): Wahrnehmung der eigenen Person und des eigenen Innenlebens

Bei meiner Rückkehr begrüßte Manny mich mit dem für ihn typischen Überschwang.

»Sehen Sie, wie die Welt sich öffnet, wenn Sie sich allmählich selbst wieder wahrnehmen? Nichts prägt einen nachhaltiger als persönliche Erfahrungen.«

Vielleicht war ich ja wirklich zum ersten Mal in meinem Leben auf Deutschland neugierig geworden. Und vielleicht wirklich ein wenig offener. Der viel gerühmte verlorene Horizont, den Manny mir schmackhaft machen wollte, war es bisher aber wohl noch nicht, und die Vorteile des Nacktbadens würde ich auch nicht auf meine Fahnen schreiben.

»Kennen Sie die Faust-Legende?«, schnitt Manny, plötzlich ganz ruhig, ein anderes Thema an.

Nein, aber er würde sie mir sicher jetzt erzählen …

»Faust war ein sehr kluger, aber frustrierter Mann, der das Geheimnis erkunden wollte, ›was die Welt im Innersten zusammenhält‹. Zufällig war er auch Deutscher. Für Sie, Ben, gilt das Gleiche wie für ihn. In Ihrer endlosen Reiserei verbirgt sich auch das Streben nach einem umfassenderen Begreifen Ihrer selbst und der Welt.«

Manny zeigte auf ein paar gereimte deutsche Zeilen eines Herrn Goethe an der Wand seiner Praxis.

»Während Faust jedoch sein Leben lang nach vollkommener Erkenntnis durch das Studium der Wissenschaften strebte« – Manny schloss verzückt die Augen –, »meinen *Sie*,

Sie hätten alle Horizonte bereist. Na ja, wohl eher die Grenzen Ihres eigenen Horizonts. Aber Sie sind beide am selben Punkt angelangt: Da stehen Sie, Sie armer Tor« – wieder streute Manny deutsche Zitate ein –, ›und sind so klug als wie zuvor‹. Obwohl Faust so viel gelesen hat und Sie so weit gereist sind, sind es für ihn bloße Worte und für Sie die bloße Bewegung geblieben. Ein Glied in der Kette fehlt. Immer noch besteht ein metaphysisches Vakuum, das Sie füllen wollen. Faust hatte es satt, sich mit sinnlosen Worten herumzuschlagen; Sie haben Angst, dass die Welt jede Bedeutung verliert, weil sie derartig von den Massen erobert wird.«

Er hielt inne. Mir wurde das alles zu hoch, zu abstrakt. »Lassen wir diesen Typen, diesen Faust, doch mal aus dem Spiel. Ich sehe immer noch nicht, wie Deutschland mir bei ... bei meinem Welt... Weltschmu helfen kann!«

»Nun, Faust versuchte, die Lösung zu finden«, redete Manny unbeirrt weiter, »indem er sich der schwarzen Magie verschrieb und dem Teufel seine Seele verkaufte ...«

Jetzt wurde es schräg. Wollte Manny, dass ich den Deutschen nicht nur meinen nackten Körper zeigte, sondern auch meine Seele verkaufte? Ich erinnerte mich an das Unbehagen, das ich vor Prora auf Rügen empfunden hatte, und fand meinen *Doppelgänger* in Sachen *Weltschmerz* plötzlich nicht sehr sympathisch.

»Doch letztlich gelangte Faust erst zu wahrer Erkenntnis und damit zu innerem Frieden, als er lernte, zu lieben und den Gefühlen nachzugeben, die er nicht kontrollieren konnte.«

Wollte Manny mir jetzt weismachen, dass das Geheimnis in einer Urlaubsliebelei lag? Unangenehm war mir der Gedanke nicht. Sollte ich mir ein hübsches *Fräulein* suchen?

»Nein!«, rief Manny, als er sah, wohin meine Gedanken abschweiften. »Fausts Liebe zu Margarete war nur das Tor zur Entdeckung von Leidenschaft, Gewalt und von Leiden im

Zentrum der absoluten, allumfassenden Idee der Liebe, die wiederum die grundlegende Tragik der Welt enthüllte.«

Ach, du Schreck! Tragik suchte ich nun ebenso wenig wie Deutschland. Ich war so schon deprimiert genug. Aber nun beugte Manny sich vor und blickte mir geradezu dämonisch in die Augen. Offenbar neigte er zu Stimmungsumschwüngen:

»Ich rede nicht von gewöhnlicher Liebe. Ich rede über die Fähigkeit, angesichts absoluter Liebe zu erstaunen, sich zu exaltieren, sich von ihr verzehren und hinreißen zu lassen – sei es die Liebe zu einem Menschen, einem Land oder sonst irgendetwas – und damit die eigene ermattete Seele zu neuem Leben zu erwecken!«

Voller Elan deutete er mit dem Arm auf ein weiteres Zitat an der Wand, schloss die Augen und deklamierte: »›Indem ich dem Gemeinen einen hohen Sinn, dem Gewöhnlichen ein geheimnisvolles Ansehn, dem Bekannten die Würde des Unbekannten, dem Endlichen einen unendlichen Schein gebe‹« – nun kniff er fest die Augen zusammen und betonte jede Silbe der letzten Worte –, »›– so ro-man-ti-si-re ich es.‹«

Ich hüstelte.

»Romantisieren!«, rief Manny. »Novalis sagt, wir sollen die Welt romantisieren.«

Dann fasste er sich.

»Und Sie wollen, dass ich Deutschland romantisiere?«, sagte ich und vermochte kaum ein Kichern zu unterdrücken. »Wie wär's mit einem romantischen Wochenende in Frankfurt am Main?«

»Typisch!«, rief Manny. »Das gehört zu der Scheinheiligkeit und den Vorurteilen, mit denen Sie im Zeitalter des Pauschaltourismus das heutige Deutschland betrachten. Touristen wie Sie meinen ja immer, Sie befänden sich in einem Weltkrieg, wenn Sie ins Ausland reisen. Doch Deutschland gehört offenbar nicht zu den Ländern, die Sie erobern wollen.«

Sachte, sachte, Manny, dachte ich. Musst du mir ausgerechnet jetzt mit dem Krieg kommen? Es läuft doch gerade alles so gut.

»Deutschland trägt nun schon seit über einem halben Jahrhundert die Last der britischen Nachkriegsvorurteile, die aber nicht minder veraltet sind als die ewigen John-Mills-Filme zu Weihnachten.«

Irgendwas stimmte nicht mit Manny. Nie im Leben war er ein normaler Therapeut oder Analytiker. Deutschland schien ihm auch ein persönliches Anliegen zu sein, er wirkte, als sei er auf einem privaten Kreuzzug. Und was bedeuteten diese eigenartigen Stimmungsschwankungen zwischen Begeisterung und distanzierter Kälte?

»Wenn Sie lernen wollen, im Stechschritt zu marschieren, bleiben Sie in Großbritannien!«, fuhr er, sichtlich aufgebracht, fort.

Ich musste an den Titelsong von Mel Brooks *The Producers* denken: »Frühling für Hitler und Deutschland/Stechschritt ist der neue Schritt der Zeit …«

»Offenbar wollen Sie gar nicht weiterkommen und nutzen jede Gelegenheit zum Aufwärmen alter Ängste. Zum Beispiel mit Ihren schlaumeierischen Artikeln über in Deutschland hergestellte Minis mit GPS, das einen schnurstracks nach Polen dirigiert …«

Na, das konnte ich toppen. Mit Bette Middlers Witz: »Ich habe einen Deutschen geheiratet. Jeden Abend verkleide ich mich als Polen, und er fällt über mich her!« Selbst in diesen kastrierten und kastrierenden, politisch korrekten Zeiten fühlte ich mich verpflichtet, die stolze britische Tradition des Nationen-Klatschens und ach so witzigen Fremdenhasses aufrechtzuerhalten. »Es ist doch nur harmloser Spott«, verteidigte ich mich.

»Aber letztendlich eine rassistische Beleidigung. Über Juden, Muslime und Behinderte darf man keine Scherze machen. Doch die Deutschen sind *Untermenschen*. Natürlich. Und wenn einmal jemand – selten genug – einen Hitlerwitz unpassend findet, dann nur, weil die Juden damit beleidigt werden! Nein, bei euch Briten ist es ein geradezu pawlowscher Reflex, Boches zu klatschen.«

Das war nicht einfach nüchtern diagnostiziert – Manny redete wie ein deutscher Außenminister! Bewarb er sich von seinem Kellerbunker aus um den Posten des nächsten deutschen Botschafters? Mein Weltschmerz interessierte ihn überhaupt nicht. Er wollte mich offenbar von einer typisch britischen Deutschland-Psychose kurieren.

»Ihr Briten habt einen solchen Brass auf die Deutschen, dass die Beziehung schon sehr speziell geworden ist! Wenn Sie aber nicht von Ihren Stereotypen lassen wollen, sollten Sie die wenigstens als Indikatoren für eine lange, reiche und blühende Kultur betrachten. Weit besser, eine Nation zu sein, über die nur Stereotype im Umlauf sind, als eine, über die es gar nichts gibt, wie ich hier in London von einem deutschen Comedian gehört habe.« Da hatte er nicht unrecht. Was wusste die Welt schon von Paraguay oder Taiwan?

Doch nun wollte er nicht nur, dass ich in Deutschland Ferien machte, sondern auch, dass ich es romantisierte, ihm die »Würde des Unbekannten« verlieh. Schwierig, denn es war ja gerade das Klima von Bekanntem und Gewöhnlichem in Deutschland (zum Beispiel die unerotischen Nacktbadestrände), warum Touristen sich so desinteressiert zeigten.

»Der Punkt ist doch der«, beharrte Manny, »Sie können Ihre bisherigen Reise-Erfahrungen als so einmalig betrachten, wie Sie wollen – man kann sie alle auf ein Geflecht von Wünschen und Vorurteilen zurückführen. Das Problem ist nicht Deutschland; das Problem sind Sie, Ihre Wünsche und

Vorurteile. Die müssen Sie systematisch loswerden, denn deshalb sind Zauber und Romantik verschwunden.«

Wie deutsch! *Vorsprung durch Systematisierung.*

»Zunächst einmal kann ich Ihnen helfen, das Geflecht zu verstehen und es in einer Abfolge von Schritten zu entzerren. Gleichzeitig kann ich Ihnen helfen, die Sprache der Romantik wiederzuerlernen, Ihre Sicht der Welt zu romantisieren und Ihre *Wanderlust* wiederzufinden. Sie werden noch einmal nach Deutschland fahren, wo die Wanderlust erfunden worden ist, und lernen, wie Novalis uns nahelegt, ›dem Gewöhnlichen ein geheimnisvolles Ansehn zu geben‹. Glauben Sie mir, Ihr *Weltschmerz* wird geheilt. Sie werden Deutschland in einem neuen, erhabenen, unbekannten Licht sehen. Und dann sehen Sie auch die Welt wieder mit anderen Augen.«

Klartext: Wenn es mir in Deutschland gefiele, würde es mir überall gefallen! Na, sagte ich's doch.

Manny begab sich auf die andere Seite des Zimmers und summte leise vor sich hin.

Was war das noch mal für ein Song? Langsam machte es mich ganz hibbelig, dass es mir nicht einfiel. Natürlich! Er war aus *Cabaret*. Deutschland ein Kabarett, das Leben ein Kabarett, wie es im Titelsong heißt? Wollte Manny mir das sagen? Natürlich, eine Zeile daraus hing ja groß und breit über seinem Empfangspult. »Leave your troubles outside.« Das sang Joel Grey, der tuntige Conférencier. »Life is disappointing?«, ging es weiter. »Forget it! In Germany life is biooodiful …« Darum ging es? Zum Nachtclubconférencier eignete Manny sich ja nun nicht. Na ja, vielleicht, wenn sie im Kit Kat Club eine C & A-Nacht veranstalten würden …

»Damit Sie das Geflecht an Wünschen und Vorurteilen, das Sie in sich haben, auseinandernehmen können«, fuhr er nun fort, »müssen Sie es zuerst einmal kennen.«

In Gedanken war ich meilenweit entfernt in Bob Fosses Berlin.

»Und wie gesagt, die Deutschen nennen das *Selbstwahrnehmung*.«

Mannys prosaisches Gerede über Geflechte und wie man sie systematisch auseinandernimmt, brachte mich zur Erde zurück.

»In einer Reihe von Modulen werde ich die Urteile, die über eine Nation wie Deutschland gefällt werden, ebenso abbauen wie die Werte, die Sie als moderner, junger Wohlstandskonsument bei Ihren Reise-Erlebnissen suchen. Denn glauben Sie mir, ein wahrer Reisender sind Sie noch lange nicht! Sie suchen Sonne, gutes Essen, Partys, Superstimmung, Sex, eine schöne Natur, Popkultur, eine gesunde, kinderfreundliche Umgebung und ein Entkommen aus dem Gewohnten. Mehr wollen Sie im Augenblick gar nicht. Alle diese ›Werte‹ suchen Sie auf Ihren Reisen unbewusst und haken die Länder, je nachdem, welchen Erfolg Sie bei Ihrer Suche haben, ab wie in einer Reise-Hitliste.«

Mittlerweile plagte mich nicht nur *Weltschmerz*, sondern ein Pochen im Kopf: *Kopfschmerz*.

»Es ist lächerlich, eine Nation – besonders Deutschland! –, eine jahrtausendealte Kultur auf eine Formel reduzieren zu wollen. Dazu verleiten Sie genau Ihre verknoteten Vorurteile, derer Sie sich entledigen müssen. Denken Sie an Goethe und Novalis. Romantisieren ist oberstes Gebot! Wenn Sie mit Magie im Herzen von dort wiederkämen, hätten Sie sich wirklich verändert und würden nicht immer an gängigen Marken kleben bleiben. Wenn Sie sich nach ein wenig frischem *Sturm und Drang* in Ihrem Leben sehnen, gehen Sie nach Deutschland!«

Sturm und Drang? Waren das Hersteller von Hi-Fi-Anlagen?

»Ich werde Sie auf eine Reise typisch deutscher Selbsterkenntnis schicken: auf eine Reise zu den Quellen und dem Sinngehalt der bedeutenden Lebensentwürfe und Ideen, die die großen deutschen Köpfe der Welt hinterlassen haben. Sind Sie bereit?«

Hatte ich eine Wahl?

»Dann nehmen Sie das.«

Manny gab mir eine dicke Mappe. Natürlich war sie gelb.

»Hier drin finden Sie eine Landkarte und eine Reihe Module. In jedem geht es um eine Reise, bei der einer der Werte eine Rolle spielt, die Sie unterwegs suchen, und um das Gebäude von Vorurteilen, das Sie abbauen müssen. Das erste Modul haben Sie schon erledigt; dabei ging es um Ihre Abhängigkeit von Sonne, Sand und Meer. Und vielleicht stellen Sie bald fest, dass man nach Abarbeitung der übrigen Deutschland sogar positiv beurteilen kann.«

Mit Grausen betrachtete ich meine Hausaufgaben.

»Jedes Modul enthält einen Vorschlag für eine Reiseroute sowie historische und kulturelle Hinweise, denen Sie folgen sollten.«

»Vorschlag für eine Reiseroute«, »Kästen mit historischen Fakten«, »Sehenswürdigkeiten, die man unbedingt gesehen haben muss« – war Manny nun mein *Baedeker*? Ich hasste Reiseführer!

»Ich möchte, dass Sie Ihre Gedanken und Erfahrungen zu den einzelnen Modulen aufschreiben, damit wir sie im Anschluss an die jeweiligen Reisen zusammen analysieren können.«

War Freud nicht genauso mit seinen Patienten verfahren? Nun wurde ich wirklich zum Fall. Worauf wollte Manny hinaus? Nicht auf *Das Boot*, sondern *Das Buch*? Oder vielleicht auf *Mein Kampf mit Deutschland*?

»Verlassen Sie sich auf mich!«

Den Teufel würde ich! Sollte ich, der ich stolz darauf war, für alles und jedes offen zu sein, freiwillig nicht nur einmal, sondern mehrere Male in Deutschland Urlaub machen? Andererseits: Nachdem ich nun – mehr oder minder dazu genötigt – genauer nachgedacht hatte, wusste ich, dass Mercedes wegen der Unzuverlässigkeit und schludrigen Verarbeitung seiner Autos niedergemacht worden war, dass bei VW Gerüchte über Schmiergeldzahlungen an Gewerkschaftsführer und von sogenannten Dienstreisen in Pariser Hotels sowie nach Brasilien kursierten, wo die Herren sich mit Edelhuren verlustiert hätten. Im deutschen Fußball gab es einen Bestechungsskandal, bei dem sogar Schiedsrichter mitgemacht hatten! Was war los mit den faden deutschen Eigenschaften Präzision und Ehrlichkeit? Oder anders gefragt: Woher kam plötzlich das südeuropäische Talent zu kreativer Buchführung und Liebesabenteuern? Die VW-Bosse und Boris Becker mit seiner Eskapade in der Besenkammer eines Londoner Restaurants hatten vermutlich mehr als alle Werbekampagnen dazu beigetragen, das Bild von Deutschland schillernder zu machen. Wer weiß, vielleicht konnte man dort doch seinen Spaß haben.

Aber – Deutschland, ein Kabarett? Wie Sally Bowles in den dunkelsten Stunden ihres *Weltschmerzes* sagt: »What good is sitting alone in your room …« Es war Zeit, dass ich mich Deutschland stellte. Schmerzlich erinnerte ich mich an den Titel meiner deutschen Schulgrammatik: *Los!*

4. Angst

Verkatert in Heidelberg

die; -, Ängste: mit Beklemmung, Bedrückung, Erregung einhergehender Gefühlszustand (angesichts einer Gefahr); undeutliches Gefühl des Bedrohtseins

»Das Warm-up haben Sie also erledigt. Denn bevor man der *Wanderlust* frönt, muss man sich wie vor jeder körperlichen Betätigung ordentlich stretchen, damit auch der Kopf weit wird.«

Was war das nun wieder? Pilates für Reisende?

»Sind Sie jetzt bereit für eine anspruchsvolle mentale Übung?«, fragte Manny, hob die Braue und hielt bedeutungsschwanger inne.

»Ist der Papst Deutscher?«, brummelte ich in mich hinein.

»Deutschland ist nicht nur ein Land der Dichter, sondern auch der Denker«, erklärte Manny.

Woraufhin mir prompt folgender Witz einfiel: Ein junger deutscher Rekrut der Küstenwache übernimmt nervös seine erste Schicht in der Telefonzentrale. Kaum sitzt er da, kommt über die Lautsprecheranlage der Hilferuf eines englischen Schiffs. »Mayday, Mayday! We are sinking!« Der picklige Junge reißt sich zusammen, beugt sich über das Mikrofon und stottert: »Äh … und woran denken Sie?«

»Und ein Land großer Ideen …«, fuhr Manny fort.

Das wusste die Welt ja nun zur Genüge!

»Und die größte Idee war die Romantik.«

Die Idee der Freikörperkultur hatte ich schon kennen gelernt. Bei dem Stichwort »romantisch« erstanden aber nur Bilder von Lederhosen und von sich auf die Oberschenkel klatschenden bayrischen Bauernburschen vor meinem inneren Auge. Etwas weniger Romantisches konnte ich mir nicht vorstellen.

»Heutzutage spricht man von ›romantisch‹, wenn man nach einem Kerzenlichtdinner zu zweit auf dem Parkett zu ›Careless Whisper‹ schwoft und dem Tamilen eine Rose abkauft. Oder ein Liebeswochenende am Meer verbringt. ›Romantisch‹ sind die auf die Tränendrüsen drückenden neuesten Schmuselieder irgendwelcher Boygroups, die im Prägedruck versammelten Plattitüden auf Grußkarten oder die Toilettenkritzeleien pubertierender Jungs und Mädchen. Ursprünglich war ›romantisch‹ aber etwas ganz anderes.«

Und so schickte Manny mich dorthin, wo alles begann.

Heidelberg liegt in einem dicht bewaldeten Tal am südlichen Rand des Odenwaldes. Idyllisch fließt der Neckar an einem Stück alter Stadtmauer vorbei, ergießt sich weich über ein Wehr; unter den teils prächtigen Brücken treiben Schwäne, zieht am frühen Morgen auch einmal ein Ruderboot seine Bahn. Hinter dichten, üppig grünen Bäumen erkennt man Türme, Giebel und Stuckornamente feudaler Villen. Am anderen Uferhang liegt die Altstadt mit gepflasterten Straßen, Plätzen mit adrett gekappten Platanen und geheimnisvollen Gässchen; sie ist umgeben von noblen klassizistischen öffentlichen Gebäuden und wunderbar erhaltenen Fachwerkhäusern mit krummen und schiefen Balken. Hier befinden sich all die Kneipen, in denen dafür gesorgt wird, dass die Kehlen der Herren und Damen Studiosi feucht bleiben. Durch die Altstadt gelangt man zum Prunkstück der Stadt: Hochherrschaftliche Villen klettern den steilen Hang hinauf, als stünden sie aufeinander; schließlich erreicht man ein Plateau. Und dort erheben sich die rötlichen Sandsteinruinen des einst prächtigen und immer noch imposanten Schlosses, ein langer, asymmetrischer, wie ein Trompe-l'œil-Gemälde wirkender Komplex mit hohen Giebeln, runden, spitzen und geschleiften Türmen, hohlen Gemäuern, Verliesen und Kasematten. Der Wind pfeift durch die eingestürzten Teile: Fassaden mit Wasserspeiern und Skulpturen, die hier und dort von altem Efeu überwuchert und von der Patina edlen Verfalls überzogen sind. Was für eine Schönheit entsteht, wenn die Natur die gut durchdachten, aber eitlen Pläne der Menschen durchkreuzt. Ich geriet schon beim bloßen Anblick in romantisches Schwärmen!

In diesem verführerischen Stadium des Verfalls entdeckte eine Gruppe deutscher Dichter Heidelberg zu Beginn des 19. Jahrhunderts. 1689 und 1693 war das Schloss von den Franzosen verwüstet und von den Pfalzgrafen als Residenz aufgegeben worden. Es besaß, wie es am Felshang oberhalb des Flusses, umgeben von dichten Bäumen thronte, eine matte Schönheit. Und es sollte zum ersten großen Bild der romantischen Bewegung und zum Sehnsuchtsort der romantischen Seele werden – genau zu dem, was Manny in seinen Notizen als *das Sinnbild* der Romantiker bezeichnete. »Das 18. Jahrhundert war das Zeitalter der Aufklärung. Es wurde von der Vernunft beherrscht, von den exakten Wissenschaften, der Geburt der Wörterbücher und der Enzyklopädien sowie von einer intellektuellen Elite, die Ethik, Ästhetik und Logik in strenge Gedankensysteme fasste. Gefühle wurden beargwöhnt und unterdrückt.«

1774 kam Bewegung in die Sache. Ein unbekannter junger deutscher Dichter namens Johann Wolfgang Goethe veröffentlichte ein Buch mit dem Titel *Die Leiden des jungen Werther*, einen Briefroman, in dem ein junger Mann, Werther, einem Freund die Geschichte seiner unerwiderten, alles verzehrenden pubertären Liebe zu einer Frau erzählt, die einem anderen versprochen ist. Zum Schluss bringt er sich angesichts all der Ungerechtigkeit vor lauter Gram um. Der Roman basiert auf der Liebe Goethes zu einer jungen Frau namens Charlotte Buff und wurde über Nacht ein Bestseller. Eine Generation von männlichen Heranwachsenden stolzierte hinfort in gelber Kniebundhose, gelber Weste und blauem Rock durchs Leben, wie der schmucke Werther sie getragen hatte. Neu war nicht das Thema Liebe, sondern die schwärmerische, eingängige und vergleichsweise triviale Story. Angeblich gab es 2000 Selbstmorde nach der Veröffentlichung des Romans, sozusagen die ersten massenhaften Fälle von Nachahmungstätern. Später schrieb Goethe die Geschichte meines Leidensgefährten Faust auf. Doch mit *Werther* hatte er einer Generation von Künstlern, die die *Angst* der Heranwachsenden in den Mittelpunkt ihrer Werke stellten, den Weg geebnet, ihren übermächtigen Gefühlen Ausdruck zu verleihen. Zum Beispiel den Romantikern. Deutschen.

Hier stand ich also an dem magischen Ort der Hochromantik, der sich im späten Abendlicht rötlich färbte. Seit 200 Jahren ist Heidelberg eine der Hauptattraktionen in Deutschland und heute wie einst ein überaus beliebtes Ziel von Reisenden.

»Wussten Sie, dass die ersten organisierten Auslandsreisen der Engländer nach Deutschland führten?« Mannys Worte gingen mir plötzlich durch den Kopf.

Ach Unsinn!

Doch! Es stimmte. Bevor Thomas Cook Reiseveranstalter wurde, war er baptistischer Laienprediger und leidenschaftlicher Abstinenzler. In der Überzeugung, dass die Leute weniger trinken würden, wenn sie mehr reisten, nutzte er die neuen Transportmöglichkeiten des Industriellen Zeitalters, um ihnen kulturelle Pauschaltrips anzubieten. Man könnte sagen, der Albtraum des modernen Tourismus hat als Sozialreform begonnen: Bei Thomas Cook zunächst mit Reisen in England und im Vereinigten Königreich selbst, zum Beispiel 1851 zur ersten Londoner Weltausstellung im Kristallpalast. 1855 begriff der Abstinenzler Cook, dass er mit Sozialreformen viel Geld verdienen konnte. Er bot seinen Jüngern zum fürstlichen Preis von acht Pfund Ausflugsreisen rheinaufwärts von Köln nach Mainz an, mit Abstechern nach Heidelberg, nach Baden-Baden, dem berühmten Kurort, und ins damals deutsche Straßburg. Ziele, die bis dato nur viktorianischen Blaublütern auf ihren Bildungsreisen vorbehalten waren, wurden nun auch Bürgern zugänglich. Paris, die Schweiz, Italien und Ägypten kamen später hinzu.

Thomas Cook war also schuld an meinem *Weltschmerz*! Er war schuld, dass sich auf dem Nil die schäbigen Kreuzfahrtschiffe und auf dem Inca Trail die Touristen stauten.

Die Liebesaffäre der Briten mit Deutschland endete nicht mit dem Ersten Weltkrieg. Im Zweifel für den Angeklagten, dachten sie und glaubten nicht recht an Deutschlands Kriegsschuld, auch (noch) nicht, dass den Deutschen das Kriegführen im Blut lag. Wegen ihrer romantischen Atmosphäre wurden im 19. Jahrhundert Heidelberg und andere Orte in Deutschland zu den Lieblingsreise- und -ausflugszielen Englisch sprechender Schriftsteller und Maler. Turner war verzaubert vom Heidelberger Licht, den wechselnden Farbtönen der Gebäude und der Vielfalt malerischer Ansichten, die man von den Brücken und Hügeln aus hatte. Als Mark Twain 1880 durch die Stadt am Neckar kam, schrieb er: »Man glaubt, Heidelberg bei Tage sei das Höchstmögliche an Schönheit; aber wenn man Heidelberg bei Nacht sieht, eine herabgestürzte Milchstraße, an deren Rand jenes glitzernde Sternbild der Eisenbahn geheftet ist, dann braucht man Zeit, um sich das Urteil noch einmal zu überlegen« *(Bummel durch Europa).*

Wie in Oxford, Cambridge oder anderen britischen Universitätsstädten wird auch das Leben in Heidelberg von den (ewigen) Studenten geprägt. Meist sind die Kneipen gerammelt voll von dieser ihren scheinbar unstillbaren Durst löschenden Spezies. Eines Abends nahm auch ich an einer Zechtour im britischen Stil teil, mit Trinkspielen, taktisch geschickter Kotzerei und dem Titel *Bierkönig* für den letzten Mann, der noch stehen konnte. *Angst* offenbarten diese Nachfahren des jungen Werther nicht. Generationen von Heidelberger Studenten haben daran gearbeitet, dass die Polizei ein Auge zudrückt.

Die Party-Atmosphäre, inklusive Erbrechen und Flaschenklirren, schwappte auf die Straßen hinaus, als noch andere rabaukige Cliquen singend und sich gegenseitig abstützend heimwärts torkelten. Sie hängten Fahrräder an Laternenpfähle, überboten sich darin, ganze Straßen lang, ohne den Boden zu berühren, über Autos zu gehen, und standen um Mitternacht putzmunter Schlange vor einer Kebab-Bude. Es war nicht anders als in England: Nicht mitzumachen wäre unhöflich gewesen. Meine Gruppe lärmender Zecher feierte einen Geburtstag. Sie hakten mich unter, und es interessierte sie offenbar nicht im Geringsten, wer ich oder was für ein Landsmann ich war, ganz zu schweigen davon, was für eine Sprache ich sprach. Ich musste nur »Prost« sagen und beim Biertrinken mithalten können. Schließlich luden sie mich zu einer Party in einem der Fachwerkhäuser in der Altstadt ein, zu der auch sie keineswegs gebeten waren, mithin nicht an der Haustür Einlass begehren konnten. Ehe ich wusste, wie mir geschah, stand ich auf einem Mülleimer mit Rädern, erklomm – wie es nächtens in Heidelberg gute, alte Tradition ist – ein Fallrohr und wurde unter irrem Gelächter in ein offenes Badezimmerfenster halb geschoben, halb gezogen.

Am nächsten Morgen sah ich mit Vergnügen, dass eine der Statuen an der Schlossruine statt des Amtsstabes ein Stuhlbein in der Hand hielt. Das Original stand vermutlich jetzt als Trinktrophäe in einer Studentenbude. Es erinnerte mich an das Stuhlbein, das Heinrich VIII. über dem Eingang zum Trinity College in Cambridge schwingt.

Ein wenig mitgenommen setzte ich mich mit einem großen schwarzen Kaffee an Mannys Notizen: »Die Künstler der Romantik strebten danach, in ihrem Publikum starke Gefühle hervorzurufen, wie Schauder, Freude, Furcht und Beklemmung.« Sie hielten es offenbar mit George W. Bushs »shock and awe«, auch wenn es ihnen um machtvolle Dichtung und nicht um die Vertreibung von Diktatoren ging. »Ende des 18. Jahrhunderts vollzogen die Romantiker einen radikalen Wandel; sie legten die Zurückhaltung der Aufklärung ab, rebellierten gegen Autoritäten und machten ihrer Enttäuschung über die Gesellschaft Luft.« Lange vor den 1960ern steckte also doch schon in jedem Heidelberger Rowdy ein von Angst getriebener Heranwachsender.

Die Romantiker beschäftigte vor allem die Unendlichkeit des Universums und die Endlichkeit des Menschen darin. Sie betrachteten die grundsätzliche Tragik und Vergeblichkeit menschlicher Existenz aber durchaus auch mit einem lachenden Auge. »Bis dahin hatte man es sich einfach gemacht und die Welt mit dem einen oder anderen Gedankensystem erklärt, in dem aber stets ein Gott vorkam. Dieser Gott stand außerhalb der menschlichen Welt, und man bezog sich auf ihn als ein von Grund auf gütiges Wesen. Die Romantiker fragten: ›Was, wenn es keinen Gott gibt? Die äußere Welt zu erklären wäre ja noch möglich, doch was ist mit diesem Vakuum, dieser Unendlichkeit in meinem Herzen?‹« Infahrung. Infinity. Ich musste an Mannys Praxis denken. *Er* war der wahre Romantiker!

»Die Romantiker fanden in Mutter Natur gleichermaßen die Symbole ihres Leidens als auch ihrer Freude.« Ich hatte die innige Naturliebe der Deutschen bei den Wanderern und Umweltfreunden an der Ostsee erlebt. Jetzt schickte Manny mich auf eine Reise »zu *den* drei Orten in der Natur«, die offenbar in das Bewusstsein der Deutschen eingebrannt sind: zu einem Berg, zu einem Fluss und zu einem Wald.

Der Berg sorgt schon beim Nennen seines Namens für Rührung in deutschen Seelen. Er erhebt sich mitten in einem dicht bewaldeten Gebirge, dem Harz. Solange die Deutsche Demokratische Republik existierte, lag er verlockend nahe, doch außerhalb der Reichweite der damaligen Bundesbürger. Heute strömen die Touristen scharenweise zu seinem kahlen Gipfel – als sei es ein kroatischer Nacktbadestrand.

Der Brocken ist nur 1142 Meter hoch, verkörpert jedoch für die Deutschen eine heidnische, erdverbundene und baumverliebte Vergangenheit. Auf seinem Gipfel wird jedes Jahr in der Nacht vom 30. April auf den 1. Mai das heidnische, aber nach einer christlichen Heiligen benannte Fest der Walpurgis gefeiert. In der Walpurgisnacht begrüßen die Menschen das bedeutendste und im Jahreslauf der Natur sehnsüchtig erwartete Ereignis, den Frühling. Sie zünden Freudenfeuer an und tanzen und verlustieren sich auf dem Berg wie die Hexen, die sich der Sage nach hier versammelten, um Zwiesprache mit ihren Göttern zu halten. Es ist ein Fest der Geister und des Übernatürlichen, ein Sieg des Gefühls über die Vernunft – und spielt, soweit ich aus einem Textausschnitt wusste, den Manny mir freundlicherweise in dem Dossier mitgeliefert hatte, in Goethes *Faust* eine wichtige Rolle. Denn auf diesem Fest strebt der Protagonist des Dramas danach, Vernunft und Wissen abzuschütteln und stattdessen nicht nur Entgrenzung in der Ekstase, sondern auch Welterkenntnis zu finden.

Um den von Manny genannten Fluss, den Rhein, ranken sich »Sagen von Goldschätzen, Zwergen, Riesen und Helden sowie von der Gewalt der Liebe, Eifersucht und des Machtstrebens, die Wagner mit seinem monumentalen Opernzyklus, dem Ring, zu einem romantischen Werk par excellence verarbeitet hat«. An einer besonders ansichtskartenwürdigen Biegung des Flusses bei St. Goarshausen ragt der Loreleyfelsen auf, laut Manny Stätte romantischer Imagination pur und von dem Dichter Heinrich Heine unsterblich gemacht. In meinen Augen war die Loreley ein ganz normaler Felsbrocken, auch wenn er Horden von Touristen anzieht. Er hat seinen Namen von der Nymphe fatale »mit dem goldenen Kamme«, die von ihrem tückischen Felssitz aus mit sehnsuchtsvollen Weisen Schiffer in den Tod gelockt haben soll. Wenn das nicht auch die ausweglose Liebe unseres Antihelden Werther widerspiegelte! Jetzt lockt die Loreley nur noch glücklose Boots- und Busladungen rucksackbewehrter Besucher in leuchtfarbener Allwetterkleidung, doch die Gefahr, dass die Umwelt verschmutzenden Ausflugsschiffe in Seenot geraten, besteht leider nicht. Bei mir löste die Loreley nur einen neuerlichen Anfall von *Weltschmerz* aus. Allerdings fand ich, dass der Rhein mit seinen Burgen, Schluchten, Wäldern und Sagen und den riesigen, schwer beladenen Frachtschiffen, die sich im Tempo eines lange vergangenen romantischen Zeitalters träge durchs Wasser pflügen, auch heute noch die Fantasie anregt.

Der Baum, nobel und edel, ist nicht nur das dritte Symbol der Romantik, sondern auch eines, das für die Geburt der deutschen Nation steht.

Deutschland, lernte ich, entstand in einem Wald. In der Nähe von Osnabrück, um es genauer zu sagen. Hier, am Rande eines dichten Waldgebiets, des Teutoburger Waldes, fand eine Schlacht statt, die von den Deutschen als Geburtsstunde ihres Volkes betrachtet wird.

Zufällig hatte ich die oscarnominierte Hollywood-Variante dieser Schlacht schon Dutzende Male gesehen. *Gladiator* beginnt mit dem Satz: »Im Winter 180 Anno Domini ging der seit zwölf Jahren währende Feldzug Kaiser Marcus Aurelius' gegen die wilden Stämme in Germanien zu Ende.« Dann kommt eine Großaufnahme von Russell Crowe, einem Angehörigen jenes anderen wilden Stammes, der Australier, der eine schicke Wolfspelzstola um die Schultern trägt. Er hat einen Boten in den Wald geschickt, der den Germanen Verhandlungen anbieten soll. Doch der Bote wird ohne Kopf zurückexpediert. Der Führer der Germanen, ein in Leder gewandeter, haariger Riese, der in der einen Hand eine Keule und in der anderen den abgetrennten Kopf hält, taucht vor der römischen Frontlinie auf und stößt einsilbige, kämpferische, entschieden niederdeutsch klingende Brülllaute aus. Einerlei, was er sagt, es bedeutet Krieg, und aus den Wäldern ertönt das anfeuernde Geschrei und Gegrunze einer zusammengewürfelten Armee von Germanenhorden, die Keulen schwingen sowie eine üppige Gesichtsbehaarung und ebenfalls eine frühe Vorliebe für Leder haben. »Auf mein Zeichen ist hier gleich die Hölle los!«, ruft der römische Feldherr. Ein wahrer High-Budget-Blitzkrieg bricht los. Feuerbälle und brennende Pfeile regnen hernieder, die Germanen werden dahingemetzelt, die Schlacht ist gewonnen.

Die endlos sich hinziehenden Kampfhandlungen, die einem das Blut in den Adern gefrieren lassen, zeigen das – sicherlich erste – muntere Boches-Klatschen der Menschheitsgeschichte. Na, schön wär's gewesen! Wie üblich jedoch geht Hollywood locker mit den Fakten um. In Wahrheit haben die Römer die germanischen Stämme an den Grenzen ihres Reiches nie richtig unterworfen.

Wir schreiben das Jahr 9 u. Z. Östlich von Gallien und am nordwestlichen Rand ihres Reiches haben die Römer, dort, wo heute die deutschen Städte Mainz, Trier und Köln liegen, Kolonien gegründet. Aber jenseits des Rheins erstrecken sich dichte, dunkle, wenig anheimelnde Wälder, in denen es von Barbaren wimmelt – das Wort haben die Römer von den Griechen gelernt und nennen alle Völker so, die sie nicht beherrschen und die nichts weiter als die Silben »bar-bar-bar« hervorstoßen können.

Ein arschkriecherischer römischer Apparatschik namens Publius Quintilius Varus übernimmt den Posten des Statthalters in Germanien und fängt sofort an, die Germanen herumzukommandieren und ihnen Geld abzupressen, als seien sie tributpflichtig. Die listigen Germanen tun so, als respektierten sie die römische Überlegenheit, und wiegen die Römer in dem Glauben, als ließen sie sich, einfältige, unkultivierte Untertanen, die sie sind, tatsächlich von ihnen zivilisieren. Diesen schlauen Plan hat der Heerführer eines ihrer Stämme ersonnen: Arminius, Häuptling der Cherusker. Er ist in Rom erzogen worden, spricht fließend Latein – zeigt also früh das deutsche Talent für Fremdsprachen –, und der Feind hat Vertrauen zu ihm. Und dann ist der richtige Moment da …

Arminius erzählt Varus von einer Rebellion, die ein germanischer Stamm im Nordwesten angeblich ausheckt. Bei der Aussicht auf einen glorreichen Sieg und weitere Arschkriecherpunkte in Rom juckt es Varus gewaltig in den Fingern, und er schickt drei seiner stärksten Legionen ins Rennen, die GSG9 der römischen Armee, damit die diesen Barbaren mal zeigen, wer der Herr im Hause ist.

In Kalkriese liegt eine harmlose Wiese inmitten sanft gewellter Hügel im Herzen des mehr oder weniger flachen Bundeslandes Niedersachsen. Doch vor 2000 Jahren war hier Sumpfland, von Bäumen umgeben, die für einen Hinterhalt wie geschaffen waren. An diesem Ort trommelte Arminius die verschiedenen germanischen Stämme zusammen, die mit allem, was sie an Waffen zur Hand hatten, und von den Seitenlinien angestachelt, gnadenlos angriffen. Beobachter berichteten, dass die Weiber bei jedem Zeichen von Ermattung der Männer ihre Brüste entblößten und sie anfeuerten, sich den fleischlichen Lohn des Krieges zu verdienen.

Die Schlacht war äußerst blutig und trug sehr zum Image der Germanen als ungesittete, blutrünstige Schlägertypen bei. Der römische Geschichtsschreiber Tacitus vermittelte in seinem Bericht über Germanien einen nachhaltigen Eindruck von den, Asterix und Obelix ähnlichen, Lebewesen jenseits des Rheins, der sich in den Bädern zu Hause in Rom sicher schnell herumsprach: Die Eingeborenen seien ein Haufen ungehobelter, dicht behaarter Neandertaler, die lederne Suspensorien trügen, Bäume umarmten und noch sehr weit davon entfernt seien, den Audi zu erfinden. Tacitus schilderte ihre »blauen Augen mit dem wilden Blick, ihr rötliches Haar und die hochgewachsenen und nur für den bewaffneten Kampf starken Leiber«. (Boris Becker?) Zu den kriegerischen Neigungen der Germanen bemerkte der Römer: »Die ehrenvollste Art der Anerkennung und des Lobes ist es, sie mit den Waffen zu äußern«, und: »Auch im Frieden mildert sich ihr Blick nicht zu freundlicherem Aussehen.« Zum Land selbst stellt er die Überlegung an: »Wer hätte Asien, Afrika oder Italien verlassen sollen, um nach Germanien zu ziehen, in das wüste Land mit rauem Himmel, abschreckend für den Ackerbau sowie für den Anblick?« – und lieferte damit den frühen Beweis, dass Deutschland schon vor 2000 Jahren Mühe hatte, Touristen anzulocken.

Doch Kalkriese wurde Zeuge der größten Niederlage, die die Römer in einer einzigen Schlacht je erlitten – um die 30 000 römische Soldaten und Zivilisten kamen um. Nie wieder versuchte Rom, die *Schweine* jenseits des Rheins zu unterwerfen. Ridley Scotts Gemetzel im Jahre 180, im friedlichsten Surrey gefilmt, hat nie stattgefunden. Wäre der *Daily Mirror* nach der Schlacht am Teutoburger Wald für die Schlagzeile zuständig gewesen, hätte sie sicher gelautet: »Für dich, Varus, ist der Krieg zu Ende.« Und ähnlich wie der ehemalige Herausgeber des Blatts, Piers Morgan, stürzte sich Varus in sein Schwert.

»Der Teutoburger Wald und die Varusschlacht sind wichtig, weil sie, schon 300 Jahre bevor romantische Vorkämpfer des 19. Jahrhunderts für eine ›teutsche Nation‹ schrieben und eintraten, als grundlegend für den deutschen Nationalgedanken galten«, hatte Manny geschrieben.

Heute erhebt sich inmitten des Waldgebiets eine 28 Meter hohe, grüne Kupferstatue von Arminius, alias Hermann, die an die nach ihm benannte Schlacht erinnert. Angetan mit Lederrock und -wams und viel Bein zeigend, blickt er mit hoch erhobenem Schwert trotzig gen Süden, gen Rom. Er steht auf einer Art steinernem Pavillon, der höher ist als er selbst. Das Denkmal ist die kühnste Bekundung deutschen Nationalgefühls, die man in Deutschland finden kann. Was den Deutschen ihr Hermannsdenkmal, ist den Engländern die Nelsonsäule. In New Ulm in Minnesota steht ein ebensolches, aber natürlich viel größeres Hermannsdenkmal und ist das Lieblingssymbol aller US-Amerikaner deutscher Herkunft.

Der Wald ist also nicht nur Sinnbild der Romantik, sondern auch der nationalen Einheit der Deutschen. Das Gleiche galt für das Heidelberger Schloss, den Rhein, die Loreley und den Brocken. Sie gehörten zum Mythos einer Nation, die noch geboren werden musste.

»Der Wunsch nach einer deutschen Nation erwachte erst gegen Ende des 18. Jahrhunderts, und zwar vor allem auch unter den Romantikern. Bis dahin lebten die Deutschen in einem Sammelsurium sehr ungleicher, zum Teil verfeindeter Staaten, die einander häufig bekriegten. Die Deutschen beneideten Frankreich um sein *patrie* und Großbritannien um sein seit langem bestehendes Königreich. Spanien und

Portugal waren zwar im Niedergang begriffen, hatten aber beide große Reiche besessen. Nun, da die Deutschen an der Französischen Revolution gesehen hatten, was die Macht des Volkes ausrichten konnte – warum sollten sie nicht auch nach einer nationalstaatlichen *Heimat* streben?«

Heimat. War das nicht der Titel eines endlosen deutschen Filmepos? Ja, und *der* Begriff für ein Gefühl von Zugehörigkeit zum unmittelbaren lokalen und sozialen Umfeld, später auch der Sehnsucht nach nationaler Identität. Doch als der Begriff Ende des 18. Jahrhunderts diese zusätzliche Bedeutung gewann, existierte eine politische Heimat nicht. Heimat wurde über die unmittelbare geografische Umgebung hinaus ein abstrakter Ort, ein Zufluchtsort für verlorene Seelen, ein verlorenes Volk und das Reich der Symbole, Märchen und Sagen. Ein wenig wie das Gelobte Land.

Um 1800 symbolisierte plötzlich jeder deutsche Baum *Heimat*, vor allem die deutsche Eiche. Später durchlief die Baukunst in Deutschland, wie man an den Heidelberger Villen über der Altstadt sehen konnte, die verrückte Phase eines aufwendig gestalteten Historizismus, mit Details – runden Türmen, spitzen Türmen, neogotischen Bogenpfeilern und Zinnen –, die man als typisch für eine urdeutsche Vergangenheit ansah. Die Stelle in Koblenz, an der die Mosel in den Rhein mündet, wurde Deutsches Eck genannt, ist also die deutscheste Ecke Deutschlands und mit dem Kaiser-Wilhelm-Denkmal auch der deutscheste Anblick, den man sich vorstellen kann. Und in der Nähe von Regensburg, im tiefsten, waldreichsten Bayern, erbauten die Deutschen, wild entschlossen, sich eine uralte, klassische Vergangenheit zu schaffen, in den 1830er-Jahren die Walhalla, eine marmorne deutsche Hall of Fame, dem Parthenon in Athen nachempfunden. Aber im Inneren stehen nicht griechische Götter und Göttinnen, sondern die Marmorbüsten der Götter der deutschen, romantischen Mythisiererei, zu denen später weitere Deutsche par excellence hinzukamen: Martin Luther, Albert Einstein, Konrad Adenauer, Kaiser Wilhelm I.

Beim Bemühen der Deutschen, eine Nation zu werden, spielten die neu entstehenden *Burschenschaften* eine maßgebliche Rolle. Sie gründeten sich nach der Befreiung großer Teile Deutschlands von napoleonischer Fremdherrschaft und nach dem Wiener Kongress 1815; schließlich wurden sie politisch aktive, militante Organisationen, die für die nationale Einheit der deutschen Völker kämpften. Als Mark Twain 1880 Heidelberg besuchte, wurde er Zeuge der traditionellen *Mensur:* Zwei Fechter aus verschiedenen Burschenschaften traten gegeneinander an, um sich, wie er schrieb, als Zeichen der Männlichkeit und um bei den Damen begehrter zu sein, unter dem Auge oder auf der Wange eine Narbe, einen sogenannten Schmiss, einzuhandeln. Heute sind die Burschenschaften sehr vom Geist eines deutschen Nationalismus geprägt. Hatte nicht Tacitus schon zu den alten Germanen bemerkt: »Die ehrenvollste Art der Anerkennung und des Lobes ist es, sie mit den Waffen zu äußern?« Womit wir wieder bei den Barbaren in den Wäldern wären.

Klar aber ist: In Deutschland fanden Ende des 18./Anfang des 19. Jahrhunderts zwei wesentliche Ereignisse gleichzeitig statt. Werther löste mit seiner adoleszenten Angst einen Ausbruch von Gefühlen aus; gleichzeitig verstärkten sich die Bemühungen um die Nationwerdung. Eine wilde Mischung.

Heute noch sieht man die Fahnen und Wappen der Burschenschaften an ihren Verbindungshäusern. Sie betreiben weiterhin eine freimaurerähnliche, verzopfte Aufnahmepolitik, und das alte »Ehre, Freiheit, Vaterland« ist weiterhin ihr Motto. In der Heidelberger Altstadt sitzen sie in einigen der prächtigsten Stuckvillen und bieten Studenten Unterkunft mit angeschlossener Mitgliedschaft in dem einen oder anderen Sport- oder Trinkclub an. Das Verbindungswesen in Deutschland ist einmalig und hat große Ähnlichkeit mit britischem Universitätsleben. Vielleicht hatte ich den feuchtfröhlichen Abend, ohne es zu ahnen, in Gesellschaft von Heidelbergs echten Burschen verbracht. Das würde jedenfalls erklären, warum mir die Trinkrituale so bekannt vorkamen.

Überkamen mich allmählich auch romantische Empfindungen? Das so eng mit der Natur verknüpfte, mächtige, düstere deutsche Nationalgefühl hatte etwas Mysteriöses. Aber meine Begeisterung dafür hielt sich in Grenzen. Und die der Deutschen, nachdem sie es ein-, zweimal ein bisschen weit damit getrieben haben, paradoxerweise auch immer noch.

Denn was die *Selbstwahrnehmung* betrifft, hat kein Volk mehr getan als die Deutschen, um nach seiner jüngsten Vergangenheit gründlich in sich zu gehen. In der äußerst erfolgreichen britischen Sendereihe *Yes, Prime Minister* heißt es, Großbritannien sei in die Europäische Union eingetreten, »um den Franzosen eins auszuwischen und zwischen sie und die Deutschen einen Keil zu treiben. Die Franzosen seien Mitglied geworden, um ihre unrationell wirtschaftenden Bauern vor dem harten Wettbewerb des Marktes zu schützen, und die Deutschen, um sich von der Schuld des Genozids zu befreien und um Wiederaufnahme in die Menschheit zu bitten«.

Es kann bei einer Nation von Denkern nicht überraschen, dass die Deutschen die Selbsterforschung in einen Lebensstil verwandelt haben; beinahe täglich analysieren sie ihren Seelenzustand. Ich dachte an Harry Enfields Sketch von Jürgen dem Deutschen, der sich allen Ausländern aufdrängt und von ihnen verlangt, dass sie seine »Entschuldigung für das, was sein Land im Krieg gemacht hat«, annehmen. Die Deutschen haben für ihre Art der Rückbesinnung eines ihrer Wort-Ungetüme ersonnen: *Vergangenheitsbewältigung*. Kein Wunder, dass die Psychotherapie in der deutschen Sprache ihren Anfang nahm.

Der deutsche Schriftsteller und Literaturnobelpreisträger Günter Grass rief noch Jahrzehnte nach dem Krieg seine Landsleute dazu auf, sich ihrer Vergangenheit zu stellen, zögerte selbst aber bis 2006, um seinen eigenen persönlichen Augenblick der Vergangenheitsbewältigung zu inszenieren und in seiner Autobiografie zu enthüllen, dass er als Jugendlicher in die Waffen-SS eingetreten war.

Als ich vom Gipfel des Hügels auf das Heidelberger Schloss und das dunstige Neckartal hinunterschaute, erinnerte ich mich an Mannys Worte: »Die wahre romantische Seele ist eine ruhelose Seele, die bei ihrer Reise von einem Ort zum anderen nur flüchtige Befriedigung findet.«

Tatsächlich spielte auf der Suche nach einer Nation die Figur des Wanderers und des Reisenden für die Romantiker eine große Rolle. Das Fehlen einer Heimat rief das Gefühl des *Heimwehs* hervor, der Sehnsucht nach dem Heimatland.

Heimweh? Das klang ja sehr wie Heimway, Mannys Nachname, und das Heimway-Syndrom. Ich stutzte, verfolgte den Gedanken aber nicht weiter.

»Das Gefühl von Ruhelosigkeit passte perfekt zum Thema unerwiderte Liebe und zum Empfinden, von der Gesellschaft und von der Welt im Allgemeinen nicht verstanden zu werden.«

Galt dieser Befund für das deutsche Volk insgesamt? War es unverstanden und auf der Suche nach sich selbst? So definiert, war es auf jeden Fall ein romantisches Volk.

»Der Zustand der Ruhelosigkeit entstand vor allem aus der *Sehnsucht*« (noch so ein Abstraktum, die deutsche Sprache ist voll davon), »aus dem Sehnen nach etwas Besserem, nach Vollkommenheit, nach absoluter Ruhe und Vollendung, was per definitionem unmöglich ist. »1818 malte Caspar David Friedrich, der mit den weißen Klippen von Rügen, ein Bild, auf dem das Ideal des romantischen Wanderers dargestellt ist.«

Ich erinnerte mich, dass es in Mannys Praxis hing, an einem Ehrenplatz hinter seinem Schreibtisch. Man sieht darauf den *Wanderer über dem Nebelmeer* in Rückenansicht: ein junger Mann mit windzerzausten, rötlichen Haaren, der in dreiviertellangem Gehrock, sich mit dem Wanderstab abstützend, die Beine leicht gespreizt, merkwürdig entspannt auf dem felsigen Gipfel eines Berges steht und auf eine Landschaft hinunterschaut, die von Nebelschwaden, aus denen Bergspitzen und Felsen ragen, verhüllt ist. Eine Werther-Gestalt, ein romantischer Held, ein Einsamer und ein Abenteurer, der, rebellisch und frei, außerhalb der gesellschaftlichen Konventionen, über die er sich erhaben fühlt, seinen schweren Weg geht. Aber auch ein Wanderer auf der Suche nach der Seele des deutschen Volkes. Caspar David Friedrichs Gemälde schuf das Idealbild des *Wanderers* und war nun seinerseits ein *Sinnbild* der deutschen romantischen Sehnsucht nach dem Wandern und Reisen. Der *Wanderlust*.

»Die ursprüngliche romantische *Wanderlust* drückt zum ersten Mal die Lust am Wandern um des Wanderns willen aus, im Gegensatz zu Pilgerfahrten, zu Exil oder Vertreibung«, erläuterte Manny später. »Und solche Wanderer und Reisende waren die Deutschen, mit Rucksack auf dem Rücken und Wanderstab in der Hand, als Erste.«

Vielleicht war ihr Wort »Rucksack« – seltsam zackig und weltfremd – deshalb ins Englische eingegangen.

»Am Anfang aber war der Rucksack weder die knallig leuchtstofffarbene Scheußlichkeit mit den vielen Verschlüssen noch das Einfamilienhaus, dass Sie Möchtegern-Trekker wie ein Schneckenhaus mit sich herumschleppen. Es war ein schlichter, bescheidener Beutel, der die zur Selbstversorgung unerlässlichen Notwendigkeiten des Lebens enthielt. Man konnte ihn lässig mit einem Riemen über einer Schulter tragen.«

Ein Riemen oder zwei. Heute könnte man das als Unterscheidungskriterium zwischen Touristen und echten Reisenden oder Wanderern nehmen!

Friedrichs Wanderer, das war ich! Er verkörperte für mich alles, was Manny an meiner Einstellung zum Reisen kritisiert hatte: die elitäre Einbildung, als Einziger etwas zu begreifen, über allem zu stehen, ein Einsamer zu sein, der seinen einzigartigen Weg geht, einen Weg ohne Touristen.

»Schon gut! Aber er war auch ein Mann, der die Welt betrachtete, der sie zum ersten Mal mit Staunen und Ehrfurcht sah und – vielleicht am allerwichtigsten – beim Gehen sah! ›Wandern‹ heißt nämlich ›zu Fuß gehen‹. Auf dieser Reise lernen Sie, wie die Deutschen zu wandern. Echte *Wanderlust* bedeutet, die Energie von Mutter Erde durch den Körper aufzunehmen, und zwar in der natürlichen Zeit, ohne die verzerrende Wirkung des Hochgeschwindigkeitsreisens. Heute fällt man einfach aus der Luft in einen vorbestimmten Ort ein, ohne ein Gefühl für den Weg dorthin entwickelt zu haben. Sie müssen lernen, wieder zu Fuß zu gehen!«

Ich hatte schon an der Ostsee gesehen, wie sehr die Deutschen die Naturlehrpfade liebten und dass große Teile des Landes nur Wanderern zugänglich waren. Nun fiel mir ein, dass ich Reisende wie Laurie Lee und Patrick Leigh Fermor, die in den 1930er-Jahren zu Fuß durch Europa gewandert waren, immer glühend beneidet hatte. War so etwas auch heute, im Zeitalter der Flugzeuge, Eisenbahnen und Autos, noch möglich? Vielleicht hatte Manny gar nicht so unrecht.

Ich erfuhr, dass Goethe ein überzeugter Reisender gewesen ist und – lange bevor sich Byron sein Inter-Rail-Ticket besorgte – Italien besuchte. Nach seiner *Italienischen Reise* verfassten die Deutschen manche Eloge auf das ihnen so fremde *dolce vita*, und sie tun es heute noch. »Die deutsche Wanderlust beschränkte sich nicht auf Länder, in denen Deutsch gesprochen wurde. Sie war auch geprägt vom Fernweh, von der Sehnsucht nach dem, was in weiterer Ferne lag, dem Gegenteil von Heimweh.« Ach, deshalb besetzen sie immer anderer Leute Strände. Manny hatte ja erwähnt, dass sie pro Kopf mehr Ferien im Ausland machen als jedes andere Volk der Welt. Dabei brauchte ich weiß Gott keine Bestätigung dafür, dass die Deutschen generell überall sind.

»Und wissen Sie, mit welchem Buch die ersten Thomas-Cook-Touristen durchs Rheinland und andere europäische Länder gereist sind?«, fragte Manny stolz.

Die geschmackvollen roten Bändchen, die Karl Baedeker, ein Koblenzer Buchhändler, seit den 1830/40er-Jahren veröffentlichte, waren offenbar die ersten Reiseführer der Welt, nicht nur modische Begleiter für Bildungsreisende, sondern auch Zeugnis verlässlicher deutscher Akkuratesse. Die Originale waren ausstattungsmäßig vom Feinsten und gehörten zur Kultur eines goldenen Zeitalters der Bildungsreisen. Doch auch Baedeker hatte Geister gerufen, die wir nicht mehr loswerden: Die grellbunten, mit Fotos vollgepackten Reiseführer von heute, mit denen alle herumlaufen, sind nur peinlich und haben wesentlich zu meinem *Weltschmerz* beigetragen.

»In der deutschen *Wanderlust*, die auf das Zu-Fuß-Gehen und die Achtung vor der Natur den allergrößten Wert legte, steckte auch eine gewisse Selbstgenügsamkeit.«

Deutschlands größter Erfolgsautor aller Zeiten ist anscheinend nicht Goethe oder sonst ein literarischer Gigant, sondern ein Mann namens Karl Friedrich May. Er lebte in der zweiten Hälfte des 19. Jahrhunderts, war Lehrer und fast zehn Jahre seines Lebens wegen Hochstapelei, Bagatell-Diebstählen und Betrugs im Gefängnis. Nach allem, was man weiß, war er ein psychopathischer, münchhausenesker Lügner und setzte diese Begabung in seiner Gefängniszelle schöpferisch um: Er malte sich die Welt des Wilden Westens aus, die er nie besucht hatte und auch nie besuchen sollte. Er schrieb Dutzende von umfänglichen Wild-West-Geschichten mit den Hauptfiguren Winnetou, dem klugen Häuptling eines Apachen-Stammes, und Old Shatterhand, dessen Blutsbruder und Karl Mays Alter Ego. Man fand und findet die Wälzer in jedem deutschen Bücherschrank. Aber die Indianer-und Cowboy-Spiele sind nicht das Wichtigste darin. Old Shatterhand ist ein romantischer Held, ein edler Weißer voller undogmatischer christlicher Überzeugungen und Mitgefühl mit den Indianern als Opfern der weißen Aggression. Die Romane sind auch weniger Action- oder Abenteuerschmöker als vielmehr nachdenkliche, philosophische, ja, sogar mystische Erzählungen, voller Ehrfurcht vor der Natur, der Kultur der indigenen Bevölkerung und von der Überzeugung geprägt, dass man sich stets auf sich selbst verlassen können muss. Außerdem sind die Guten durch die Bank deutscher Abstammung.

Und Karl May, scheint's, ist in Deutschland nach wie vor Kult. In Bad Segeberg in Schleswig-Holstein gibt es die Karl-May-Spiele, wo sich fast jedes Jahr Tausende von Rothäuten mit bunt bemalten Gesichtern sowie Shatterhands in Lederkluft treffen und Karl Mays Wilden Westen in Szene setzen. 2001 brach *Der Schuh des Manitu*, eine gelungene Parodie auf die Winnetou-Filme, deutsche Kassenrekorde.

Manny hatte mir ein Karl-May-Opus als Kostprobe in mein Therapiepaket gelegt. Es war sehr aufschlussreich. Auf den ersten Blick haben Karl Mays Bücher eigentlich nichts mit Deutschland zu tun. Doch mit ihrer Sehnsucht nach einer reineren, unschuldigeren – barbarischen? – Welt des selbstgenügsamen Umherziehens und Kommunizierens mit der Natur schienen sie mir ein ziemlich genaues Porträt der deutschen Psyche zu zeichnen.

Die Romantik war also ursprünglich deutsch. Was aber war heute? War das moderne Deutschland romantisch? Ich hatte nicht viele Männer in Gehröcken herumwandern sehen. Heutzutage würde Werther sowieso Hugo Boss tragen. Doch ich fand, viele hatten etwas Introvertiertes, Verzehrendes, Gequältes.

Als sich Experten zum Beispiel hinsetzten und überlegten, mit welchem Slogan sich die Nation den Besuchern der Fußball-Weltmeisterschaft 2006 präsentieren könnte, kamen sie auf *Deutschland – Land der Ideen*. In dieser Nation angstgebeutelter Denker muss er Ergebnis angespannten tiefsinnigen Sinnierens gewesen sein. Der deutsche Philosoph Arthur Schopenhauer bemerkte schon im vorvorigen Jahrhundert: »Ein eigentümlicher Fehler der Deutschen ist, dass sie, was vor ihren Füßen liegt, in den Wolken suchen.« In einer Untersuchung wurde festgestellt, dass die Deutschen mit 107 den höchsten durchschnittlichen IQ der Welt haben. Sie verwenden viel Zeit darauf, ihre grauen Zellen zu trainieren, und haben folglich der Welt einige der größten Ideen der Menschheit vermacht.

Die komplizierte Sprache dafür haben sie allemal. Hatte nicht Mark Twain während seines Aufenthalts in Heidelberg gewitzelt, er verzichte lieber auf einen guten Schluck deutschen Weins, als dass er ein deutsches Adjektiv dekliniere?

Manny nahm mich mit auf eine kleine historische Tour durch die deutsche Geistesgeschichte: »1516 blickte die westliche Welt gehorsam, und ohne eigenständig nachzudenken, nach Rom und auf den Papst. Der Katholizismus herrschte uneingeschränkt, eine Reihe machtgieriger, korrupter Päpste mästete sich am Ablasshandel und wollte sich in kirchlichen Prachtbauten verewigen. Der Rest Europas war arm, krank und unwissend.«

In der Stadt Wittenberg an der Elbe lebte ein gebildeter, aber unzufriedener junger Mönch namens Martin Luther. Als tiefgründiger Deutscher trug er schwer an den Verfehlungen der kirchlichen Oberhäupter und der Kirchenpolitik. Er sann auf Besserung. An einem Abend im Oktober 1517 beschloss er, seiner *Angst* Ausdruck zu verleihen, und versuchte, eine Debatte zu initiieren, indem er ein Papier mit 95 Thesen an die Tür der Schlosskirche zu Wittenberg nagelte. Diese Thesen sollten die Grundlage des Protestantismus werden. Und auf eine Weise, die sich Luther schwerlich hätte vorstellen können, sollten sie die Welt für immer verändern.

Luther entwarf eine radikale Vision des Individuums, das seine eigene unmittelbare Beziehung zu Gott in seiner lokalen oder regionalen Kirche hat, ohne sich Rom zu beugen. Er übersetzte die Bibel ins Deutsche, damit viel mehr Menschen sie lesen und selbst darüber nachdenken konnten. Messen sollten auf Deutsch und nicht mehr auf Latein gelesen werden. Luthers Ideen und sein Handeln hatten weitreichende Folgen: Die Leute kamen auf die Idee, die gesellschaftliche Hierarchie insgesamt in Frage zu stellen, was prompt 1524/25 in die Bauernaufstände mündete, wahrscheinlich die größte Massenerhebung, die Europa bis dahin erlebt hatte. Staaten bekämpften sich in sogenannten Religionskriegen, Katholiken gegen Protestanten und vice versa. Es folgten die spanische Inquisition, der englische Bürgerkrieg, schon im Dreißigjährigen Krieg die Verwüstung des Heidelberger Schlosses sowie Monty Pythons größter Sketch. Die Reformation hatte noch andere tiefgreifende Auswirkungen auf die Gesellschaft. Man legte mehr Wert auf das gedruckte Wort, das Bücherlesen und die Wissenschaften – sie florierten. Schulen und Universitäten gewannen an Bedeutung und gesellschaftlicher Wertschätzung. Die neu entdeckte Freiheit des Denkens beflügelte die naturwissenschaftliche Forschung. Allein die Anzahl der Erfindungen, die die Deutschen der Menschheit schenkten, ist frappierend.

Manny hatte mir eine kleine gelbe Broschüre gegeben: *Deutsche Stars – 50 Innovationen, die jeder kennen sollte,* herausgegeben von einer Initiative »Partner für Innovation« und finanziell unterstützt von Bundesregierung und mehreren Wirtschaftsunternehmen. Diese Initiative sollte helfen, das deutsche Volk aus der Depression herauszureißen, und es zu ein wenig mehr Erfindungseifer und Neuerungswillen anzustacheln. Immerhin hat Gottlieb Daimler das Auto, Rudolf Diesel den gleichnamigen Motor, Herr Röntgen das Röntgen und Graf Zeppelin das Luftschiff – oder sollte man sagen, den »Stairway to Heaven«? – erfunden. Ein-, zweimal war ich überrascht, hinter welchen Erfindungen deutsche Forscher stehen. So wusste ich nicht, dass Felix Hoffmann 1897 das Aspirin und Heinrich Focke 1936 den Hubschrauber entwickelt haben; anderes ist umstritten – offenbar erfand nicht unser Alexander Bell, sondern 1859 der Deutsche Philipp Reis das Telefon. Manches ist allerdings von zweifelhaftem Wert: etwa die Berliner *Currywurst* und die *Gummibärchen.*

Durch den sich aus dem Protestantismus entwickelnden Calvinismus wurde auch das Verständnis von Arbeit revolutioniert. Bisher war Arbeit nur als Weg betrachtet worden, sich vor der christlichen Sünde der Faulheit zu hüten. Nun aber behaupteten die Calvinisten, wer faul sei, sei nicht nur verdammt, sondern man könne sich sogar in den Himmel hineinarbeiten. Zumindest fanden sie, man müsse die Gewinne unbedingt wieder investieren und dann noch härter arbeiten. Der kapitalistische Unternehmergeist war geboren. Die *kritische* Analyse zum entstehenden Kapitalismus verfasste ebenfalls ein Deutscher. Karl Marx schrieb *Das Kapital.* Der Deutsche Max Weber, einer der Begründer der Soziologie im 20. Jahrhundert, erklärte, im Calvinismus zeige sich die uns prägende Auffassung, dass die Anhäufung von Wohlstand und der erbarmungslose Konkurrenzkampf Sinn und Zweck des menschlichen Lebens seien. Hitler pervertierte diese Überzeugung zu »Arbeit macht frei«. Allerdings basiert auch die US-amerikanische Verfassung, ja, überhaupt der US-amerikanische Pioniergeist des »Go West« und der amerikanische Traum, für den schon Kinder in der Schule fit gemacht werden, wenn sie die Grundlagen profitorientierten Wirtschaftens lernen, auf der deutschen protestantischen Arbeitsethik. Von dieser rigorosen Arbeitsmoral waren auch die frühen weißen Siedler und Trekker in Südafrika beseelt, die für ihren gnadenlosen Pragmatismus berüchtigt und gefürchtet waren.

Welche Ironie, dass eine Religion, die von ihrem Geist her weltliche Besitztümer eher ächtet, schlussendlich Besitz selbst in eine Religion verwandelte. Und wie seltsam, dass die einst radikalen Worte aus Calvins Mund nun zu den konservativen Dogmen von George W. Bush und des US-amerikanischen Bibelgürtels geworden sind.

Fest steht jedenfalls, dass die Deutschen berühmt für ihr hartes und erfolgreiches Arbeiten sind – und jetzt wusste ich, warum. Deutsche Firmen, von BMW über Bertelsmann bis zur Deutschen Bank, scheinen die Welt zu beherrschen. Deutsche Firmen besitzen den höchsten Anteil an Grundbesitz aller ausländischen Unternehmen in der Londoner City, einschließlich nun auch Norman Fosters Gherkin. Dabei hatte Luther doch bloß keine Lust mehr, dem Vatikan Geld in den Rachen zu schmeißen. Aber was hat er alles angerichtet!

Dass ich mal über Religion nachdenken würde, hätte ich mir auch nicht träumen lassen. Mir war Deutschland nie als besonders religiöses Land erschienen. Religiös waren Italien und Frankreich mit ihren Madonnen, Kathedralen und sogar noch mehr Dörfern namens Sankt Soundso als Krippen, an denen Kinder in einem britischen Einkaufszentrum zu Weihnachten kleine Geschenke bekommen. In Deutschland zog der Staat sogar, wie ich jetzt erfuhr, von seinen Bürgern die Kirchensteuer ein! Na, wenn das kein Ablasshandel war …

Mit einem Mal fiel ein Groschen! Jetzt konnte ich auch das Gefühl benennen, das ich am Ende meiner FKK-Ferien zu analysieren versucht hatte: Die FKK-Anhänger behaupten, Kleidung könne reizvoll und erregend sein, und das sei schlecht. Aber war es denn nicht der Zweck eines Bikinis, dass er seiner Trägerin einen »hohen Sinn« oder ein »geheimnisvolles Ansehn« verlieh? Die Freikörperkultur war anscheinend das Gegenteil von romantisch! Wie dem auch sei: Für einen Deutschen war FKK nicht verführerische Nacktheit des Fleisches, sondern Ausdruck einer Philosophie und Rückkehr zu einer vorgeburtlichen Unschuld. Und es steckte ein Konzept dahinter, etwas Klares, Ehrliches und Direktes – etwas Aufrechtes, könnte man ketzerisch sagen –, das die Nacktbade-Kultur durch und durch deutsch erscheinen ließ. Protestantismus auf der Sonnenliege.

Der Protestant findet pure Nacktheit instinktiv besser als fransengeschmückte Brustwarzen von Karnevalstänzerinnen. Folglich sind die Züge in seinem Land pünktlich, fährt er Fahrrad, ist alles sauberer, arbeiten die Leute härter und funktioniert meist alles. Im Gegensatz zu rein katholischen Ländern, wo das die Ausnahme ist. Brasilien zum Beispiel, die Heimat des größten Karnevals der Welt, hat sich zwar das pseudosozialistische, all-südamerikanische Motto »ordem e progresso« wortwörtlich auf die Fahne geschrieben, doch wenn es gilt, persönlich etwas für »Ordnung und Fortschritt« zu tun, denkt jeder Brasilianer: Na, das soll mal jemand anderes machen. Oder (was in Brasilien ja auch in die Tat umgesetzt wurde): Warum holen wir uns nicht ein paar Deutsche, die es für uns erledigen? Die verstehen was von Fortschritt.

Vergleichen Sie eine protestantische, noch besser, eine reformierte beziehungsweise calvinistische Kirche mit einer katholischen. Erstere ist erheblich karger und schlichter eingerichtet als Letztere. Bloßes, man könnte sagen, nacktes Mauerwerk versus Heiligenstatuen, Bilder, Ornamente und Blattgold. Die eine schmucklos, die andere geradezu schrill bunt. Hier zeigt sich der Unterschied zwischen einem sichtbaren, sich auch äußerlich zeigenden Glauben und einem persönlichen, intellektuellen: Der eine gründet auf Schuld, Beichte, Vergeben und einer vorgestellten paradiesischen Zukunft, der andere auf persönlicher Verantwortung, der Bedeutung eines greifbaren Hier und Jetzt sowie fleißigem Arbeiten, damit man gar nicht erst auf sündige Gedanken kommt. Anders ausgedrückt: orthopädisch gesunde Birkenstocks versus Stilettos; Nacktheit versus Bikinis; und eine ungeschminkte Steffi Graf versus eine glamouröse Gabriela Sabatini. Für einen Protestanten ist alles, was glänzt, definitiv kein Gold, sondern schlicht überflüssig.

In diesem Purismus und der Alltäglichkeit, die häufig ans Eintönige grenzen, haben Inbrunst und Spontaneität oder auch Laster und menschliches Fehlen keinen Platz. Als Calvinist oder Protestant zu leben ist nicht leicht. Der Protestantismus eignet sich bestens zum Bauen von Eisenbahnen und Autos, aber wohl nicht fürs Strandleben. Genau deshalb, da war ich sicher, fiel es Deutschland so schwer, mich und offenbar Millionen anderer Menschen als Urlauber anzulocken, ganz einerlei, wie »romantisch« seine Vergangenheit war.

Doch der Protestantismus ist nur eines in einer Reihe von Beispielen dafür, wie die Deutschen Missstände verbessern wollten und sie im Verlaufe dessen – im wahrsten Sinne – auf den Kopf stellten.

Allein die Vielzahl an deutschen Philosophen lässt darauf schließen, dass der Verstand der Deutschen eigentümlich angepasst ist an das Geschäft der Kontemplation. Der Deutsche reduziert die Welt gern auf adrette Einheiten, um sie besser zu verstehen und nötigenfalls zu verbessern. So wie Manny mit seiner Psychologisiererei und dem Unternehmensberatergeschwafel. Ich wollte mich nicht durch Kants *Kritik der reinen Vernunft* kämpfen, und auch von Hegels langsamer Reise zum Bewusstsein wusste ich über meinen Heidelberger Kater hinaus wenig. Freundlicherweise hatte Manny mir zu beiden Philosophen etwas aufgeschrieben, und sie hatten eindeutig zwei Dinge gemeinsam: Sie strebten danach, Ordnung in die chaotische Welt zu bringen, weil für einen Deutschen »Ordnung sein muss« und nichts dem Zufall überlassen werden darf; und sie waren radikal und absolut im Denken und Handeln. Luther warf ja schon den Fehdehandschuh mit den Worten hin: »Hier stehe ich, ich kann nicht anders.« Kant schrieb: »Man rühmt von den Deutschen, dass, wozu Beharrlichkeit und anhaltender Fleiß erforderlich sind, sie es darin weiter als andere Völker bringen können.« Stimmt, halbe Sachen machen die Deutschen nicht. Vor Ort entdeckte ich dank Manny, dass dieses radikale Streben nach Absolutheiten und Systemen geschichtlich nicht überholt ist, sondern im modernen Alltagsleben der Deutschen blüht und gedeiht.

Wie gesagt, ist den Deutschen der Zufall zutiefst zuwider und alles – das versteht sich von selbst –, was nicht in ein System, ein geordnetes Ganzes, zu bringen ist. Im Gegensatz zu den Briten, die frohgemut Schulden machen, mögen sie weder Kreditkarten, noch mögen sie auf eine unbekannte Zukunft Kredite aufnehmen. Kreditkarten haben viel gemein mit der Praxis der Ablasszahlungen, einschließlich dessen, dass sie *anderen* Leuten die Taschen füllen. Baedeker katalogisierte und systematisierte rigoros und perfekt jede noch so winzige Information über ein Land, damit der Reisende bloß nicht von einem zufälligen Ereignis verunsichert wurde. Früher trampten die Deutschen gern, für mich die modernste Wiedergeburt des Wandergeistes im Zeitalter des Autos. Doch da Trampen vom Zufall abhing, erfanden sie, um diesen zu minimieren, die *Mitfahrgelegenheit*. Autofahrer und Leute, die eine Mitfahrgelegenheit suchen, annoncieren auf einer Internetseite, wohin sie fahren wollen, und machen Zeit- und Treffpunkt aus, ohne dass der eine stundenlang mit einem schmuddeligen Pappschild am Straßenrand stehen muss. Aber gehören zufällige Begegnungen nicht unabdingbar zu echter *Wanderlust*?

Das Mitfahren entspricht natürlich auch dadurch, dass mehrere Menschen in einem Auto fahren, der zu ökologischer Effizienz neigenden Mentalität der Deutschen.

Die Neigung der Deutschen, alles zu systematisieren, zeigt sich auch in der zeitlichen Staffelung der Schulferien in den verschiedenen Bundesländern, damit auf den Hauptferienrouten möglichst wenige Staus entstehen. Aber selbst die penibel planenden Deutschen stehen oft in kilometerlangen Autoschlangen. Im Übrigen ist bekanntermaßen die Autobahn eine deutsche Erfindung, eine radikale und dennoch praktische Lösung des Problems, wie man schnellstmöglich ein Ziel erreicht.

Und schauen Sie sich bloß das Zeug an, das die Deutschen zur Unterhaltung lesen. Mir fiel aus meiner Schulzeit ein, dass deutsche Illustrierte stets ein trügerisch verlockendes Titelbild hatten, im Inneren aber kaum Bilder, sondern nur dicht mit Text bedruckte Seiten. Hatte man sich eine halbe Stunde redlich abgekämpft, konnte man sich nicht einmal damit trösten, immerhin eine Seite davon geschafft zu haben. Die großformatigen, seriösen deutschen Zeitungen wie *Die Zeit* oder die *Frankfurter Allgemeine* wirkten wie die sprichwörtliche Bleiwüste – kaum ein Bild im ganzen Blatt. Wie nett wäre es gewesen, wenn ein Artikel Absätze gehabt hätte. Das deutsche Pendant zu den Penguin Classics – die berühmte Reihe Reclam – bestand aus Blackberry-Displaygroßen, leichten und deshalb als Reiselektüre eigentlich geeigneten Taschenbüchern mit mikroskopisch kleinem Druck, der eher wissenschaftliches Studium erforderte, als zum faulen Lesen am Strand einlud. Kein Wunder, dass so viele Deutsche Brillen trugen.

Ich erinnerte mich an einen deutschen Hochzeitsempfang, auf dem ich einmal gewesen war. Braut und Bräutigam, nicht damit zufrieden, sich an die etwa hundertköpfige Gesellschaft insgesamt zu wenden und ihr für ihr Kommen zu danken, hielten eine eineinhalbstündige Rede, in der sie über jeden einzelnen Gast ein paar freundliche Worte sagten. Die Brautjungfern sangen vor dem Essen und zeigten zwischen zwei Gängen einen eigenhändig gedrehten 20-minütigen Videofilm, in dem sie das Brautpaar spielten. Bevor ernsthaft mit dem Tanzen und mittäglichen Trinken begonnen werden durfte, verteilte einer der Trauzeugen, der sich mit neonfarbenem Overall als nächtlicher Zeitungsverkäufer verkleidet hatte, an alle Anwesenden eine »Boulevardzeitung« mit Histörchen aus dem Leben von Braut und Bräutigam. Danach bekamen alle Gäste eine ganze Seite mit Lobgedichten und Parodien auf das Brautpaar zum Mitsingen. Dann und erst dann durften wir die ersten Runden auf dem Tanzboden drehen. Weniger wäre in diesem Fall mehr und die ganze Angelegenheit viel relaxeder gewesen!

Was das Absolute betrifft, waren die Studenten der 1960er-Jahre und besonders die von 1968 in Deutschland systematisch militanter und umstürzlerischer als in irgendeinem anderen Land, auch als in Paris. Die Punks, die ich in deutschen Städten sah, schienen immer radikalere Frisuren zu haben, gepiercter und gruftiger zu sein als Punks irgendwo anders. Vielleicht gab es nur im aufrührerischen roten Italien der 1970er-Jahre etwas Entsprechendes zu der Gewalt, die die linke terroristische Baader-Meinhof-Gruppe ausübte. Die deutschen Studenten erfanden auch die Kommune oder Wohngemeinschaft beziehungsweise WG, in der es um mehr ging, als nur zusammen in einer Wohnung zu wohnen. Hier wollte man aus politischen Gründen gleichberechtigt anstatt allein oder in dem alten protestantischen Familienverband leben, von dem man nicht ganz zu Unrecht annahm, dass er der Ausbildung einer faschistischen Persönlichkeit förderlich sei. Mit der Zeit wurden viele dieser Kommunen zunehmend militant gegenüber Staat und Gesellschaft.

Damals in den 1970ern war das Lieblingsfahrzeug der deutschen Hippies und Wohngemeinschaftsstudenten der VW-Bus, die ultimative Wohn-Reise-Lösung. Man baute – und das war meist erforderlich – alles Lebensnotwendige in das Innere des Fahrzeugs ein; jedes Ding hatte, wie in einer Kommode, seinen Platz. Wenn Wagners Opern das *Gesamtkunstwerk* waren, war der VW-Wohnwagen der *Gesamtwagen*, die Entsprechung auf vier Rädern. Überhaupt sind deutsche Autos Paradebeispiele für das Streben nach dem Absoluten. Die Technik unter der Motorhaube eines Audi besagt nichts anderes als: »Zugegeben, das Universum ist riesig und chaotisch. Doch wenn man sich ein solches Labyrinth vorstellen und planen kann, das komplizierter nicht geht, und sich doch darin zurechtfindet, dann ist man dem Verständnis der Welt um vieles näher.« Wie Manny in seinen Notizen erklärte: »*Vorsprung durch Technik* ist kein hohles Prahlen mit höchstem technischem Niveau, sondern ein der Maxime ›*Ordnung muss sein*‹ ebenbürtiger philosophischer Aphorismus. Er begleitet die Menschheit nun im Auto auf der Hegel'schen langsamen Reise zum Selbstbewusstsein, zum Weltgeist, durch die Synthese von These und Antithese letztendlich zur höchsten Form des Wissens.«

Das war mir zwar wieder mal ein bisschen zu hoch, doch im Grunde wusste ich ja, was Manny meinte.

Somit waren wir zurück am Ausgangspunkt. Manny fand das hohe deutsche technologische Niveau, die deutsche Ordnungsliebe und die Suche nach endgültigem Verstehen überhaupt nicht trocken, herz- und gefühllos, sondern – romantisch! Ein Audi war eben, im Gegensatz zu einer italienischen Schrottkarre, greifbarer Ausdruck einer überwältigenden Leidenschaft.

»*Vorsprung durch Technik* ist ein Stück Poesie, ein Ruf, der von Herzen kommt, eine Erklärung der Menschlichkeit und eine Aufforderung zum Tanz!« Wir waren wieder im Büro von Infinity. Manny erhob sich und breitete prophetisch die Arme aus. Oder wollte er Walzer tanzen? »Sie sehen also, die Geschichte Deutschlands und der deutschen Seele ist die Suche nach absoluten Lösungen für das Chaos der Welt!«

Doch die Menschen, einschließlich der Deutschen, schaffen es nur gelegentlich, und dann auch nur vorübergehend, die Probleme zu meistern, vor die das Universum sie stellt. Manchmal machen sie furchtbare Fehler. Ein Grund für die große *Angst* der Deutschen. Hinter den Brillen befindet sich ein rastloses Wandererhirn in ständigem Kampf mit der Welt, die es begreifen möchte; ein Hirn, das sich mit der leidvollen Vermutung quält, die Welt schöpfe ihre Möglichkeiten nicht aus und müsse besser werden. Die Antwort auf *Angst* ist *Ordnung*. Nacktheit allein reicht nicht, einerlei, was die FKK-Jugend sagt. Weil die Deutschen ihren übergroßen Ehrgeiz immer und überall umsetzen müssen, führt das ironischerweise zu noch mehr *Angst*. Klar, dass Freud die Psychoanalyse so leicht erfinden konnte, weil er mit Deutsch sprechenden und denkenden Patienten arbeitete.

Zu Hause in England fand ich durch Zufall das Exemplar eines ziemlich hurrapatriotischen Taschenbuchs, das man 1944 den Soldaten der Alliierten gab, um sie vor der Landung in der Normandie auf die Psychologie ihrer Feinde vorzubereiten. Zum Beispiel wurde auf deren »eigenartige Mischung von Sentimentalität und Brutalität« hingewiesen, die auf »eine nicht ausgeglichene seelische Verfassung deutet«. Merkwürdigerweise fand ich, dass damit auch Mannys abrupte Stimmungsumschwünge beschrieben waren. »Die Deutschen haben ihre Gefühle schlecht unter Kontrolle«, ging es in dem Büchlein weiter, »sie neigen zu Überreaktionen. Sie werden feststellen, dass die Deutschen oft Wutanfälle bekommen, wenn eine Kleinigkeit nicht klappt.« Ja, das liegt daran, so viel wusste ich nun, dass die Deutschen Romantiker sind, die immer nach Vollkommenheit streben.

»Und wissen Sie jetzt, was es bedeutet, ein echter Romantiker zu sein?«, hatte Manny mich bei meiner Rückkehr gefragt.

Na gut, mit meinem Streben, nicht nur Deutschland, sondern auch die Welt durch Reisen zu begreifen, war ich ja praktisch schon einer. Auf diese Suche hatte Manny mich geschickt. Das hatte er mit all seinen Vergleichen mit Faust gemeint. Aber das Romantische war alltäglich und schal geworden und sein Wesen verwässert. Freilich verstand ich nun seine deutschen Ursprünge und seinen wahrhaft anarchischen, erhabenen und ein wenig tragischen ursprünglichen Sinn. Wenn ich das nächste Mal sah, wie ein Deutscher tief nachdachte, sich trotz Kurzsichtigkeit und dicker Brille hingebungsvoll und gewissenhaft mit jedem Detail abmühte, um das Ganze logisch zu lösen, oder sogar, wenn er einen weiteren Elfmeter präzise und punktgenau im gegnerischen Tor versenkte, würde ich das nicht als pedantisch, trocken und kopfgesteuert abtun, sondern als romantisch und aus tiefster Seele kommend. Als Ausdruck des angeborenen philosophischen Bedürfnisses – das in den Deutschen größer zu sein scheint als in anderen Menschen –, die Welt zu verstehen und besser zu machen. Im Guten wie im Bösen haben die Deutschen mehr solcher Versuche unternommen als die meisten anderen Völker. Ihre Versuche gehen Hand in Hand mit dem bewundernswerten Wunsch, jeden Tag als neuen Tag zu begreifen und die Dinge so zu sehen, wie ich jetzt allmählich Deutschland sah: zu staunen und staunend die Erde zu durchwandern.

5. Gemütlichkeit

Leder in München

die (o. Pl.): a) (das Gefühl der) Behaglichkeit auslösende Atmosphäre … b) zwanglose Geselligkeit, Ungezwungenheit … c) Ruhe, Gemächlichkeit

In den nach Zimt duftenden Therapieräumen von Infinity's berichtete ich Manny von den Erkenntnissen, die ich gewonnen hatte.

»Sie machen wirklich gute Fortschritte«, konstatierte er. »Aber mit dem Denken reicht es erst mal eine Weile. Wird Zeit, dass Sie lockerer werden. Ihr Touristen seid doch immer auf der Suche nach Vergnügen und Festivitäten. Und Deutschland ist *auch* ein Partyland.«

Also musste ich mich in deutsche Partykluft schmeißen. Was ja wohl nur eines heißen konnte: Leder.

München, behauptete Manny, sei die nördlichste Stadt Italiens. Womit er meinte, die Münchner seien unkompliziert, hätten Flair und Lebensfreude, wie man sie in den Mittelmeerländern fände. Ich hatte allerdings gehört, dass Mailand – aus genau gegenteiligen Gründen – als südlichste Stadt Deutschlands beschrieben wurde. Wie dem auch sei, die Bayern sahen sich als überaus locker, wenn nicht sogar ihren deutschen Landsleuten überlegen an. Ja, es gab in der Vergangenheit Zeiten, da betrachteten sie sich kaum als Deutsche und verbrachten einen Großteil ihrer Geschichte entweder mit der Bildung von Bündnissen gegen deutsche Nachbarregionen oder damit, ihre Unabhängigkeit gegen sie zu behaupten. Manchmal wiederum sahen sie sich als die deutschesten Deutschen. Jedenfalls sah Hitler das so. Er zog, nachdem er in

Wien als Kunstmaler nicht reüssiert hatte, 1913 in die Stadt und schlug bekanntlich einen neuen Berufsweg ein. Bald erklärte er München zur »Hauptstadt der Bewegung« und hegte stets eine gewisse Bewunderung für alles, was aus dieser urdeutschen Stadt kam. Er fühle sich ihr, vor allem durch seine Entwicklung, mehr als irgendeinem anderen Ort der Welt untrennbar verbunden, verlautbarte er in seiner grottenschlecht geschriebenen »Autobiografie« *Mein Kampf*, ein Buch, das heute samt Nazigruß, Leugnung des Holocaust und David Irving in Deutschland verboten ist. So viel zur angeblichen Lockerheit der Stadt. Hitler kann man nicht gerade »locker« oder »südeuropäisch« nennen (es sei denn, man heißt Mussolini). Dass auch die Münchener ihn zum Führer Deutschlands gewählt haben, ist ebenfalls kein Beweis dafür, dass sie wissen, wie man eine gute Party feiert – es sei denn, die Kleiderordnung schreibt braune Hemden vor oder man hat den gleichen Kostümgeschmack wie Prinz Harry (der mehr als einen Tropfen deutsches Blut in den Adern hat).

Obwohl ich jetzt rede, als hätte ich das alles schon immer gewusst, war München vor meiner Therapie bei Manny für mich einfach eine deutsche Stadt, der ich geschäftlich mehrere Stippvisiten abgestattet hatte, ohne je mehr kennen zu lernen als die Duty-free-Shops auf dem Franz-Joseph-Strauß-Flughafen. München hatte ich – wie ganz Deutschland – stets mit verächtlicher Vertrautheit betrachtet: wichtig als Exportmarkt, und das war's auch schon. Vage Bilder von verlotterten ewigen Studenten in Mänteln und mit Lederranzen auf klobigen Hollandfahrrädern wie an der Ostsee hatte ich noch im Kopf. Ansonsten war München wegen seiner ausgeprägten regionalen Identität einerseits und meiner kulturellen Ignoranz andererseits für mich immer die Stadt der Umpa-umpa-Kapellen, albernen Gamsbarthüte, des gehobenen Bierkonsums und kräftigen Klatschens auf – natürlich in Lederhosen steckende – Oberschenkel geblieben. *Lederhosen* sind wohl diejenige heimliche Geschmacksverirrung vieler Deutscher, über die man sich am meisten lustig macht. Die billigeren englischen Fernseh-Comedyshows wären aufgeschmissen ohne sie (die Lederhosen – nicht die Deutschen). Wenn Herr Flick aus *'Allo 'Allo* für die Beziehung zwischen deutschem Militarismus und Sex steht, dann stehen die *Lederhosen* für die der Deutschen zum Fetischismus.

Aber nun war ich endlich auf Mannys Geheiß in München und bereit, mich von meinen Vorurteilen hinsichtlich abgewetzter Lederhosenböden zu verabschieden. Doch Münchener trugen tatsächlich hier und da gern Hosen aus Leder, weil sie typisch für ihre Stadt sind, die sogar angeblich Deutschlands Modehauptstadt ist. Lokalpolitiker rühmen München als Stadt der »Laptops und Lederhosen«. Wieso hatten wir Reisenden das so lange nicht mitgekriegt? Und wie war das mit »Deutschland« und »Mode«? Ich wusste nicht einmal, ob ich diese beiden Worte je in einem Satz verwendet hatte – genauso wenig wie »Deutschland« und »Humor«. Selbst Jean-Paul Gaultier hat sich von rauen Tierhäuten ferngehalten.

Doch augenscheinlich verfügt Deutschland über einen Namen in Sachen feiner Garderobe sowie über eine florierende Mode-Industrie, die nicht nur auf Leder setzt. Und es hat sich diesen guten Ruf außer auf den Sohlen der biederen Birkenstock-Schuhe auch mit Entwürfen von Jil Sander, Escada, Wolfgang Joop, Hugo Boss und, nicht zu vergessen, denen des Chefdesigners von Chanel, Karl Lagerfeld, erworben.

Ich musste zur Kenntnis nehmen, dass München für viele der Traditionen steht, auf denen das deutsche Nationalbewusstsein gründet, und gleichzeitig eine sehr moderne, wohlhabende Stadt ist, die den Spitznamen »Millionendorf« trägt, weil sie sich als »Stadt von einer Million (freundlicher) Seelen« anpreist, und nicht zuletzt, weil viele von Deutschlands

Millionären hier ihr Domizil aufgeschlagen haben. Ein rascher Blick auf den für die Spiele von 1972 erbauten Olympiapark oder auf die lichtdurchflutete Allianz-Arena, Heimat der Fußballclubs Bayern München und 1860 München, bestätigt das. Wenn das Leder der Region keine bayerischen Hinterteile wärmt, wird es zur Auspolsterung des Inneren der exzellenten Fahrzeuge benutzt, die in diesem Teil der Welt zu Hause sind: der BMWs.

Am Abend meiner Ankunft in München war die Atmosphäre sehr kosmopolitisch. Kein Wunder. Denn Gott und fast die ganze Welt waren zur berühmtesten Party der Stadt herbeigeströmt, der Party, die mehr als alles andere für das Bild der Bier saufenden, sich auf die Oberschenkel klatschenden Bayern verantwortlich ist, das ich im Kopf hatte: zum Oktoberfest. Dabei hatte ich, als Manny sagte, er werde mich zum Oktoberfest schicken, sehr bezweifelt, ob er mir damit die Existenz eines blühenden deutschen Partygeistes beweisen könne. Es gab weltweit so viele Nachahmungen des Originals, dass ich das Gefühl hatte, es sei mir allzu vertraut, obwohl ich noch nie dort gewesen und es angeblich ganz schön entdeutscht und von den Australiern übernommen worden war.

»Da haben Sie den Nagel auf den Kopf getroffen«, hatte Manny erwidert, als ich ihm das zu bedenken gab. »Hier liegt das Problem mit der Party-Kultur. Von den Ursprüngen der Feste wollen die Besucher ebenso wenig etwas wissen, wie sie den Rest des Landes erkunden wollen. Aber keine Sorge. In Deutschland gibt es Dutzende von Festen, auf denen man seinen Spaß haben kann, und ich zeige Ihnen noch mehrere.« Bis dahin, versicherte er mir, werde sich das Oktoberfest als beeindruckend und »unvertraut« erweisen.

Die Party lief schon seit ein paar Tagen, und je später es wurde, desto mehr füllten sich die umliegenden Kneipen und

Straßen mit schwankenden, übereinanderhängenden Besuchern aller Nationalitäten, die auf dem Rückweg aus den Bierzelten gut (wenn auch reichlich falsch) bei Stimme waren. Mit Leder wurde nicht gegeizt, und als ich die Leute nun mit genauerem Blick betrachtete, fand ich, dass sie eigentlich ganz gut, ja, schick ausschauten. Zu sehen gab es lange, ein wenig ausgebeulte Hosen, dreiviertellange, etwas engere, und dann die kurzen, die ich als Klischeebild im Kopf hatte. Sie waren dunkelbraun, hellbraun und undefinierbar dunkelgrün, glänzend und abgewetzt oder aus weichem Wildleder. Nähte und Säume waren unendlich abwechslungsreich mit Blatt- und Federmotiven, allen möglichen Kringeln und Schnörkeln bestickt. Man trug die Lederhosen auch nicht ohne das rechte Zubehör. Sie waren Bestandteil einer sogenannten Tracht oder Volkstracht, zu der unter anderem auch das richtige Hemd gehörte: aus weißem Leinen mit langen Ärmeln, weit geschnitten, am Kragen bestickt und mit vorzugsweise vier zu öffnenden Knöpfen, mittels derer man eine männliche Brust, eventuell unter einem feschen roten Halstuch, entblößen konnte. Des Weiteren dicke, cremefarbene Stutzen, Socken oder Kniestrümpfe, und wenn man es wirklich genau nahm, derbe Haferlschuhe. Nur Angehörige der älteren Generation schienen sich zudem für einen Trachtenjanker entschieden zu haben, entweder kurz und um die Taille eng oder länger und lockerer, und den Gamsbarthut, sodass sie alle aussahen wie Oskar Maria Graf in New York.

Und die Frauen? Ich hatte riesige, zart behaarte, dralle Kellnerinnen unbestimmbaren Geschlechts im Kopf, die wie sowjetrussische Kugelstoßerinnen früherer Zeiten aussahen, in spitzenbesetzte rot-weiß karierte Baumwolltischtücher gewandet waren und ihren stattlichen Vorbau dazu benutzten, sich durch die Menschenmengen in den Festzelten zu pflügen. Welche Frau würde schon freiwillig ein *Dirndl* tragen –

das Wort bezeichnet in Bayern übrigens sowohl ein Kleid als auch ein Mädchen. Das konnte doch nie im Leben vorteilhaft oder sexy aussehen? Aber na gut, die Geschmäcker sind verschieden. Doch angesichts der Münchener Jungmaiden in vollem traditionellem Staat wurde mir sofort klar, wie sehr ich mich geirrt hatte. Die kindlich anmutende Spitze und das Karomuster weckten bei den erwachsenen weiblichen Formen den Eindruck einer neckischen Unschuld, einerseits Heidi von der Alm, andererseits tiefe Ausschnitte und hochgepuschte Busen à la *Gefährliche Liebschaften.* 2005 hatte die Europäische Union, diese große Gleichmacherin und Wächterin über die Lebensfreude und den guten Geschmack, gedroht, zum Schutz der Damen vor zu viel schädlicher Sonne die gefälligen Dekolletees auf dem Oktoberfest zu verbieten. Woraufhin sich Münchens Oberbürgermeister so empörte, dass er gesagt haben soll, wenn eine Kellnerin im Biergarten nicht mehr mit tiefem Ausschnitt herumlaufen dürfe, werde er keinen Fuß mehr dort hineinsetzen! Wie der Bürgermeister war nun auch ich überzeugt, dass das *Dirndl* in Wirklichkeit zum heiteren Vorspiel erdacht worden war: je mehr Schnüre zum Aufziehen, desto sexier. Unsere Zeit war verrückt nach nacktem Fleisch – hatte ich es nicht an der Ostseeküste erlebt? –, doch jetzt merkte ich, dass frühere, konservativere Epochen viel mehr von der Macht des Suggestiven verstanden hatten. Ein Gedanke, der Mitgliedern der FKK-Jugend ja solch ein Dorn im Auge ist.

Wurde ich etwa zum Dirndl- und Lederhosenfan? Oder nur zum gewöhnlichen Fetischisten?

Je nach Ambiente. Außerhalb des Oktoberfestes würden mich keine zehn Pferde dazu bringen, eine Lederhose anzuziehen. Für die jüngste Münchener Party-Generation war sie eine Party-Uniform, und das hatte auf die internationalen Besucher abgefärbt. Denn obwohl viele langweilige Spielverderber in normaler Kleidung kamen, nahm eine riesige Mehrheit nichtdeutscher Gäste das Oktoberfest als Vorwand, sich in ihre jeweiligen eigenen Nationalkostüme zu werfen.

Allenthalben unübersehbar waren dabei die Kilts, die das britische Pendant zu den Lederhosen sind: ein wenig lächerlich, altmodisch und voller sexueller Anspielungen, sinnlos patriotisch und deshalb von den Eingeborenen mit großem Stolz zur Schau getragen, doch vom Rest der Menschheit veralbert oder als Jux-Verkleidung getragen. Neben mir standen ein paar Paradebeispiele; fünf dicke Kerle in den gleichen Kilts (von wegen gleich: Jeder Clan hat sein eigenes Karo), die man in jedem zweiten Laden in der Londoner Oxford Street kaufen kann. Die T-Shirts für ihren Herrenausflug hatten die Jungs vorn mit »Gynäkologisches Krankenhaus Bangor – Oktoberfest 2005« und hinten mit »Jesus liebt dich – wir finden dich bekloppt« bedrucken lassen.

Es gab auch kultiviertere Versuche, sich in Nationaltracht zu zeigen. Ich sah mehrere Gruppen von Engländern, ausgestattet wie feine englische Gentlemen zum Fliegenfischen oder zur Moorhuhnjagd: von Kopf bis Fuß in braunem und dunkelgrünem Tweed, Knickerbocker, Sherlock-Holmes-Mützen. Eigentlich hatte ich mich den Jungs aus Bangor näher gefühlt, doch nach kurzem Nachdenken schien mir das Outfit der Gentlemen viel besser zu Lederhosen zu passen. Wie die Knickerbocker aus Tweed und die dazugehörigen Jacken und Mützen trägt man auch die Lederhosen gelegentlich zur Jagd und anderer Lustweil auf dem Lande. Die Jagdkluft war der Beweis für Ähnlichkeiten, nicht Unterschiede, zwischen Deutschen und Briten! Ich dachte an die Marktstädtchen in England mit ihren zeitlosen Jagd-, Angel- und Sportgeschäften, die Barbourklamotten, Pringle-Pullover, karierte Tweedjacken und scheußliche rote Kordhosen verkaufen, also das richtige Outfit, um die Immobilienseiten der *Sunday*

Times zu lesen. Geländewagen parken vor den Schaufenstern, in denen die Klamotten immer in guter Gesellschaft von Gewehren, Angeln und einer Fülle anderer Sportutensilien ausgestellt sind, die wahrscheinlich niemals gekauft werden. Die Sehnsucht nach einer ländlicheren, feudaleren, waidmannsheileren Vergangenheit scheint in Deutschland und England gleichermaßen verbreitet zu sein.

Offenbar gibt es keine Beweise dafür, dass die Bayern vor Ende des 18. Jahrhunderts Lederhosen trugen. Auch hatte ich das Gefühl, dass deren Erfindung mehr die Frucht romantischen Einheitsdenkens war. Als die Deutschen in ihre nebelhafte Vergangenheit zurückblickten, sahen sie ein in den Wäldern lebendes Volk von Jägern. Ich glaube, sie brauchten ein Outfit, das zu ihrer Vergangenheit passte und das sie als *Volkstracht*, als nationale Uniform, benutzen konnten. Und schusterten sich eine Bauerntracht zusammen, die glaubwürdig wirkte.

Und hier war ich, ein Neuankömmling bei diesem größten Volksfest der Welt, nüchtern und underdressed, aber wohl wissend: Morgen würde ich ein echter Wiesn-Besucher sein.

Manny hatte ein paar deutsche Freunde, echte Münchner, gebeten, mich zu dem Fest mitzunehmen. Klar, da musste ich wie ein Münchner gekleidet hingehen und mir nolens volens eine Lederhose zulegen. Wie fühlte sie sich an beim Tragen? Scheuerte sie? Fing man darunter an zu schwitzen? Woher sollte ich das wissen, bis ich eine anprobiert hatte? Na, Manny würde seine helle Freude daran haben, dass ich solche Überlegungen anstellte. Wo bekam ich eine echte Lederhose? In Bahnhofsnähe gab es viele Billigläden, die unechte für 20 Pfund verscherbelten. Das war natürlich nichts für mich. Gute wurden auch in Outlets verkauft, wie ich ein paar Werbezetteln und -broschüren mit Bildern von arischen Bayern in herabgesetzter Lederkluft entnahm, die mir in die

Hand gedrückt wurden. Doch die Outlets waren meilenweit entfernt. Schließlich erfuhr ich, dass eines der großen Kaufhäuser eine schöne Auswahl hatte.

So fand ich mich am nächsten Morgen in der »Volkstrachten«-Abteilung eines Bekleidungsgeschäfts in einer von Münchens Hauptgeschäftsstraßen wieder. Beim Eintreten fühlte ich mich erst mal wie bei Marks & Spencer und wurde misstrauisch, da der Laden mit lauter Nullachtfünfzehn-Klamotten ziemlich bieder aussah. Doch im zweiten Stock änderte sich das Ganze dramatisch. Ich betrat ein Eldorado von Leder, Spitze und Loden: für einen englischen Snob das reinste Paradies. Es gab mehr Schnitte, Farben und Muster, als ich mir je hätte träumen lassen, und ich war völlig überfordert. Nicht nur hinsichtlich einer sinnvollen Wahl der Kleidung, sondern auch des Preises. Wenn man klotzte und nicht kleckerte, konnte man, einschließlich Lodenjanker, bis zu 500 Euro ausgeben. Schon für eine Lederhose allein konnte man 200 hinblättern.

Eine Weile lang stöberte ich ziellos herum. Ich wusste nicht, was ich suchte, kannte mich in den Größen nicht aus und hatte Angst, auszusehen wie der letzte Depp. Als schließlich ein paar stattliche deutsche Hausfrauen Mitte 40 in *Dirndln*, und auch sonst ganz dem Klischeebild entsprechend, sahen, wie kopflos ich umherirrte, erbarmten sie sich meiner und nahmen mich unter ihre beachtlichen Fittiche. Dabei hatte ich mich nur diskret bei ihnen erkundigt, ob mir die kurzen Hosen, die ich in der Hand hielt, wohl passen würden. Sie packten mich am Arm, zerrten mich die Gänge hinauf und hinunter und beluden mich mit Kleidungsstücken. Eigentlich waren sie auf der Suche nach volkstümlicher Kleidung für ihre Gatten, doch ich als rescher Bursch kam ihnen grad recht, und sie genossen es. »Hier, wie wär's mit der? Schön kurz, damit die jungen Beine auch zur Geltung kommen«, kicherten sie, mehr untereinander als an mich gewandt. »Und in dem hier – da sinken Ihnen die Damen reihenweise zu Füßen.« Ein besticktes Leinenhemd wurde mir vor die Nase gehalten. Überhäuft mit Klamotten, schoben sie mich in die Umkleidekabine und erklärten, sie würden warten, bis ich in voller Montur herauskäme und sie mir ihre original bayerischen Moderatschläge geben könnten.

Als ich die erste Hose anzog, hatte ich das Gefühl, als stiege ich in einen Eimer mit zwei Löchern im Boden, so steif war das Leder. Ich kam mir wie in einen Klettergurt geschnallt vor, verhedderte mich in den Hosenträgern und dem Latz und fuhr mehrere Male mit beiden Füßen durch dasselbe Loch. Nach zehn Minuten à la Mr Bean hatte ich mich schließlich korrekt in eine kurze hellbraune Wildlederhose mit Hosenträgern, ein weißes Hemd und dicke cremefarbene Kniestrümpfe gezwängt. Die Lederhose war ein Prachtexemplar. Der Latz beulte sich geradezu wie ein Hosenbeutel. Ich gefiel mir sogar. In Lederhose konnte man im Nu wie Linford Christie aussehen.

Errötend und verlegen kam ich heraus, um mich meinen eifrigen Stilberaterinnen zu präsentieren. Sie empfingen mich mit überaus schmeichelhaften Begeisterungsrufen. Dann vergnügten sie sich damit, an den Verschlüssen und Knöpfen herumzuzupfen, von denen sich einige recht nah an den intimeren Zonen meines Körpers befanden, und verkündeten schließlich, die Hose müsse geändert werden. Sie sei in der Taille zu weit, und die Träger seien zu lang. Es fehlte mir eben an einer bayerischen Statur. Die Damen brachten mich flugs zum Änderungsschneider und erklärten ihm genau, was er tun müsse. Nach getaner Arbeit verabschiedeten sie sich von mir und wünschten mir »viel Spaß!«. Was sind diese Deutschen doch für ein freundliches Völkchen, dachte ich. Das Umändern gehörte zum Service, und schon nachmittags konnte ich meinen wertvollsten neuen Besitz abholen. Für 80 Euro, gerade mal 50 Pfund, hatte ich nun mein ganz eigenes Lederteil. Weich, warm und sehr bequem löste es in mir den instinktiven Wunsch aus, »Juchu!« zu juchzen, und ich ahnte, dass ich mir bald auch instinktiv auf die Schenkel klatschen würde.

Als ich mich abends mit Mannys Freunden traf, war ich zwar noch ein wenig gehemmt, bereute meinen Einkauf aber nicht und freute mich, dass ich mich in der Gruppe gleich sicherer fühlen würde. Glücklicherweise hatten sich Bettina, Gert, Monika und Bernhard als echte Münchner tatsächlich auch in ihren feinsten traditionellen Staat geschmissen. Gerts und Bernhards Lederhosen leisteten augenscheinlich seit Jahren gute Dienste, vom vielen Sitzen glänzten die Hinterteile wie frisch poliert. Ich konnte nur meine Bewunderung dafür ausdrücken, wie gut ihnen ihre übel-beleumdeten Trachten standen.

Inzwischen war ich übrigens davon überzeugt, dass Lederhosen und Dirndl retromäßig modisch und cool waren. Vielleicht wollte ich mich auch einfach nur wohlfühlen und machte mir deshalb was vor. Doch dass *ich* Lederhosen trug, war auch ein Zeichen dafür, wie durchlässig zumindest beim Oktoberfest die Traditionen sind.

Manny wiederum hatte behauptet: »Je globalisierter die Welt wird, desto heftiger spielen unterdrückte lokale Traditionen wieder eine Rolle.«

Ja, aber gekünstelt, untraditionell und Regionen übergreifend: Man nimmt das Beste und passt es modernen Trends an.

Wie dem auch sei, Mannys junge Freundinnen Monika und Bettina sahen in ihren perfekt sitzenden, rosafarbenen, spitzenbesetzten Dirndln mit dem ansprechenden Dekolletee nicht nur sensationell aus, sondern waren auch mit ihren weißen Pumas modisch voll auf der Höhe.

Wir gingen zur *Wiesn*, wie man in München sagt, wenn man zum Oktoberfest geht. Denn es findet auf einer Wiese statt, die einmal außerhalb der Stadtmauer lag.

Ich hatte immer geglaubt, das Oktoberfest werde zu Ehren des Biers gefeiert, schließlich ist es dort die Hauptsache. »Die Münchener, ja die Deutschen haben das Biertrinken zur Religion gemacht!«, hatte Manny erklärt. Wenn auch Münchens architektonisches Wahrzeichen die Zwillingstürme seines berühmten, nun wieder spätgotischen Doms Zu Unserer Lieben Frau sind, möge man mir nach den Erfahrungen auf dem Oktoberfest verzeihen, wenn ich dagegenhalte, dass die Kirche zu Unserer Nächsten Maß die größte Gemeinde ihr Eigen nennt.

Außer mit Bier, hatte ich überdies immer gedacht, habe das Oktoberfest zumindest ein wenig mit der Ernte und der Fülle am Ende des Sommers zu tun. Doch nein, aus jahreszeitlichem Anlass wird eigentlich nicht gefeiert, stellte sich heraus. Auf dem Oktoberfest wird in Wirklichkeit ein Hochzeitstag gefeiert. Am 12. Oktober 1810 heiratete der Kronprinz Ludwig von Bayern, der spätere König Ludwig I., seine Kronprinzessin, Therese von Sachsen-Hildburghausen. Bayern war zu der Zeit mit Napoleon verbündet, und die Menschen mussten viel Krieg mit ihren deutschen Nachbarn, also viel Not und Entbehrung ertragen. Stolz auf den Statusgewinn, den ihm die Allianz mit Frankreich bescherte, und weil er dem Volk für die Unterstützung danken wollte, beschloss der bayerische Prinz, am 17. Oktober eine große Fete zu schmeißen, zu der er alle Einwohner der Stadt einlud. Zu der Zeit zählte München mal eben 40 000 Einwohner, und angeblich kamen etwa drei Viertel von ihnen zu dem mehrtägigen Fest auf einer Wiese vor der Stadt. Es wurde im nächsten Jahr wiederholt, und so ging es dann trotz Ludwigs späterer Affäre mit der drallen Tänzerin Lola Montez Jahr für Jahr weiter.

Zu Pferderennen und Viehprämierung gesellten sich Bierzelte, Bratereien und Karussells. So entwickelte sich auf der Theresienwiese der größte, bunteste Rummelplatz der Welt, wo selbst Amerikaner »Ein Prosit der Gemütlichkeit« absingen, wohin australische Fans extra einfliegen, um sich mal so richtig zu betrinken und sich dann mit Kiwis zu prügeln, und wo man so viele Menschen küssen kann, wie man will, ohne ein schlechtes Gewissen zu kriegen.

In den Anfangsjahren ließ man sogar wegen des Kronprinzen Vorliebe für das klassische Griechenland die antiken Olympischen Spiele wieder aufleben. Von dieser Griechenland-Vorliebe zeugen bis heute die Ruhmeshalle und die Bavaria. Doch bald war klar, dass die klassischen olympischen Disziplinen mit Besäufnissen unvereinbar waren und das klassische olympische Motto »schneller, höher, stärker« hier nur für den Bierkonsum und seine Folgen galt.

Als die deutschen Truppen in die Schützengräben des Ersten Weltkriegs geschickt wurden, blieb das Oktoberfest mit der Begründung verboten, dass seine gesellige Atmosphäre eine gefährliche Fraternisierung unter Fremden fördere. Nach Kriegsende ab 1919 durfte wieder gefeiert werden; doch schon 1923 wurde das Oktoberfest erneut ausgesetzt, als die Weimarer Republik in den Strudel der Hyperinflation geriet und der Preis für einen Liter Bier auf 21 Millionen Mark gestiegen war. Thomas Mann, aus dem konservativen Lübeck im Norden Deutschlands, beschrieb das Oktoberfest als monströses Ereignis, bei dem ein aufsässiges Volk, korrumpiert durch die modernen Massenbewegungen, seine Saturnalien feiere. Die Nazis vereinnahmten das Fest dann auch fix als völkisches Brauchtum für ihr Tausendjähriges Reich. Hitler war zwar als Abstinenzler bekannt, doch das hielt ihn 1923, bei seinem fehlgeschlagenen ersten Versuch einer »Machtergreifung«, nicht davon ab, zuerst den

Münchner Bürgerbräukeller und dann die Feldherrnhalle erobern zu wollen. Wie ein Haufen englischer Fußballhooligans zertrümmerten seine Gesinnungskumpane 143 Bierkrüge, 98 Stühle und zwei Musikpavillons, und der entstandene Schaden wurde bis heute nicht beglichen. Menschen kamen natürlich auch ums Leben.

Nach dem Zweiten Weltkrieg wurde das Oktoberfest 1949 erfolgreich wiederbelebt.

Die Party, zu der ich nun ging, war mithin der 195. Hochzeitstag von Ludwig und Therese. Das Oktoberfest ist sicher insofern Deutschlands bemerkenswertester Exportschlager, als es trotz der Klischeebilder international so populär geworden ist, dass es kulturelle Grenzen überwand und damit auch zur Überwindung der deutschen Vergangenheit beitrug.

Hinsichtlich seiner Dimensionen fand ich das Fest wahrhaft mittelalterlich. Im Prinzip bestand es aus einem riesigen Jahrmarkt, der sich zwischen 14 enormen Bierzelten von den Ausmaßen eines Fußballplatzes befand, die Münchener Brauereien sowie den Wiesn-Wirten gehören. Die Theresienwiese umfasst 42 Hektar, und die Zelte bieten zusammen etwa 100 000 Plätze, auf denen man sich auf seine vier Buchstaben setzen und eine Maß trinken kann. Es war wie ein gigantisches Ferien- und Freizeitlager. Doch das Motto lautete weniger *Kraft durch Freude* als *Freude durch Bier*.

München ist nicht mehr und nicht weniger die Hauptstadt des deutschen Bieres als viele andere große Brauereistädte der Bundesrepublik. Doch ich entdeckte, dass es seinen Namen von den Benediktinermönchen, den »Munichen«, hat, die nicht nur in der Stadt ein Kloster besaßen, sondern auch zahlreiche in der Umgebung, die schon im 12./13. Jahrhundert auf das Bierbrauen spezialisiert waren. Heute befinden sich in München viele der großen deutschen Brauereien, von denen sechs an dem an Erntedank erinnernden Festzug mit geschmückten, von schönen Kaltblütern gezogenen Wagen teilnehmen, bevor das Feiern so richtig beginnt. Zu den sechs Brauereien gehört Löwenbräu. Nicht leicht auszusprechen für fremde Zungen.

Jedes Zelt hat einen bestimmten Ruf. Das Hofbräu-Zelt ist zum Stammlokal australischer und neuseeländischer Partygäste geworden und am internationalsten. Das Schottenhamel ist das traditionellste. Dort wird auch mit zwölf Salutschüssen das Fest eröffnet. Der Münchener Oberbürgermeister schlägt einen Zapfen in ein Fass und ruft: »O'zapft is!« Er bekommt die erste Maß, und danach braucht auch sonst niemand mehr Durst zu leiden. Von der Hochzeit vor so langer Zeit redet niemand. Jetzt gilt es, möglichst viel zu trinken!

Ungeachtet dessen, was Manny gesagt hatte, war das Ganze der erfrischende Beweis, dass die meisten weltberühmten Feste, vom Stiertreiben in Pamplona bis zum Karneval in Rio, heutzutage nur noch ein Vorwand für gigantische Besäufnisse sind.

Ich erfuhr zu meiner Überraschung, dass man auf der Wiesn nicht einfach aufkreuzen und erwarten kann, dass man Platz in einem Zelt findet. Wie bei den Strandkörben auf Sylt und Rügen muss man Monate im Voraus im gewünschten Zelt reservieren, um keine Enttäuschung zu erleben. Vor jedem standen bullige, aber freundliche Türsteher, die kontrollierten, ob wir den richtigen Button oder das richtige Armband trugen, die uns als stolze Platzbesitzer auswiesen. Immer wieder versuchten Leute, sich mit fantasievollem Gerede Einlass zu verschaffen. Frei nach dem Motto »Doch, ehrlich, ich hab mein Handtuch irgendwo da drin auf einen Liegestuhl gelegt!«. Das gehörte zum Spaß auf der Party, und viele hatten offenbar auch Erfolg. Aber ganz generell legt man sich, glaube ich, lieber nicht mit einem strammen, lederbehosten bayerischen Security an.

Ich fühlte mich also sehr geehrt, als ich mit Deutschen an einem Tisch in einem der traditionelleren Zelte saß, dem Hofbräu-Zelt. Wie gesagt hatte ich angenommen, die Wiesn sei mittlerweile von Australiern und Neuseeländern sowie Briten und Italienern übernommen worden (es waren auch viele da); doch zu meiner Freude sah ich, dass es immer noch eine sehr lokale oder zumindest deutsche Angelegenheit war. Monika meinte, dass nur geringe 15 Prozent der Festbesucher aus dem Ausland kämen. Den Managern deutscher Firmen wird nahegelegt, einmal im Jahr (wie bei Büroweihnachtsfeiern im Vereinigten Königreich) mit ihren Angestellten einen draufzumachen: sich beim Oktoberfest ohne hierarchische Unterschiede mit ihnen zusammenzusetzen, das formale Sie fallen zu lassen und in ihren lustigen Hosen alberne Tänzchen zu tanzen.

Die Atmosphäre im Zelt entsprach ganz meinen Erwartungen: Es war rammelvoll, laut, verraucht und schweißtreibend heiß; doch dank der gigantischen Ausmaße konnte man ohne Erstickungsgefühle und Platzangst bequem sitzen und ohne dass man ständig um seinen Platz rangeln musste. Ja, man konnte sogar herumlaufen, solange man bereit war, sich wie in einem Turbokarussell vorwärtskatapultieren zu lassen. Die Luft war schwer, die Nachbarn angenehm nah. Angesagt war allgemeine und gemeinsame Ausgelassenheit. Wie ich schon an der Ostsee gesehen hatte, sitzen Deutsche gern klassenlos, freundlich-umgänglich und jederzeit zum Zusammenrücken bereit auf Bänken. Auch das empfand ich als irgendwie mittelalterlich und archaisch. Stellen Sie es sich ungefähr so vor, wie wenn Asterix und Obelix erst eine römische Kohorte aufmischen und anschließend in der Kneipe um die Ecke mit einem Haufen fröhlicher, vielleicht ein bisschen rabaukiger Kelten zusammensitzen und ein paar Wildscheine verdrücken. Brot brechen (oder einem Wildschwein den Hals) und Trinken ist für die Deutschen etwas, das man in Gemeinschaft tut. Ja, von Berni (wie ich ihn nun nannte) erfuhr ich, dass die Bayern sagen: »Nur ein Schwein trinkt allein.«

In unserem Zelt war es schön schummrig wie in den traditionellen *Bierkellern*, die ich von früheren Geschäftsreisen kannte. Es war mit Bildern und Trophäen aus Feld und Wald dekoriert, Wildschweinköpfen, Hirschgeweihen und Gemälden von Adlern, und seine Stützpfosten waren als Eichenstämme verkleidet und mit Ranken und Blumen geschmückt. Offenbar wollte man nicht nur die Tradition heraufbeschwören, sondern die Zecher und Zecherinnen auch in einen Märchenwald entführen, in dem sie die Realität hinter sich lassen konnten. Ich musste an die Worte des Conférenciers in *Cabaret* denken, »leave your troubles outside«. Aber falls München eine schicke, moderne, stilvolle Seite hat, sah man sie hier nicht. Im Bierzelt war kein Platz für Laptops.

Die Kapelle spielte alles andere als »bioodiful«, aber sie hatte ihre Meriten. Sie thronte auf einem Podest – das wie ein Boxring aussah – und bestand aus zwölf und mehr Musikern, die, alle in voller Ledertracht, hauptsächlich Blechinstrumente mit etlichen sehr ungewöhnlich geformten Stürzen spielten. Einige umschlangen den nicht unbeträchtlichen Leibesumfang der Spieler. Ich hatte manche Instrumente noch nie gesehen, obwohl ich früher einmal Mitglied der Blechbläsergruppe in verschiedenen Orchestern gewesen war. Offensichtlich waren es Jagdhörner der einen oder anderen Art, die es nur in Deutschland mit seiner altehrwürdigen Tradition der Jagd und Hörnerherstellung gibt. Die Kapelle unterschied sich kaum von einem englischen Blasorchester, doch ihr Repertoire umfasste weder »Pomp and Circumstance« noch die Titelmelodie von *Dambusters*, ja, nicht einmal »Deutschland, Deutschland, über alles«, sondern volkstümliche, eher unspezifische, fröhliche Rums-bums-»Stimmungsmusik«. Auf (nicht selten erfolgende) Anforderung spielte sie, mindestens alle Viertelstunde, einen Refrain, der Frohsinn verbreitete wie ein ständig wiederholter dämlicher Witz, den alle kennen und lieben. Immer wenn man ein frisches Bier in der Hand hatte – ungefähr alle 15 Minuten – oder wenn der Dirigent nicht wusste, was er als Nächstes spielen sollte, oder wenn er meinte, er müsse das Zelt mal wieder ein bisschen in Stimmung bringen (was nie nötig, aber ein guter Vorwand war), stimmte er die Hymne an, die alle Besucher, selbst die unmusikalischsten, sprachlich stark gehandicapten Ausländer nach kürzester Zeit mitsingen konnten. Zu einer Weise, die der Titelmelodie von *Blackadder* verdammt ähnlich war, erhob sich das ganze Zelt wie ein Mann, sang schunkelnd

»Ein Prosit,
ein Pro-o-sit
der Gemütlichkeit!«

und stieß kräftig mit den Bierkrügen an, wobei erstaunlich wenige zerbrachen.

»Gemütlichkeit« war wieder so ein deutsches Abstraktum, für das ich keine zufriedenstellende Übersetzung in einem Wort fand. »Ja, es bedeutet Behaglichkeit, Freundschaft, Wohlbefinden, Einssein – das alles«, las ich in Mannys Notizen. »Doch es hat auch einen Beiklang von Tradition und Wehmut und steckt tief in der deutschen romantischen Seele.«

Gemütlich wirkten die Wildschweinköpfe, die Hirschgeweihe und die grün umrankten Baumstämme in den Bierzelten. Gemütlich waren die Musik, das Lächeln und die allgemeine Heiterkeit im Schummerlicht, die Trachten der drallen Kellnerinnen und die voll beladenen Tabletts mit Maßkrügen.

Gemütlich war es, die Realität außen vor zu lassen, Hosenträger zu tragen und fest an Tradition und Mythos zu glauben. Romantisch, doch deshalb auch gefühlvoll und gefährlich. Hitler missbrauchte und benutzte *Gemütlichkeit* für seine Zwecke, und genau daran hatte ich gedacht, als der wunderschöne arische Junge in dem Bierlokal in *Cabaret* aufsteht und singt:

»Im Licht liegt die Wiese so sommerlich da,
der Hirsch schlägt die Freiheitsbahn ein;
doch sammelt euch alle – ein Sturm ist nah,
der morgige Tag ist mein.

Das Lindengrün läutet die Blätter, sie wehn,
es fließt heut so friedlich der Rhein;
doch fern geht ein Stern auf noch ungesehn,
der morgige Tag ist mein.«

1945 war die Idee der Gemütlichkeit von dem furchtbaren Krieg besudelt, und doch flüchteten sich viele Deutsche in den Jahrzehnten der *Vergangenheitsbewältigung* in ebendiese Gemütlichkeit. Die studentischen Rebellen von 1968, die gewalttätigen linken Gruppen der 1970er und später auch die Grünen sahen in der Sehnsucht nach überschaubarer kleinbürgerlicher Gemütlichkeit eine Gefahr und kämpften gegen alles, was sie auszudrücken schien. Gemütlich sollte es in Deutschland nicht mehr zugehen. In der höchsten Form deutschen Protests hängten sie sozusagen die gemütlichen Lederhosen an den Nagel und liefen lieber nackt herum.

Bis vor kurzem erlaubten sich die Deutschen nicht einmal eine Nationalhymne. Man muss kein Deutscher sein, um die Melodie oder die Eingangsworte zum »Lied der Deutschen« zu kennen: »Deutschland, Deutschland über alles.«

»Seit langem provoziert sie die Briten zu Zwischenrufen, obwohl diese im Sonntagsgottesdienst zu ebender Melodie

›Glorious things of thee are spoken‹ singen«, hatte Manny gesagt.

Das mochte ja sein, aber ich persönlich bekam die Melodie gründlich über, wenn an jedem Formel-1-Sonntag Michael Schumacher wieder mal auf dem Siegertreppchen stand.

1945 hatten die Alliierten die deutsche Nationalhymne offenbar verboten, weil sie befürchteten, sie werde die gefährlichen Nationalgefühle in den Deutschen wachhalten. Doch was sangen die Deutschen, wenn ihre Sportler aufs Feld marschierten, beispielsweise 1966, um gegen die Engländer zu verlieren?

»Der erste Nachkriegskanzler Konrad Adenauer bekam inoffiziell die Erlaubnis, die Melodie zu benutzen, vom Text aber nur die letzte Strophe und nur bei besonderen Gelegenheiten. Erst 1991 wurde die dritte Strophe des alten Deutschlandliedes offiziell als deutsche Nationalhymne festgelegt.«

Warum nur die dritte Strophe, in der von »Einigkeit und Recht und Freiheit/für das deutsche Vaterland« die Rede ist? Viele »Ingerland«-Fans würden wahrscheinlich nicht einmal den Text der zweiten Strophe zu »God save the Queen« kennen beziehungsweise überhaupt wissen, dass es eine gibt.

»Na, bedenken Sie den Text der ersten beiden Strophen! Sie handeln davon, dass Deutschland über allem in der Welt steht, und reden von den Grenzen eines Landes, das früher einmal viel größer war. Sie wurden jedoch 1841 geschrieben, zu einer Zeit, als Deutschland als Staat gar nicht existierte, sondern nur als geografisches Gebiet, in dem es jede Menge einander nicht immer wohlgesinnte deutsche Monarchien, Fürstentümer, Grafschaften und Reichsstädte gab. Die Worte des Liedes appellieren an die Herrscher dieser deutschen Staatengebilde, von ihren innerdeutschen Fehden abzulassen und sich ›über alles‹ auf die Schaffung eines vereinigten Nationalstaates zu konzentrieren.«

Aha. Gerade waren sie Napoleon losgeworden, und eine Nation zu werden war damals ohnehin angesagt – 1841 hatte Griechenland sie schon, und Italien strebte danach.

»Darüber hinaus wurde die von Haydn komponierte Melodie bis 1918 als österreichische, nicht als deutsche Hymne benutzt. Erst 1922 wurde sie die Hymne der Weimarer Republik. Und wissen Sie, nach welcher Melodie die allererste deutsche Nationalhymne nach der Reichsgründung 1871 gesungen wurde? Nach Ihrem ureigenen ›God Save the Queen‹.«

Aha. Wieder mal was dazugelernt. Trotzdem waren die Deutschen lange von ihrer Nationalhymne nicht überzeugt und scheuten davor zurück, sie zu singen. Seit 1945 hatten sie Angst, stolz auf ihre Nation zu sein, was ich angesichts ihrer Nachkriegsleistungen eher ärgerlich fand. Selbst wenn eine vernünftige Tourismus-Industrie fehlte …

Da sie ihre Nationalhymne also nicht singen wollten, sangen sie die »Gemütlichkeitshymne«, die ich auf dem Oktoberfest gehört hatte, als ein unpatriotischer Nationalismus und eine Tradition gefeiert wurden, wozu man keinen Staat brauchte.

Eine weitere immer wieder erklingende Weise des Oktoberfest-Soundtracks war »Viva Colonia«. Die Melodie war nicht unähnlich der von »Viva España«, und man erwies damit einer anderen deutschen Partystadt seine Reverenz: Köln. Manchmal aber gönnten sich die Musikanten eine Verschnaufpause – Blasen macht durstig –, und aus den Woofern eines regelrechten Rottweilers von deutscher Hi-Fi-Anlage dröhnte eine begrenzte Anzahl von Lo-Fi-Eurohits, wie zum Beispiel DJ Ötzis »Ooohh! Aaah! I wanna know-oh-oh if you'll be my girl«, einer der wenigen deutschen Popsongs, die je im Vereinigten Königreich Erfolg hatten.

Das Oktoberfest war ein Wunder an Planung und praktischer Umsetzung. Da es im Prinzip ein Besäufnis in 14 Bierzelten gleichzeitig war, konnte man nur froh sein, dass die Deutschen es organisierten. Sie hatten sogar Verständnis für die aus übermäßigem Bierkonsum resultierenden Kollateralschäden und Vorsorge getroffen. Es gab ein besonderes *Bierleichenzelt* für diejenigen, die zu früh gekommen und den Saufmarathon wie eine Sprintstrecke angegangen waren. Und insgesamt fast einen Kilometer Platz zum Urinieren. »Irgendwo muss das ganze Bier ja früher oder später wieder herauskommen«, sagte die Festorganisatorin, eine rundum freundliche Frau Weishäupl, und zeigte damit einen gesunden Mangel an Prüderie, der ja auch die FKK-Anhänger auszeichnet.

In einem ziemlich unterbesetzten Touristenbüro (viele Angestellte waren offenbar »krankgemeldet«, was ich als »verkatert« verstand und mich freute, dass auch Deutsche blaumachten) erfuhr ich ein paar statistische Einzelheiten über das Fest, die seine horrenden, wie gesagt, mittelalterlichen Ausmaße deutlich machten. Man hatte sie alle sorgfältig erfasst und bis zum letzten romantischen Detail aufgeschrieben.

Im untersuchten Jahr 2005 waren gut sechs Millionen Menschen da gewesen und hatten insgesamt 6,1 Millionen Liter Bier getrunken. Eine stolze Zahl und kein geringer Pro-Kopf-Konsum, wenn man bedenkt, dass auch große Mengen anderer Alkoholika getrunken werden und viele Besucher Kinder sind. 481 649 Brathendl, 179 889 Paar Schweinswürstl, 55 089 Schweinshaxen und 89 Ochsen wurden verspeist, 2,4 Millionen Kilowatt Strom und 88 023 Kubikmeter Wasser verbraucht und insgesamt 647 Tonnen Abfall produziert, von denen 32 Tonnen Papier waren (die recycelt wurden) und 311 Tonnen Essensabfälle. Verloren gemeldet wurden 4000 Dinge, vor allem Brillen, Brieftaschen, Kreditkarten, Handys und Kleidung. Gefunden wurden aber auch Kuriositäten wie der »Arm einer Schaufensterpuppe«, »Noten von Bach (J. S.)« und »unbekannter Vogel«. Umgesetzt wurden in München in dem Jahr 954 Millionen Euro (die gesamte Infrastruktur wie Hotels und so weiter eingeschlossen), von denen allein auf dem Fest 449 Millionen Euro eingenommen wurden. Wieder dachte ich, dass die Deutschen sich nicht mit halben Sachen zufriedengeben: In gerade mal zwei Wochen machen sie ihren Mangel an Beliebtheit im Rest des Jahres wett.

Das Oktoberfest hat übrigens auch ein soziales Gewissen. 2005 verboten die Organisatoren das Spielen von »Partymusik« vor sechs Uhr abends, um vorzeitige *Gemütlichkeit* so weit wie möglich zu unterbinden. Außerdem setzten sie eine Dezibelobergrenze für die Musik fest. In den Jahren zuvor hatten sie schon Maßnahmen ergriffen, um sicherzustellen, dass ein Teil der Ochsen, Hähnchen und Schweine aus ökologischer Landwirtschaft und frisch aus der Region kamen. Außerdem wurde der gesamte Strom nun aus Wasserkraft erzeugt, das Abwaschwasser als »graues Wasser« für die Toiletten benutzt und das gesamte Wasser wiederaufbereitet; Dosen waren verboten, und auf alles Geschirr wurde Pfand erhoben, damit es zurückgebracht wurde; der gesamte Abfall wurde gewissenhaft sortiert (man musste ihn schon gleich in gesonderte Behälter werfen), und die Stände, Brauereien, Fahrbetriebe und Läden auf dem Gelände bekamen von nun an Zensuren, damit das Publikum sehen konnte, wie umweltfreundlich sie waren. Zusätzlich lud man 250 Rentner ins Schottenhamelzelt ein, wurden 2250 Plätze an Bedürftige vergeben, und an sogenannten Familientagen gab es Rabatt. Die ganze Veranstaltung wurde mit geradezu furchterregender Gründlichkeit durchgezogen, die ich jetzt als romantisch verstand – sie schnurrte so glatt und verlässlich wie ein Audimotor.

Ich hatte nie gewusst, dass das Oktoberfest auch ein riesiger Rummel war. Doch der gehört schon sehr lange dazu, nämlich seit in den letzten Jahrzehnten des 19. Jahrhunderts im Verlaufe der industriellen Revolution ein Bedürfnis nach Vergnügungs- und Freizeitaktivitäten entstand und anlässlich prächtiger Ausstellungen der Eiffelturm oder das Riesenrad im Wiener Prater erbaut wurden. Vielleicht zur Verdauungsförderung und weil das Oktoberfest mit immer neuen Superlativen protzen will, gibt es jedes Jahr verrücktere Attraktionen, die sich immer schneller und höher bewegen, in immer steileren Winkeln auf- und abfahren, zu mehr Schwindel, Taumel und Erbrechen führen. Stellen Sie sich vor, Sie haben zehn Maß intus und sitzen in der sich um die eigene Achse drehenden Hochgeschwindigkeitsachterbahn vom Typ Inverted Coaster. Außer den Karussells und Achterbahnen gibt es aus langer Tradition, die ebenfalls bis ans Ende des 19. Jahrhunderts zurückgeht, Irrgärten, Kasperl- und Varietétheater sowie Gaudi-Fotografenstände. Es wirkt ganz so, als habe das Oktoberfest zu Disneyland angeregt, ja, sei dessen Vorläufer. Spaß für die ganze Familie – darauf verstehen sich die Deutschen, wie ich rasch beobachtete, hervorragend.

Ja, das Oktoberfest war ein Paradies für Kinder, und die Kinder in den Erwachsenen kamen auch voll auf ihre Kosten. Auf den Bierzelten befanden sich riesige Plastikgebilde, die anzeigten, wie hier dem Genuss gehuldigt wurde: sich bewegende Löwen als Wahrzeichen von Löwenbräu, riesige Krüge, die zu riesigen wohlgeformten Mündern erhoben wurden, und stämmige dirndlumwehte Beine, die sich hoben wie die Beine von Pariser Cancan-Mädchen. Imposante Modelle wie aus einem Karnevalszug: lustig, doch auch ein wenig bedrohlich, ja, apokalyptisch. Vieles andere war ebenfalls überdimensional, von den Riesenbrezeln bis zu den tellergroßen Lebkuchenherzen mit Zuckerguss und putzigen Sätzen wie »I mog di«. In Lübeck hatte ich Lebkuchenhäuser für Miniaturmenschen in einer Miniaturwelt gesehen. Hier war es umgekehrt. Wie Gulliver auf seinen Reisen war ich von Liliput nach Brobdingnag versetzt worden, und mir war, als wanderte ich im Kinderzimmer eines Riesen herum.

Zu meiner großen Überraschung wurde ab elf Uhr abends kein Bier mehr ausgeschenkt. O nein, auch hier die schändliche Sperrstunde von der Ostsee? Das Oktoberfest war doch sicher eine Party, die bis zum frühen Morgen dauerte. Was für einen Zweck hatte es, sich volllaufen zu lassen, wenn man um elf schon wieder nach Hause gehen musste? Meine Sorge war unbegründet. Wohl aufgehoben in Gesellschaft Ortsansässiger, die sich auskannten und zu feiern wussten, erfuhr ich, dass die Party mit dem Feierabend auf der Theresienwiese erst begann. Für junge, trendige Münchner wie Mannys Freunde ging es hauptsächlich um die »Nach-Wiesn-Party«.

Und ich stand auf der Gästeliste des Lenbach – einer der stylishen Münchner In-Locations und heißesten Nach-Wiesn-Adressen der Stadt – und konnte lässig an einer Schlange energiestrotzender Partymacher vorbeischlendern, die auch noch in heftiger Feierlaune waren. Im Inneren waren Tanzflächen auf zwei Ebenen, auf denen sich die junge Stadtschickeria tummelte und ihre Zuneigung Freunden und Fremden gleichermaßen schenkte. Es wurde unterschiedliche Musik gespielt, aber keine traditionellen Volksweisen mehr. Man trank nun auch Wodka statt Bier; statt in Zelten mit Wald- und Gartendekorationen war man inmitten von Spiegeln und Aluminium, hörte Musik vom anderen Ende des Spektrums deutscher musikalischer Wertarbeit: Ibiza-House, Techno, Trance und Metal; und die Turntables wurden von Möchtegern-Sven-Väths und -Paul-van-Dyks bedient. Es war nicht anders als auf Mallorca oder beim Après-Ski in St. Anton. Doch Lederhosen waren immer noch ein Muss. Als ich die Münchner im pulsierenden roten und blauen

Neonlicht und Trockeneisnebel in ihren Krachledernen Diskoverrenkungen vollführen sah, wusste ich, dass sich das Beste der traditionellen Trachten einen Platz in der zeitgenössischen deutschen Kultur erobert hatte. Wir waren wieder im Land der Laptops und iTunes.

Auch draußen auf den Straßen, jenseits der Nach-Wiesn-Clubszene, herrschte Partystimmung, und kein Anwohner, ob Festbesucher oder nicht, blieb von der guten Laune und den Späßen der Feiernden verschont. Es erinnerte mich an meine Studentenzeit und die durchgefeierte Nacht mit den Burschenschaftern in Heidelberg. Selbst das Tragen von Lederhosen war nicht viel anders, als wenn man sich in der Cambridger May Week in strapazierfähige schwarze Anzüge wirft. In seinem urkomischen Bericht über die Zeit in Cambridge mit dem Titel *May Week was in June* erzählt Clive James von der May Week, der Woche im Juni, in der die Cambridger Studenten nach den Jahresabschlussexamina wilde Partys und Bälle feiern. Terminlich nicht minder eigenwillig beginnt das Oktoberfest im September. Doch es dauert wesentlich länger als eine Woche. Nämlich zwölf Stunden am Tag vom ersten Samstag nach dem 15. September bis zum ersten Sonntag im Oktober. Fällt der auf einen 1. oder 2., wird es bis zum 3. Oktober, dem Tag der deutschen Einheit, verlängert. Es kann also zwischen 16 und 18 Tagen dauern; als ich dort war, waren es Magen und Blasen strapazierende 17 Tage. Kein Wunder, dass Deutschland die ältesten Studenten, die kürzeste Arbeitswoche und den längsten Jahresurlaub hat.

Eines war klar: Das Oktoberfest vereinte Menschen rund ums Bier. Darüber hinaus war es der Beweis für die innige Verbundenheit zwischen Deutschland und Großbritannien: in den schlichten Trinkliedern, der Liebe zum Verkleiden, dem großen Aufwand, den man betreibt, um zu überspielen, dass man bloß saufen will, dem puren Genuss am Bier, nicht weil man es braucht oder Durst hat, sondern um des Bieres willen, und in dem schamlosen allseitigen Akzeptieren dessen, dass man sich in aller Öffentlichkeit gehen lässt, die Kontrolle über seine Blase verliert, an sonstigen Nachwehen leidet oder nur komatös herumliegt.

Trotzdem hat das Oktoberfest nicht wesentlich dazu beitragen können, dass sich die allgemeine Sicht der Briten auf Deutschland und die Deutschen ändert. Es muss also doch auch Trennendes geben.

Das Oktoberfest ist auf eine Weise friedlich und manierlich, die in Großbritannien schier unmöglich wäre. Von Naziputschen in etwas fernerer Vergangenheit einmal abgesehen, gibt es selten Schlägereien; es werden in der Regel weder Stühle noch Tische geworfen noch Schläge ausgeteilt, und wenn die Stadt am nächsten Tag aufwacht, sieht man keine Spuren einer ausgearteten Party, keine eingeschlagenen Fenster, demolierten Autos oder menschliche Opfer von Gewalt. Da ist die *Gemütlichkeit* vor. Wenn es Verletzungen gibt, stammen sie alle vom übermäßigen Trinken. Die ganzen zwei Wochen, die ich da war, waren durchgängig bestimmt von unbeschwerter Fröhlichkeit, die Stadt durchwaberte ein benommener Frieden, und alle, einerlei, ob sie sich ein oder zwei Biere in einem Zelt genehmigt hatten oder auch gar keins, hatten ein selig beschwipstes Lächeln auf dem Gesicht. Es war Gemütlichkeit pur.

München ist Deutschlands drittgrößte Stadt. Aber stellen Sie sich vor, was passieren würde, wenn man am Stadtrand des annähernd gleich großen Birmingham ein Oktoberfest veranstaltete.

»Schon Tacitus bemerkte, dass sich kein Volk vollkommener festlichem Tafeln und Vergnügen hingegeben habe als die Germanen«, erinnerten mich Mannys Notizen. Nun, diese Erfahrung hatte ich höchstpersönlich gemacht. Augenscheinlich konnte man sich in Deutschland auch noch woanders vergnügen als nur beim Oktoberfest. Ich hatte es nie als Karnevalsland betrachtet, doch jetzt erfuhr ich, dass überall in Gegenden des heutigen Deutschland, die die Römer erobert und mit ihren heidnischen Festen beglückt hatten, der Karneval mehr oder weniger ausgiebig gefeiert wird. Später kamen die Christen auf die so gar nicht zu ihren römischen Vorfahren passende und eher zutiefst deutsch anmutende Idee, dass es Geist und Seele heile, wenn man nach übermäßigem Feiern eine Fastenzeit einlegte.

Die Römer siedelten hauptsächlich am linken Rheinufer entlang und gründeten eine Kolonie, die genau den Namen bekam: Colonia. Die Oktoberfesthymne »Viva Colonia« im Kopf, lernte ich nun, dass man auch dort zu feiern verstand. Köln konkurriert mit Mainz im Süden und Düsseldorf im Norden darum, wer am Rhein die besten Feste feiert. Doch Rio oder Port of Spain sind sie alle drei nicht, und wie bei allem, was die Deutschen veranstalten, bemerkt man an der Durchorganisiertheit den spezifisch deutschen Charakter. Ja, der Spaß wird sozusagen todernst genommen. Man denke nur daran, dass der Karneval jedes Jahr pünktlich am 11. 11. um 11. 11 Uhr beginnt. Wehe dem, der am letzten Donnerstag vor Rosenmontag in Köln einen Schlips trägt. An dem Tag ist *Weiberfastnacht*, und alle Frauen dürfen ihn abschneiden – die Männer also symbolisch entmannen! Angenehmer und auch Hugo-Boss-Outfits nicht so abträglich ist, dass die Frauen den Herren auch *ne Bützje* geben dürfen. Die Freiheit zum Küsschengeben nahmen sich mit Freuden übrigens auch die Stewardessen auf den Lufthansaflügen nach Köln, wie ich selbst erlebte. Die ganze Stadt war ein einziges großes Straßenfest. Die Leute liefen als Clowns verkleidet oder als Sträflinge in rot-weißen Streifen herum, den Farben der Stadt, doch der Anblick einer nicht geringen Zahl von Lederhosen bestätigte mich in meinem seit langem gehegten Verdacht, dass jeder deutsche Kleiderschrank ein Paar beherbergt.

»Die Traditionen des Faschings und des Karnevals waren sehr wichtig, als die Deutschen im 19. Jahrhundert ihre neu entdeckte nationale Identität ausbildeten. Viele der Traditionen entwickelten sich aus dem Bedürfnis, sich über ihre französischen Oberherren lustig zu machen.«

Die großen Städte Mainz, Köln und Düsseldorf feiern mit großem Pomp, und die Menschen machen alle mit. Doch kleinere Städte und Dörfer fanden es offenbar notwendig, ihre Kostüme, die Paraphernalia der festlich-pompösen Umzüge, also die gesamte Tradition sozusagen ins Museum zu verbannen. In diesen Orten wurden die Feste elitär und exklusiv gefeiert, was mich überhaupt nicht in seinen Bann zog. Wie bei Krippen- oder Historienspielen war ich zum bloßen Zuschauen verdammt, nur echte Ortsansässige konnten mitmachen. Es war das Gegenteil meiner Vorstellung von Karneval und ausgelassenem Vergnügen. Vielleicht will man die Traditionen auf diese Weise erhalten, als sei man sich in Zeiten der Globalisierung alles Vergänglichen bewusster. Doch die Feste wurden ihres Lebens und ihrer Spontaneität beraubt, sie wurden kitschig und gekünstelt.

Das galt nicht für die Fastnacht in Rottweil, der Stadt »zwischen Schwarzwald und Schwäbischer Alb«, nach der die massigen Köter benannt worden sind. Rottweils Anspruch, eine weltberühmte »Fasnet« zu veranstalten, entsprach allerdings keineswegs dem Gebotenen.

Laut Mannys Notizen gab es eine Ausnahme von all der Folklore, den Trachten, der Nostalgie, der Tradition und allenthalben herrschenden Gemütlichkeit: die Berliner Love Parade, eine alljährlich stattfindende sommerliche Straßenfete, auf der man im Gegensatz zum Oktoberfest, nicht ein einziges nostalgisches Ideal hochhält, sondern echte Vielfalt feiert – sexuelle, religiöse und nationale und natürlich auch die der Kleiderordnung. Die Love Parade berief sich mit Absicht nicht auf regionale Wurzeln und Traditionen (wenn auch die Teilnehmer trotzdem Leder trugen, allerdings eine andere, glänzendere Variante) und feierte alte Hoffnungen der 68er auf ein multikulturelles, toleranteres Nachkriegsdeutschland. Doch die Love Parade, betonte Manny, sei ein Sonderfall und Thema eines weiteren Moduls. Trotzdem, dachte ich, die Deutschen verkleiden sich offenbar gern, ob folkloristisch, d. h. volkstümlich, oder nicht, wie in Berlin. Und Folklore, Volkskunde, ist zuvörderst Kunde, etwas Abstraktes, es sind Ideen, eben nicht die reale, noch gelebte Tradition. Feste führen zur Vereinfachung, Übertreibung und Idealisierung dieser Ideen. Aber genau das war Deutschland in seinen Anfängen: eine Idee. Und bis in die letzte Einzelheit gründeten Volkskunde und -bräuche eher auf Ideen denn auf Realität. *Gemütlichkeit* hatte etwas Tröstliches, das die Wirklichkeit erträglicher machte; gleichzeitig aber stand *Gemütlichkeit* für Vereinfachung, Übertreibung, Idealisierung der Idee von Deutschland. Und die kam, was die Prioritäten der Nation betraf, vor dem bloßen Vergnügen.

Wie immer dachten die Deutschen nach, anstatt sich ein Bierchen zu genehmigen.

6. Gesundheit

Schaumbad in Baden-Baden

die (o. Pl.): Zustand od. bestimmtes Maß körperlichen od. geistigen Wohlbefindens; Nichtbeeinträchtigung durch Krankheit

»Heutzutage ist die Welt verrückt nach Wellness.«

Ich hasse dieses Wort. Wie kann man ein Substantiv aus einem Adverb machen? Was spricht gegen »Gesundheit«?

»Wellness ist zu einem der größten Sektoren der Tourismusbranche geworden«, fuhr Manny fort, als wir wieder einmal in seiner luxuriösen Praxis saßen.

Ja. Und Typen wie er waren die größten Nutznießer dieser verrückten Entwicklung.

»Aber Sie müssen nicht in ein Fünfsternehotel in Thailand oder Indien fahren. Fahren Sie ...« Mannys Nase begann zu zucken, er kniff die Augen zusammen, zog die Brauen hoch. »Fahren Sie nach Deutschland!«

Er nieste. Wie durch Zauber rührte sich etwas in einem Sprachwinkel meines Hirns, und ich holte einen Brocken Mittelstufendeutsch hervor.

»*Gesundheit*!«, sagte ich.

»Danke!« Manny war augenscheinlich überrascht. »Die Deutschen nehmen ihre *Gesundheit* wirklich sehr ernst. Lange vor den Zeiten von hautengen Gymnastikanzügen, Legwarmern, Jane-Fonda-Aerobic-Videos und Lichtjahre vor Bikram-Yoga wussten sie schon, wie man jeden Tag etwas für seine Gesundheit tut. Sie aber sollen jetzt eine Erfahrung mit etwas Weiterem machen, das im Leben der Deutschen eine zentrale Stellung einnimmt. Mit dem *Bad*.«

Wie konnte ein Bad meine *Wanderlust* wieder wecken? Was war kulturell bedeutsam daran zu baden? Einzelne Erscheinungsformen des deutschen Gesundheitswahns hatte ich schon in den Kurbädern an der Ostsee erlebt: das Fahrradfahren, das ewige und überallhin Zu-Fuß-Gehen und natürlich die Nacktheit. Mal sehen, was Manny nun für mich in petto hatte.

Schon tags darauf war ich wieder in Bayern. Ich musste Mannys nächstes Modul abarbeiten und in der ruhigen Atmosphäre eines deutschen Schwimmbades die bösen Geister aus meinem Körper vertreiben; ein Versuch leiblicher *Selbstwahrnehmung* gerade zur rechten Zeit nach dem überschwänglichen, kräftezehrenden, endlosen Partymachen.

Manny schickte mich zum berühmtesten Bad in München, dem Müller'schen Volksbad. Es war das erste öffentliche Bad in München, 1901 spendiert von Karl Müller; bei der Eröffnung galt es als modernstes Hallenbad Europas und als teuerstes Bad der Welt (1,8 Millionen Goldmark).

Von außen hätte ich nie gedacht, dass das Gebäude, ein neobarocker Jugendstilbau in hellem Sandstein, ein öffentliches Schwimmbad beherbergte. Der dreitorige, statuengeschmückte, runde Säuleneingang sah aus wie der einer Kunstgalerie oder eines Museums. Das eigentliche Gebäude war lang und rechteckig, nicht unähnlich einem Kirchenschiff, und hatte schöne Bogenfenster, wie man sie an vielen Bauten der Industriearchitektur aus dem 19. Jahrhundert sieht, an Lokschuppen oder Wasserwerken. Über dem Hauptschiff befanden sich eine große Kuppel und ein Glockenturm mit Uhr wie an einer Kirche. Aber natürlich war es keine Kirche. Das Volksbad befand sich auf der tiefer als Straßenniveau gelegenen Au, am Ufer der Isar, in der die Münchner im Sommer baden, und war nichts anderes als eine riesige Kathedrale des Fleisches.

Draußen nieselte es zwar, aber die frische Luft auf dem Weg ins Volksbad wirkte Wunder. Weil ich in eine öffentliche Badeanstalt ging und die Busstrecke dorthin im Kopf hatte, fühlte ich mich überdies schon wie ein Einheimischer. Und dazugehörig will sich ein richtiger Reisender ja auch fühlen.

Apropos dazugehören. Ich hatte keinerlei Badehose oder *Textilie* dabei und hoffte, vor Ort etwas in der Richtung käuflich erwerben zu können. Hegte allerdings den leisen Verdacht, dass ich womöglich nichts dergleichen brauchte.

In der Eingangshalle des Müller'schen Volksbades wimmelte es von Menschen aller Altersstufen. Es war, als wolle ganz München nach den jüngsten Strapazen des Oktoberfests am Altar oder in der Sauna Gottes Buße tun. Ich ging durch eine wunderschöne riesige, fünf Meter hohe hölzerne Drehtür mit fein geschwungenen Messinggriffen hinein. In der Halle musste ich eine Nummer ziehen und bei dem Hochbetrieb warten, bis ich das Innersanktum betreten konnte. Was auch sein Gutes hatte: Am Eingang gab es eine kleine Auswahl an Badehosen zum Entleihen, darunter Gott sei Dank ein Paar weite blaue Bermudas.

Nachdem ich etwa 20 Minuten die sanft gerundeten Jugendstilformen der sinnenfreudigen Eingangshalle bewundert hatte, hörte ich, wie über die Lautsprecher meine Nummer aufgerufen wurde.

»*Schwitzbad* oder *Hallenbad*?«, fragte mich die Kassiererin.

Wenn man eine deutsche Badeanstalt wie das Müller'sche Volksbad betritt, muss man sich zwischen zwei grundsätzlichen Möglichkeiten entscheiden: Entweder für das normale Schwimmbad, wo man im großen Becken seine Bahnen ziehen und von den Sprungbrettern hüpfen kann, oder für das sogenannte Schwitzbad mit Sauna, Dampfbad, heißen und kalten Becken. Man kann allerdings auch in beide gehen.

Aber es sind getrennte Einrichtungen. Ein Schwitzbad klang für mich genau richtig, um den Restalkohol des Oktoberfests auszuschwitzen.

»Wie lange?«

Ich fragte, wie lange normal sei. »Eine Stunde? Eineinhalb?«

»Mindestverweildauer vier Stunden«, bekam ich zur Antwort.

Vier Stunden? Wie können Leute vier Stunden in einer Sauna herumsitzen? Wird es ihnen nicht zu langweilig? Haben sie nichts Besseres zu tun?

Die Überraschung stand mir offenbar ins Gesicht geschrieben.

»Manche Leute finden das zu kurz«, sagte die Frau mit Nachdruck.

Ich entschied mich für die Mindestverweildauer und folgte den Schildern die Treppe hinauf in den ersten Stock.

Es gab nur einen Eingang. Am Drehkreuz schob ich meine Eintrittskarte in den dafür vorgesehenen Schlitz, und sie wurde wie ein Parkschein mit meiner Anfangszeit gestempelt. Dann begab ich mich auf die Suche nach dem Umkleideraum für Männer.

Doch zwischen den Reihen von Kleiderhaken und Schließfächern sah ich keine Türen, hinter denen man sich nach Geschlechtern getrennt hätte umkleiden können.

Ich musste an antike Bäder denken: labyrinthisch, breite Treppen und Flure, durch die geisterhaftes Gemurmel, Ächzen und spitze Schreie hallten. Es gab muffige Holzspinde mit daran baumelnden großen Schlüsseln und ordentlichen Schubladen zum Verstauen von Wertsachen. Die Luft war dick und roch erdig feucht nach nassen Steinen. Gelegentlich hörte ich, wie sich Leute umzogen, und erhaschte einen Blick auf mehr oder weniger entblößte Körper. War das eine Frau?

Ja. Und sogar eine ziemlich attraktive. In einer reizvollen Kombination aus Leggings, Flip-Flops und oben nichts kam sie auf mich zu! Ohne mich auch nur im Geringsten zu beachten, ging sie direkt an mir vorbei zu einer Reihe Haartrockner und begann, sich die Haare zu föhnen.

Ich war baff. Nicht nur wegen der Unisex-Umkleiderei oder der ungenierten Nacktheit, sondern auch, weil ich nicht wusste, was ich als Nächstes tun sollte. Meine gesamte Umgebung schien einen Service zu bieten, den ich nicht zu nutzen wusste. Derart fremd und fehl am Platze hatte ich mich so relativ nah an zu Hause noch nie gefühlt. Manny wäre höchst zufrieden gewesen, wenn er mich, den Reisenden, der angeblich doch schon alles gesehen hatte, so hilflos gesehen hätte.

»Ja, ja«, hatte er gefrotzelt, »mittlerweile gibt es ja auch in England in jedem popligen Gymnastikstudio oder Fitnesscenter Saunas und Dampfbäder. Doch es sind im Vergleich zu Deutschland erbärmliche, nachträglich errichtete kleine Anbauten, oft am Schwimmbeckenbereich, die Sie nicht einmal recht zu nutzen wissen. Vielleicht probieren Sie alles einmal aus, langweilen sich bald, verlieren die Geduld und gehen.«

Ich beschloss, den *Bademeister* zu fragen, der in schönen alten Bädern wie dem Müller'schen mehr als nur ein Aufpasser am Beckenrand ist. Er ist der hauseigene Heiler, verantwortlich sowohl für den allgemeinen Betrieb als auch für das Wohlbefinden der Besucher.

Auf seinem Schildchen stand »Ulli«, er war ein knuffiger Kerl mit buschigem schwarzem Schnauzbart, trug weißes T-Shirt und weiße Shorts, Plastikbadelatschen und weiße Socken. Mit roten Wangen und liebenswürdigem Gebaren saß er an seinem Tisch wie ein Hauswart. Ich wollte ihn nicht stören, schon gar nicht mit idiotischen Fragen. Doch ihm war es ein Pläsir, diesem ausländischen Johnny in seiner augenfälligen Verwirrung zu helfen. Er zeigte ihm, wo er sich umziehen konnte, was er nicht tragen sollte – die neue Badehose – und wo er duschen sollte, bevor er den Saunabereich betrat. Und da der Johnny absoluter Neuling war, erklärte er ihm auch noch, wie er weiter vorgehen sollte.

»Nach dem Duschen gehen Sie in die erste Sauna, die mit der niedrigeren Temperatur, und bleiben dort ungefähr acht bis zehn Minuten. Danach duschen Sie kalt oder gehen in das Kaltwasserbecken. Anschließend schlendern Sie zur Entspannung ein bisschen herum, damit die Blutzirkulation in Gang bleibt. Und dann wiederholen Sie das Ganze. Da Sie nicht daran gewöhnt sind, sollten Sie nicht zu lange in der Sauna bleiben. Sobald Sie sich unwohl fühlen, müssen Sie herauskommen.«

Mit meinem Marschbefehl im Tornister, zog ich mich verlegen aus und ging unter die Dusche. Langsam begriff ich, wie das Ganze funktionierte, war aber doch schockiert, als ich mich umdrehte und zwei nackte Frauen unter den Duschen neben mir erblickte. Da war sie wieder, die britische Prüderie, über die Manny sich immer lustig machte. Die eine Frau war muskulös und Mitte vierzig, die andere sicher an die siebzig. Den üppig drapierten Wülsten an ihrem Körper nach zu urteilen, hatte sie über die Jahre kräftig in gute Isolierung investiert. Wie würde sie in einem *Dirndl* aussehen? Angesichts meiner offenkundigen Überraschung grinste sie schalkhaft und kicherte: »Keine Bange, wir tun Ihnen nichts!« Worauf ich mir ein Lächeln abrang und eine Sekunde zu lange brauchte, um zu erwidern: »Genau das hatte ich aber befürchtet.«

Wir trockneten uns alle ab, und um nichts falsch zu machen, folgte ich ihnen, das Handtuch fest um die Taille geschlungen, in den allgemeinen Bereich.

Das Herzstück des Müller'schen Volksbades unter der –

mit dem berühmten plastischen Stuck versehenen – Kuppel, die ich von draußen gesehen hatte, war ein rundes, offenbar warmes, rappelvolles Steinbecken mit sanft wogendem Wasser, in dem sich alle zwischen den Exzessen heißer oder kalter Selbstgeißelung aalten – wieder ein schockierender Anblick für mich. Im Wasser flätzten sich nackte, sich aneinanderklammernde, turtelnde Paare, und vor lauter bloßem Fleisch konnte ich kaum Menschen sehen. Ich kam mir vor wie in einem der ersten Kreise der Dante'schen Hölle. Oder als sei ich in eine riesige Swingerparty geraten.

Ich trat den Rückzug an und begab mich auf Wanderschaft, um eine Stelle zu suchen, an der ich mich weniger herausgefordert fühlte. Ich fand sie in der am wenigsten heißen Sauna – Ulli hatte mich ja instruiert, dort als Erstes zu schwitzen.

Im Inneren saßen sieben Körper in vollkommenem Schweigen – und schwitzten. Ich erblickte meine beiden Freundinnen von vorher – die eine hatte sich zu ihrem Partner gesetzt – sowie ein weiteres Paar und einen alten Mann. Während ich mich verschämt mit dem Handtuch über dem Schoß hinsetzte, hatten meine Schwitzgenossen ihre Handtücher unter sich ausgebreitet und saßen oder lagen darauf, die Beine in den unterschiedlichsten Winkeln geöffnet, von diskreten 30° bis zu alles enthüllenden 90°.

Für Deutsche scheint Nacktheit in der Sauna peinlichst genaue Hygienevorschriften nach sich zu ziehen. Wieso sich die Briten in Badekleidung hineinsetzen, verstehen sie absolut nicht. Sie finden, dass verschwitzte Badeanzüge die hölzernen Sitzstufen verunreinigten, man deshalb sein Handtuch unter sich legen und nackt schwitzen sollte. Einen besseren Vorwand, sich nackt auszuziehen, habe ich noch nie gehört.

Sei dem, wie es sei, ich fühlte mich wie auf einer sehr langen Fahrt in einem Aufzug: Es gelang mir nicht, den Blick ins Leere oder auf eine unbestimmte mittlere Entfernung zu richten, und er begann zu wandern. Doch als ich merkte, dass ich ihn als Einziger wandern ließ, wurde mir noch blümeranter zumute. Nach kurzer Zeit konnte ich kaum mehr das nervöse Schuljungenkichern unterdrücken, das in mir aufstieg.

Gut – dann eben abkühlen. In der Sauna gab es alle möglichen Einrichtungen, um sich Kälteschocks zu verpassen. (Wie sagten noch die Gestapo-Verhörer in britischen Filmen so süffisant? »Vee haf vayz and means to mek you talk …«) Ein kaltes Becken, eine herkömmliche kalte Dusche, aus der das Wasser von oben kam, und eine, die auf allen Körperhöhen kaltes Wasser auf einen spritzte. Ich aber entschied mich für einen Eimer, der ständig aus einer Leitung an der Decke nachgefüllt wurde und aus dem sich, wenn man an einer Schnur zog, aus großer Höhe eisiges Wasser über einen ergoss. Eine Wasserguillotine.

Danach musste ich mich wieder aufwärmen, aber nicht zu sehr, und das hieß, mich dem Massen-Love-in in dem warmen Hauptbecken anschließen. Ja, so ging's. Es war ein bisschen wie auf einer Safari. Es gab Flusspferde und Elefanten, große, spindeldürre Giraffen und ein, zwei elegante Gazellen. Ich suchte mir ein abgeschiedenes Plätzchen auf einer der Beckenstufen und bemühte mich zu entspannen. Doch wieder ergab es sich, dass ich von meinem Posten aus eine hervorragende Sicht hatte. Was sollte ich mit den Augen machen, wenn ich sie nicht schließen wollte?

Ein, zwei Bemerkungen zu Haaren. Im Allgemeinen finden die Menschen Haare nur auf dem Kopf attraktiv. Unter Haar wird einem zu heiß, es riecht, wird schmutzig und wächst, wo man es nicht haben will. Es sei denn, man ist Deutscher, in dem Fall hat man es überall gern. Dieses Eindrucks konnte ich mich jedenfalls auch jetzt nicht erwehren. Ich war mit dem Anblick behaarter ostdeutscher Sportlerinnen wie Marita Koch aufgewachsen, die jedes Mal, wenn sie gewannen (was verdächtig häufig geschah), die Arme hochrissen und Schwarzwälder von Haar zeigten. Außerdem kannte ich natürlich von Kindheit an den alten Adolf auf der Briefmarke. Und wer würde je Rudi Völlers Schnurrbart und (dauergewellte?) Lockenpracht vergessen? Rudi trug, was die Deutschen als Vokuhila bezeichnen. Das ist kein Glasgower Kraftausdruck, sondern die Abkürzung von »vorne kurz, hinten lang«. Ich freute mich, dass die Deutschen es als Frisur anerkannt hatten, denn während sich die Frisuren in Großbritannien von den Flock of Seagulls zu Rick Astley weiterentwickelten, verlor Vokuhila offenbar von den 70ern bis zu den 90ern in Deutschland nicht an Beliebtheit.

Mit seinem Schnurrbart hatte Rudi ja auch noch einen ausgewachsenen Vokuhila über den Lippen. Die Männer (und wahrscheinlich auch die Frauen) liebten augenscheinlich Haare im Gesicht. Bei der Bart-Weltmeisterschaft 2005 in Berlin schnappten sich die Deutschen in 14 der 17 Kategorien den Titel, unter anderem in den Kategorien »Kinn- und Backenbart Musketier«, »Schnauzbart Dalí«, »Kaiserlicher Backenbart« und »Vollbart Garibaldi«. Es gibt in ihrem Land sogar einen Verband deutscher Bartclubs. Als Ablenkung von meiner Therapie hatte ich einmal in einem deutschen Supermarkt eine Studie durchgeführt und war nach einer halben Stunde intensiver Feldforschung zu dem Schluss gekommen, dass ein stattliches Drittel deutscher Männer über 18 in der einen oder anderen Form einen Schnurrbart besaß.

Warum? Ich kam nur auf folgende Erklärung: Die Deutschen finden Haar ebenso wie Bäume, Hirschgeweihe, Lederhosen und Bierfässer in Fachwerkgasthäusern *gemütlich.* Ich meine nicht das Bequeme daran, sondern das Warme und Altmodische. Arminius und die Jungs aus *Gladiator* schmückten sich alle mit Gesichtshaar. Ein Schnauzbart gehört für einen

Deutschen offenbar zum Mythos einer nationalen erdverbundenen Tradition, die ihm am Herzen liegt.

Aber wie sah es weiter unten aus? Wie hielten es vor allem die jungen Damen in Deutschland damit? Während der guten Stunde im Müller'schen Volksbad sammelte ich unfreiwillig viele Hinweise. Mein Fazit: So wie ich erst jüngst erfahren hatte, dass es eine deutsche Gemeinde in Brasilien gab, was ich nie vermutet hätte, konnte ich nun bestätigen, dass es »Brasilianisches« auch in Deutschland gab.

Ich versuchte, alles, was ich über Deutschland wusste, in Gedanken zu einem stimmigeren Bild zusammenzufügen. War der Brazilian Landing Strip nun ein weiterer Beweis für die Ordnungsliebe der Deutschen auch in der Körperpflege? Die Intimrasur ein weiterer Ausdruck deutscher Denkungsart? Na, wahrscheinlich überanalysierte ich jetzt wohl ein bisschen, wie die Deutschen.

Einige Badbesucher waren deutlich besser vorbereitet gekommen als ich und wussten, worauf sie den Blick konzentrieren konnten. Es waren nicht nur Liebespaare da. Es gab Studenten, die – nackt oder mit einem taktisch klug drapierten Handtuch – Romane oder Lehrbücher lasen. Was hatte die FKK-Jugend noch mal gesagt? Dass Nacktsein den Kopf frei macht? Andere Saunagäste plauderten miteinander wie in einer Kneipe. Und wiederum andere saßen da und lasen die Wochenendzeitungen, einige auf runden Mosaiksockeln über gekachelten Fußbecken, in die man heißes Wasser gießen konnte. Das sollte dazu dienen, dass die Füße warm und die Zirkulation in Gang blieben, während man dasaß und sich ruhig seiner Zeitungslektüre widmete. Eigentlich war alles ganz normal – und plötzlich wäre ich auch gern mit einem Freund hier gewesen, hätte über Gott und die Welt mit ihm geplaudert oder eine Manöverkritik der letzten Nacht abgehalten. Ja, wenn ich besser vorbereitet gewesen wäre, hätte auch ich mir eine Zeitung oder ein Buch mitbringen können. Es war eine großartige Art, zu chillen und den Nachmittag zu verbringen, als sei man in einer Bibliothek, na ja, in einer Nacktbibliothek!

Am fantastischsten im Müller'schen Volksbad war das Dampfbad, das man durch eine schwere Eisentür wie der zu einer Gruft betrat. Mir schlug ein riesiger Dampfschwall entgegen. Der gesamte, spärlich beleuchtete Raum war voll grauweißen Nebels, durch den ich undeutlich Menschen ausmachen konnte, die sich wie rosafarbene Schattenwesen bewegten. Es schien der beliebteste Raum zu sein. Trotz des tiefen hypnotisierenden Brummens der Dampfdüse versuchten die Leute sich zu unterhalten. Hardcore-Dampfbad-Besucher machten Stretch- und andere Übungen direkt vor der Düse, während andere einfach nur in dem herausströmendem Dampf standen oder auf Steinstufen am Rand saßen. An einer Wand entlang gab es Steinbänke in drei Stufen übereinander, die an einen Sarkophag oder Stockbetten in einem Schulschlafsaal erinnerten. Man konnte darauf liegen oder sogar schlafen. Wie Sonnenliegen und *Strandkörbe* an Pool und Strand waren sie heiß begehrt. Ich wartete geduldig, bis die Reihe an mir war und ich mich endlich setzen konnte.

Beim Wandern zwischen Becken, Saunaräumen, Duschen und Dampfbädern sah ich dieselben Leute immer wieder und erkannte ihre Gesichter. Doch für diese Art Begegnung war ich mit meinem englischen Gefühl für Etikette nicht gerüstet. Da ich nicht recht wusste, ob ich grüßen oder sogar ein Gespräch mit ihnen beginnen sollte, zog ich mich in britische Splendid Isolation zurück. Und in ein wenig Paranoia. Was war mit dem Mann da – verfolgte er mich?

Ich war in einem der Saunaräume, als sich plötzlich die Leute in Scharen hereindrängten. Was war los? Es erinnerte mich an den Carling-Black-Label-Werbespot. »Wie viele nackte Körper kriegen wir in die Sauna?«, schien das Spiel des Tages zu sein, als immer mehr Leute kamen und ihre schwitzigen, nackten Hintern auf jedes freie Stückchen Bank quetschten. Manche setzten sich sogar aufeinander. Das Ganze hatte etwas Primitives, und mir kamen allmählich Zweifel daran, dass Hygiene hier oberste Gebot war.

Warum der Tumult? Es war Zeit für den *Aufguss*! Auf die heißen Steine sollte irgendein wohlriechender oder wohltuender Sud gegossen werden.

Wäre ich aufmerksamer gewesen oder hätte mehr über die Kunst des *Schwitzbadens* gewusst, hätte ich die Uhr über Ullis Tisch gesehen, die die Zeit für den nächsten *Aufguss* anzeigte. Eindeutig ein Ritual, das kein ernsthafter Schwitzer verpassen wollte, und deshalb kein Wunder, dass sie angerannt kamen, als gelte es, Liegestühle zu erobern. Ich, der Brite, hatte nichts gewusst und war dennoch früh genug da gewesen – typisch.

Der Saunaraum konnte nicht größer als drei oder vier Meter im Quadrat sein, doch ich zählte mehr als 30 Leute, die sich hineingezwängt hatten. Es war nicht einfach mehr wie in einem Aufzug. Es war wie in einem rammelvollen, garantiert überladenen Aufzug in der Londoner U-Bahn in der Rushhour, und ich hatte keine andere Wahl, als auf den Teil eines Körpers zu starren, der direkt vor mir war.

Dann erschien Ulli, wie ein Conférencier.

Das Leben der Deutschen ist aber kein Kabarett, es ist eine Sauna, dachte ich.

»So, alle miteinander. Zeit für den Aufguss!«, rief Ulli, und als rassele er eine Auswahl an Tees herunter, offerierte er uns: »Jasmin, Eukalyptus, Mandarine oder Rose?«

Mandarine, lautete das einhellige Urteil, und wie ein Hohepriester begann der Bademeister, es auf die heißen Steine zu schöpfen; es zischte wunderschön, und Wolken aromatischen

Dampfs stiegen auf. Ich dachte, das sei's. Doch nein, Ulli nahm das nasse Handtuch von seiner Schulter, von dem ich vermutet hatte, dass er sich damit den Schweiß von der Stirn wischte, und begann, wie wild damit herumzuwedeln. Der frische, duftende Dampf wehte über uns hinweg wie Weihrauch bei der Wandlung in der katholischen Messe: »Dann wollen wir mal das ganze Bier austreiben!« Ulli beugte sich vor und versuchte, jedem, den er erwischen konnte, Schläge mit dem Handtuch zu verabreichen. Die Leute hoben die Arme, damit die Dämpfe überall hinkamen, verzogen vor lauter Konzentration und Hitze die Gesichter, und allenthalben hörte man tiefes, lautes Einatmen. Der reinste Masochismus, lustvolle Flagellation – diszipliniert, fetischistisch und eigenartig deutsch. Auch ich hatte ein Gefühl, als kasteite ich mich wegen meiner Sünden. Wer die ansteigende Hitze nicht aushielt, stand auf und ging hinaus. Als Ulli fertig war, vollführte er – »Olé!« – mit seinem Handtuch eine rasche, schwungvolle Bewegung wie ein Torero, und alle klatschten begeistert Beifall. Ich schaffte es noch fünf, sechs Minuten, atmete den Dampf ein, als zöge ich an einer Wasserpfeife, und begab mich dann eilends hinaus. Noch nie hatte ich mich so auf ein Becken mit eiskaltem Wasser gefreut.

Lange bevor die vollen vier Stunden verstrichen waren, hatte ich genug. Doch als ich meine unbenutzte Badehose am Eingang zurückgab, hatte ich immerhin fast zwei Stunden in der Sauna ausgeharrt. Ich fühlte mich als neuer Mensch, blitzsauber und bizarrerweise gleichzeitig erfrischt und erschöpft, als hätte ich Sport getrieben. Es gab kein Vertun: Das Müller'sche Volksbad war eine durch und durch deutsche Erfahrung in Sachen Gesundheit, vor allem auch mit der langen Tradition, die das wunderschöne Gebäude vermittelte. Ich war schon beinahe euphorisch, weil ich das *Schwitzbad* entdeckt hatte und nun wusste, was ich in den Saunaräumen und Dampfbädern meiner heimischen Sporthalle alles anstellen konnte.

Dennoch verspürte ich nicht das Bedürfnis, es weiterzuempfehlen. Der Mangel an Sexualität hatte einfach etwas Menschenunwürdiges. Und ulkig genug, war auch das Schwitzbaden ein Fall von »No Sex Please, We're *German*«. In der Sauna schienen die Geschlechter hinter der alles dominierenden Gesundheit zu verschwinden. »Kraft durch Nacktheit.« Der Geist einer gleichmacherischen Ideologie triumphierte über das Fleisch. Ich fand, dass die Deutschen eine römische Orgie in eine Tupperware-Party verwandelt hatten. Wie am Strand war ihnen ihr nackter Körper und der ihrer Mitmenschen nicht Quell der Freude an allem Fleischlichen, sondern Quell großen Ernstes. In der Sauna diente Nacktheit nur der Gesundheit.

Dass etwas Arisches in dieser Betonung auf Reinheit und Hygiene steckte, war nicht zu übersehen, ganz im Sinne des perversen megalomanischen Generals in *Dr. Seltsam oder wie ich lernte, die Bombe zu lieben*, der wild entschlossen war, die Russkies mit Atombomben zuzuballern, um die Reinheit der »wertvollsten Körpersäfte« der Menschen in den Vereinigten Staaten vor der Zersetzung durch den bösen Feind zu bewahren.

»In Deutschland erkennt man einen Badeort an dem Zusatz ›Bad‹, was englisch ›Bath‹ heißt, wie die Stadt in Wiltshire. Aber ihr Briten habt so wenige Bäder, dass ›Bath‹ schon ausreicht, um die Qualität des Wassers an diesem Ort als hervorragend zu kennzeichnen«, erinnerten mich Mannys Notizen. Deutschland strotzt von »Bädern«. Die berühmtesten sind »Baden-Baden« und Wiesbaden. Es gibt aber auch zahlreiche kleinere: beispielsweise Bad Homburg, Bad Doberan oder Bad Wimpfen. Wenn eine deutsche Stadt den Zusatz

»Bad« erwerben möchte, muss sie eine Reihe von Kriterien, unter anderem hinsichtlich der Reinheit der Luft und der Inhaltsstoffe des Wassers erfüllen. Genau genommen sollte sie sich in einer Gegend befinden, in der es Naturquellen gibt. Die Tatsache, dass in einem Land selbst mittelmäßige Hotels Sauna und Schwimmbad im Keller haben, verweist darauf, dass das Bad ein wichtiger Teil des Lebens dort ist. Angesichts des gegenwärtigen Booms im Gesundheitstourismus ist Deutschland gewiss gut aufgestellt und profitiert davon. Wenn man den Ausländern nur die Nacktheit schmackhaft machen könnte …

Wichtigster Teil der Kur im Bad ist das Heiß- und Kaltbaden, denn es stimuliert, was den Deutschen das Liebste und Teuerste in ihrem Körper ist: den Kreislauf. Offenbar haben Nationen Lieblingsgebrechen und Lieblingskörperteile, die sie im Streben nach umfassender Gesundheit für besonders wartungsbedürftig halten. Die Franzosen sind von *»l'estomac«*, dem Magen, besessen und nicht selten Sklaven alles Gastrischen, von der Gastronomie bis zum schmerzhaften Gastrizismus, der sie befällt, wenn sie es mit den Magenfreuden übertrieben haben. Die Italiener hätscheln *»il fegato«*, die Leber, und machen deshalb beim Oktoberfest schnell schlapp. Die Engländer haben es mit Kopfschmerzen und Migräne. Die Deutschen indes fürchten am meisten die *Kreislaufstörungen*. Um diese zu verhindern, stärken sie prophylaktisch ihr Herz als Motor des Kreislaufs so gut wie möglich durch Schwitzbäder und alle Arten Leibesübungen, bis sie weit über 70 sind. (Dabei haben sie das Aspirin erfunden.) 70-Jährige sieht man folglich auch auf Wanderungen und Radtouren an der Ostsee und wird Zeuge, wie selbst betagtere deutsche Männer am Väter-Konkurrenz-Syndrom leiden. Hätten Sie Oliver Kahn gern als Vater? Auch bei den Olympischen Spielen hatte ich als Kind im Fernsehen oft gesehen, wie sich ein deutscher Langläufer in einer Schar sich weit natürlicher bewegender afrikanischer Athleten verbissen abrackerte, aber nie aufgab.

Doch ohne die segensreiche Einsicht, dass *Kreislaufstörungen* ihr Schicksal sind, sinnen die Deutschen auf Möglichkeiten, sie systematisch abzuwehren. Das, was Manny romantisches Streben nannte, hatte natürlich längst auch Einzug ins Badehaus gehalten. Denn so wie der deutsche Nudismus seinen großen Lehrmeister in Heinrich Pudor hatte, trat Anfang des 19. Jahrhunderts, das gerade gelernt hatte, romantisch zu werden, ein deutscher Hohepriester des Badens auf: Dr. Sebastian Kneipp. Kneipp war tatsächlich Priester und Bayer obendrein. In der ersten Hälfte des Jahrhunderts gehörte er zu den Begründern der Naturheilkunde.

Weder Kneipp noch die Deutschen behaupten, sie hätten die gesundheitlichen Vorteile des Badens entdeckt. Aber Kneipp verwandelte das Baden vom geselligen Zeitvertreib in eine Weltanschauung. Sein bleibendes Erbe sind die *Kneipp-Kur* oder das *Kneipp-Bad*, ein System von hydrotherapeutischen Behandlungen, bei denen man mit verschiedenen Temperaturen und verschiedenem Druck Wasser anwendet. Wegen seiner Bücher (z. B. *Meine Wasserkur)* und seiner Arbeit als früher Guru im Stil von Manny galt Kneipp bald weltweit als Autorität in Gesundheitsfragen, und Zehntausende strömten aus aller Herren Länder in den kleinen bayerischen Badeort Bad Wörishofen, um sich bei ihm diesbezüglichen Rat zu holen. Wasser stand im Mittelpunkt seiner Lehre. Doch er entwickelte auch fortschrittliche Theorien zu körperlicher Bewegung, Kräuterheilkunde und Ernährung. In Norwegen benannte man sogar eine Brotsorte nach ihm.

Wenn ich Kneippanhänger werden wollte, musste ich – nach Mannys Meinung – das Mekka der deutschen Wellness-Bewegung besuchen: Baden-Baden am Rand des Schwarzwalds. Offenbar so sauber, dass es sich gleich zweimal Bad nennen durfte.

Baden-Baden befand sich auf der Route der ersten Thomas-Cook-Reisen in den 1850er-Jahren, obwohl es schon lange ein Tummelplatz des europäischen Adels und Hochadels war. Dieses Monte Carlo ohne Meer wurde von den Fremdenverkehrsämtern als »Sommerhauptstadt Europas« bezeichnet. Es war wegen der schon von den Römern dort entdeckten Heilquellen, aber auch wegen seines Spielkasinos bekannt, vor allem während des Glücksspiel-Verbots in Frankreich. Nachdem die Franzosen das Heidelberger Schloss gebrandschatzt, eineinhalb Jahrhunderte später große Teile Deutschlands besetzt, dort zuerst den Karneval und schließlich auch das Glücksspiel verboten hatten, zogen sie mit den Deutschen gleich als einer der unhöflichsten Nachbarn in der Geschichte.

In Baden-Baden sieht man heute noch, dass sich die gehobenen Schichten zu vergnügen verstanden und verstehen. Mit den Boutiquen, Villen, Cafés, Feinschmecker-Restaurants und Europas ältestem Kasino, den Privatstraßen und einem teuflischen Einbahnstraßensystem zur Verkehrsberuhigung erinnerte es an Paris. Es gab sogar adrette symmetrische Reihen gekappter Zwergplatanen wie in den Tuilerien und die eher grauen Gebäude mit den gusseisernen Balkonen und grauen Mansarden, die in der französischen Hauptstadt so auffällig sind.

Baden-Baden liegt tief in einem Tal mit sanft ansteigenden Hügeln, und es herrscht eine Atmosphäre wie in einem vornehmen Alpenkurort; viel Pelz, viele auf jung getrimmte Alte und für meinen Geschmack zu viel Louis Vuitton. Ein St. Moritz ohne die Dreitausender. Ich befand mich mit meinem Eindruck in guter Gesellschaft. Mark Twain sagte: »Es ist ein fades Städtchen, überall trifft man auf leeren Schein, kleinlichen Betrug und Aufgeblasenheit, aber die Bäder sind gut.« Die wunderschönen frischen Rasenflächen an den Ufern der Oos, eines träge dahinfließenden Flüsschens, erinnerten mich an die Backs in Cambridge, diese schöne Stadtlandschaft von Fluss und Colleges.

Baden-Baden hat Stil beziehungsweise liebt das Überflüssige und Oberflächliche, was ich – eingedenk der Bodenständigkeit der Ostseebadeorte – sehr undeutsch fand. Das Kasino im Hotel Kempinski in Heiligendamm ist sicher das einzige an der deutschen Ostseeküste.

Heute, schätze ich, kommen nicht mehr viele Leute wegen des Kasinos nach Baden-Baden, so therapeutisch wertvoll es auch sein mag, saftige Geldbeträge zum Fenster hinauszuwerfen. Die glamouröse Gestalt des idealistischen Künstler-Spielers, hoffnungslos entschlossen, sich um jeden Preis selbst zu zerstören und in Armut und Elend zu verfallen, schien der Vergangenheit anzugehören. Selbst schwarze Krawatte und Abendkleidung waren in diesen ordinären Zeiten des *Weltschmerzes* nicht mehr unabdingbar.

Doch während das Kasino nur noch wie ein hohles Relikt eines vergangenen Zeitalters wirkte, waren die prächtigen alten Kuranlagen voller Leben. In der Trinkhalle sprudelt heute noch frisches, ein wenig öliges, aber angeblich gesundheitsförderndes mineralreiches Wasser und wird dort ausgegeben, doch sie beherbergt auch die Touristeninformation. Ein Café, das köstliche Schwarzwälder Kirschtorte servierte, fehlte ebenfalls nicht. Die Trinkhalle selbst war ein walhallaähnliches neoklassizistisches Gebäude mit Säuleneingang und Säulenwandelhalle zu beiden Seiten, aus rotem und gelbem Sandstein erbaut und mit riesigen Wandgemälden geschmückt. Doch der teutonische Abklatsch der italienischen Renaissance, deren Wandgemälde normalerweise die Hände Gottes, blaue Himmel, Cherubim und Madonnen zeigten, bot hier – wie an der Ostsee – wildromantische mythische Szenen aus regionalen Sagen, mondbeschienene Landschaften und gewittertosende Natur.

Nach dem Prunkstück Friedrichsbad sind viele neue, auch kompromisslos moderne Bäder entstanden. Doch das Friedrichsbad, ein majestätischer, weißer Neorenaissance-Bau mit meergrünen Kuppeldächern, labyrinthischen Hallen mit Säulen, Bögen, wunderschöner Wand- und Bodenkachelung sowie Mosaiken, beherrschte immer noch die Szene. Erbaut von 1869–1877 ist es wie ein Museum, ein von den Römern inspirierter Tempel der Gesundheit. Eben auch ein Tempel der neu entstandenen deutschen Nation mit den sie begleitenden Ideen der Nacktheit und der irisch-römischen Balneologie.

Das Friedrichsbad war, wie ich aus sicherer Quelle erfuhr, das Bad aller Bäder. Es war auch nicht minder snobistisch als die Stadt, zwiefach geadelt mit dem Doppelnamen, sodass deren Bewohner sich einbilden konnten, ihr Bad sei das einzig Wahre.

Entsprechend beeindruckt ging ich durch den bogenförmigen Eingang mit einem Goethe-Vers als Inschrift. Es ging darum, dass der Kopf freier und das Blut erneuert wird, erzählte mir die Dame am Empfang.

Dieses Mal kam ich nicht unvorbereitet. Anders als in München wollte ich jemanden zum Reden haben, mit dem ich diesen deutschen Badespaß nun auch als geselliges Erlebnis zelebrieren konnte. Manny hatte mir ja nicht Einsamkeit für meine Therapie verordnet. Ich kam also zusammen mit einem Schwitzbad-Novizen in Gestalt eines befreundeten Arztes. Ein Kneipp war er aber nicht, sondern so englisch, wie ein Engländer nur sein kann.

Ich selbst war offenbar schon abgehärtet – oder einer Gehirnwäsche unterzogen worden? – gegen die ganze Nacktheit und das Gemischtbaden. Ich sah also bald mit großem Vergnügen, wie mein englischer Freund sich genauso wand wie ich in meiner ersten deutschen Bade-Anstalt. Hier jedoch war das Prozedere geordneter und festgelegter in der Abfolge als im Müller'schen Volksbad, und wir wurden auf eine dreieinhalbstündige Tour, bestehend aus 17 Stationen zur Reinheit, von Raum zu Becken, von Becken zu Raum gebeten. Als Schwitzbadender immerhin mit der Erfahrung des fortgeschrittenen Anfängers tat ich, als fände ich das ein wenig zu kurz. Zu meiner Überraschung erfuhr ich, dass in einem seltenen Zugeständnis an die Differenz der Geschlechter hier Männer und Frauen getrennt waren, und sich von Angesicht zu Angesicht erst am Schluss der Behandlung in einem Becken in der Mitte begegneten. Das war ja nun nicht sehr deutsch.

Der Höhepunkt kam nach einer Stunde, als wir von einem Paar lethargischer Bademeister, die eher wie grantige Krankenpfleger aussahen, eine sogenannte Seifenbürstenmassage angeboten bekamen. Ich dachte mir nichts dabei – oder zumindest nichts Böses – und legte mich nackig zuerst auf den Bauch und dann auf den Rücken, sodass mich der Bademeister von oben bis unten einseifen und abschrubben konnte. Doch mein Freund, eher ein Typ, der in Knickerbockern einen schottischen Berg hinaufklettern würde, verwahrte sich dagegen. »Nur Rücken und Beine«, sagte er mit entschlossener Stimme, als sein Mann versuchte, ihn umzudrehen. »Das reicht!« Aus dem Augenwinkel sah ich, wie der Bademeister angesichts diesen prüden Engländers verblüfft-amüsiert lächelte – und hatte selbst erhebliche Mühe, ein herzhaftes Kichern zu unterdrücken.

Wir verließen das Friedrichsbad erfrischt, wenn nicht erleichtert, und trösteten uns mit Twains hintersinnigen Worten über seine Bade-Erfahrungen: »Ich glaube fest daran, daß ich meinen Rheumatismus in Baden-Baden gelassen habe. Er steht Baden-Baden gern zur Verfügung. Es war wenig, aber mehr hatte ich nicht zu geben. Ich hätte gern etwas Ansteckendes zurückgelassen, aber das lag nicht in meiner Macht.«

Nun hatte ich also am eigenen Leibe erfahren, warum die Deutschen vom Heilbaden und Kuren so besessen sind. Sie haben es nicht erfunden, aber sich zu eigen gemacht. Die *Kur* bildet einen wichtigen Bestandteil ihres Lebens, und ich verstand jetzt auch, was alles damit gemeint war: Pflege und Vorsorge, Heilung, Lebenssinn und geistige Erbauung. Meine Expedition in die deutschen Wellness-Gefilde war aber noch nicht zu Ende.

»Für einen Deutschen ist die *Gesundheit* keine Form der Hypochondrie, die sich auf eine Ruckzuck-Heilung ›on demand‹ verlässt, sondern eine Philosophie, die alle Bereiche des Lebens durchdringt und aus der Achtung vor und der Nähe zu Mutter Natur gespeist wird«, stand in Mannys Notizen.

Doch die Gesundheit eines Deutschen ist abhängig von der Gesundheit der Natur selbst. Er erträgt es nicht, sie geschändet zu sehen. Diese Bindung scheint noch weit vor den Romantikern entstanden zu sein, die meinten, die Natur eigne sich am besten, um ihren inneren Zustand (den der Romantiker) zu beschreiben. Denn ob die frühen Deutschen nun Barbaren waren oder nicht, schon die Römer beobachteten, mit welcher Liebe sie ihr Nationalsymbol, den Baum, umarmten. Laut Tacitus »betrachten sie Haine und Waldtriften als heilig und bezeichnen mit dem Namen Gottheit jenes geheimnisvolle Etwas, das sie einzig mit dem Auge der Andacht schauen«.

Auch Reiseschriftsteller, die Anfang des 20. Jahrhunderts

Deutschland besuchten, fanden die Liebe zum Wald eines Kommentars würdig. In *Peeps at Germany* aus dem Jahre 1911 beschreibt der Autor das Konzept der *Waldschule*, einer Grundschule im Wald: »Den ganzen Winter über freuen sich die Kinder, die das Glück haben, zur Waldschule zu gehen, auf den April. Denn dann können sie jeden Morgen in aller Herrgottsfrühe ihr stickiges Zuhause verlassen und sechs Monate lang den ganzen Tag im Wald verbringen.«

»Wussten Sie«, schrieb Manny, »dass ein jüdischer Deutscher, Kurt Hahn, eine Version der Waldschule nach Großbritannien exportiert hat? Als einer der vielen großen Pädagogen Deutschlands glaubte er an den Wert von Aktivitäten im Freien als Grundelement der Erziehung und zur Herausbildung von Führerpersönlichkeiten. Er gründete eine Anzahl Schulen in Deutschland, normalerweise auf verlassenen Burgen mitten im Niemandsland, und als er von den Nazis verfolgt wurde,« – dass Hahn anfangs mit ihnen sympathisierte und die Bildungsziele in seinen Lehrplänen denen der Hitler-Jugend sehr nahe standen, erwähnte Manny nicht – »kam er nach Großbritannien. Sein Vermächtnis sind Schulen wie Gordonstoun in Schottland, das Atlantic College in Südwales, das die United World Colleges inspirierte, und verschiedene Outdoor-Bound-Schulen im ganzen Land.«

Zwei Jahrtausende nach den alten Germanen hatte sich wenig geändert. Auf deren Liebe zur Natur basiert die Einstellung zur Gesundheit der modernen Deutschen und ihrer protestantischen Haltung zu gesellschaftlicher Verantwortung.

»Die Deutschen waren die ersten Umweltschützer oder Öko-Krieger, wie die Briten sagen«, erläuterte Manny. »Pioniere des Gedankens, dass jeder Einzelne jeden Tag seinen kleinen Beitrag zur Rettung unserer Umwelt leisten kann. Die Zerstörung der Umwelt ist das größte Problem, mit dem die Menschheit konfrontiert ist, und die Deutschen sind führend in dem Bemühen, sie zu retten. Ihr Touristen globalisiert die Welt mit euren Jumbo-Jets, statt in einem kulturellen Schatzkästlein wie Deutschland, das vor eurer Tür liegt, zu wandern. Der moderne Tourismus ist nichts als ethnische Säuberung, die kulturelle Vielfalt sowohl auf Erden als auch im Kopf der Menschen zerstört. Daher Ihr Syndrom, Ben.« Dann listete Manny Deutschlands Leistungen im Umweltschutz auf.

Lange vor allen anderen bauten die Deutschen Katalysatoren in ihre Autos ein und begannen mit der Wiederverwertung von »Abfall«. Sie erfanden die *Grüne Welle*, damit der Verkehr durch die Stadt fließt und die Zeit, in der die Autos stehen und unnötig Abgase ausstoßen, so kurz wie möglich ist. Die Grünen waren die erste Umweltpartei in Europa, die im Parlament ihres Landes ihre Stimme erhob. Der Bau der von vielen dringend benötigten Autobahn, die Hamburg mit dem Nordosten Deutschlands verbindet, wurde mehrmals verschoben und der Streckenverlauf verlegt, weil Umweltfreunde eine seltene Froschart retten wollten. Überall an der Ostseeküste hatte ich riesige, utopisch anmutende Windparks gesehen, und Manny schrieb ja auch, dass Deutschland Weltmeister in der Erzeugung von Energie aus Windkraft ist. Und während es in den meisten Ländern nur einen Mülleimer gebe, hätten die Deutschen als Meister der Segregation ein Dutzend verschiedene, jeder für einen bestimmten Typ von Abfall. Mir fiel eine amüsante Geschichte über deutsche Truppen in Afghanistan ein, die sich offenbar größte Mühe geben, ihren Müll zum Recyceln zu trennen. Aber kaum ist er aus ihrem Truppenlager herausgekarrt, da wird er auch schon mit dem ganzen anderen Müll aus den Lagern ihrer weniger umweltbewussten Verbündeten zusammengekippt. Während die USA den Krieg gegen den Terror führen, führen die Deutschen, im Bündnis mit der Natur, einen Krieg gegen den Müll.

Zum Schluss brachte Manny noch einen Knalleffekt: »In den USA brauchte man schließlich einen Österreicher als kalifornischen Gouverneur, um die ›unbequeme Wahrheit‹ zu sehen und zu versprechen: ›Ich werde grün!‹.«

Selbst wenn man heute keine Deutschen mehr sieht, die Bäume anbeten, ist der Wald immer noch unverkennbar Gegenstand der Verehrung. Aus Respekt vor der Umwelt haben die Deutschen nun Friedens- oder Friedwälder erfunden, wo man – anstatt für einen lieben Verstorbenen ein Grab auf einem Friedhof zu pachten – einen Baum für ihn »kaufen« und eine ihm gewidmete Plakette daran nageln lassen kann. Die deutschen Romantiker haben von *Waldespracht* gesprochen und den Wald nicht nur mit nationalem Symbolgehalt aufgeladen, sondern ihn auch als Hort der Gerechtigkeit, des Wissens und der unbezähmbaren Wildheit gesehen. Reichlich widersprüchliche Facetten des menschlichen Lebens, fand ich. Deutschland war immer noch voll von den Hainen und Wäldern, vor denen schon den Römern gegraust hatte: dem Teutoburger Wald, dem Thüringer Wald, dem Pfälzer Wald, dem Oberpfälzer Wald und natürlich dem Schwarzwald. Deutschland und Österreich verfügen zusammengenommen über die meisten Waldflächen in Europa, und ganze 33 Prozent des deutschen *Lebensraums* sind immer noch Wald (im Vergleich zu zehn Prozent im Vereinigten Königreich). 33 Prozent? Das war die gleiche Prozentzahl wie die der Deutschen mit Barttracht. Der Baum war nicht nur gesund, er war so *gemütlich* wie Bärte an deutschen Männern und ebenso ein Symbol des deutschen Nationalismus wie Arminius, der Original-Herman the German.

Was für eine Ironie der Geschichte, dass die grüne Bewegung in Deutschland in mancher Hinsicht aus der zornigen, manchmal mörderisch-gewalttätigen 68er-Bewegung und deren Widerstand gegen die deutsche *Gemütlichkeit* in der Nachkriegszeit entstanden ist. *Umweltfreundlichkeit* sollte wie das Nackt-Herumlaufen eine tolerante, pazifistische, solidarische, linke, antifaschistische Einstellung demonstrieren. Gleichzeitig hatte Deutschland, erfuhr ich, eine in diesen politisch korrekten Zeiten des überfürsorglichen eingreifenden Staates seltene Erfolgsbilanz der Deregulierung vorzuweisen. Im Gegensatz zu der Anti-Raucher-Tyrannei in den meisten Ländern Europas hat Deutschland lange gezögert, bis es seinen Status als Raucherparadies aufgab. Und bekanntlich gibt es auch keine Geschwindigkeitsbeschränkung auf den meisten Autobahnen. Weil man in Deutschland, um den Führerschein zu erhalten, eine Ewigkeit lernen, eine theoretische und eine praktische Prüfung ablegen muss, ging man bis vor nicht allzu langer Zeit davon aus, dass Führerscheinbesitzer danach ein Auto bei mörderisch hohen Geschwindigkeiten fahren können. Es hat lange gedauert, bevor man für Fahranfänger gesonderte Regelungen einführte.

Mittlerweile hatte ich also kapiert, dass das Leben der Deutschen – wie für Karl May und seinen fiktiven Umweltschützer Old Shatterhand – in großem Maße draußen, inmitten der Natur, stattfindet. *Gesundheit* ist eine Metapher für eine Zen-artige Harmonie mit der Welt, basiert auf einer durch angemessene Lebensweise gewährleisteten Nutzbarmachung der Naturkräfte. Um sie zu erhalten, setzt man mehr auf Prävention als auf Heilung. Sicher, die angeborene Neigung zu *Angst* sorgt für einen beinahe ständigen Zustand hochintellektueller Hypochondrie. Doch ein Schränkchen im Badezimmer mit allen möglichen Pülverchen und Pillen oder ein Wohnzimmer voll bizarrer Fitnessgeräte, für die zu mitternächtlicher Stunde im Kabelfernsehen Werbung gemacht wird, reichen den Deutschen nicht. Die *Angst* muss auch im Kopf bekämpft werden, mit einer Theorie. Wieder war es die protestantische Ethik der harten Arbeit, die auf die Ablassmentalität des Aspirin schluckenden katholischen Beichters stieß.

An der Ostsee hatte ich gesehen, dass sich Deutsche aller Altersstufen im Urlaub gern wie Caspar David Friedrichs *Wanderer* ausstaffieren und auf ihrem endlosen Netzwerk von *Wanderwegen* überall hinstapfen. Der durchschnittliche Engländer findet das abartig, für ihn ist Phlegma eine Tugend. Ich jedoch verstand nun, dass die Deutschen im Dienste ihres guten, alten *Kreislaufs* wandern.

Schon in den alten Reiseführern, aus denen Manny zitierte, wurde angemerkt, wie gern die Deutschen wanderten. »Es gehört zu den typischen und schönen Seiten Deutschlands, dass seine Söhne und Töchter ihre Füße benutzen, und der Besucher, der den Charakter der Deutschen kennen lernen möchte, muss seine eigene Erfahrung damit machen. (...) wo immer es in Deutschland eine schöne Landschaft gibt, gibt es auch Tausende von Wanderern.« Deutsche Schulen veranstalten regelmäßige *Wandertage*, an denen die Kinder mit ihren Lehrern über Land laufen, weil es gut für die Seele ist und sie etwas über die Natur lernen. Im Rheintal hatte ich selbst ein kurzes Stück des 320 Kilometer langen fantastischen Rheinsteigs erwandert! Durch stille Bergtäler und dichte deutsche Wälder, an schroffen Felspartien entlang, an Felsburgen und endlosen Weinbergen mit weitem Blick auf das Rheintal. Die Deutschen behaupten, es sei der schönste und romantischste Wanderweg in Europa.

In Deutschland steht das Menschenrecht zu wandern außer jeder Frage: Es ist ein Geburtsrecht, ja, eine nationale Pflicht.

Angeblich haben die Deutschen den *Barfußpark* erfunden, in dem man sich seiner Schuhe als Barriere zwischen sich selbst und der Natur entledigt – benutzten nicht auch die deutschen Sonnenanbeter diesen Vorwand, um sich nackt auszuziehen? –, barfuß durch Wälder und Wiesen tigert und die Energie und Weisheit von Mutter Erde über die Fußsohlen aufnimmt.

In den Bergen um Baden-Baden herum sah ich, dass für die Deutschen sogar das Skifahren, vor allem der *Langlauf*, eine Begegnung mit der Natur ist: Ich beobachtete, wie Dutzende Jürgens, alle ausstaffiert mit hautengen Fitness-Fanatiker- oder Fetischisten-Catsuits, atmungsintensiven Tops auf dem neuesten Stand der Technik, Bommelmützen und einem Rucksack mit erlesener Jäger-Sammler-Notfallausrüstung (wochenlanges Überleben garantiert!) auf den Rundwegen durch den Wald glitten und mit der Natur, den piepsenden Meisen und den frischen Tierspuren kommunizierten.

Gar nicht mehr überrascht entdeckte ich, dass die Ersten, die diesen Lebensstil propagierten, Erzieher waren – praktische Sozialwissenschaftler, Systematisierer und Romantiker auf der Suche nach einer besseren Welt.

Die Deutschen nannten Rundwege zum Sporttreiben *Trimmdichpfade.* Das waren ausgeschilderte Strecken durch einen Wald mit diversen Stangen und Ringen in unterschiedlichen Abständen, an denen man Übungen absolvieren sollte. Wie oft, konnte man an entsprechenden Schildern an jeder Station ablesen. Es variierte, je nachdem, ob Männlein, Weiblein oder die ganze Kinderschar turnte. Doch der *Trimmdichpfad* war mehr als nur ein Pfad zum gewöhnlichen Zirkeltraining, mehr als das, was man an diversen Geräten in einer Turnhalle machen kann. Es ging insbesondere darum, dass man an der frischen Luft war, die Kiefern roch und bei jedem Schritt die federnde Elastizität von Mutter Erde spürte. Jedes deutsche Dorf hatte einen *Trimmdichpfad,* und man fand sie auch am Rande der meisten Städte und in einigen großen Parks.

Der Trimmdichpfad war über Friedrich Ludwig Jahn auf die Deutschen gekommen. Jahn erfand das Turnen, institutionalisierte es in Deutschland und wurde bald liebevoll »Turnvater Jahn« genannt.

Als Deutschland Anfang des 19. Jahrhunderts, wie schon mehrfach erwähnt, ein Sammelsurium einzelner Staaten war und großteils unter Napoleonischer Herrschaft stand, war Jahn politischer Aktivist und einer der Vorkämpfer nicht nur für die Ertüchtigung des Leibes, sondern auch für einen deutschen Nationalstaat. Als echter Revolutionär fiel er bei mehreren Examina durch, erhielt selten eine ordentliche Anstellung und wurde ein freigeistiger Lehrer, der an oft obskuren Orten radikale Ideen verbreitete. In seinem ersten Opus magnum, *Deutsches Volkstum*, vertrat er den bemerkenswerten Standpunkt: »Die Kleinstaaterei verhindert Deutschlands Größe auf dem Erdenrund. Wer seinen Kindern die französische Sprache lehren läßt, ist ein Irrender, wer darin beharrt, sündigt gegen den heiligen Geist. Wenn er aber seinen Töchtern Französisch lehren läßt, ist das ebenso gut, als wenn er ihnen Hurerei lehren läßt. Polen, Franzosen, Pfaffen, Junker und Juden sind Deutschlands Unglück.« Ein Blatt vor den Mund nahm dieser Zeitgenosse nicht.

Im Sportunterricht für die Massen sah er ein Mittel zum Zweck: zur Befreiung Deutschlands von der französischen Fremdherrschaft durch ein sportliches, fittes Volk und zur Begründung eines deutschen Nationalstaats. Auch die Heidelberger Burschenschaften vertraten Jahns Lehren. Fitness und Gesundheit waren so politisch, wie sie es wieder in den 1930er-Jahren wurden, als Hitler viel von Jahns Ideen vereinnahmte.

Jahn wurde von den Franzosen und den Preußen als Staatsfeind verfolgt und ins Gefängnis geworfen, sein Name erst 1840 rehabilitiert, als die Ärzte allmählich auf die Vorteile für die Volksgesundheit in seinen Lehren aufmerksam wurden, die er 1816 in seinem Buch *Die Deutsche Turnkunst* niedergelegt hatte. Seine *Turnplätze* waren bald aus dem Leben der Deutschen nicht mehr wegzudenken. Zum Schluss betrachtete man ihn als nationale Ikone, weil man es für sein Verdienst hielt, dem gemeinen Volk zu der notwendigen Stärke verholfen zu haben, um in der Revolution von 1848 einen Teilsieg über die Herrschenden zu erringen: Ein paar Freiheiten wurden endlich gewonnen, von denen vor allem das entstehende deutsche Bürgertum profitierte.

Um diese Zeit etwa warb ein weiterer deutscher Volkserzieher – deren es ja nicht wenige gab – für einen anderen Ort an der frischen Luft, der Vorteile für Leib und Seele bot und heute allen Deutschen lieb und teuer ist: den Garten. Aber nicht den englische Rosengarten, sondern den *Klein-* oder *Schrebergarten*, benannt nach dem selbst ernannten Volksaufklärer Dr. Daniel Schreber.

In Großbritannien kennen wir diese Parzellen auch, doch in Deutschland findet man riesige Kolonien dieser kleinen, rechteckigen grünen Fleckchen, in denen Obst und Gemüse gezogen wird. Letztendlich dienen alle Schrebergärten denselben Zwecken. Schreber, ein Bewunderer Charles Dickens' (weniger des Romanciers als seiner sozial fortschrittlichen Ideen), war höchst besorgt um Lebensweise und Erziehung junger deutscher Oliver Twists. Er wollte der Jugend die Natur und ein Leben im Freien näherbringen. Zu diesem Behufe setzte er sich für die Umwandlung städtischen Brachlands in Erholungsgebiete ein; heute gibt es 1,3 Millionen Schrebergärten in Deutschland.

So weit, so normal. Schreber klingt wie ein anständiger Kerl, erpicht darauf, den Kindern des Landes zu einem grünen Daumen zu verhelfen, und, da er nun einmal Deutscher war, auch erpicht darauf, das Gärtnern als naturnahe Beschäftigung und gut für den Kreislauf zu propagieren. Doch einem englischen Garten hätte er nichts abgewonnen.

Denn Daniel Schreber war kein liebenswürdiger Alan Titchmarsh und betrachtete das Gärtnern mitnichten als Zeitvertreib, in dem man Wicken fürs Dorffest zog, sondern als angewandte Sozialwissenschaft. Wie Turnvater Jahn war er ein fanatischer Turner und der Überzeugung, seine flügge werdende Nation müsse physisch und psychisch auf Vordermann gebracht werden. Bei der Arbeit im Grünen hatte die städtische Jugend Gelegenheit, ihren Körper zu stählen. Sein Buch *Ärztliche Zimmergymnastik* wurde ein Bestseller (300 000-mal verkauft; selbst Nietzsche soll danach geturnt haben) und war einst in den Bücherschränken vieler deutscher Familien zu finden. Schreber empfahl – unter anderem –, Kinder täglich in kaltes Wasser zu tauchen, Mädchen dazu anzuhalten, eine Puppe in der rechten Hand zu tragen, um »Einseitigkeit« zu vermeiden, und die Haltung von Kindern mit verschiedenen »orthopädischen« Folterinstrumenten (z. B. eisernern Geradehaltern) zu verbessern. Er erfand einen Gurt gegen das Onanieren (das er als schwächend ansah), dessen Dorn sich in den Penis eines Knaben bohrte, sollte der es wagen, eine nächtliche Erektion oder eine »Morgenlatte« zu haben.

Manche Leute machen die merkwürdigsten Dinge glücklich. In Schrebers Gärten war man wahrlich nicht auf Rosen gebettet. Wenn man sich einmal vorstellt, wie ein normaler Knabe aus einer solchen Erziehung hervorging – aufrecht und mechanisch wie ein Roboter, rein, doch mit zu viel unterdrücktem Testosteron –, hat man einen typischen Nazi. Schrebers eigene Familienangehörige waren seine Versuchskaninchen, sein erster Sohn Gustav erschoss sich, sein zweiter Sohn Paul lebte zeitweilig in der Psychiatrie, schrieb die berühmten *Denkwürdigkeiten eines Nervenkranken* und wurde später zum »Fall Schreber« bei Freud. Kein Wunder.

Wie FKK-Gelände waren auch die Schrebergärten in der früheren DDR ein Hort der Freiheit, hier konnte man hoffen, sich der Überwachung ein wenig zu entziehen und bis zu einem bestimmten Grad ein Fantasieleben zu leben. Doch es gab eine Satzung, in der alles genau geregelt wurde, von der Anzahl der Bäume, die gepflanzt werden mussten, und der maximalen Höhe der Himbeerbüsche bis zum Verbot von Walnussbäumen und Rhabarber, strikten Sperrstunden und bestimmten Tagen zum Wäsche-Aufhängen. Wenn man nur Blumen und kein Gemüse pflanzte, zahlte man die doppelte Pacht, weil man nicht dazu beitrug, dass die Schlangen vor den Läden kürzer wurden. Doch wenn man einen Schrebergarten *hatte*, brauchte man gar nicht wegen Roter Bete Schlange zu stehen. Schrebergarten-Satzungen sind übrigens auch heute noch strenge Leitlinien in Ost und West.

Wie in »Der perfekte Gärtner« war es jedenfalls nicht. Und die Stasi hatte vermutlich auch eine »Gartenabteilung« und überprüfte, ob alle Grashalme exakt dieselbe Länge und Ausrichtung hatten.

»Aber Sie sehen, dass die Gärten etwas sind, das die Briten mit den Deutschen gemeinsam haben. Selbst wenn die Briten eher außerhalb der Stadtzentren und mehr in Häusern als in Mietwohnungen leben. Die Wohnstraßen in den Siedlungen sind überall mehr oder weniger gleich. Und sie lieben ihren Rasen im Vorgarten und stecken Grenzen auch gern mit Hecken und Mauern ab.«

Ich hatte eine Menge über die deutsche Geschichte gelernt – und anderes als das, was in der Schule auf meinem Stundenplan stand. Von Hahn, Jahn, Kneipp und Schreber, vier naturliebenden Volkserziehern, die mehr oder weniger im gleichen Bereich und zur gleichen Zeit wie Goethe und die Romantiker mit ihren Ideen wirkten, hatte ich noch nie gehört. Alle vier arbeiteten auf ihre Weise an der Erschaffung einer deutschen Nation mit. Glücklicherweise ist nur der beste Teil ihres Erbes erhalten: Aktivitäten im Freien fördern die Gesundheit, auch ohne den Nationalismus oder die Penisstecherei.

Bisher war ich (mit und ohne Kleidung) in Deutschland schwimmen gegangen, (unbekleidet) in mehreren Saunen und Dampfbädern, (bekleidet) auf Fahrradtouren und Wanderungen gewesen. Gegärtnert hatte ich nicht, aber viele Schrebergärten gesehen. Doch auch in England kamen Kleingärten und grüne Überzeugungen in Mode, oder im Sprachduktus der Romantik: Man exaltierte sich daran. Ich betrachtete das moderne Deutschland als eines der tolerantesten und liberalsten Länder im Nachkriegseuropa mit einem kleineren, weniger intervenierenden Staat, als ich gedacht hatte.

»Wie fühlen Sie sich?«, fragte Manny mich bei unserem nächsten Treffen.

»Clean, im Einklang mit der Natur und viel robuster«, erwiderte ich, alles in allem überraschend zufrieden. Hatte ich meinen *Weltschmerz* einfach nur ausgeschwitzt, ihn abgelegt wie die Kleidung am Strand? War ich auf dem Weg, den Heiligen Gral der Reisenden zu entdecken: ein noch unentdecktes Ziel, dem ich mich ganz gelassen immer cooler nähern würde? War das ein Aufwärtstrend? Vielleicht wurde in Mannys Welt der Markennamen Deutschland allmählich angenommen. Aber eine Erklärung, warum die Deutschen nach 120 Minuten eines Semifinales so kaltblütig und treffsicher beim Elfmeterschießen waren, brauchte ich jetzt nicht mehr zu suchen: Sie nahmen jede Menge Bäder (wie alle guten Philosophen), masturbierten nicht, fuhren überallhin mit dem Rad oder liefen zu Fuß, liebten die Gartenarbeit und frönten jeder Menge befreiender, stärkender Nacktheit.

Und bald sollte ich lernen, dass die *Gesundheit* auch schon in den deutschen Schlafzimmern angekommen war.

7. Großmannssucht

A Hard Day's Night in Hamburg

die (o. Pl.) (abwertend): übersteigerter Geltungsdrang

»Was ist Reisen? Letztendlich doch nur ein anderes Wort für Sex.«

Hatte Manny es jetzt mit dem Sex-Tourismus? Oder meinte er die Hoffnung auf die Glück bringende Zufallsbegegnung mit jenem so besonderen anderen Menschen, die oft den Reiz des Reisens ausmacht? Oder fing das Reisen für ihn, den Kalifornier, immer im Schlafzimmer an?

»Sie haben selbst gesagt«, fuhr er fort, »dass andere Länder für Sie potenzielle Eroberungen sind. Und damit machen Sie diese Länder zu Prostituierten.«

Jetzt legte er mir aber Sätze in den Mund, die ich so nicht gesagt hatte. Allerdings hatte nach dem wenigen, was ich über Freud und die Psychoanalyse wusste, letztlich doch alles mit Sex zu tun, oder?

»Sex, oder zumindest Sexiness, ist einer der wichtigsten Faktoren, wonach man ein Land beurteilt. Finden Sie Deutschland etwa nicht sexy genug? Da irren Sie sich gewaltig!«

Deutschland und sexy? Nach dem, was ich an den FKK-Stränden der Ostsee erlebt hatte, war es das nicht. Die *Lederhosen* und *Dirndlkleider* auf dem Oktoberfest – waren die sexy? Vielleicht. Die Schwitzbäder in München und Baden-Baden? Nicht wirklich. Von Klum und Schiffer abgesehen, ist Deutschland nun einmal kein Land, bei dem einem als Erstes *Überbabes* und Miss Worlds in den Sinn kommen. Die Deutschen haben viel zu viel damit zu tun, über den *Begriff* Sex nachzudenken.

Nicht einmal die deutschen Autobauer mit ihrem überlegenen Können versuchen, ihre Autos als sexy zu vermarkten. In der französischen Autowerbung geht es um Flirts, sexuelle Anspielungen und Liebesverwicklungen. Italienische Autowerbespots kommen nicht ohne Zwischenstopp auf einer Piazza aus, auf der eine verführerische Signorina in einem Café, wo der Fahrer in diesem Augenblick sehr viel lieber säße, an ihrem Kaffee nippt. Deutsche Autos dagegen werden immer in einer neutralen, geschlechtslosen Umgebung gezeigt: einem Labor zum Beispiel oder einfach vor einem schwarzen Hintergrund, der an die Tiefen des Weltalls erinnert. Perfekt für Demonstrationen von ASR-Systemen, aber wo verdammt waren die Mädels? Anders als bei Billy Ocean heißt es in Deutschland nicht »Get out of my dreams and into my car«, sondern: »Raus aus meinem Auto, du versaust mir ja den ganzen Test!«

Versuchte Manny, Deutschland aufzusexen? Von wegen. Damit hätte er sich nicht zufriedengegeben. Vielmehr wollte er mir beweisen, dass Deutschland *mein* Leben aufsexen konnte. Ich sollte ergründen, dass für die Deutschen der Sex die Lust in der *Wanderlust* ausmacht.

Falls je etwas eine Sprachbarriere darstellte, dann das Deutsche. Karl V. soll gesagt haben: »Ich spreche Spanisch mit Gott, Italienisch mit den Frauen, Französisch mit den Männern und Deutsch mit meinem Pferd.« Ganz gleich, wie romantisch man auch sein mag, *Vorsprung durch Technik* eignet sich kaum als Bettgeflüster. Angesichts des Neutrums im Deutschen witzelte Mark Twain: »Im Deutschen hat ein Fräulein kein Geschlecht, während eine weiße Rübe eines hat. Man denke nur, auf welche übertriebene Verehrung der Rübe das deutet und auf welche dickfellige Respektlosigkeit dem Fräulein gegenüber.« Begnügen wir uns an dieser Stelle damit zu sagen, dass die meisten Menschen die deutsche Sprache hassen, sie hart und unschön finden, voller lächerlich langer Wörter, vielleicht dazu geeignet, in andere Länder einzumarschieren, aber nicht, um leidenschaftliche oder zärtliche Liebesworte zu flüstern.

Vor die Wahl gestellt, entschieden sich die meisten meiner Mitschüler für Französisch oder Spanisch statt für Deutsch. Manche zogen sogar Physik vor – was man mit deutschen Verben meistens nicht machen kann: Die Tatsache, dass im Deutschen das Verb erst ganz zum Schluss kommt (was nur im Lateinischen genauso ist), bedeutete für die meisten meiner Mitschüler genau das – Schluss und Ende ihres Interesses an dieser Sprache. Und wenn wir an einen eventuellen späteren Schüleraustausch dachten, war die Aussicht auf eine bezopfte Heidi aus Hannover nicht halb so verlockend wie die auf eine rebellische, rätselhafte Sophie aus Paris. Eine Heidi hatte für uns Jungs nichts, aber auch gar nichts Reizvolles. Heute, in der Ära Heidi Klum, sähe die Sache wohl anders aus.

Zudem klang die deutsche Sprache in den Ohren pubertierender englischer Jungen oft lächerlich unanständig. Eine Sprache, in der man die Autobahn über eine *Ausfahrt* verließ, was genauso klang wie das englische »fart« für »Furz«, oder in der Leute gelegentlich »wanken«, das sich genauso schreibt wie unser Wort für »wichsen«, rief im hinteren Teil des Klassenzimmers unweigerlich Gekicher hervor. Auch Eigennamen klangen kaum besser: Helmut, Fritz, Ludwig, Wolfgang… wie hörte sich denn das an?

Aber wenn auch Deutsch eine Sprache war, die nicht sonderlich für die Liebe geeignet schien, für alles, was im weitesten Sinn damit zu tun hatte, passte sie sehr gut. Vielleicht lag es an den *Vokuhilas* à la Rudi Völler, den Dauerwellen und Schnurrbärten. Jedenfalls war ich irgendwie mit der Überzeugung aufgewachsen, dass die Worte »Pornofilm« und »deutsch«

zusammengehörten. Wie Leder und Latex war auch die deutsche Sprache zum Fetisch geworden. Ohne dass irgendjemand es je nachgeprüft hatte, waren an unserer Schule alle überzeugt, dass der am häufigsten verwendete deutsche Satz »*Ich habe einen großen Pimmel!*« lautet und dass »*Schnell, schnell!*«, die Aufforderung, sich zu beeilen, die wir aus Unmengen von Kriegsfilmen kannten, auf ähnlich militärisch-zackige Weise in allen deutschen Schlafzimmern gebrüllt wurde.

Die ersten Pornovideos, die ich je sah, waren deutsch. Ich war noch auf der Schule, und da ich zu den wenigen gehörte, die Deutsch lernten, musste ich natürlich übersetzen. Der Konjunktiv, der unglaublich oft verwendet wurde, schickte haufenweise Verben ans Satzende. Wenn das dann endlich erreicht war, war meist auch schon die eigentliche Action so gut wie vorbei. Mein Vokabular profitierte durchaus von diesen Filmen, auch wenn keins der Wörter, die ich auf diese Weise lernte, im Examen vorkam. Übrigens scheinen Deutsch und Kalifornisch die bevorzugten Sprachen der erotischen Filme zu sein, die man sich weltweit in jedem Hotel für Geschäftsleute ansehen kann – was darauf schließen lässt, dass es in der Bundesrepublik eine produktive Porno-Industrie gibt.

Tatsächlich sprang sie einem, wie ich anlässlich einiger meiner bisherigen Besuche in Deutschland gesehen hatte, sozusagen mit dem Hintern ins Gesicht.

München, die Stadt von »Laptops und Lederhosen«, war eher die Stadt des Lapdance und der Lederhosen. Jedes zweite Geschäft in der Nähe meines Hotels war entweder ein Stripclub, Sexshop oder Sexkino. In anderen Vierteln der Stadt hatte ich Sexshops auf normalen Einkaufsstraßen gesehen, gleich neben Supermärkten, Boutiquen, Spielzeuggeschäften (richtigen für Kinder, nicht für Erwachsene), Eisenwarenhandlungen, Cafés und Restaurants. Ein offenes Nebeneinander, ganz anders als in Großbritannien. Von Soho einmal abgesehen, verstecken sich bei uns die Sexshops, die sich als »private shop« bezeichnen, meist in irgendwelchen Seitenstraßen, lassen ihre Schaufenster völlig leer und verbergen ihre Eingänge hinter Plastikstreifenvorhängen. Ann Summers trug zwar einiges dazu bei, das zu ändern. Aber was ihre Ladenkette unter Erotik versteht, ist ungefähr so verrucht wie die französischen Kellnerinnen in *'Allo 'Allo*.

Deutsche Sexshops hießen oft »Dr. Müller«, als gäbe es dort wie in einer Apotheke alles auf Rezept. Wer war dieser Dr. Müller? Ein moderner Daniel Schreber? Ein deutscher Kinsey? Oder, was mir wahrscheinlicher vorkam, Arzt und Pornostar in einer Person? Ging man in Deutschland in einen Sexshop so wie bei uns in einen Boots-Drogeriemarkt, um sich von einem weiß bekittelten Mädchen mit Brille und rot lackierten Nägeln seine viermal täglich einzunehmende Medizin heraussuchen zu lassen? Wurde Sex hier als eine Art Heilbehandlung gesehen?

»Lachen Sie nur«, sagte Manny kopfschüttelnd. »Für Deutsche ist dieser Gedanke gar nicht so lachhaft.«

Eine Kette von Sexshops schien verbreiteter als andere. Die Läden hießen Beate Uhse und präsentierten sich elegant, stilvoll und pornofrei. Wer war diese Beate Uhse? Niemand anderes als die deutsche Königin des Sex, wie ich herausfand.

»Allerdings ist sie nicht mit Ann Summers zu vergleichen«, sprach Manny. »Vielmehr gehört sie zu den großen deutschen Volkserziehern. 1989, als die Bundesrepublik Deutschland ihr 50-jähriges Bestehen feierte, verlieh man ihr sogar einen Orden, das Bundesverdienstkreuz.« Manny hüstelte, bevor er näher ausführte: »Äh, für ihren Beitrag zum deutschen Wirtschaftswunder … Als eine Art nationales Kulturgut wurde sie von der deutschen Boulevardpresse mit Namen wie ›*Frau Oberst der Lustwaffe*‹, ›*Orgas-Muse*‹ oder ›*Schlummermutter der Nation*‹ tituliert.«

Gar nicht mal schlecht, diese Wortspiele, für Deutsche, dachte ich. Unsere *Sun* hätte es nicht besser gekonnt.

Dann fiel mir ein, dass ich den Namen Beate Uhse schon in einem anderen Zusammenhang gesehen hatte, und zwar im Rahmen einer Kampagne, die sich »*Du bist Deutschland*« nannte. Was hatte es damit auf sich?

Folgendes: Jenes Deutschland, das ich gerade erkundete, war offenbar ziemlich mies drauf. Es war ein Land, das an einem *Weltschmerz* litt, der eine ganze Nation geborener Pessimisten und Skeptiker in einen Freud'schen *Selbstwahrnehmungs*-Taumel gestürzt hatte. Ein wie ein Mercedesmotor leise vor sich hin schnurrender Stolz war schön und gut, solange alles gut lief. In den letzten Jahren hatte die Arbeitslosenquote jedoch zweistellige Prozenthöhen erreicht, und die Wirtschaft, die während meiner Kindheit als so unbezwingbar gegolten hatte wie eine Trutzburg, stagnierte. Die Wirtschaftsanalysten der Welt lachten über Deutschlands Unfähigkeit, auf der globalen Bühne mitzuhalten, und warfen ihm vor, »auf ein *Wunder* zu warten«. Selbst deutsche Wirtschaftswissenschaftler beschimpften das *Vaterland* als *Warteland*. Schließlich gab es 2005 eine Wahl, die sozusagen unentschieden ausging und nach Verlängerung und Elfmeterschießen damit endete, dass erstmals eine Frau, und dazu noch eine ostdeutsche, ins Kanzleramt einzog – Angela Merkel. Eine spröde, unscheinbare Physikerin, die im Urlaub nackt herumlief, prompt von der *Sun* dabei abgelichtet und der Öffentlichkeit unter der Schlagzeile »I'm Big in the Bundestag«, in etwa »Ich bin fett im Bundestag« präsentiert wurde.

In Deutschlands wichtigsten Kulturzeitschriften erschienen Artikel und Abhandlungen der Selbstprüfung und Selbstgeißelung, wobei man nicht vergessen darf, dass es sich bei diesem Land um eine im Hinblick auf Flagge und Nationalhymne immer noch hochgradig verunsicherte Nation handelte. Man stellte sich drängende Fragen wie: Was denken andere über die Deutschen? Wie schaffen wir es, aus diesem Schlamassel rauszukommen? Was eigentlich bedeutet uns der Begriff *Heimat,* und trauen wir uns, wieder stolz auf diese unsere Heimat zu sein? Es gab Fernsehdebatten zum Thema »Was ist typisch deutsch?«, in denen man versuchte, ein Gefühl nationaler Identität zu definieren.

»*Du bist Deutschland*« war der aufwendigste und öffentlichste all der Versuche, einen Wohlfühlfaktor ins Spiel zu bringen. Diese Kampagne, die von einem Zusammenschluss aus rund 25 Medienunternehmen ins Leben gerufen wurde und ohne die Gratisleistungen fast aller Beteiligten geschätzte 30 Millionen Euro gekostet hätte, bombardierte die Deutschen ab 8.13 Uhr morgens am 26. September 2005 auf Werbeflächen, in Zeitschriften, in Kinos, im Fernsehen und im Internet mit einem längeren Spot, diversen Kurzversionen davon und mit Plakaten. Ziel war es, die Deutschen aufzurütteln, damit sie endlich den Hintern hochkriegten und in die Gänge kamen. Eins der Plakate zeigte einen Bauern, der auf seinem Traktor eine Landstraße entlangtuckert. »*Du bist Michael Schumacher*«, erfuhr der Betrachter. Von einem Möchtegern-Rocksänger hieß es: »*Du bist Ludwig van Beethoven*«, und es gab auch »*Du bist Albert Einstein*«. Auf einem anderen Plakat sah man die untere Gesichtshälfte einer jungen Frau mit sinnlichen Lippen und las: »*Du bist Beate Uhse.*« Nun, falls irgendjemand es schaffte, Deutschland wieder hochzukriegen, dann sie.

Rund vierzig deutsche Berühmtheiten, von denen ich die meisten nicht kannte, kamen im Filmspot der Kampagne zum Einsatz. Sie waren hintereinander in kurzen Szenen zu sehen und sprachen jeweils einen knappen Text direkt in die Kamera. Dieses »Manifest«, in dem unter anderem von den wundersamen, weitreichenden Folgen und Früchten dessen die

Rede war, was als Flügelschlag eines Schmetterlings begann, klang wie billige romantische Lyrik und sollte in den Adressaten ein Gefühl von *Sturm und Drang* wecken.

Für mich hatte dieses propagandistische Machwerk unheilvolle Untertöne. Aber es war ein Deutscher, ein typischer vergangenheitsbewältigender, überanalytischer Historiker, der die Massenmedien darauf hinwies, dass der Slogan fast identisch war mit einem, den die Nazis 1935 während einer Parteikundgebung verwendet hatten, und der, unter einem riesigen Bild des Führers, *»Denn du bist Deutschland«* lautete. Die schockierte und in die Defensive gedrängte Wirtschaftsgemeinschaft wies umgehend darauf hin, dass die Kampagne das genaue Gegenteil von Nazitum sei: Man habe ganz bewusst Deutsche mit unterschiedlichem ethnischem Hintergrund gezeigt, und eine Szene sei sogar zwischen den granitenen Stelen des neuen Holocaustmahnmals in Berlin gedreht worden. Es könne außerdem nicht sein, klagte der Sprecher des Pressebüros der Initiative, dass der Begriff Deutschland »für die Vergangenheit reserviert« sei.

O doch! Das konnte sehr wohl sein.

»Genau da liegt der Hund begraben, wie die Deutschen sagen würden.« Manny klang ziemlich resigniert. »Als Deutscher können Sie machen, was Sie wollen, irgendjemand wird immer und jedes Mal anfangen, die Vergangenheit auszugraben.«

Zurück zu Frau Uhse. Ich wusste jetzt so ungefähr, wer sie war; aber Manny wollte, dass ich mehr über sie erfuhr, und gab mir die Übersetzung ihrer Autobiographie *Ich will Freiheit für die Liebe* zu lesen. Falls ich Fantasien von einer Domina in Lederklamotten gehabt hatte, wurde ich enttäuscht. Der Umschlag zeigte eine kurzhaarige, mit großen Zähnen in die Kamera lächelnde, sexuell wahrscheinlich immer noch aktive 80-Jährige kurz vor ihrem Tod zu Anfang des Jahrtausends.

Sie wuchs als Tochter eines Landwirts und einer Ärztin, die

ihre Kinder schon früh aufklärten und offen mit ihnen über Sexualität sprachen, im hyperstrengen Königsberg auf (früher Ostpreußen, heute das russische Kaliningrad). Sie diente im Zweiten Weltkrieg als Pilotin und ließ sich nach Kriegsende und Kriegsgefangenschaft mit ihrem kleinen Sohn in Flensburg nieder, wo sie bei einem Pfarrer und seiner Familie wohnte. Flensburg, an der Grenze zu Dänemark gelegen, ist die nördlichste Stadt Deutschlands und das deutsche Pendant zu Swansea, nämlich Sitz des Kraftfahrt-Bundesamtes. Dort hatte ich bereits Punkte gesammelt, weil ich an der Ostsee zu schnell gefahren war.

Frau Uhse war inzwischen eine lebenserfahrene junge Frau, aber beileibe keine Nymphomanin. Sie hatte ihren ersten Mann im Krieg verloren, sollte ein paar Jahre später ein zweites Mal heiraten und ihrem Mann immer treu bleiben. Aber das Deutschland, in dem sie damals lebte, war nicht nur geprägt von Lebensmittel-Rationierungen, Armut und zerrissenen Familien, sondern auch eine zutiefst verklemmte Gesellschaft. Frauen und Männer wussten kaum etwas über den Menstruationszyklus und natürliche Verhütung. Sie wussten nur, dass sie sich keine Zufallskinder leisten konnten. Im Vergleich zu den Flensburger Frauen kannte sich Beate Uhse in sexuellen Dingen sehr viel besser aus, was sich schnell herumsprach. Vor allem Frauen kamen in der Folgezeit mit Fragen zu ihr: angefangen bei Verhütung bis hin dazu, wie man mehr Freude am Körper des Partners, aber auch am eigenen entwickelte. Die Frau, die zur Porno-Magnatin werden sollte, fing als eine Art Kummerkastentante an.

Wenn sie sexuelle Ratschläge erteilte, dann immer im Rahmen von Gesundheit und Ehehygiene. Sie war der ehrlichen Überzeugung, dass Sex die Grundlage jeder gesunden Beziehung ist, was ihre Klienten – denn das waren sie inzwischen geworden – ihr mit Dankesbekundungen bestätigten.

Irgendwann fasste Beate Uhse mit unternehmerischem Elan ihre Ratschläge in einer Broschüre zum Thema Familienplanung zusammen. Ein bisschen delikat war der Umstand, dass sie im Haus eines Pfarrers lebte.

Sie achtete jedenfalls darauf, dass die Broschüren in unauffälligen braunen Umschlägen verschickt wurden. Im Lauf der Zeit wurde aus der Broschüre eine Zeitschrift mit Sex-Tipps. Bald kam der Versand von Kondomen und anderen Verhütungsmitteln dazu, und später auch »sexuelle Hilfsmittel« zur Aufrechterhaltung eines regelmäßigen gesunden Geschlechtslebens. Die Überzeugung, dass ein erfülltes Sexualleben der Gesundheit zuträglich sei, war ausschlaggebend bei jeder Ausweitung ihrer Dienstleistungen.

Es dauerte nicht lange, da fanden sich auf ihrer Versandliste Menschen aus der ganzen Bundesrepublik. Sie übernahm andere Magazine, dann kam der erste Laden und bald danach eine Kette von Läden, die man völlig ungeniert in so vielen deutschen Straßen sehen konnte (»Dr. Müller« gehört übrigens auch zur Beate-Uhse-Kette). Sie war also perfekt positioniert – saß sozusagen oben –, als die sexuelle Revolution der 60er kam.

Da Beate – wir waren inzwischen beim Vornamen angelangt – in Flensburg lebte, hatte sie Zugang zu skandinavischen Pornofilmen, die es gelegentlich über die Grenze nach Deutschland schafften, wo zu jener Zeit Pornofilme und dergleichen immer noch verboten waren. Sie fand diese Streifen handwerklich so schlecht, von der kläglichen Handlung mal ganz zu schweigen, dass sie meinte, sie könne das besser. Bis kurz vor ihrem Tod überwachte sie die Produktion von Videos für alle Neigungen, Überzeugungen und Fetischorientierungen. In ihrer Autobiographie erzählt sie Anekdoten und führt Statistiken aus nationalen Untersuchungen an, die bestätigen, dass diese »Vielfalt« auf Anfragen und Wünsche der Männer und Frauen Deutschlands zurückging. Beate Uhses ursprünglich gut gemeinte Ratschläge zum Thema sexuelle Gesundheit hatten sich wundersamerweise in einen Vorwand für deutsches Rudelbumsen verwandelt. Des einen Landes Pornographie war des anderen Heilung. Es war »Kraft durch Sex« und Frau Uhse die Vorreiterin.

Da hatte Manny mir doch einmal eine stimulierende Einführung in die deutsche Einstellung zum Sex vermittelt – wenn nicht gar eine Rechtfertigung dafür. Aber er bestand darauf, dass ich mir selbst einen Eindruck verschaffte. Ich sollte der deutschen Haltung zum Sex auf den Grund gehen und herausfinden, wieso Sex für Deutsche, sofern sie nicht gerade Boris Becker heißen, nicht auf Heimlichkeiten in Besenkammern beschränkt ist. Aus diesem Grund schickte er mich nach Hamburg, der Heimat des sattsam bekannten Hackfleischbrötchens.

Hamburg war offensichtlich schon lange die sexuelle Hochburg des Landes – wegen seines Rotlichtbezirks St. Pauli und insbesondere wegen seiner Amüsiermeile, der Reeperbahn. Die Reeperbahn verdankt ihren Namen den Seilern und Taumachern, den Reepschlägern, die ursprünglich dort lebten und arbeiteten. Auch Hamburg ist eine Hansestadt mit einer stolzen maritimen Tradition; und der stete Zustrom von Matrosen, die nach Monaten auf hoher See sexuell ausgehungert waren, sorgte im Alleingang (oder vielleicht eher im Zweierpack?) für das Blühen und Gedeihen der Reeperbahn über die Jahrzehnte hinweg.

Als wolle er mir Hamburg noch nachdrücklicher ans Herz legen, schilderte Manny es mir als die britischste aller deutschen Städte. Hamburgs öffentliche Gebäude und die grüneren Stadtteile mit ihren vornehmen Villen, sagte er, sprächen ähnlich wie die Büros der großen Schifffahrtslinien und die angestammten Familiensitze an Londons Pall Mall von altem Geld, Handelsdynastien und einer Seefahrer-Aristokratie.

Wie ich dann herausfand, veranstalteten die Hamburger in einer bizarren Zurschaustellung von Lokalstolz und sehnsuchtsvoller Liebe zu den Briten im Stadtteil Klein Flottbek einen jährlichen *British Day*. Hier konnten die Deutschen in Blazern herumlaufen, sich an Kricket versuchen, Schokoriegel und Walker's Crisps in unzähligen Geschmacksrichtungen in sich hineinstopfen und sich warmes Bier und Pimm's hinter die Binde kippen. Ich stellte es mir ungefähr so vor wie ein deutsches Henley-on-Thames, bloß ohne die Ruderregatta.

Außerdem erhob Hamburg bei dem Versuch, sich einen Platz in der globalen Popkultur zu sichern, auch Anspruch auf die Beatles und tat so, als sei es die zweite Heimat der Fab Four. Die Stadt hatte nie vergessen, dass John Lennon einmal beiläufig gesagt hatte, die Beatles seien nicht in Liverpool, sondern in Hamburg aufgewachsen. Dabei wollte er wahrscheinlich nur sagen: »In Liverpool gab es keinen so guten Rotlichtbezirk, in Hamburg bin ich zum Mann geworden.«

Vorsichtshalber hatte ich einen Freund gebeten, mich bei diesem vielleicht etwas heiklen Modul meiner Therapie nach Hamburg zu begleiten. Wir landeten an einem kalten Februarnachmittag mit der deutschen Billig-Airline Germanwings, was für mich mehr nach Monatsbinde oder wie ein Gericht in einer Hühnerbraterei klang. Wie viele andere Maschinen, die ich in letzter Zeit benutzt hatte – nach Lübeck, München und Baden-Baden –, war auch diese fast leer. Möge es lange so bleiben, dachte ich und erschrak fast über mich selbst. Wurde ich etwa allmählich germanophil und wollte meine Entdeckung für mich behalten?

Das letzte Mal war ich als renitenter pubertierender Schuljunge in Hamburg gewesen. Damals war das Wetter fast genau wie jetzt gewesen, der Wind eisig, die Elbe voller Eisbrocken, die wie Grabsteine aussahen. Hamburg schmiegt sich um zwei Binnenseen und behauptet, mehr Brücken als Venedig zu haben. Zwar gibt es, anders als in Venedig, keine spektakulären Wasserstraßen, aber der Widerschein von so viel Wasser erfüllte den nördlichen Himmel mit einem geisterhaften Licht. Ein paar Boote kämpften sich unerschrocken über das kabbelige Wasser, aber im Allgemeinen schienen sich die Seebären der Stadt einen trockenen Tag an Land zu gönnen.

Wir verbrachten den Samstagnachmittag in dieser britischsten aller deutschen Städte in einer der zwielichtigen Kneipen St. Paulis und wollten uns danach ein Fußballspiel ansehen. Die Kneipe war zwar freundlich, aber alles andere als *gemütlich*. Die Wände waren teils aus Sperrholz, teils mit einer überaus englischen Backsteintapete beklebt, fast wie im schäbigen Vereinslokal eines so gut wie bankrotten Fußball-Clubs in irgendeinem Londoner Vorort. Außer uns waren nur zwei Stammgäste da, die zur Begleitung ihrer Lieblingssongs aus der Musikbox mit dem Besitzer und der Kellnerin Darts spielten. Größtenteils handelte es sich um Lieder von Hamburgs größtem Schnulzensänger und Sohn der Reeperbahn, Hans Albers; eine Mischung aus britischer Music Hall und Liedern aus der Weimarer Zeit mit Texten wie »Auf der Reeperbahn nachts um halb eins, ob du 'n Mädel hast oder hast keins«. Und ansonsten stimmten sie immer wieder Songs an, die sich über Düsseldorf lustig machten. Dreimal dürfen Sie raten, gegen wen der FC St. Pauli an diesem Abend in einem Heimspiel antrat.

Hamburgs wichtigste Fußballmannschaft ist der HSV, bei dem auch Kevin Keegin (in seiner *Vokuhila*-Zeit) auf der Gehaltsliste stand. Der FC St. Pauli ist cooler, lässiger und weniger erfolgreich, wird von Jack Daniel's gesponsort, ist aber vor allem der stolze, anarchische, linke Underdog mit bekannten und politisch eher links eingestellten Anhängern und Präsidenten (zurzeit der schwule Entertainer und Mitbesitzer von ›Schmitz Tivoli‹ Corny Littmann). Im Moment hatte der FC St. Pauli eine gute Phase und durfte, nachdem er jahrelang auf den unteren Rängen herumgekrebst war, jetzt bei der oberen Liga mitspielen. Wir hatten keine Tickets für das Spiel, schafften es aber irgendwie, uns in das schäbige Stadion zu schmuggeln, in dem es nur Stehplätze gab. Passend zu ihrem Ruf erschienen die Spieler alle mit heraushängenden Trikots und um die Knöchel schlackernden Socken, waren lässig, o-beinig und gut. Das Spiel endete 1:1. Wir gingen vor dem Schlusspfiff, aber nicht, ohne eine Kostprobe deutschen Tribünengesangs mitbekommen zu haben. Die Zuschauer sangen »You'll Never Walk Alone« (oder »You never wore Cologne«?), das vielleicht wegen der Verbindung zu den Beatles und zu Liverpool eine FC-St.-Pauli-Hymne war, und dann: »Düsseldorf ist Scheiße/Düsseldorf ist Dreck./Eine kleine Bombe/und Düsseldorf ist weg!«

He, halt! War das nicht unser Text?

Aber Manny hatte mich nicht wegen des Fußballs, sondern wegen des Nachtlebens hierhergeschickt – und so pirschten mein Freund und ich uns Bar für Bar in immer engeren Kreisen an die Reeperbahn an.

Die Müllabfuhr war seit, für Deutschland schier unglaublichen, 24 Stunden im Streik, und die teils kopfsteingepflasterten Straßen St. Paulis waren übersät mit Bierbüchsen, kaputten Flaschen, Papptellern aus zahllosen Imbissbuden und was es sonst noch an menschlichen Hinterlassenschaften gab. Angeblich hatte die Hamburger Stadtverwaltung durchaus etwas übrig für das Sündenpfuhl-Image der Stadt, aber das hier war doch ein bisschen viel Pfuhl für unseren Geschmack. Der Anblick war ekelerregend, der Gestank bestialisch. Es roch wie in Ibizas San Antonio nach einem Sommer voller englischer Club- und Party-Touristen. Aber hier waren es Deutsche, die ihre eigene Türschwelle besudelten und höchst undeutsch Dreck, Müll und Unrat verstreuten.

Die Kneipen waren so voll und schweißtreibend wie eine Münchener Sauna (aber mit Kleiderzwang) während des Oktoberfests und ballerten uns Heavy Metal und Hardrock in einer Lautstärke um die Ohren, der sich weder mein Freund noch ich gewachsen fühlten. Angeblich war Hamburg ein Medien-Mekka, die Heimat vieler Werbeagenturen und Zeitungsverlage – und natürlich auch von Herrn Lagerfeld persönlich; eine flippige Stadt aufstrebender Designer, hipper Hotels und Bars.

Die drei berühmtesten Straßen St. Paulis, von der Reeperbahn einmal abgesehen, sind Friedrichstraße, Herbertstraße und Große Freiheit. In der schummrigen, rosigen, jedem Klischee entsprechenden Intimität eines Boudoirs auf der Großen Freiheit sprach ich mit einer Prostituierten, die mir die Geheimnisse der lokalen Sexbranche enthüllte und in Zahlen übersetzte, die nackter waren als sie selbst. Ihr Name, zumindest für diese Nacht, lautete Anita. Die eloquente junge Österreicherin hatte strahlende Augen, ein Diplom in Politologie und einen festen Freund, zu dem sie am Ende jeder Nacht nach Hause ging. Die Prostitution, sagte sie, sei ein ernst zu nehmendes Geschäft, das der Stadt Hamburg und dem Bund jedes Jahr Millionen an Steuergeldern einbringe, was sicherlich einer der Gründe dafür sei, die Prostitution als normalen Beruf zu behandeln. Laut Anita waren die meisten der Mädchen, die auf der Großen Freiheit arbeiteten und von denen sie viele gut kannte, Deutsche und keine Osteuropäerinnen und hatten, genau wie sie selbst, oft akademische Qualifikationen und Ambitionen. In Deutschland werde Prostitution nicht nur besteuert, es gebe auch eine Art Gewerkschaft für Prostituierte. Da war es sicher einfacher, höhere Preise zu verlangen, dachte ich, bezweifelte aber, dass die Frauen, so wie die Müllmänner, je in Streik treten würden – dann hätten sie ja gleich Hausfrauen werden können. Anscheinend war alles völlig offen und klang so absolut normal.

Beeindruckt von Anitas Offenheit und davon, wie souverän sie offenbar durchs Leben ging, verabschiedete ich mich.

Letztendlich waren die Reeperbahn und die anderen Straßen von St. Pauli extrem langweilig und so unoriginell wie das menschliche Bedürfnis, das ihnen zum Leben verholfen hatte. Sie waren ein einziges billiges, schäbiges Fast-Food-McSex, das Amüsement so billig wie die Oxford Street, ein Möchtegern-Elysium aus Neonlicht, Schaukästen und den eindeutigen Aufforderungen der Mädchen, die gerade damit an der Reihe waren, vor den Türen zu stehen und Kunden zu ködern. Aber das alles spielte sich auf einer so großen Skala ab, dass man das Gefühl bekam, der menschliche Körper und mit ihm alle Erotik seien in ein Sexlager verschickt worden. Genau das Gleiche passierte am Strand, wenn man dem menschlichen Körper seine natürliche Sexiness in Form eines Bikinis raubte.

Im Sinne von Mannys romantischer Kur war Sex à la Reeperbahn vielleicht schnell und unkompliziert, hatte aber absolut nichts, was einen in exaltierte Stimmung versetzen konnte. Ein kleines »P. S. I Love You« der Beatles hätte da vielleicht Wunder gewirkt.

Bevor mein Freund und ich ins Bett fielen, gingen wir noch – von einem Gestank zum nächsten wechselnd – zum berühmten Fischmarkt der Stadt, wo Nachtschwärmer auf Markthändler treffen, die im kalten Licht der Morgendämmerung ihre Buden aufbauen. Wo die von der Nacht Übriggebliebenen entweder noch mehr Bier oder aber heiße Schokolade trinken und sich zum Frühstück *Aalsuppe* oder *Labskaus* einverleiben können. *Labskaus* leitet sich übrigens vom englischen *lobscouse* ab und stellt noch einmal eine Verbindung zu Liverpool her, dessen Bewohner wegen ihrer Vorliebe für ebendieses Gericht bei uns »Scouser« genannt werden.

Wir verzichteten auf diese Köstlichkeiten, zogen uns zurück in unser Designerhotel – eine Oase des Minimalismus und der klaren, hippen Linien – und kamen zu dem Schluss, dass wir uns beide nicht wirklich für Hamburg und das, wofür es berühmt war, erwärmen konnten.

Vor der Fußball-Weltmeisterschaft 2006 rechneten die deutschen Behörden damit, dass bis zu 40 000 ausländische Prostituierte nach (oder in?) Deutschland kommen würden. Egal wie viel *Vorsprung* die klugen Männer bei Audi rausschinden mochten, der Mann an sich ist offensichtlich kaum über seine niedrigsten Bedürfnisse hinausgelangt. Da die Prostitution in Deutschland nur in bestimmten ausgewiesenen Bezirken erlaubt ist, gab es damals Befürchtungen, das ganze Land könne sich in eine zweite Große Freiheit verwandeln. Die Behörden kamen diesbezüglich auf zwei Lösungsvorschläge. Der eine war, Straßenschilder aufzustellen – einen rot umrandeten weißen Kreis mit der durchgestrichenen Silhouette einer kurvenreichen Frau in hüfthohen Stiefeln. Der zweite ging dahin, in der Nähe der Stadien, in denen Spiele stattfanden, hölzerne »Liebeshütten« inklusive Kondomautomaten und Snackbars aufzustellen. Die Reaktion von Andrea Petsch von Hydra, einer Selbsthilfegruppe für Prostituierte, lautete: »Hört sich an, als sollten die armen Frauen in einer Art Toilettenkabine arbeiten. Die Arbeitsbedingungen im neuen Bordell in Berlin scheinen da sehr viel besser zu sein.«

Ein neues Bordell? In Berlin? Der Stadt, in der schon Sally Bowles in *Cabaret* »gebumst« hatte, der Stadt der Lieder über »Two ladies« und andere Frauen, von denen »each and every one a virgin« war? Genau. Miss Petsch meinte das neue Edelbordell

Artemis (benannt nach der jungfräulichen Jägerin, die keinem Manne untertan war), das im Jahr vor der Weltmeisterschaft eröffnet worden war. Ob Lord Coe in seinem Dossier, mit dem er die Olympischen Spiele 2012 nach London holte, auch die sexuellen Bedürfnisse der Massen berücksichtigt hatte?

Aber Berlin, erfuhr ich von dem stets verlässlichen Manny, ist genauso wenig die Sexhochburg Deutschlands wie Hamburg. Nein, diese Ehre fällt an Köln, zumindest wenn man sich an der Größe seines größten Bordells orientiert, des Pascha.

Das Pascha, das wahnwitzige sieben Stockwerke einnimmt, ist im Grunde genommen ein riesiger Wohnblock und nicht nur das größte Bordell Deutschlands, sondern wahrscheinlich ganz Europas. Zusätzlich zu seinen 126 Zimmern, die Prostituierte auf monatlicher Basis mieten können, bietet es ein Restaurant, einen Schönheitssalon, eine Boutique, einen Waschsalon, ein Sonnenstudio und ein »Kontaktbistro« für Speed-Dating. Es brüstet sich ständig wechselnder Mädchen – sind vierzig pro Monat viel oder wenig, und ist das gut oder schlecht? – und ist stolz darauf, das einzige Bordell mit Geld-zurück-Garantie zu sein, wenn ein Gast mit Leistungen unzufrieden ist. Keine Ahnung, wie sich so etwas beweisen lassen soll. Die Website des Pascha ist detailliert und über die Maßen offen und freimütig. Sie führt einen durch alle Stockwerke und Zimmer, als handele es sich um ein ganz normales Dreisternehotel, und zählt alles auf, was es den »Mieterinnen« an Service und Leistungen bietet. Womöglich wollen manche Mädchen so gern in diesem Luxusetablissement wohnen, dass sie gar nicht lange darüber nachdenken, ob sie wirklich als Prostituierte arbeiten wollen.

Die Stadt Köln verdient monatlich geschätzte 700 000 Euro am Pascha. Nicht schlecht. Jetzt verstand ich, wieso Beate Uhse wegen ihres direkten oder indirekten Beitrags zur deutschen Wirtschaft mit dem Bundesverdienstkreuz ausgezeichnet worden war.

Mit dem Pascha waren wir wieder bei der Größenbesessenheit angelangt. Großer Pimmel, Große Freiheit, das größte Bordell… Wieso mussten die Deutschen immer das größte dies oder das haben? Das war doch wie das Oktoberfest – mittelalterlich und primitiv. Und wie wir alle wissen, ist Größe doch nun wirklich nicht alles.

Es ging um das, was die Deutschen, wie schon die Preußen vor ihnen, *Großmannssucht* nennen: um den Wunsch, wie ein texanischer Ölmagnat der Größte zu sein, der Bedeutendste, das mächtigste Mitglied der Gruppe, der Bandenführer. Man konnte sogar auf die Idee kommen, dass manche die Bildung des deutschen Staates angestrebt hatten, damit Deutschland seine, wie sie meinten, natürliche geografische Größe und politische Bedeutung erhielt. Klang wie eine Metapher für das männliche Streben nach Erektion.

War die *Großmannssucht*, sexuell gesehen, im deutschen Mann stärker ausgeprägt als bei anderen Männern? Ich erinnerte mich an einen deutschen Schlager, der in den Après-Ski-Bars der österreichischen und deutschen Alpen oft gespielt wurde. Der Song hieß »Zwanzig Zentimeter« und wurde von einer Düsseldorferin namens Möhre gesungen, die darin gesteht, es *»lang und dick«* zu mögen. Der Refrain lautet: *»Das sind nicht zwanzig Zentimeter, nie im Leben, kleiner Peter.«* Ein solcher Text war in keiner anderen Sprache vorstellbar. Ließen sich die Übel des 20. Jahrhunderts etwa mit einer Unterdrückung des Testosterons bei den Deutschen erklären? Wenn die *Großmannssucht* zwei Weltkriege verursacht hatte, sei dem Himmel Dank für die *Puffs*.

Ich hatte also im Zuge meiner Therapie und auf der Suche nach meiner *Wanderlust* Reeperbahn und Große Freiheit abgeklappert, hatte aber nichts gefunden, was ich romantisieren konnte. Wahrscheinlich waren Rotlichtbezirke überall auf der Welt gleich. Aber die deutsche Einstellung zu Sex schien liberaler zu sein als sonst wo und definitiv kalifornisch im Vergleich zur britischen. Der Ehrgeiz und die Organisationsfähigkeiten, die hinter dem Pascha und St. Pauli steckten, waren von echt deutsch-romantischer Größenordnung.

Doch Manny hatte mir bisher nur den niedrigsten gemeinsamen Nenner des Sexlebens der Deutschen gezeigt. Jetzt wollte er mir zeigen, dass deutscher Sex anders, besser, offener, naturverbundener und gesünder sein konnte. »*Puffs* wie das Pascha sind okay, aber ich halte mich trotzdem eher von ihnen fern. Wenn Sie wirklich etwas über gesunde deutsche Sexualität wissen wollen, müssen Sie in einen FKK-Club gehen, was etwas völlig anderes ist.«

FKK. Wieder diese magischen drei Buchstaben. Schlug er mir einen Besuch in einem Nudistenclub vor, etwas Ähnlichem wie dem FKK-Jugendclub, von dem ich gelesen hatte? Einer der Punkte im Manifest der FKK-Jugend lautete, dass »Kinder, die in einer Naturistenfamilie aufwachsen, gewöhnlich selbstsicherer, selbstbewusster und sexuell lockerer und natürlicher sind als Nicht-Naturisten«. Aha. Vielleicht stammte die sagenumwobene Direktheit der Deutschen daher. Wie auch immer. Ich jedenfalls hatte das Gefühl, dass wir uns unerfreulich weit von einer Heilung meines *Weltschmerzes* entfernten. Manny erwartete doch wohl nicht im Ernst von mir, dass ich mich auf deutschen Sex einließ? Er wusste doch, dass ich verheiratet war und Kinder hatte. Allmählich kam mir der Verdacht, dass Manny durch mich seine eigenen geheimen sexuellen Wünsche ausleben wollte. Oder wollte er mich einfach nur demütigen?

Ich hatte mich an einem Ostseestrand nackt ausgezogen, ich hatte nackt in einer deutschen Badeanstalt gebadet, ich hatte mir eine Lederhose gekauft, sie für mich umändern lassen und war darin herumgelaufen. Was noch alles, dachte ich, als ich zu mitternächtlicher Stunde vor einem Etablissement namens FKK-Oase in Bad Homburg stand, einem weiteren Kurort, der sich der Gesundheit verschrieben hatte. Aber mit einem Namen, der wie ein schlecht sitzender Hut klang, hatte dieses Bad Homburg keine guten Karten.

Bei meiner Ankunft wirkte alles so unschuldig, dass ich ehrlich dachte, es handele sich um eine Art Nachtclub, in dem die Gäste zwar nackt waren, sich im Gegensatz zu den Nackten am Strand aber so verhielten, wie man es in einem ganz normalen Nachtclub tun würde – plaudern, flirten, Abschleppversuche unternehmen. Die Vorstellung war zwar ein bisschen merkwürdig; aber ich wusste inzwischen, dass in Deutschland alles möglich war, wenn es um Nacktheit ging. Ich fühlte mich zwar nicht gerade sehr wohl, hatte aber immerhin schon Erfahrung.

Der Eingang der FKK-Oase erinnerte an ein Best Western Golf Hotel. Es gab einen Kundenparkplatz, dessen Stellplätze von ordentlich gestutzten niedrigen Ligusterhecken gesäumt waren und der von weißen Kugellampen gedämpft beleuchtet wurde. In den Boden eingelassene atmosphärische Lichtquellen führten mich über einen sauberen Plattenweg zwischen schützenden Hecken hindurch zu einem langen, dreistöckigen, hotelähnlichen Gebäude mit Garten und gepflegtem Tennisplatz neben dem Eingangsbereich. Zwei Türsteher mit Sprechgeräten standen davor und ließen mich ein.

Ich erwartete laute Musik, tanzende Gestalten, flackerndes Discolicht und trinkende, sich unterhaltende, wenn auch nackte Menschen. Stattdessen Stille, nach Desinfektionsmitteln riechende Wärme und eine verlebte Madame an einem hohen Empfangspult zwischen mir und dem Rest des Clubs. Hinter ihr sah ich mehrere Mädchen, die mit nichts als Unterhöschen bekleidet herumliefen oder herumsaßen.

Ich überreichte der Madame den Gutschein, den Manny mir mitgegeben hatte, und trat ein. Ich befand mich weder in einem Best Western noch in einem Nachtclub. Bei näherer Betrachtung entpuppte sich die FKK-Oase als erotische Variante eines Fitnesscenters. Die Beleuchtung war rosig-dezent, eine kitschige Eros-Statue gab das Thema vor. Mehrere Männer in Bademänteln saßen auf Hockern an der Bar und stierten Bildschirme an, die in verschiedenen Winkeln von der Decke hingen. Aber während in einem normalen Fitnessclub Nachrichten oder ein Fußballspiel über diese Bildschirme geflimmert wären, gab es hier harte Pornos zu sehen. Ein Stück weiter erstreckte sich eine riesige, schummrige Lounge, ähnlich einer Hotellobby, mit einladenden Sofas, Sesseln und Couches, und dahinter ein kleines Kino, in dem man sich ebenfalls Hardcore-Pornos ansehen konnte. In der anderen Richtung führte ein Flur in eine Halle mit zwei großen Swimming-Pools mit unterschiedlichen Wassertemperaturen, Saunaräumen und Whirlpools. Draußen lag ein gepflegter Garten, der die ganze Nacht hindurch zugänglich war und mit weiteren Whirlpools, Saunas, einer Tischtennisplatte und dem Tennisplatz ausgestattet war, den ich schon gesehen hatte.

Die FKK-Oase war Bordell und Gesundheitsstudio in einem. Geöffnet von mittags bis in die frühen Morgenstunden, konnte man hier essen, trinken, an Geräten trainieren, Tennis oder Tischtennis spielen, schwimmen, schwitzen, genau wie im Müller'schen Volksbad in München – aber man konnte auch Sex haben, wenn man wollte, eine weitere Dienstleistung, die der Club bot. Den Sex konnte man sich mittels einer Art Speisekarte aussuchen, auf der die unterschiedlichen Varianten aufgelistet waren wie Ayurveda-Behandlungen oder Spezialmassagen.

Normalerweise hätte mich der Eintritt 65 Euro gekostet, aber Manny hatte mir besagten Gutschein mitgegeben, der diesen Kostenfaktor abdeckte. Ich hatte damit Zugang zu allen Annehmlichkeiten, wozu auch beliebig viele Drinks an der alkoholfreien Bar gehörten. »Sonderleistungen« allerdings kosteten 50 Euro pro halbe Stunde zusätzlich. Die Madame an der Rezeption betete sie mir ganz sachlich vor wie Tagesgerichte in einer Autobahnraststätte. *»Analverkehr«* war für zusätzliche fünfzig zu haben wie auch *»Französischer Schluss«*. Was zum Teufel war denn das? Nun, französischer Schluss bedeutete, so erklärte mir die Madame, »ins Gesicht«.

Ich ließ mich widerstrebend in dem bereitgestellten Bademantel durch die Räumlichkeiten führen und anschließend von der Madame darüber informieren, dass Mannys Gutschein auch die Möglichkeit der Sonderleistungen abdeckte. Ich sah sie schockiert an. Was hatte Manny sich dabei bloß gedacht? Förderte die deutsche Vorstellung von sexueller Gesundheit etwa die Polygamie? Ich dachte, Beate Uhse sei ihr ganzes Leben lang treu gewesen?

Es erübrigt sich zu sagen, dass ich dankend ablehnte. Da es im Fernsehen nichts Besonderes gab und auch die Unterhaltung nicht so interessant war, verließ ich nach einer weiteren halben Stunde mit einem Hamburger und einer Diätcola auf Kosten des Hauses die schwüle Atmosphäre aus Schweiß und Desinfektionsmittel und trat in die klare, frische Nachtluft hinaus. Sie flutete über mich hinweg wie eine Reinigungslotion, als ich meinen Flirt mit der Versuchung schaudernd beendete. Wie hätte Faust in meiner Situation reagiert? Manny hatte sich vorübergehend in meinen Mephistopheles verwandelt. Aber Faust hatte seine Margarete sicher nicht in der FKK-Oase gesucht. Trotz Whirlpools, Saunas und Swimmingpools war sie charakterlos, nichtssagend, banal, ohne verführerischen Reiz, ohne Geheimnis, reduziert auf nackte, protestantische Arbeitsethik. Ein Ort, wo das Einzige, was es an *Sturm und Drang* gab, sich in den Unterhosen lüsterner deutscher Männer abspielte.

So viel zur Philosophie der *Freikörperkultur*, die ich an der Ostsee kennen gelernt hatte. Tief im Inneren war sie einfach nur ein Vorwand für das älteste Gewerbe der Welt. Ich erfuhr, dass es in ganz Deutschland ein Netz von FKK-Clubs gibt, die sich, wie Frau Uhse (und Manny im Grunde ja auch), angeblich alle dem Dienst an der Gesundheit verschrieben haben. Ich bitte Sie! Ich fand nur bestätigt, was alle schon immer wussten: dass sich deutsche Strände und Saunas und selbst das Oktoberfest nur um Haaresbreite von Bordellen und Orgien unterscheiden und dass die Deutschen mit ihrer Sprache, ihren *Lederhosen* und ihrem militärischen Herangehen an Sport von Sex geradezu besessen sind, und zwar massenhaft und in großem Ausmaß. *Großmannssucht* war das, was die Deutschen antrieb. Sie war Deutschlands G-Punkt (der nach einem deutschen Sex-Arzt, Ernst Gräfenberg, benannt ist). Kein Wunder, dass Freud dachte, alles drehe sich um Sex. Schließlich hatte er seine Theorien größtenteils im deutschsprachigen Raum entwickelt.

8. Kindergarten

Es war einmal in Nürnberg

der: öffentliche Einrichtung (in einem Raum, einem Gebäude) zur Betreuung u. zur Förderung der Entwicklung von Kindern im Vorschulalter

»Die Fähigkeit, zu kindlichem Staunen zurückzufinden und jeden Tag als völlig neu zu erleben, ist ein Schlüsselelement der deutschen Romantik«, verkündete Manny.

Sollte ich jetzt etwa das Kind in mir herauslassen, so wie die Deutschen es in ihrer Ferienakademie machten?

»Ich möchte, dass Sie sich in Ihre Kindheit zurückversetzen. Stellen Sie sich vor, wieder ein Kind zu sein, das Deutschland zum ersten Mal sieht.«

Erst der Sex, jetzt die Kindheit? Geradezu klassisch. Würde Manny als Nächstes sagen, dass ich eine unterdrückte ödipale Liebe zu Deutschland hegte, die mir aus meiner Kindheit geblieben war?

Trotzdem musste ich endlich meine Karten auf den Tisch legen, denn ich hatte Deutschland tatsächlich zum ersten Mal als Kind gesehen. »Als ich drei war, habe ich ein Jahr in Deutschland gelebt«, gestand ich.

»Aha! Sehen Sie!«, rief Manny. »Tief in Ihrem Inneren kennen Sie Deutschland also!«

Ich war damals drei Jahre alt! Von »kennen« konnte da wohl keine Rede sein. Und es bedeutete auch nicht unbedingt, dass ich latente Sympathien für Deutschland und die Deutschen hegte.

Ich kramte hervor, was ich noch von meinem vierten Jahr auf diesem Planeten wusste.

Mein Vater, der Französisch und Deutsch unterrichtete, hatte eine Austauschstelle als Englischlehrer in Heidelberg angenommen. Eine deutsche Familie zog in unser Haus in Oxford, während wir ihre Wohnung in einer Trabantenstadt namens Sandhausen übernahmen. Die Familie hieß Popp und ist inzwischen berühmt wegen ihres Sohnes, Alexander Popp, der ein deutscher Tennisstar wurde. Übrigens stammt Boris Becker aus dem benachbarten Leimen, aber bedauerlicherweise färbte die Tennistradition dieser Ecke Deutschlands weder auf mich noch auf meinen Bruder ab.

Anscheinend durchlebte Deutschland damals eine glückliche Zeit. Wir schrieben das Jahr 1975, und in der Bundesrepublik waren noch die Nachwirkungen des Aufschwungs der Nachkriegszeit, des *Wirtschafswunders*, zu spüren. Es war ein Land des Wohlstands und der Raumzeitalter-Technologie, eine ganz andere Welt als das Großbritannien der 70er-Jahre. Ohne Dads Lehrerjob wären wir vielleicht Wirtschaftsemigranten gewesen.

»Ich finde, Sie sollten unbedingt noch einmal nach Sandhausen fahren«, sagte Manny. »Eigentlich hatte ich zwar etwas anderes für Sie geplant, aber ich glaube, dass es wichtig wäre. Sie wissen ja, dass Nostalgie, Jugend und Vergangenheit wichtige Elemente der exaltierten Stimmung des wahren Romantikers sind.«

Ich hatte nur sehr vage Erinnerungen an die Zeit in Sandhausen: an unsere Wohnung, an einen Schlitten und an Unmengen von Bäumen. Aus irgendeinem Grund war mir auch ein ziemlich hübsches amerikanisches Mädchen namens Elizabeth (ebenfalls drei Jahre alt) im Gedächtnis geblieben, vielleicht wegen der Erdnussbutter, die ich durch sie kennen lernte. Meine Eltern hatten sicher noch Fotos aus dieser Zeit plus alle möglichen Anekdoten und Erinnerungen. Plötzlich drängte es mich geradezu, in meine Vergangenheit einzutauchen und mehr über diese Zeit in Erfahrung zu bringen. Sehr freudianisch. Und sehr deutsch.

Meine Mutter erzählte mir, ich hätte mich damals strikt geweigert, auch nur ein Wort Deutsch zu lernen oder zu sprechen. Wieso? Keine Ahnung. Vielleicht besaß ich einfach schon im zarten Alter von drei Jahren ein untrügliches Urteilsvermögen. Meine Eltern zeigten mir ein Album aus diesem Jahr mit Fotos von Reisen, die wir unternommen hatten, an die ich mich jedoch überhaupt nicht mehr erinnern konnte. Was war mit dem Wald am Rand von Sandhausen, in dem wir oft spazieren gegangen waren und in dem ich mich immer sehr gefürchtet hatte?, fragte mich mein Vater. Mir fiel ein, dass dieser Wald mir riesig vorgekommen war und ich immer das Gefühl gehabt hatte, wir wären ins Reich eines Riesen eingedrungen. Vor allem erinnerte ich mich an eine Lichtung voller Mücken, auf der Holzringe wie Henkersschlingen von Metallstangen herabbaumelten. Natürlich – ging mir jetzt auf. Die Ringe gehörten zum lokalen *Trimmdichpfad*!

Nach dieser Schwelgerei in romantischen Erinnerungen fühlte ich mich gebührend von Sehnsucht ergriffen und wollte, bewaffnet mit meinen neu erworbenen Kenntnissen über Deutschland, sehen, ob alles noch so war, wie ich es abgespeichert hatte. Keine direkte *Vergangenheitsbewältigung*, aber irgendwie schon eine Annäherung an meine deutsche Vorgeschichte.

Und so stand ich an einem nieseligen, grauen Vormittag vor der Friedrich-Ebert-Straße 55 und sah zu dem Balkon der Wohnung im zweiten Stock hoch, in der ich als Dreijähriger gelebt hatte.

Das Haus war viel kleiner, als ich es in Erinnerung hatte, und einen Moment lang kam ich mir vor wie Gulliver in Liliput und musste mir selbst versichern, dass alles seine Richtigkeit hatte. Aber der Hof nach hinten hinaus, wo die Garagen lagen, ich auf einem deutschen Kinderrad Fahrradfahren gelernt und eine alte Dame, Frau Grassinger, uns immer Süßigkeiten zugeworfen hatte, war noch genau wie damals. Was wohl aus ihr geworden war? Sicher waren die Leute, die damals mit im Haus gewohnt hatten, inzwischen alle gestorben oder fortgezogen. Aber ein vertrauter Name stand – nach 30 Jahren! – immer noch am Briefkasten: Sommer.

Mein Vater hatte mir erzählt, dass Herr Sommer, der in der Wohnung unter uns lebte, ihm kurz nach unserem Einzug in gutnachbarlicher Manier die Stadt gezeigt hatte. Den Abschluss des Rundgangs bildete das Schwimmbad, wo Herr Sommer ihm die Öffnungszeiten erläuterte. »Montags dürfen nur Frauen rein, Dienstag ist Familientag, Mittwoch, Freitag, Samstag und Sonntag sind gemischt. Meine Frau und ich gehen immer donnerstags, da ist Nacktbadetag.«

Würde Herr Sommer sich an mich erinnern oder mich überhaupt sehen wollen? Nervös klingelte ich, aber niemand öffnete. Dahin die Chance, ihm meine Theorien über FKK und deutsche *Gesundheit* darzulegen.

Sandhausen war ein ruhiger Ort, die Straßen leer bis auf ein paar rüstige Rentner, die auf ihren Fahrrädern vorbeistrampelten. Die Postbotin musterte mich mit gerunzelter Stirn, als könne sie nicht glauben, einen Nicht-Einheimischen zu sehen. Hier kannte eben jeder jeden.

Beim Herumlaufen im Zentrum schien es mir, als gebe es nur sehr wenig junge Leute. Dabei war Sandhausen ein ziemlich moderner Ort, der mit seinen leuchtend rot gedeckten, weiß verputzten Häusern und seinen gepflegten Straßen wie ein Musterdorf aussah – was auf viele deutsche Orte zutraf. Dem Album meiner Eltern nach zu urteilen war es damals, als wir dort lebten, relativ fortschrittlich gewesen, zumindest in architektonischer Hinsicht. Das Rathaus, ein kubistischer Komplex aus Beton und Glas, hatte sicher als geradezu avantgardistisch gegolten, und in den 70er-Jahren hatte es sogar Postkarten davon gegeben. Diese Modernität stand allerdings im Widerspruch zu den Erinnerungen meiner Mutter an Pferdewagen, die, beladen mit Tabak, der in der Umgebung angebaut wurde, jede Woche auf dem Weg zum Markt an unserer Wohnung vorbeirumpelten. Ein Bild, das für mich eher nach Kairo als nach Sandhausen gehörte.

Im nahe gelegenen Wald fand ich den *Trimmdichpfad* auf Anhieb. An seinem Anfang stand ein altes Schild: »Errichtet zur Erholung aller, die zum Ausgleich ihrer einseitigen beruflichen Tätigkeit etwas für ihre Gesundheit tun wollen.« Im Großbritannien der 70er-Jahre wäre an so etwas nicht einmal zu denken gewesen. Der Wald war natürlich viel kleiner, als ich ihn in Erinnerung hatte, und viele vertraute Stellen fand ich auf Anhieb wieder. Da waren die Ringe, ein Stück weiter die Baumstümpfe, an denen man Step-ups absolvieren konnte, und schließlich ein Barren, von dem die gelbe Farbe abblätterte. Ich machte ein paar Fotos, um sie meinen Eltern zu zeigen. Eine Frau, die mit ihrem Rottweiler vorbeikam und mich beim Ablichten der rostigen Eisenstangen sah, fragte mich verwundert, was ich da tue. Fotografierte ich die Dinger, weil ich sie für Installationskunst hielt? Ich erzählte ihr meine Geschichte, und sie schien geradezu gerührt über meine Gefühlsduselei angesichts dieser angegammelten Eisenkonstruktion. Wie sich herausstellte, hatte sie etwa zur gleichen Zeit wie wir in Sandhausen gelebt, und ihre Tochter, die inzwischen Anwältin in Amerika war, hatte dieselbe Grundschule besucht wie mein Bruder. Ich selbst war damals in den örtlichen *Kindergarten* gegangen.

»Sie wissen ja sicher«, hatte Manny fast selbstgefällig gesagt, »dass der Begriff *Kindergarten* mittlerweile fast überall auf der Welt verbreitet ist. Aber ursprünglich ist er natürlich deutsch.«

Darauf hätte ich eigentlich selbst kommen können. Schließlich weiß jeder, der diese deutschen Schokoladen-Eier mit Überraschungen darin mag, was »Kinder« sind, und das deutsche Wort »Garten« unterscheidet sich schließlich kaum vom englischen »garden«.

Der *Kindergarten* war das geistige Kind eines gewissen Friedrich Froebel, einer der zahlreichen deutschen Pädagogen und Systematisierer Anfang des 19. Jahrhunderts, der als Sohn eines protestantischen Pfarrers die Tradition des Protestantismus als Keimzelle radikaler Ideen fortsetzte.

Ihm verdankten wir, laut Manny, die revolutionäre Erkenntnis, dass Spielen die Grundlage kindlichen Lernens ist. Heute eine Selbstverständlichkeit. Aber es gab eine Zeit, da Kinder nur wenig oder überhaupt kein Spielzeug besaßen und kaum gefördert wurden. Nicht selten gab es überhaupt keine Anregung für sie, da die gesamte Familie mit der Sicherung des Lebensunterhalts vollauf beschäftigt war. Der Schutzraum Kindergarten wurde erst mit zunehmendem Wohlstand denkbar. Vor diesem Hintergrund ist Froebels Erfindung der *Spielgaben* zu sehen. Diese *Spielgaben* waren Holzklötze in verschiedenen geometrischen Formen, mit denen man Türme, Häuser und sonstige dreidimensionale Gebilde zusammenbauen konnte, sozusagen die Vorläufer der dänischen Legosteine. Der *Kindergarten* selbst gelangte bereits kurz nach seiner Erfindung in die Vereinigten Staaten. Den ersten eröffnete Margarethe Meyer Schurz, die Tochter eines Kaufmanns aus Hamburg, 1856 in Watertown, Wisconsin, den zweiten eine Schülerin Froebels, Caroline Louisa Frankenberg, die nach Columbus, Ohio, auswanderte und die Froebelsche Lehre dort verbreitete. So wurde der *Kindergarten* fast auf der ganzen Welt zu einem Begriff.

»Übrigens ist das Kind ein wichtiger Faktor im modernen Tourismus«, erläuterte Manny weiter. »Wo kann ich mit meinen Kindern am besten Urlaub machen? Wo ist man kinderfreundlich und wo nicht? Dieser Aspekt ist häufig genauso wichtig wie gutes Essen oder Sex. Aber kinderfreundlich bedeutet nicht, dass man den lieben Kleinen mal kurz den Kopf tätschelt, ›eideidei‹ gurrt und sie mit Süßigkeiten und Spielzeug überhäuft.«

Natürlich nicht. Schließlich sprachen wir über das Land Daniel Schrebers!

»Das alles sind vielleicht nette, aber bedeutungslose, oberflächliche Gesten.«

Sollte das eine Entschuldigung für die deutsche Intoleranz gegenüber Kindern sein? Soweit ich wusste, stand Deutschland nicht gerade sehr weit oben auf der Liste der kinderfreundlichen Länder. Meine Mutter konnte sich noch gut daran erinnern, dass Herr Sommer sich ständig über den Lärm, die Unordnung und generell die Existenz ihrer Kinder beschwert und oft zu ihr gesagt hatte: »Zwei Kinder, viel Arbeit!«

»Es geht vielmehr darum, ob ein Land das Wesen des Kindes versteht und sich das Kind in seiner Kultur ungehindert entfalten kann und gleichzeitig aufgehoben fühlt. Und das trifft auf Deutschland zu.«

Ach wirklich?

»Nehmen Sie zum Beispiel das Kinderfest schlechthin – Weihnachten. Wussten Sie, dass fast alles, was für uns zu Weihnachten gehört, ursprünglich aus Deutschland stammt?

Mannys nächster Trick bestand darin, mich mitten ins Herz der deutschen Weihnacht zu schicken.

Mein Bruder und ich waren natürlich hellauf begeistert, als wir merkten, dass Weihnachten in Deutschland sozusagen zweimal gefeiert wurde. An einem ganz normalen 6. Dezember klopfte es bei uns an der Tür; aber als mein Vater in

Erwartung einer neuerlichen Breitseite von Herrn Sommer öffnete, war niemand da. Stattdessen entdeckte er zu seinen Füßen zwei Schokoladennikoläuse, eine Nikolauskarte und zwei wunderschön eingepackte Geschenke: eine Holzlokomotive und einen kleinen Steiff-Teddy. Unsere Nachbarin, Frau Grassinger, hatte sie uns aus Anlass des uns völlig unbekannten Nikolaustages vor die Tür gelegt. Von da an waren meine Eltern noch mehrere Jahre nach unserer Rückkehr aus Deutschland gezwungen, diese teutonische Tradition zu pflegen und ihren Kindern zum Nikolaustag Geschenke zu machen.

»Ab Ende November verwandelt sich jeder zentrale Platz in so gut wie jeder deutschen Stadt und Ortschaft in einen Weihnachtsmarkt, der zum Zentrum weihnachtlicher Vorfreude wird.«

Einen der größten dieser Märkte gab es in Nürnberg, hatte Manny gesagt. Dorthin fuhr ich mit meiner Frau und meinem zweijährigen Sohn (der aus dem Staunen nicht mehr herauskam) auf der Suche nach dem Kind in der deutschen Seele – und um dieses Kind in mir selbst wiederzuentdecken.

Für mich hatte Nürnberg immer für riesige Naziaufmärsche und für die berühmten Prozesse gestanden, in denen mehrere hohe Nazis zum Tode verurteilt worden waren – was nicht gerade sehr verspielt klingt. Aber Nürnberg hatte eine rund fünfhundert Jahre ältere Tradition als *die* europäische Spielzeugstadt und heute insbesondere als Heimat der wunderbar beweglichen Playmobil-Figürchen. In einem alten Reisebuch mit dem Titel *Peeps at Germany*, das meine Mutter aus ihrer Erinnerungskiste hervorgekramt hatte, fand ich folgenden Reim: »Was Nürnbergs Kinder mit viel Fleiß gezimmert, von Englands Kindern wird's mit Fleiß zertrümmert.« Wenn man bedachte, dass es nicht nur Playmobil aus Nürnberg, sondern auch die Steiff-Tiere aus Giengen an der Brenz und die Ravensburger Puzzles gab, um nur ein paar zu nennen, war Nürnberg anscheinend nur die Hochburg eines ganzen Landes, das die Herstellung von Spielsachen liebte.

Nürnberg liegt in einem Teil Nordbayerns, der sich Franken nennt. Im krassen Unterschied zum kindisch-größenwahnsinnigen Klassizismus von Hitlers Luitpoldarena und Kongresshalle am Stadtrand entdeckten wir eine Altstadt, die im Krieg praktisch dem Erdboden gleichgemacht und nach dem Krieg liebevoll wiederaufgebaut worden war. Die mittelalterliche Stadtmauer und die Burg oberhalb der Stadt, beide aus dem lokalen grauroten Sandstein, waren sorgfältig restauriert worden. Nürnberg insgesamt war eine Mischung aus modernen Bürogebäuden und alten Fachwerkhäusern mit ihrem Muster dunkel glänzender Balken. Ein paar verirrte Schneeflocken tänzelten im Winterwind, als wir kurz vor Mitternacht in unserem freundlichen Hotel ankamen. Von Gaslampen beleuchtet und weihnachtlich geschmückt, lag es ganz in der Nähe eines der Stadttore. Genau gegenüber befand sich, passend für eine Spielzeugstadt, ein Beate-Uhse-Laden.

In Schals und Pudelmützen eingemummelt, machten wir uns am nächsten Morgen im sanften Licht einer weißen tief stehenden Sonne auf den Weg zum *Christkindlesmarkt*. Unwiderstehlich zog es uns zu dem großen Platz, denn je näher wir kamen, desto mehr füllten sich die Straßen mit Paaren, Familien mit Kindern und Gruppen von Freunden. Überall gab es Holzbuden mit Wurst und Schinken, Käse, Kuchen und Süßigkeiten, alle herausgeputzt und mit Tannenzweigen, Lichterketten und bunten Bändern geschmückt. An den Straßenecken trugen Chöre unter der Leitung enthusiastischer Dirigenten perfekt einstudierte Lieder vor, ein Hornbläserquartett spielte, Leierkastenmänner entlockten ihren alten, von Hand gekurbelten Drehorgeln jahreszeitliche Klänge.

Anheimelnde Weihnachtsdüfte waberten durch die Luft – hauptsächlich roch es nach Zimt und Nelken, nach *Glühwein*, aber auch nach den Lebkuchen, die, einzeln verpackt oder in wunderschönen, schnörkelig beschrifteten Dosen angeboten, für ein deutsches Weihnachten so unverzichtbar sind wie *mince pies* für ein englisches und die in Nürnberg erfunden wurden. Ich kannte den Geruch. Es war derselbe, der mir in Mannys Büro in London aufgefallen war.

Der Marktplatz war ein Labyrinth beleuchteter Buden, die Wärme und *Gemütlichkeit* ausstrahlten. Am Ende jeder Reihe umdrängten Menschen die dampfenden Essens- und Getränkestände, an denen man sich mit Nürnberger Rostbratwürstchen stärken, sich die Hände an Bechern mit *Glühwein* wärmen und sich an Honigwein laben konnte. Oft wurde der Glühwein, den es *mit oder ohne Schuss* gab, in kleinen Porzellanstiefeln angeboten.

»Auf der ganzen Welt gibt es keine zweite Nation, die Weihnachten zu einem so bezaubernden Fest macht wie die Deutschen«, lautete die Einleitung des entsprechenden Kapitels in *Peeps at Germany*. Das stimmte auch für den Nürnberger Christkindlesmarkt: Die Buden quollen schier über von schön arrangierten Kunsthandwerkserzeugnissen, und obwohl es gelegentlich Überschneidungen gab, hatte fast jeder Stand ein besonderes Ambiente. Es gab Weihnachtsbaumschmuck in allen nur denkbaren Varianten, von bemalten Glaskugeln bis hin zu winzigen hölzernen Schlitten, Püppchen, Figuren und Figürchen, und natürlich alle Arten von Spielzeug – Flugzeuge, Züge, Autos und Hubschrauber, alle aus Holz.

Halten Sie mich ruhig für altmodisch; aber ich finde Spielzeug aus Holz schöner als aus Plastik. Im Gegensatz zu den grellen Hochglanzerzeugnissen der Massenproduzenten ist Holz weich und glatt und fühlt sich natürlich und angenehm an, seine Formen sind runder, die Farben sanfter. Jedenfalls suchte man Fließbandware hier vergebens. Holz verlangt nämlich handwerkliches Geschick und nicht nur eine Gussform in der Fabrik. Als Waldbewohner hatten die Deutschen jahrhundertelang alle möglichen Gegenstände aus ihren Bäumen herausgehauen und brachten ihren Kindern immer noch bei, Holz zu lieben. Verwandelte auch ich mich allmählich in einen baumbegeisterten deutschen Romantiker?

Was mich vor allem faszinierte, war die Liebe zum Detail, die sich bis hin zur Ausführung der kleinen Kunstwerke in allem zeigte. Einerlei wie winzig die Püppchen und Figürchen waren, sie waren unglaublich detailgetreu, mit beweglichen Teilen und Gliedmaßen. Fast schon unheimlich. Es gab Könige und Königinnen, Ritter und Hofnarren – historische Figuren wie die, die aus der Rathaus-Uhr hervorkamen, als es zwölf schlug; schlicht, einer Karikatur ähnlich, gleichzeitig aber auch mystisch und stilisiert, wie Spielkartenbilder. Apropos Uhr. »Deutschland ist natürlich auch die Heimat der Kuckucksuhr«, hatte Manny mir voller Stolz erzählt. Also nicht die Schweiz, wie Orson Welles in *Der dritte Mann* sagt?

Viele der Spielsachen hatten entweder Motoren oder waren aufziehbar und, wie schon gesagt, perfekt gemacht, mit sorgfältig bemalten Figürchen, Türen, die sich öffnen ließen, beweglichen Lenkrädern und sonstigen Teilen, mit denen die Massenhersteller sich gar nicht erst abgaben. Ganze Stände voll davon. Es waren Spielsachen, aber sie verrieten dieselbe Präzision, die hinter einem Audi steckt. *Vorsprung durch Technik* fängt in Deutschland früh an, dachte ich. Oder war es andersherum? Waren die Audis, Porsches, BMWs und Mercedes einfach nur große Spielzeuge für Erwachsene, die nicht erwachsen geworden waren? Beweise für das Kind im deutschen Mann? Falls ja, beschränkte sich das Kindliche nicht auf die Liebe zu Autos. Es gab noch die Miniatureisenbahnen, die ich auf Rügen und am Brocken gesehen hatte. Die Deutschen schätzten auch ihre kleinen Schmalspurbahnen.

Als Kinder hatten mein Bruder und ich eine große Hornby-Eisenbahn, die wir heiß und innig liebten. Mein Vater hatte sie auf einer alten Tischtennisplatte aufgebaut und mit Papiermascheebergen und sonstigen landschaftlichen Details verschönert. Allerdings besaßen Freunde unserer Eltern eine Anlage, um die wir sie glühend beneideten. Ob die Deutschen für dieses Gefühl eins ihrer langen, zusammengesetzten Wörter hatten? *Modelleisenbahnneid* vielleicht? Die Modelleisenbahn der Freunde war nämlich von Fleischmann, dem Rolls-Royce (jetzt ebenfalls in deutschem Besitz) unter den Modelleisenbahnen. Fleischmann-Lokomotiven waren keine simplen nostalgischen Erinnerungen an die Zeit der Dampfloks und an vergangene industrielle Größe. Sie waren hochmoderne Nachbauten hochmoderner Eisenbahntechnik. Sie verkörperten den Unterschied zwischen British Rail und Deutscher Bahn.

Aber wieso kopierten die Deutschen diese überragende Technologie im Miniaturformat? Falls das auf einen Peter-Pan-Komplex bei ihnen schließen ließ, so verriet der Wunsch, die perfekte Replik herzustellen, auch eine Menge romantischer *Angst.* Denn die Miniaturwelten konnten perfekter gemacht werden, als die reale Welt es war.

Eine bestimmte Sorte von Holzfiguren, wie ich sie noch nie zuvor gesehen hatte, begegnete mir immer wieder. Die bunt bemalten hölzernen Soldaten, Husaren und Könige schienen, wie die Figuren der Rathausuhr, einem Zeitalter der Ritterlichkeit und der höfischen Lebensart zu entstammen. Es gab sie in allen Größen, von klein bis zu einem halben Meter groß. Die Leute nahmen sie auf eine Weise in Augenschein, die vermuten ließ, dass sie die Figuren nicht nur zur Zierde kaufen wollten, sondern zu irgendeinem praktischen Zweck. Aber erst als eine Verkäuferin eins der Dinger vorführte, ging mir auf, dass es sich um Nussknacker handelte. Die schlichten, zangenartigen Gebilde aus Metall, mit denen wir Briten uns begnügen, waren für die Deutschen anscheinend nicht gut genug.

Nussknacker wie die, die ich hier sah, gab es schon mindestens seit dem 15. Jahrhundert, als der allererste Weihnachtsmarkt in Deutschland abgehalten wurde – wo genau, darüber streiten sich die Gelehrten. Die berühmtesten Nussknacker kamen aus Sonneberg, gute hundert Kilometer nördlich von Nürnberg im gleichen, dicht bewaldeten Thüringen gelegen, aus dem auch Froebel stammte und in dem die Holzschnitzerei jahrhundertelang eine wesentliche Einkommensquelle war. Dass der Nussknacker weltweit zu einem wichtigen Bestandteil des Weihnachtsfestes wurde, ist auf den Schriftsteller E. T. A. Hoffmann zurückzuführen, der 1816 die fantastische Erzählung *Nußknacker und Mäusekönig* schrieb. Sie handelt von einem Nussknacker-Soldaten, der am Heiligabend lädiert von der kleinen Marie in ihre Obhut genommen wird. Er erwacht zum Leben, kämpft in einer langen und komplizierten Geschichte gegen den Mäusekönig und gewinnt zum Schluss die Liebe seiner Besitzerin. Tschaikowskys Ballettmusik *Der Nussknacker* beruht auf dieser Erzählung. Zahllose Werbeleute, für die Weihnachten eine immer neue Herausforderung darstellt, wären im Lauf der Zeit schlichtweg verloren gewesen ohne das zauberhaft zarte Glockenspiel im *Tanz der Zuckerfee*, das, von Disney in *Fantasia* adaptiert, das Lichter- und Sternengefunkel ihrer Weihnachtskampagnen untermalte.

Auf einem kleinen Platz direkt neben dem Weihnachtsmarkt gab es ein wahres Kinderparadies wunderschöner alter hölzerner Karussells mit Wurlitzer-Orgeln – einer Erfindung des in Deutschland geborenen Rudolph Wurlitzer, wie Manny mir später zur Kenntnis brachte. Umgeben war der Platz von einer hölzernen Einfassung, sodass er wirkte wie das Spielzimmer in einem riesigen Puppenhaus. Es gab Krippen-, aber auch Märchenszenen, teils von beweglichen, mechanischen Figuren dargestellt: Feen, Elfen und Zwergen; anheimelnde, idyllische, altväterliche Bilder, beispielsweise einen bebrillten, mit Weste und Hose angetanen Biedermeiervater mit Geheimratsecken, der seinen beiden Kindern vorlas. Die perfekte Kleinfamilie, Inbegriff der *Gemütlichkeit* und der deutschen Werte, nein, dieses Mal ausnahmsweise nicht FKK, sondern *KKK: Kinder, Küche, Kirche.*

Apropos Zwerge, besser gesagt, Gartenzwerge – ich hatte immer mal wieder welche gesehen: auf dem Rasen manch eines Schrebergartens an der Ostsee, in München und vor kurzem auch in Sandhausen. Eine Zeit lang schienen sie das nationale Symbol für das kindliche Gemüt der Deutschen zu sein. Wie der Nussknacker erblickte auch der Gartenzwerg das Licht der Welt in Thüringen, das anscheinend die Keimzelle des deutschen Kinderspielzeugs ist. Der Prototyp wurde 1884 von einem gewissen Philip Griebel auf einer Leipziger Messe präsentiert und war sofort ein durchschlagender Erfolg. Abgesehen von einer kurzen Phase des Verbots in der DDR – weiß der Himmel, welche Bedrohung er darstellte – gehört der persönliche Gartenzwerg (oder sogar eine ganze Gartenzwerg-Kolonie) für manche Deutsche nicht nur zum nationalen Erbe, sondern stellte und stellt auch eine lukrative Einkommensquelle dar. Manny gestand, dass auch er mehrere in seinem Garten hatte, und anscheinend wurden beträchtliche Stückzahlen nach Amerika exportiert. Übrigens wird es niemanden sonderlich verwundern, dass Gartenzwerge made in Germany nicht nur als bärtige, weise, mild lächelnde, auf Felsen herumhockende alte Männer daherkommen, sondern in allen nur denkbaren weltlichen Posen und sogar in den unterschiedlichsten Stadien von *FKK*.

Der Christkindlesmarkt in Nürnberg war geprägt von friedvoller, unaufdringlicher Festlichkeit. Erwachsene und Kinder schlenderten durch die Gänge und blieben immer wieder stehen, um Süßigkeiten zu kaufen oder sich ihre Glühweinbecher nachfüllen zu lassen. Niemand drängelte, niemand schrie seine Waren aus. Weihnachten in Deutschland schien tatsächlich vor allem auf die Kinder ausgerichtet zu sein, aber auch darauf, das Kind in den Erwachsenen zum Vorschein zu bringen. Die kindlichen Ursprünge und die eigentliche Bedeutung des Fests gingen in dieser beschaulichen Mischung aus Kommerz, Kunsthandwerk und vorweihnachtlicher Fröhlichkeit nicht verloren. Im Unterschied zum hektischen Gedränge und zur schnellen Geschäftemacherei, die um diese Jahreszeit in Großbritannien vorherrschten, war Deutschland das Weihnachtlichste, was ich seit langem erlebt hatte.

Ich hatte die Familienfreundlichkeit der Ostsee erlebt und mitbekommen, dass sogar ein riesiges Besäufnis wie das Oktoberfest nicht nur auf Kinder Rücksicht nimmt, sondern für sie auch ein herbeigesehntes Ereignis ist. Wie Manny gesagt hatte, war die Kinderliebe der Deutschen kein überkandideltes, zuckriges Umsäuseln süßer Bambini; sie bewegte sich – wen wundert's? – auf einer philosophischen Ebene. Kinder standen im Mittelpunkt der Lebenssicht der Deutschen.

»Ist es nicht geradezu paradox, dass die Briten angefangen haben, deutsche Weihnachtsmärkte in ihren Dörfern und Städten nachzuahmen?«, hatte Manny gefeixt. »Wussten Sie, dass Birmingham inzwischen den größten Weihnachtsmarkt außerhalb des deutschen Sprachraums hat, komplett mit Nussknackern, Glühwein, Bratwurst und Bier?«

Trotzdem war kein Mensch bereit, nach Deutschland zu

fahren, um sich die Originale anzusehen, dachte ich. Genauso wenig, wie ich bereit war, nach Birmingham zu fahren.

Nicht weit von Nürnberg lag das bezaubernde, von einer Stadtmauer umschlossene mittelalterliche Rothenburg ob der Tauber, ein perfekt erhaltenes Städtchen mit zinnenbewehrter Stadtmauer, Basteien, Toren mit Fallgittern, Stadtgräben, Brücken, Türmen und Türmchen, die an Zaubererhüte erinnerten. Ein befestigtes Städtchen wie aus dem Märchenbuch. Ein Camelot. Jeder, der schon einmal versucht hat, die ultimative Strandburg zu bauen, hat sich unbewusst an Rothenburg orientiert. Es wunderte mich kein bisschen, dass die Stadt als Kulisse für einen der beliebtesten Kinderfilme aller Zeiten, *Tschitti Tschitti Bäng Bäng,* gedient hatte. Mir kam sie ein bisschen wie ein Museum vor, eine introvertierte Stadt, die Geschichte nicht mehr schrieb, sondern nur wie in einem Glaskasten zur Schau stellte. Aber in einem Land, in dem so viel Zeit darauf verwendet wurde, die Vergangenheit zu bewältigen, war das erfrischend selten.

Als Nächstes schickte Mannys Reiseroute mich ein Stück nach Norden, in einen Ort, zu dem Großbritannien eine besondere Beziehung hat und von dem wir einen der wichtigsten Bestandteile unseres Weihnachten übernommen haben: Coburg in Oberfranken, in einer Art Sackgasse an der Grenze zum ehemals ostdeutschen Thüringen gelegen. Diese Randlage und die sich daraus ergebende wirtschaftliche Abgeschiedenheit waren der Stadt mit der vornehmen, aristokratischen Vergangenheit nicht unbedingt unlieb gewesen; sie war von industriellen Verschandelungen verschont geblieben.

Als wir uns von Süden her näherten, leuchtete die imposante mittelalterliche Veste Coburg, die schon von Weitem zu sehen war, im goldenen Licht der Abendsonne auf. Früher gehörte sie zu einem der mächtigsten mittelalterlichen Herrschaftshäuser Deutschlands, dem Haus Wettin, das Coburg im 16. Jahrhundert zur Hauptstadt eines seiner Herzogtümer, Sachsen-Coburg, bestimmt hatte. Im 19. Jahrhundert machten sich die Wettiner an die Eroberung Europas mittels vorteilhafter Vermählungen mit den königlichen Familien Belgiens, Bulgariens und Portugals. Den Geniestreich vollbrachte jedoch der Wettiner Albert von Sachsen-Coburg-Gotha, als er seine Cousine ersten Grades heiratete, die bereits Königin war.

»Und zwar nicht irgendeine Königin«, sagte Manny, »sondern Ihre höchsteigene Queen Victoria, die Königin von Großbritannien und Irland, die ab der Heirat den Namen Wettin führte.«

Im Ersten Weltkrieg traf ein späteres Ehepaar Wettin die weise Entscheidung, seinen Namen zu entgermanisieren und sich fortan »Windsor« zu nennen. Manny hatte mir einen Ausschnitt aus der *Times* vom 18. Juli 1917 beigelegt, einem Mittwoch, in dem berichtet wurde, dass der König all seine deutschen Namen und Titel abgelegt hatte.

Manny war offensichtlich ein echt amerikanischer Fan der britischen Königsfamilie. Oder ein Fan der deutschen?

Königin Victorias Prinzgemahl Albert, auch *»der Deutsche«* genannt, machte den Weihnachtsbaum in England populär. Immergrüne Bäume symbolisierten schon beim Julfest der Germanen, mit dem unser Weihnachten oft in Verbindung gebracht wird, Erneuerung – wundert es jemanden, dass die romantischen Deutschen, schon als sie noch Heiden waren, Bäume verehrten? Im 18. Jahrhundert war der Brauch, zu Weihnachten Bäume aufzustellen, in Deutschland weit verbreitet. Allmählich griff er auf Russland, Österreich, Frankreich und schließlich auch auf England über. Die deutsche Gemahlin des britischen Königs George III., Charlotte zu

Mecklenburg-Strelitz (in deren Kurbädern ich meinen Sommerurlaub verbracht hatte), hatte darauf bestanden, einen Baum im Palast aufzustellen. Der Brauch wurde anscheinend beibehalten, denn im Jahr 1832 schrieb die 13-jährige Victoria in ihr Tagebuch: »Nach dem Dinner ... begaben wir uns in den Salon. Dort standen auf zwei großen runden Tischen zwei Bäume, besteckt mit Lichtern und behangen mit Zuckerzeug. Unter den Bäumen waren die Geschenke aufgebaut ...« Der Brauch blieb jedoch auf die deutsch-königlichen Kreise beschränkt, bis Prinz Albert für seine Verbreitung sorgte, indem er Bäume an Schulen und Regimenter verschenkte. Vor allem aber erschien 1846 in der *Illustrated London News*, einer Vorgängerin heutiger Boulevardblätter, eine Illustration, die die königliche Familie mit einem geschmückten Baum zeigte. Der Rest ist Geschichte.

Doch die Deutschen begnügten sich nicht damit, Europa mit ihren Bäumen zu beglücken. Von ihnen stammen auch der Brauch, sich gegenseitig Geschenke zu machen, der Weihnachtsschinken, der inzwischen eher in Vergessenheit geratene Weihnachtsscheit, Lieder wie »Stille Nacht, heilige Nacht«, die Stechpalmen- und Mistelzweige. Der Name der Mistel leitet sich übrigens vom deutschen *Mist* ab, da sie sich durch Vogelausscheidungen ausbreitet. Die Schmarotzerpflanze wurde schon vor Urzeiten von germanischen Kräuterkundlern verwendet, um, dreimal dürfen Sie raten, was zu kurieren? Die gute alte Kreislaufstörung natürlich. Erst die Römer verwandelten sie in eine Verführungshilfe.

Coburgs große, abweisende Villen an dem steilen Hang, der zur Veste hinaufführte, erinnerten mich an das Londoner Hampstead, und die Bewohner, größtenteils silberhaarig und elegant gekleidet, waren von einer ähnlichen Aura von Wohlstand, Kultur und Kultiviertheit umgeben. Der Weihnachtsmarkt war so untadelig aufgeräumt wie ein viktorianisches

Kinderzimmer, und eine zwölfköpfige Blaskapelle auf dem Rathausbalkon schickte einschmeichelnde Weisen durch die frostige, dämmrige Luft. In Coburg herrschte die gestrenge Atmosphäre, in der die tadellos gekleideten, gehorsamen, altmodischen, geschwisterlosen Kinder, die man eventuell hatte, grundsätzlich nur zu sehen, nicht jedoch zu hören waren.

Nachdem wir uns im selbstverständlich so und nicht anders benannten Prinz Albert Café mit dicker, cremiger heißer Schokolade aufgewärmt hatten, fuhren wir weiter und folgten Mannys Reiseroute nach Bayreuth.

Neoklassizistisch und fast an ein Bühnenbild erinnernd, hat Bayreuth keine besonderen Verbindungen zu königlichen Dynastien, dafür aber zum selbst ernannten Meister des deutschen Musikguts. Die Stadt ist die geistige Heimat Wagners und seines vierteiligen Opernzyklus *Der Ring des Nibelungen*, einer Marathon-Mär heroischer Taten und Gefühle, die dem Meister selbst als *der* Ausdruck der deutschen Seele galt. Mit romantischem Absolutismus hielt Wagner seinen *Ring* für das erste *Gesamtkunstwerk* überhaupt. Er ließ eigens dafür ein Festspielhaus errichten, in dem dieses Gesamtkunstwerk in den gewaltigen *Großmannssucht*-Dimensionen, die er zur Erreichung der beabsichtigten dionysischen Wirkung für erforderlich hielt, aufgeführt werden konnte.

Wagners Musik wird gelegentlich mit unserem britischen Marmite, einer kerngesunden, biodynamischen Würzpaste, verglichen, weil sie ähnlich polarisierte Reaktionen hervorruft. Die einen mögen Marmite bzw. Wagner, die anderen hassen es oder ihn. Manche, beispielsweise den italienischen Komponisten Rossini, störte die Länge: »Wagner hat wunderschöne Momente, aber grässliche Viertelstunden.« Andere, wie z. B. Mark Twain, stieß das Bombastische ab: »Ich habe mir sagen lassen, dass Wagners Musik besser ist, als sie klingt.« Wieder andere sind abgestoßen von dem, was über den Komponisten als Mann bekannt ist: Er war extrem egozentrisch und ein Antisemit, dessen Werk von Vorstellungen deutscher Überlegenheit durchdrungen ist und der von Hitler zutiefst verehrt wurde. Gerade das Romantisieren sprach viele an. So war König Ludwig von Bayern zu Lebzeiten Wagners größter – und finanzkräftigster – Verehrer. Er förderte den Komponisten bis an den Rand der Staatskrise. Die von Ludwig erbauten Schlösser wie das weltberühmte Neuschwanstein sind von Wagners Opernmotiven inspiriert.

Mich allerdings amüsierte die Existenz nicht nur eines, sondern gleich zweier Beate-Uhse-Läden in der Heimat des *Rings*. Dann tauchte ich bei Brezel und Glühwein an einem der Stände des Weihnachtsmarkts wie Proust in meine Kindheit ein und langweilte meine Frau mit Erinnerungen.

Als mein Bruder und ich klein waren, erzählte unser Vater uns eine wundersame, aber überaus beängstigende Gutenachtgeschichte. Aus irgendeinem Grund sah ich uns dabei während eines Campingurlaubs: Mein Bruder und ich lagen in einer der mit Reißverschluss abgeteilten Schlafkabinen des Zelts, während mein Vater und meine Mutter als Silhouetten abgezeichnet an einem Tisch im Vorraum saßen. Das behagliche Zischen einer Gaslampe und das Flattern einer unermüdlichen Motte waren die einzigen anderen Geräusche, als mein Vater mit leiser, aber klarer Stimme feierlich zu erzählen anhub. Eine Geschichte von Liebe und Habgier, von einem Ring auf dem Grund eines Flusses, von Zwergen, Riesen, Jungfrauen und einem Helden, der wie der eine Tierarzt in *Der Doktor und das liebe Vieh* Siegfried hieß. Erst rund zehn Jahre später kam ich dahinter, dass mein Vater seiner Leidenschaft für Wagner gefrönt und uns die Geschichte des *Ring* erzählt hatte.

War dies ein weiterer Beweis für eine latente Liebe zu Deutschland, deren Saat in meiner Kindheit gesät worden war?

Von ein paar Kleinigkeiten abgesehen, könnte man einem Kind von heute dieselbe Geschichte erzählen und müsste sich wahrscheinlich beschuldigen lassen, die *Herr der Ringe*–DVD abgekupfert zu haben. Peter Jacksons extrem populäre Filmtrilogie nach dem Romanzyklus von J. R. R. Tolkien, dessen Vorfahren ursprünglich aus Sachsen stammten, war gleichfalls von Wagner'scher Länge. Und mir wurde erst jetzt richtig klar, dass die deutsche Romantik einen großen Einfluss auf die Fantasie von Kindern in aller Welt ausgeübt hat.

Auf dem Rückweg nach Nürnberg kamen wir durch eine Landschaft, die sowohl Wagner als auch Tolkien inspiriert hätte: die »Fränkische Schweiz«, eine romantische Landschaft aus hoch aufragenden Kalk- und Dolomitfelsen. Kleine Fachwerkhäuschen kauerten kunterbunt durcheinander in schwindelnden Höhen oder klammerten sich auf halbem Weg nach oben halsbrecherisch an schmale Felsgesimse, während sich der weiche Rauch von Holzfeuern aus ihren Schornsteinen kräuselte. Überall strudelnde Bäche, Wehre, kalte, stille, tiefblaue Teiche, Schluchten, Höhlen, grüne Täler und windschiefe Bäume mit knorrigen, fast lebendig wirkenden Stämmen. In dem kleinen Ort Pottenstein machten wir halt. Er wirkte so menschenleer, dass es fast unheimlich war; aber die bizarren Felsformationen, die schroffen Felswände und die knorrigen Bäume gaben einem das Gefühl, als sei der Ort an sich lebendig.

Manny zufolge waren die meisten Märchen, mit denen ich aufgewachsen war, in Deutschland entstanden. »Sie haben die Wiege Ihrer Kindheit besucht«, sagte er zu mir. »Jetzt müssen Sie ins Land Ihrer kindlichen Fantasie zurückkehren. Frankfurt, das Sie ja kennen, ist sozusagen das Tor zum Land der Märchen. Etwas …«

Halt, stop! Können Sie das bitte noch einmal wiederholen, Manny? Sie meinen doch nicht wirklich *das* Frankfurt,

Deutschlands Bankenzentrum, nichts als Hochhäuser und internationale Messen? Noch weniger märchenhaft ging es wohl nicht. Mich erinnerte Frankfurt immer an eine gigantische Küche, deren weiße Einbauschränke, Kacheln und Arbeitsflächen frisch geschrubbt blitzten und blinkten. Und das sollte »das Tor zum Land der Märchen« sein?

Hanau, rund zwanzig Kilometer östlich von Frankfurt, ist der Geburtsort zweier Brüder, die mit ihrem Werk die Fantasielandschaften von Kindern in aller Welt prägen sollten. Jacob und Wilhelm Grimm, Zeitgenossen der Romantiker und der meisten deutschen Erzieher und Pädagogen, die mir bisher begegnet waren, sammelten als Erste Volkserzählungen wie Rotkäppchen, Dornröschen und Aschenputtel. Heute beginnt in Hanau die deutsche Märchenstraße, die auf 600 Kilometern nach Norden führt, unterwegs viele Orte, Landschaften und Gebäude berührt, die einen Bezug zu Märchen haben, und die in Bremen endet.

Ich befand mich in Hessen (das uns Briten von der Bezeichnung »Hessian sackcloth« bekannt ist, einem groben Sackleinen, das seinen Namen daher hat, dass früher einmal die Uniformen hessischer Soldaten daraus gemacht waren und ohne das die romantischen Wanderer aufgeschmissen gewesen wären). Frankfurt kannte ich von zahlreichen Geschäftsreisen. Aber wie sah das übrige Hessen aus? Wenn es uns derart langlebige Bilder und Legenden geschenkt hatte, musste es eigentlich sehr schön sein. Konnte man tatsächlich das Schloss sehen, in dem Rapunzel ihre Haare heruntergelassen hatte? Oder den Wald, in dem Rotkäppchen dem Wolf begegnete?

Über mein Frankfurter Geschäftshotel hatte ich mir einen Mietwagen bestellt, war aber nicht auf den auffallend blausilbernen Smart gefasst, den man mir schickte. Sehr zur Freude des Portiers hatte ich beträchtliche Mühe, den Smart und mich aus der Auffahrt zu manövrieren, und als wir endlich unterwegs waren, fühlte ich mich mehr wie ein Immobilienmakler als wie Alice kurz vor dem Wunderland.

Meine erste Anlaufstelle war die Universitätsstadt Marburg, wo die beiden Grimms studiert hatten. Die Sonne ging gerade unter und warf goldenes Licht über Marburgs Wahrzeichen, das hohe, schmale Schloss oberhalb der Stadt. Über Marburg hatte Jacob Grimm einmal gesagt: »Ich glaube, es sind mehr Treppen auf den Straßen als in den Häusern.« Wie recht er hatte, merkte ich, als ich später auf der Suche nach einer Gutenachtgeschichte über die Treppen und durch die Gassen der alten Oberstadt spazierte. Über mir ragte kafkaesk das Schloss auf. Das kupferfarbene Licht alter, eiserner Laternen warf Schatten auf die kopfsteingepflasterten Straßen, die regenfeucht glänzten. Bucklige Fachwerkhäuser, die unter der Last der Jahrhunderte zu ächzen schienen, zogen sich dicht gedrängt und fast übereinanderhockend den steilen Hang hinauf, ihre Balken schief und krumm.

Am nächsten Morgen machte ich mich in aller Frühe auf den Weg nach Schwalmstadt und zu dem Wald, in dem Rotkäppchen seinem Wolf begegnete. In dem verschlafenen Städtchen am idyllischen Flüsschen Schwalm kickten ein paar Teenager einen Ball hin und her. Abgesehen davon waren Straßen und Schulgelände verlassen, und jeder Aufprall des Balls hallte hohl nach – wie das Echo einer verlorenen Kindheit. Schwalmstadt sah mir nicht aus wie ein Ort, an dem man heutzutage gerne aufwachsen wollte.

Die freundliche junge Frau in der Touristen-Information wirkte ziemlich ratlos angesichts meiner Frage nach einem Zugang zur Welt Rotkäppchens. Offensichtlich machte Schwalmstadt nicht viel Aufhebens um seine Verbindung zum Märchen, was ich ziemlich erfrischend fand. Die junge Dame hatte milchweiße Haut, Sommersprossen, Heidizöpfe und eine dicke Brille, die ihre Augen vergrößerte. Damit ich dich besser sehen kann, dachte ich. Und sie trug ein traditionelles Mieder, wie ich es schon von den Dirndln auf dem Oktoberfest kannte. Ich wusste nicht, ob aus freien Stücken, Pflichtgefühl oder der *Gemütlichkeit* wegen, erfuhr aber, dass es die lokale Tracht war, in der auch das Rotkäppchen herumgelaufen war. Seit dem Mittelalter kleideten sich die Frauen von Schwalmstadt in eine zu ihrer Zeit berühmt schöne Tracht, die sich aus höfischen und militärischen Elementen verschiedener Epochen zusammensetzte. Verheiratete Frauen in Grün, junge, unverheiratete Mädchen in Rot. So kam man auf die Idee, Rotkäppchen und das für sie typische Kleid mit Schwalmstadt in Verbindung zu bringen. Die umliegende Landschaft tat das Ihrige dazu: Wie ein großer Teil Deutschlands ist auch Hessen dicht bewaldet, und die Orte, die in dieser unverfälschten Landschaft liegen, haben größtenteils gut erhaltene mittelalterliche Stadtkerne mit vielen alten Fachwerkhäusern.

Der Wald ist nicht nur Ort romantischen Denkens, ein deutsches Nationalsymbol oder neuerdings Ursache ökologischer *Angst,* er ist auch unverzichtbarer Bestandteil zahlreicher Geschichten für Kinder. Der Wald ist ein magischer Ort, voller Geheimnis, wo das Böse lauert, aber auch lockt. Von *Rotkäppchen* über *Hänsel und Gretel* zum *Herrn der Ringe* und sogar zu *Shrek* (vom deutschen *Schrecken* abgeleitet), kam in jedem Märchen, das etwas auf sich hielt, ein Wald vor, der entweder das Zauberische oder das Böse beherbergt oder Hüter uralten Wissens ist.

Die Landschaft, durch die ich nun fuhr, war geprägt von sanften Flusstälern und wirkte wie ein bunter Teppich aus noch grünen oder schon golden und rostrot verfärbten Blättern von Birken, Buchen und Eichen. Eine Palette von Herbstfarben, die sich beinahe mit denen von Vermont messen konnten. Bei diesem Anblick verstand ich, wie die Menschen des Mittelalters und bis weit in die Neuzeit hinein dazu gekommen waren, hier Geschichten von Riesen, Hexen, Prinzen und Jungfrauen zu spinnen. In den Tagen der Gebrüder Grimm musste Hessen ein im wahrsten Sinn des Wortes gottesfürchtiges, aber auch abergläubisches Land gewesen sein, wo das Geschichtenerzählen einen hohen Wert hatte und gleichzeitig Vorstellungen so geformt werden konnten, dass sie gutes protestantisches Verhalten hervorbrachten. Deutschland als Staat existierte noch nicht, es war noch ein Land kleingeistiger, oft einander wenig freundlich gesinnter Kleinstaaten. Die Worte »Es war einmal ein grausamer König« konnten durchaus den Tatsachen entsprechen und nicht nur der Anfang eines Märchens sein.

Inspiriert vom Hunger der Aufklärung und Romantik nach Enzyklopädien und Wörterbüchern, planten die Gebrüder Grimm ursprünglich nur, Geschichten, die bis dato lediglich mündlich weitergegeben worden waren, niederzuschreiben und so der Nachwelt zu erhalten. Aber je mehr Geschichten sie hörten – etwa vierzig davon wurden ihnen allein von der aus hugenottischer Familie stammenden Dorothea Viehmann, die ein unglaubliches Gedächtnis besaß, im Gast- und Brauhaus ihres Vaters in der Nähe von Kassel erzählt –, desto klarer wurde ihnen, dass sie Ausdruck von etwas viel Fundamentalerem waren. Umgeben von Napoleons Besatzungsmacht, erkannten sie, dass die Märchen auch Ausdruck eines gemeinsamen nationalen Bewusstseins waren; dieses Verbindende konnte dazu genutzt werden, ein einigendes Gefühl des Deutschseins zu fördern. Denn sie enthielten jede Menge Bäume, mittels derer man zum Beispiel auch den Waldbewohner Arminius und seinen vermeintlich Nationen schmiedenden Sieg über die Römer heraufbeschwören konnte. In den Märchen herrschte die Atmosphäre einer ländlichen, mittelalterlichen Vergangenheit, auf die sich schon die Heidelberger Romantiker als ihr Goldenes Zeitalter berufen hatten. Wie ich an den prächtigen Villen Heidelbergs sowie in den Städten und Bauten im Norden, an der Ostseeküste, gesehen hatte, war die romantisch historisierende Bauweise eine Widerspiegelung der Architektur der Märchen mit ihren Schlössern und Burgen, Türmen, Zinnen, Burggräben und Fallgattertoren. Als die Grimm'schen *Kinder- und Hausmärchen* 1812 erschienen, wurden sie, wie die Manifeste von Jahn und Schreber, schnell zu einem der wichtigsten Bücher in deutscher Sprache seit Luthers Übersetzung der Bibel, und sie sollten weltweit ein enormes Echo finden. Disney und überhaupt Hollywood bezogen sich häufig auf die Arbeit der Gebrüder Grimm und auf deren Kindheitsmythologie, die tief ins Herz der Idee von Deutschland als Gemeinwesen hineinreicht.

Wie die Grimms forderte Manny mich auf, die Welt der deutschen Volkserzählungen zu betreten. Ich begriff, dass sich eine wichtige Periode der Geschichte des Landes selbst wie ein Märchen las: »Es waren einmal drei Brüder, Großbritannien, Frankreich und Deutschland. Deutschland war der jüngste und hässlichste der Brüder. Nie wurde er mit eingeladen, immer bekam er weniger als die anderen, bis er eines Tages, neidisch auf den Reichtum seiner älteren Brüder, auszog, um zurückzufordern, was ihm seiner Meinung nach von Rechts wegen zustand …«

Ich reiste weiter durch die Fantasien meiner Kindheit und gelangte nach Trendelburg mit seiner gut erhaltenen Burganlage mit dem 38 Meter hohen Turm, von dem die von einer Zauberin dort gefangen gehaltene Rapunzel ihr langes Haar herunterließ. Von Rapunzel geblieben war eine armselige hölzerne Statue, die kummervoll im herbstlichen Nieselregen stand. Die Burg war, wie nicht anders zu erwarten, inzwischen ein Hotel, das für Hochzeitsfeiern sehr beliebt war.

Vor der alten Fachwerkstadt Höxter, wo Hänsel und Gretel das Hexenhaus aus Brot, Kuchen und Zucker fanden, geriet ich in einen Verkehrsstau. Grund dafür war anscheinend ein Brand, der in der Nähe ausgebrochen war – passte doch gut zum Schicksal der Hexe.

Rund zwanzig Kilometer weiter nördlich lag Polle mit seiner Burgruine, in der jener Ball stattgefunden haben soll, von dem Aschenputtel unter Verlust eines Schuhs davoneilte. Und dann Hameln, berühmt wegen des Rattenfängers.

Im Grunde genommen sollte man das Zauberische da belassen, wo es hingehört, in der Fantasie. Die Märchenstraße wurde für mich immer unglaubhafter, und wäre die Landschaft nicht gewesen, hätte ich jede Hoffnung aufgegeben, ein Gefühl für die Charaktere und Orte dieser berühmten Märchen entwickeln zu können.

Es gab Orte, die versuchten, die Atmosphäre einiger der Märchen zu bewahren. Vor dem Rathaus (oder Rattenhaus?) von Hameln wird zwischen Mai und September jeden Sonntag von Erwachsenen und Kindern in Kostümen aus dem 13. Jahrhundert die Geschichte des Rattenfängers aufgeführt. In Polle inszenieren die Einwohner die Aschenputtelgeschichte – vielleicht als mittelalterlichen Schönheitswettbewerb? Überhaupt finden im Sommer überall an der Märchenstraße Aufführungen von Historienspielen statt. Ein Spaß für die ganze Familie und gut für den Tourismus. Aber wie der deutsche Karneval, das Oktoberfest und die Karl-May-Festspiele hatte das alles einen Beigeschmack von *Gemütlichkeit*. Es war behagliche nostalgische Sehnsucht nach traditionellen, landestypischen Trachten – vielleicht nicht mehr als eine willkommene Gelegenheit, sich verkleiden zu können – und illusorisches Sehnen nach dem vergänglichen Beiwerk einer ausgedachten nationalen Identität.

Da passte es doch sehr schön, dass ich auf dem Weg nach

Hameln durch Bodenwerder kam: Geburtsort eines gewissen Baron Karl Friedrich Hieronymus Freiherr von Münchhausen. Ihn gab es tatsächlich. Im 18. Jahrhundert nahm er mit einem russischen Kürassierregiment an zwei Türkenkriegen teil und erzählte nach seiner Heimkehr haarsträubende Geschichten über seine Erlebnisse. Unter anderem, wie er auf einer Kanonenkugel geritten und an einer Bohnenranke zum Mond geklettert war, und wie er sich an den eigenen Haaren aus einem Sumpf gezogen hatte. Münchhausens Fabuliererereien wurden zum Synonym für Lügengeschichten und er selbst in der Medizin zum Namensgeber für das Münchhausen-Syndrom, bei dem Betroffene körperliche Beschwerden erfinden bzw. bei sich selbst hervorrufen, um in den Genuss medizinischer Behandlung zu kommen. Außerdem gibt es noch das Münchhausen-Stellvertreter-Syndrom (oft eine subtile Form der Kindesmisshandlung), bei dem es darum geht, Aufmerksamkeit für sich selbst zu erlangen, indem man *anderen* Menschen Schaden zufügt. Die Polen und die Franzosen könnten ein Lied davon singen.

Für andere Orte blieb mir keine Zeit: nicht für Oberweser mit seinen Bezügen zum gestiefelten Kater und zu Schneewittchen, und nicht für Ebergötzen, wo die Mühle stand, in der Max und Moritz, die ihre Umgebung mit Streichen terrorisierten, zu Tode gemahlen wurden. Es wurde allmählich spät, und ich wollte mein letztes Märchenziel erreichen.

Der Abend, an dem ich auf Schloss Sababurg im Herzen des Reinhardswaldes ankam, war kalt und windig. Vor einem bedrohlich dunklen Himmel zeichneten sich die Bäume ab wie Silhouetten von Riesen. Der Wind zerrte an ihren Zweigen und ließ sie gelegentlich so ruckartig wieder los, dass Regentropfen und Blätter gegen meine Windschutzscheibe geschleudert wurden. Ich parkte, lud meine Sachen aus, schlug die Tür mit einem Knall zu, der sofort vom Wind fortgetragen wurde, und betrachtete meine Zuflucht für die Nacht: die abweisenden Umrisse des Schlosses mit seinen Zwillingstürmen, die wie Soldatenhelme aussahen, ein einsames Licht über dem Eingang. Zwischen mir und der Tür lag ein glitschiger, feuchtglänzender Pfad, überzogen von einem Teppich großer, zertretener Herbstblätter. Es roch nach nassem Laub. Mit dem Gefühl, an einem Schauplatz schaurig-schöner Morde gelandet zu sein, zog ich an der Klingelschnur. Die Klingel schlug an. Einmal.

Die Sababurg wurde vom Volksmund zum Dornröschenschloss ernannt, vielleicht wegen der idyllisch-verwunschenen Lage oder wegen der vielen Rosen im romantischen Schlossgarten. Sie erinnern an die undurchdringliche Dornenhecke, die das Schloss, in dem Dornröschen schlief, der Sage nach umgab. Wie die Trendelburg war es inzwischen ein Hotel, das in den 1950er-Jahren nach einer langen Zeit der Vernachlässigung wachgeküsst und restauriert worden war. Aber es gab auch noch einen verführerischen Rest romantischer Ruinen.

Ein ziemlich schwul aussehender Mann – beileibe kein Prinz – öffnete mir. Ich hatte nicht reserviert; aber da ich mich im touristenarmen Deutschland befand, war nicht nur *ein* Zimmer frei, die ganze Sababurg war leer. Ich war der einzige Gast in Dornröschens Schloss. Ob die schlafende Schönheit mich als würdigen Nachfolger empfunden hätte?

Das Zimmer war durchaus geeignet für eine ausgedehnte Nachtruhe und bot mir ein ausladendes Bett mit weichen, plusterigen Kissen, wie es sich für ein Schloss mit einer derart märchenhaften Geschichte gehörte. Aber war es absichtlicher deutscher Humor, dem Gast ein »Bitte nicht stören«-Schild zur Verfügung zu stellen?

Insgesamt war das Schloss gemütlich und herbstlich: Ein Feuer flackerte im Kamin; es gab Ölgemälde und Ledersessel, in denen man versinken konnte, und ein ausgezeichnetes Restaurant, das eine spektakuläre Sammlung von Geweihen und sonstigen Jagdtrophäen beherbergte. Außerdem bot es, wie ich am nächsten Morgen beim Frühstück feststellte, einen atemberaubend romantischen Blick über Wiesen und Hügel. Ich weiß nicht, wie lange die Kellnerin, die mich am Abend meiner Ankunft bediente, geschlafen hatte, aber sie sah aus, als sei sie gerade erst aufgewacht. Dennoch servierte sie mir ohne jede Hilfe ein großartiges deutsches Wildgericht einschließlich zweier Überraschungen des Küchenchefs zwischen den Gängen. Ich trank dazu eine Flasche Spätburgunder und merkte, dass vielleicht kein 100-jähriger, aber doch sicherlich ein ausgedehnter Schlaf auf mich wartete. Gesättigt und in wohliger Trance wanderte ich nach oben und fand ein »Abendlied« auf geschmackvollem Pergament auf meinem Kopfkissen. Irgendwas mit Mond, Sternen, einem schwarzen, schweigenden Wald und aufsteigendem weißem Nebel …

Ich wurde leider nicht von einem Prinzen, sondern von blökenden Schafen geweckt. Vor meinem Fenster bot sich mir eine Szenerie, die verblüffend englisch war: ein grüner Garten Eden mit Wiesen, die im goldenen Licht der Sonne schimmerten, durchzogen von halb zerfallenen Steinmauern und durchtüpfelt von knorrigen Eichen. Gestern Abend von der Dunkelheit verhüllt, zeigte sich meine Umgebung heute als Pendant von Blakes »green and pleasant land«, unberührt inmitten der deutschen Landschaft.

Nach dem Frühstück unternahm ich einen Spaziergang in den nahe gelegenen Urwald, vorbei an einem Wegweiser, der mir den Rat gab, mich umzusehen. Schließlich war ich auf der Märchenstraße. Ich fühlte mich ausgeruht, hellwach und offen für die Kräfte der Natur. Der Wald war bei Tag nicht weniger beeindruckend als am gestrigen Abend, auch ohne die geheimnisvollen Silhouetten und den ganzen *Sturm und Drang* des Wolkenbruchs. Es war leicht zu erkennen, dass in den Tiefen dieses Waldes die Vernunft außer Kraft gesetzt wurde und Fantasien Platz machte, in denen die Bäume plötzlich lebendig wirkten, voller Weisheit oder was immer man wollte. Eine Weile saß ich auf einem umgestürzten Baumstamm und versuchte, Wordsworths »impulse from a vernal wood« zu fassen zu bekommen (»Nur Regung der Gezeiten und des Winds/ Und Atemholen schweigender Natur«) und sah mich selbst für einen kurzen Augenblick als jugendlichen Wanderer mit Rucksack und Wanderstab.

Inzwischen hatte ich genug gesehen, um zu wissen, dass Deutschland wider alles Erwarten nicht nur ein Land der Wissenschaft und der Effizienz war, sondern auch ein Land der Fantasie. Doch allmählich bekam ich auch Probleme, zwischen alt und neu zu unterscheiden, zwischen real und fiktiv. Es musste hier mehr Schlösser und Burgen geben als in jedem anderen Land der Welt – wahrscheinlich ein Überbleibsel der sich ewig befehdenden Kleinstaaten. Allein im Rheintal fanden sich alle zwei Kilometer Burgen; echte Burgen, die aus dem Mittelalter übrig geblieben und im 19. Jahrhundert zu Symbolen und Ikonen einer nationalen Mythologie geworden waren. Die mittelalterlichen Imitationen und pseudohistorischen Fußballer-Residenzen waren auch nicht zu leugnen.

Schloss Neuschwanstein war das Paradebeispiel für diesen Nachahmungszwang. Es war und ist zweifellos die meistfotografierte, meistkommerzialisierte und meistbesuchte Sehenswürdigkeit, die allerdings nicht von den Deutschen in Massen aufgesucht wird. Der Prototyp eines Schlosses, so perfekt, dass es mich wunderte, warum es noch keine Sandburgenförmchen davon gab. Hier residierte Baron Bomburst in *Tschitti Tschitti Bäng Bäng;* und Disneyland, dieser größte aller Dealer in Sachen Kinderwelten, hatte es sich als Logo unter den Nagel gerissen.

Hatte Manny mich auf diese Pilgerfahrt geschickt, damit ich mir etwas ansah, was die meisten seiner Landsleute für eine Kopie des Originals hielten, das sie bei sich zu Hause hatten?

Neuschwanstein liegt in den Allgäuer Alpen, im tiefen Süden Deutschlands, nahe Füssen. Das Schloss thront auf einem schroffen Felsen – idealer Ort für magische Ringe oder Jungfrauen in Nöten. Hoch über einer tiefen Schlucht und umgeben von Laubwald blickt es hinab auf die üppigen Wiesen, über die Steve McQueen in *Gesprengte Ketten* in halsbrecherischem Tempo mit dem Motorrad raste.

Von Weitem ist das Schloss ein hoher, schmaler, weißer, eleganter Komplex auf vielen Ebenen, zusammengesetzt aus romanischen, byzantinischen und gotischen Stilelementen und ebenso vielen rein erfundenen Schnörkeln. Es ist überladen mit Türmchen, Türmen, Bögen, Vorsprüngen und Verbindungsgängen. Aber aus der Nähe betrachtet hält die geheimnisvolle Aura einer Überprüfung nicht wirklich stand. Das mangelnde Alter der verputzten Flächen erinnert einen daran, dass es im 19. Jahrhundert erbaut wurde und nicht im Mittelalter.

In Auftrag gegeben wurde es von Bayerns geliebtem König Ludwig II. Kein großer Name, Ludwig, in keiner Hinsicht. Ich musste mir erst in Erinnerung rufen, dass es einfach deutsch für »Louis« ist, und da sah die Sache schon anders aus. Dieser Ludwig konnte sich eines attraktiven, geradezu byronischen Aussehens rühmen. Er war genau der Typ, der, ursprünglich in Gestalt eines Froschs, in einem Märchen hätte auftauchen können, um sich dann in den schönen Prinzen zu verwandeln. Er orientierte sich in seinen Träumen am Leben Ludwigs XIV. Gegen Ende seines Lebens verlor er langsam, aber sicher und höchst romantisch den Verstand. Ludwig II., der Märchenkönig, zog sich immer mehr in eine künstlerische Traumwelt zurück und ließ die Luftschlösser seiner Träume nach den Entwürfen von Bühnenbildnern zu Richard-Wagner-Opern in echten Stein verwandeln. Neuschwanstein ist nur das berühmteste von drei solchen Fantasieschlössern (außerdem noch Herrenchiemsee und Linderhof). Ludwig fand sogar ein märchenhaft-mysteriöses Ende: Er wurde unter nie geklärten Umständen tot im südwestlich von München gelegenen Starnberger See aufgefunden, zusammen mit seinem Arzt Dr. Gudden, mit dem er seinen üblichen Abendspaziergang unternommen hatte.

Ludwig schien nicht nur versucht zu haben, ein sehr deutsches – und zwar alles in allem sehr positives und kinderfreundliches – Märchen zu leben, sondern hatte auch dazu geneigt, seine Traumwelt der Realität überzustülpen. Aber war das alles, nachgeäfft ohne jede originale künstlerische Idee, oberflächlich und hohl, nicht ziemlicher *Kitsch*?

Dieses Wort, das es ja auch im Englischen gibt, hatte ich oft benutzt, ohne je über seine Ursprünge nachzudenken. Jetzt kam mir die Idee, dass es ein deutsches Wort sein könnte. Und tatsächlich, so war es! *Kitsch* entstand etwa um 1870 herum in der Münchener Kunstszene als Bezeichnung für schnell hingeworfene, billige, aber gut verkäufliche Bilder, die Anklang bei der sich herausbildenden Bourgeoisie fanden, die damit den Geschmack der kulturellen Elite zu kopieren suchte.

Echte Künstler empörten sich über die »Kultur-Industrie«, die ihr Metier in Verruf brachte. Und ich fragte mich: War die moderne Reise-Industrie nicht einfach nur eine Ausweitung ebenjener Kultur-Industrie, die inzwischen nicht nur die Kunst entwertete, sondern auch das wahre Reisen? Der Kitsch war schuld an meinem *Weltschmerz*, meiner fehlenden

Wanderlust als selbst ernannter »wahrer Reisender«. Der Tourismus war eine Ursache von Kitsch – und sein Werkzeug. Er nahm das Einzigartige, nahm unsere exotischsten Träume und verwandelte sie mittels Kampagnen, Postkarten und Broschüren in die immer selben Muster und Klischees. Eine von anderen vorgegebene Reiseroute und die ganze Terminologie der Reise-Industrie – »hip hier, trendig da, unverdorben dort« – war verkitschter Pseudo-Luxus. Wie auch jene heiligen Grale, die »Tipps für den anspruchsvollen Reisenden«, der sich gern »abseits der ausgetretenen Pfade« bewegt. Ortsveränderungen statt echter Reisen. EasyJet-Kitsch versus *Wanderer* auf Schusters Rappen. Manny hatte recht!

Mein Neuschwanstein-Besuch war eine Übung in unverfälschtem Kitsch. Es war ein windiger Tag im Herbst, jener Jahreszeit des romantischen Verfalls, als ich auf der Holzbrücke stand, von der aus man das Schloss von einer etwas höheren Warte aus betrachten kann. Nebel waberte aus der abgrundtiefen Pöllat-Schlucht unter mir, vermischte sich mit dem tosenden Wasser, zog hierhin und dorthin, bildete Schleier, die sich schlossen, wieder aufrissen und flüchtige Blicke auf das Schloss vor mir freigaben. Überall um mich herum Bäume, die vom Wind zu bizarren Formen verkrüppelt worden waren, die Wurzeln weit ausgebreitet, an die Felsen geklammert wie Tentakel, die ausladenden Äste behangen mit kanzerösen goldbraunen Blättern. Es war ein Bild reinsten *Sturms und Drangs.* Wahrscheinlich hätte mein Herz sich tatsächlich wilder Begeisterung geöffnet, hätten nicht genau vor mir japanische Touristen für Fotos posiert. Und das vor einer Szenerie, die mir, durch tausend Digitalkameras betrachtet, mit jedem Klick kitschiger zu werden schien.

Außerdem war ich alles andere als poetisch gekleidet. Vom Wetter auf dem falschen Fuß erwischt, Opfer des bourgeoisen Wunsches, trocken zu bleiben und meiner Chancen, je ein Romantiker zu werden, nun vollkommen verlustig gegangen, hatte ich in einem Touristenladen am Fuß des Hügels eine Notfall-Regenausrüstung erworben – eine blaue Plastikhaut. Vorher hatte ich in einer Schlange gestanden, die sich zwischen an eine Viehranch erinnernden Metallabsperrungen zu den Kartenschaltern wand. Schon vorab hatte ich es abgelehnt, mit den dortigen Pferdekutschen zu fahren, die den Aufstieg zum Schloss mittelalterlicher gestalten sollten (das einzig Mittelalterliche war der Geruch der Äpfel, die die Tiere hinter sich ließen. Aber die Deutschen hatten auch da Vorsorge getroffen und einen Mann dazu abgestellt, einen Pferdeäpfelwagen hinauf- und hinunterzufahren und den Weg sauber zu halten). Jetzt stand ich auf Ludwigs Lieblingsbrücke, der Marienbrücke, sah aus wie ein blauer Plastikklops und fühlte mich verschwitzt und klaustrophobisch, während der Regen in meinen Kragen tröpfelte. So gekleidet hätte nicht einmal Goethe einen Vers schmieden können. Die moderne Welt war poesieresistent.

»Aber bloß kein Rückfall«, flehte Manny, als ich, wieder in London, über das Land herzog, das den Kitsch erfunden hatte und seitdem darin schwelgte.

Ironischerweise verdankte der Kitsch seine Entstehung auch der Romantik. Die *Angst* vor unerwiderter Liebe, Selbstmordgedanken, Sehnsüchte und so weiter zogen die Massen instinktiv an. Wie das zu früh erloschene Leben von Goethes Werther war auch die Lebensspanne der wahren romantischen Bewegung deprimierend kurz gewesen. Und das war wahrscheinlich der Grund, weshalb ein Reiseziel jeglichen Reiz verlor, sobald die Horden eintrudelten. Goethe selbst hatte gesagt: »Es ist nichts fürchterlicher als Einbildungskraft ohne Geschmack.« Ein vernichtendes Urteil über die moderne Reise-Industrie, das sich hervorragend dazu eignete, beiläufig bei einer Dinnerparty in die Unterhaltung eingeworfen zu werden.

Ich begann, meine Reise durch die kindliche Seele der Deutschen in Begriffen ihrer Kitschigkeit zu beurteilen. Weihnachten ist heutzutage Kitsch, fand ich. Und obwohl aus Holz und von Hand geschnitzt, war das ganze Nürnberger Paradies der Spielsachen und Nussknacker Kitsch; die Gartenzwerge waren Kitsch, sogar die Märchen der Gebrüder Grimm waren es. Nicht, weil sie keinen künstlerischen Wert besessen hätten (den besitzen sie durchaus), sondern weil sie *en miniature* eine Welt schaffen, in der das Gute immer siegt.

Recht bedacht traf das in gewisser Weise auch auf die nachgemachte Architektur und die Schmalspureisenbahnen an der Ostsee zu, auf den kindischen Gigantismus und die übergroßen halb automatischen Gebilde auf dem Oktoberfest, die *Gemütlichkeit* der Lederhosen und der bayrischen Jägermythologie. Der im Kitsch verkörperte Wunsch, die Realität zu verdrängen, zeigte sich in den Kostümvorführungen entlang der Märchenstraße, in den mittelalterlichen Trachten streng traditioneller Fastnachtsumzüge in kleinen schwäbischen Dörfern und in den polierten Balken der perfekt erhaltenen mittelalterlichen Fachwerkhäuser Deutschlands. Wagner hatte massives Kitschpotenzial, und genau das hatte Hitler sicherlich erkannt. Wie jeder Diktator war er ein Meister darin, jedes Gefühl, jede Idee und jeden Impuls zu popularisieren und in das Opium einer besseren Welt zu verwandeln. Im deutschen Volk hatte er vielleicht besonders empfängliche Adressaten gefunden.

Aber irgendwie hatte doch jede Kultur und jedes Volk eine eigene Vorstellung von einer perfekten Welt, oder? Utopia, Eldorado und Shangri-La sind alles Paradiesversionen, nur von unterschiedlichen Kulturen ersonnen. Vielleicht hatten und haben die Deutschen ein übertriebenes Ideal-Gefühl, das ihrer romantischen Seele und dem Kind in ihnen entsprang? Candide, der titelgebende Held von Voltaires *Candide oder der*

Optimismus, der von dem Irrglauben geheilt wird, dass alles zum Besten ist »in der besten aller möglichen Welten«, ist Deutscher.

Schließlich fand ich heraus, dass die Deutschen ihr eigenes einzigartiges Utopia haben, das Schlaraffenland. Es basiert auf einer Erzählung, die von einem Land spricht, in dem es alles im Überfluss gibt – wie auf dem Oktoberfest. In den Flussbetten fließen Milch und Honig, man trinkt Wein statt Wasser, Tiere und Vögel hüpfen oder fliegen bereits gebraten durch die Luft und einem in den Mund, die Häuser bestehen aus Kuchen und bizarrerweise liegen statt Steinen Käselaibe herum. Genießen ist die höchste Tugend der Bewohner, Arbeit und Fleiß gelten als Sünde (klar, dass die Geschichte nur aus der Zeit vor Luther stammen konnte). Wenn die Ehefrau eines Mannes alt und hässlich wurde, konnte er sie gegen eine neue eintauschen (wie in einem Puff in Köln), während die Alten in einen Jungbrunnen (ähnlich dem Müller'schen Volksbad) eintauchten und jung und knackig herausstiegen.

Das Schlaraffenland liegt am Zusammenfluss von romantischer Sehnsucht und dem kitschigen Wunsch, den Kopf in den Sand zu stecken. »Es war einmal« öffnet die Tür zu einem Anderswo, in dem alles leichter ist. Mit seinen ordentlichen, schmucken Dörfern mit ihren schlichten, künstlich anmutenden weißen, rot gedeckten Häusern sah Deutschland oft wie ein Schlaraffenland aus: wie eine gigantische, unglaublich detailgetreue und perfektionierte Modelleisenbahnanlage, vergleichbar jenen, die auf Weihnachtsmärkten zu sehen waren. Es war eine auf den Kopf gestellte Großmannssucht, die sich im Miniaturformat zeigte. (Natürlich hält eine deutsche Firma, Miniatur Wunderland, den Weltrekord für die größte Modelleisenbahnanlage.) Ich hielt das alles für ein sicheres Zeichen, dass das Kind und der systematisierende romantische Philosoph gesund und munter in der Seele des Durchschnittsdeutschen existierten – in einer idealisierten Welt, die dennoch perfekt die Komplexität der wirklichen Welt verkörperte, damit man Letztere besser verstehen konnte. Hier erweist sich vielleicht wieder einmal, dass Staunen der Beginn der Philosophie ist.

Aber eine ideale Musterwelt verkörpert eine Welt, die kontrolliert werden und in der der Mensch Gott spielen kann. Es ist eine illusorische Welt, die die Realität aufhebt, keinen Fehler und keinen Makel duldet. Wir alle wissen, was das bedeutet. Kein Wunder, dass die Deutschen, die sich mit all diesen illusorischen Schichten abplagen mussten, Schwierigkeiten hatten, ihre Vergangenheit zu bewältigen.

Mit ihren Wäldern, Seen und Bergen, ihren Zuckerbäcker-, Hexen- und Fachwerkhäusern, ihren Schlössern und gotischen Kirchtürmen war die deutsche Landschaft zweifellos die ursprüngliche Landschaft einer kollektiven globalen Kindheitsfantasie, mal heimelig und tröstlich, mal wild, dunkel und geheimnisvoll. Von den ersten Bauklötzen und dem ersten *Kindergarten* bis hin zu den ersten Spielzeugen, dem ersten Weihnachten und dem ersten Märchenbuch zeichnete Deutschland verantwortlich für das gemeinsame Erbe vieler Kinder in der ganzen Welt. Es schien mir gar, dass die kindliche Fantasie in der ganzen westlichen Welt im Prinzip eine deutsche Schöpfung war. In Deutschland waren meine Kinderaugen wieder geöffnet worden, und wenn ich die Welt immer aus deutscher Sicht sehen könnte, würde ich sie immer wie ein Kind sehen, mit klarem, weitem, neugierigem Blick. Und das war, zumindest was die *Wanderlust* anging, eine gute Sache.

9. Delikatessen

Küchenchefs

Plural von: Delikatesse, die: etw. bes. Wohlschmeckendes od. Ungewöhnliches; Leckerbissen

»In ihrer schier unersättlichen Gier nach Neuem scheinen Konsumenten heutzutage unfähig, einen Ort zu genießen, wenn sie nicht auch seine Küche genießen können. Ein Land muss gutes Essen bieten, was wiederum seinen Trendstatus insgesamt erhöht. Nehmen wir, um nur ein Beispiel zu nennen, den Balsamico-Essig, der neuerdings bei keiner Dinnerparty fehlen darf, bei der Sie Ihren Chablis picheln.«

Bevor Manny mich mit der Nase darauf stieß, hatte ich eigentlich nie über den Zusammenhang zwischen Gaumenfreuden und Reiselust nachgedacht. Aber ich konnte mir beim besten Willen nicht vorstellen, dass Sauerkraut je cool sein würde.

»Und so schießen neuerdings überall ›Delis‹ mit trendigem, echt rustikalem Dekor und trendigen, echt überhöhten Preisen aus dem Boden. Aber wissen Sie, was ›Deli‹ bedeutet und wo das Wort herkommt? Ursprünglich natürlich vom französischen ›délicatesse‹, was etwas besonders Wohlschmeckendes bezeichnet, aber die Deutschen haben das Wort schon früh übernommen. Deutsche Einwanderer haben es nach Amerika gebracht, wo es, zu ›deli‹ abgekürzt, zur Bezeichnung für Läden wurde, in denen es leckere Kleinigkeiten zu kaufen und zu essen gibt.«

Ein sozusagen deutscher Ausdruck als Bezeichnung für gutes Essen? Die deutsche Küche bestand doch fast ausschließlich aus Würsten, Kartoffeln und Sauerkraut – nicht gerade sehr delikat. Die Deutschen waren zweifellos großartige Autobauer, aber von guter Küche hatten sie doch keine Ahnung.

»Was genau wissen Sie eigentlich über die deutsche Küche?«, wollte Manny wissen.

Das Adjektiv »deutsch« passte meiner Meinung nach genauso wenig zu guter Küche wie zu Mode oder zu Humor. Die Erfahrungen mit gigantischen Schweinshaxen à la Asterix und Obelix, Brathähnchen und Würstchen aller Art, die ich auf dem Oktoberfest sammeln konnte, hatten nichts an meiner Überzeugung geändert, dass die Deutschen mit Leib und Seele Fleischfresser sind. Dazu fiel mir eine amüsante Geschichte ein, die 2003 auch international Schlagzeilen machte.

Ein Deutscher namens Armin Meiwes (vielleicht ein Verwandter des ursprünglichen Arminius?) gestand der Polizei, einen 43-jährigen, ebenfalls deutschen Mann mit dessen Einverständnis teilweise verspeist zu haben. Er hatte über Internet-Anzeigen nach jemandem gesucht, der bereit war, sich von ihm verzehren zu lassen – wahrscheinlich in der Richtung »lediger, ungebundener Kannibale um die vierzig sucht gleichgesinnten Partner« –, und war womöglich selbst überrascht, dass sich jemand meldete. Es dauerte nicht lange, bis die Polizei, die über das Internet auf ihn aufmerksam geworden war, bei ihm auftauchte und Menschenfleisch in seiner Tiefkühltruhe fand. Armin, der das Ritual teilweise auf Film aufgenommen hatte – allem Anschein nach war der andere Mann tatsächlich mit allem einverstanden gewesen –, berichtete, wie er diesem den Penis abgeschnitten und gebraten und die beiden sich hingesetzt hatten, um das gute Stück gemeinsam zu verspeisen. Vielleicht schmeckte es ein bisschen wie eine Bratwurst? Irgendwann – ob vor oder nach der Entmannung, war nicht ganz klar – hatte das Opfer beschlossen, lieber nicht weiterzumachen und war nach Hause gegangen, nur um später mit dem Entschluss zurückzukommen, die Sache doch bis zum Ende durchzuziehen. Der Mann muss unter ziemlich unheilbarer *Angst* gelitten haben. Ich fand die Geschichte mit ihren FKK-, Fetischismus- und Wurstassoziationen eigenartig deutsch. Das Ungewöhnlichste war jedoch, dass Meiwes nicht wegen Kannibalismus verurteilt werden konnte, da Kannibalismus im ach so liberalen Deutschland kein Verbrechen ist.

»Übrigens müssten gerade Sie als Engländer das deutsche Frühstück doch zu schätzen wissen!«, redete Manny weiter.

Auf Reisen gibt es kaum etwas Besseres als ein Land, das Wert auf gutes Frühstück legt. Und eins musste man den Deutschen lassen: Bei ihnen gab es kein »schnell in ein Croissant beißen, einen Schluck viel zu starken Kaffee hinterherkippen, und das war's«. Mit derartigen Verrücktheiten hatten sie nichts am Hut. Für sie war das Frühstück ganz offensichtlich ein Fest mit möglichst vielen verschiedenen leckeren Dingen, die einen immer wieder zum genüsslichen Zugreifen verlockten. Ich erinnerte mich an ein absolutes Superfrühstück, das ich mir in Nürnberg gegönnt hatte, und wie ich mich nach einem Besuch im Schwitzbad auf Münchens Viktualienmarkt mit einem sogenannten Bauernfrühstück, Bratkartoffeln mit Eiern und Speck, gestärkt hatte.

»Die Deutschen wissen eben, wie man sich fühlt, wenn man ein paar Biere zu viel intus hat. Übrigens gibt es in Deutschland auch eine Art ›black pudding‹, *Blutwurst* genannt, die Engländern eigentlich schmecken müsste. Haben Sie je versucht, einem Kater mit einem italienischen Frühstück zu Leibe zu rücken?«

Manny hatte recht. Brioches oder Cornettos kamen in einem solchen Fall nicht gegen herzhaftere Dinge an. Die Italiener hatten nicht einmal ein richtiges Wort für »Kater«. Wie sollten sie da wissen, wie wichtig Salz, Fett und Kohlehydrate beim Kampf dagegen waren?

»In Deutschland gibt es vielleicht keine der bei Ihnen üblichen ›greasy spoons‹, in denen man den ganzen Tag englisches Frühstück mit Speck und Würstchen, Burger und dergleichen bekommt, aber fast jede Kneipe im ganzen Land bietet ein anständiges Katerfrühstück an.«

Trotzdem war ich nicht nur überrascht, sondern auch misstrauisch, als ich in meinen Therapie-Unterlagen eine Einladung fand, mich einen Abend lang in der deutschen Botschaft mit Gerichten aus einem Bundesland namens Baden-Württemberg verwöhnen zu lassen – zubereitet von Köchen aus Restaurants, die mit Michelin-Sternen ausgezeichnet worden waren. Manny hatte offenbar ausgezeichnete Beziehungen. Wohingegen ich bis zu diesem Augenblick nicht einmal gewusst hatte, dass es in Deutschland überhaupt Michelin-Sterne gab. Männer mit Michelin-Männchen-Figuren vielleicht, aber doch keine Michelin-Sterne.

Jetzt jedoch, in Anwesenheit Seiner Exzellenz, des Botschafters (der mir beim Plaudern erzählte, dass er begeisterter *Wanderer* sei), und diverser renommierter Restaurantkritiker, erfuhr ich von der charmanten Frau Suess (die genauso süß war, wie ihr Name sagte) von der baden-württembergischen Tourismus-Marketing GmbH, dass Deutschland im Guide Michelin von 2006 nach Frankreich mehr Sterne erhalten hatte als jedes andere Land und auch bei den Drei-Sterne-Restaurants, von denen es in Deutschland sieben gab, nur von Frankreich übertroffen wurde. Insgesamt waren die mit einem, zwei oder gar drei Sternen ausgezeichneten Restaurants in ganz Deutschland zu finden, viele von ihnen in Berlin und München; aber die meisten Sterne hatte das von Frau Suess vertretene südwestliche, an Frankreich angrenzende Baden-Württemberg eingeheimst.

Deutschland und Frankreich hatten einen großen Teil ihrer Vergangenheit damit verbracht, sich aus religiösen und territorialen Gründen die Köpfe einzuschlagen, wobei Deutschland meist den Kürzeren zog. Laut Manny hatte Frankreich bis vor wenigen Jahrzehnten als Deutschlands *Erbfeind* und als die Ursache allen Übels gegolten, das Deutsche erleiden mussten. *Erbfeind* – ein großartiges Wort! Das auch auf die britische Haltung Deutschland gegenüber zuzutreffen schien, zumindest im 20. Jahrhundert. War Deutschland Großbritanniens *Erbfeind*?

»Vergessen Sie nicht«, sagte Manny, der für einen Amerikaner wirklich viel über das gute alte Europa wusste, »dass Deutschland einmal ein Land war, das von den Briten wegen seiner Kultur bewundert wurde. Sehen Sie sich dagegen die britisch-französische Geschichte und die jeweiligen politischen und kulturellen Überlegenheitskomplexe dieser beiden Länder quer durch die Jahrhunderte an. Wenn überhaupt, dann ist Frankreich, nicht Deutschland, der britische *Erbfeind*!«

Touché. Ja, Frankreich *war* ein schönes Land. Man konnte dort wunderbar Urlaub machen, hervorragend essen und vorzüglichen Wein trinken, und es gab jede Menge Ecken, die *toujours* Chelsea sein würden. Der einzige Nachteil war, dass es voller Franzosen war.

Erbfeindschaft hin oder her, wenn es um die Küche ging, legte Deutschland seine Frankophobie beiseite und hieß die französischen Einflüsse an seinen Esstischen willkommen. Im 18. Jahrhundert speiste der deutsche Adel ausschließlich französisch, und französische Einflüsse fanden über die Grenzen hinweg Eingang in viele traditionelle deutsche Gerichte. Auch die Hugenotten, die im 16. und 17. Jahrhundert in großer Zahl in Deutschland Zuflucht fanden, hatten ihre Traditionen mitgebracht. Erst der nationalistische und militaristische Kaiser Wilhelm II. (es war nicht immer leicht, die vielen Fritzen und Wilhelms und Friedrich Wilhelms auseinanderzuhalten) verfügte, dass in Deutschland nur noch deutsch gegessen werden solle. Und dann kamen die beiden Weltkriege, und alles, was mit Essen zu tun hatte, wurde für die Deutschen zur Überlebensfrage. Die Kunst in der Kochkunst fiel unter den Tisch.

Nach dem Zweiten Weltkrieg trafen *Wirtschaftswunder* und *Fresswelle* zusammen. Eine Zeit der Völlerei begann, da die Deutschen, auch dem Marshall-Plan sei Dank, wieder genügend zu essen auf den Tellern hatten. Riesige Portionen, Deftigkeit und Herzhaftigkeit – bäuerliche Qualitäten –, bestimmten die Küche dieser Zeit. Diese sogenannte *gutbürgerliche Küche* lebte weiter in den dicken Suppen, den großzügigen Fleischportionen und den Klößen, die ich auf vielen deutschen Speisekarten fand. Sie waren der kulinarische Ausdruck von *Gemütlichkeit* und ähnlich wie britische Steak-and-Kidney-Pies Trostessen, Seelennahrung.

Jetzt jedoch, in der deutschen Botschaft, wurde ich mit einer Terrine von Gemüse und Gänseleber mit Feigenconfit und mit Zanderfilet mit Cinq épices auf Butternusskürbis und einer Sauce Vervaine verwöhnt. Anschließend gab es ein Kompott von Ochsenschwanzragout mit Kartoffelschaum, Trüffeljus und sautierten Steinpilzen und zum Abschluss eine Komposition von Orange und Karamell mit gerösteten Mandeln. Köstlich. Und deutsch!

Zubereitet wurde das Mahl von verschiedenen Köchen aus den Gourmetrestaurants und Kurhotels des Schwarzwalds, darunter aus dem Ort Baiersbronn, der mit gerade mal 16 000 Einwohnern drei der zuvor erwähnten insgesamt sieben Drei-Sterne-Restaurants Deutschlands sein Eigen nennt.

Laut Christian Bau, einem der jüngstem Drei-Sterne-Köche Deutschlands, nehmen die Deutschen Essen zwar sehr ernst, aber nicht unbedingt als Gourmets. Für ihn ist die deutsche Küche »... eine sehr bodenständige und rustikale Küche, die in der Spitzengastronomie ... nicht praktiziert wird«. Er teilte jedoch die Meinung, die auch an meinem Tisch in der Botschaft vorherrschte: dass die deutsche Küche allmählich von den Deutschen wiederentdeckt und, ähnlich wie Hänsel, für den Export aufgepäppelt wird. »Ein Gourmetland ist Deutschland auf keinen Fall, aber wir sind auf einem guten Weg.« Will man Christian Bau glauben, wird Deutschland bald mit an erster Stelle rangieren. »In der Küche ist es wie beim Sport. Wenn Sie Olympiasieger werden wollen, trainieren Sie jahrelang hart, um, wenn es darauf ankommt, topfit zu sein.« Ich hatte Visionen von deutschen Küchenchefs, die sich auf ihren heimischen *Trimmdichpfaden* ein bisschen *Gesundheit* antrainieren, und von typisch deutschem Konkurrenzverhalten.

»Die Briten haben ja nun auch nicht gerade eine kulinarische Reputation, auf die sie sich was einbilden könnten«, kam es von Manny. »Die Deutschen haben Sauerkraut und Würstchen, und die Briten ihre Fish and Chips.«

»Und die Amerikaner Hot Dogs mit Röstzwiebeln«, konterte ich.

»Wie oft haben Sie außerhalb von Großbritannien ein britisches Restaurant gesehen?«

Wenn man die Mischungen aus Café und Pub an der Costa del Sol, in denen man den ganzen Tag englisches Frühstück bekam, außer Acht ließ, wahrscheinlich nie. Aber wie viele deutsche Restaurants gab es außerhalb Deutschlands? Genauso wenig, schätzte ich.

Italiener, Franzosen, Spanier und Griechen hatten ihre heimische Küche mit Erfolg in die ganze Welt exportiert. Deutsches und britisches Essen jedoch wurde von anderen Völkern normalerweise als ungenießbar eingestuft. Einmal war ich immerhin in einem österreichischen Restaurant in

London gewesen. Besitzer und Bedienung waren allesamt gekleidet gewesen wie die Mitglieder der Trapp-Familie, und Johann Strauß dudelte aus den Lautsprechern. Doch als ich nach Wiener Schnitzel und Chocolat Viennoise versuchte, mich kurz mit dem Oberkellner zu unterhalten, verstand er mein Deutsch nicht. Nicht etwa, weil es so schlecht war, sondern weil er, wie all seine Kollegen, aus Neapel stammte.

In Großbritannien hat der jüngste Trend zu »Gastropubs«, also Kneipen, die auch ausgezeichnetes Essen servieren, den traditionellen Sonntagsbraten, selbst gebackene Pies oder Waliser Muscheln wieder salonfähig gemacht und simple häusliche Gerichte in eine britische »Cuisine« verwandelt. Vielleicht hatten die Deutschen jede Menge entsprechender Gerichte zu bieten, die außerhalb ihrer Grenzen gleichermaßen unbekannt waren?

Manny hatte mir also ans Herz gelegt, mich der deutschen Küche anzunehmen und während meiner therapeutischen Reisen durch die unterschiedlichen Landesteile Deutschlands auch auf regionale Spezialitäten zu achten. »Die Grundlage jeder guten Küche findet sich in den Regionen eines Landes«, hatte er mir mitgegeben. »Können Sie mir ein paar deutsche Regionen nennen, einfach so, wie die Provence, die Toskana oder Andalusien?«

Ich musste gestehen, dass ich nur Bayern, Hessen und die Ostseeküste kannte, wobei ich die beiden Letzteren erst vor kurzem kennen gelernt hatte. Überhaupt hatte ich im Zusammenhang mit Deutschland nie an regionale Unterschiede gedacht, eher an ein vages, aber homogenes Ganzes.

»Wussten Sie, dass Deutschland an nicht weniger als neun andere Länder grenzt? Es hat mehr Nachbarn als jedes andere Land in Europa.«

So viele? Kein Wunder, dass jede Menge Leute so viel über die Deutschen zu sagen hatten.

»Und all diese Nachbarländer haben dauerhaften Einfluss auf die deutsche Küche ausgeübt. Außerdem dürfen Sie nicht vergessen, dass Deutschland jahrhundertelang nur ein Sammelsurium germanischer Stämme war. Man könnte sogar sagen, dass es ›den Deutschen‹ gar nicht gibt. Sie werden im Lauf Ihrer Reisen bei den Gerichten, die Sie kennen lernen werden, viel Regionales und Lokales entdecken, das sich bis heute gehalten hat.«

Um mich zu überzeugen, hatte Manny ein Kochbuch zu meinen anderen Unterlagen gepackt, verfasst von einem amerikanischen Freund mit unverkennbar deutschen Wurzeln, nach denen er sich zurücksehnte. Dieser Freund wollte mir weismachen, dass man ein ganzes Leben brauchen würde, um die große Vielfalt deutscher Gerichte durchzuprobieren. Soviel Zeit hatte ich nicht, aber das Buch gab mir immerhin eine Vorstellung davon, was mir bei meinen Deutschlandbesuchen vorgesetzt wurde.

Ich lernte, dass Norddeutsche von anderen Deutschen gern »*Fischköppe*« und nördliche Städte wie die Hafenstadt Bremen auch »*Fischstadt*« genannt werden, wegen ihrer Vorliebe für Delikatessen wie *Labskaus* oder *Aalsuppe*, die ich schon in Hamburg gegessen hatte. Der eingelegte *Hering* wurde offensichtlich von den Preußen sehr geschätzt, vor allem, seit ihn Bismarck, nach dem in der Folge eine Variante benannt wurde, aus gesundheitlichen Gründen empfohlen bekam.

Lübeck dagegen behauptet, die Heimat des Marzipan zu sein. Überhaupt liefern die Süßspeisen bei Weitem den größten Beweis für die norddeutschen kulinarischen Künste. An der Ostsee hatte ich *Rote Grütze* kennen gelernt, eine Süßspeise, die ausschließlich aus roten Beeren hergestellt wird und für Norddeutschland ebenso typisch ist wie »cream teas« für Devon; außerdem hatte ich *Verschleiertes Bauernmädchen* gegessen, bestehend aus geröstetem geriebenem Brot, Apfelmus, Sahne und Preiselbeergelee, und *Qualle auf Sand*, zerbröckelten Nusskuchen mit Kirschen und Sahne. Alles unglaublich lecker und dazu noch fantasievoll benannt, was ich beides vorher kaum mit deutscher Küche in Verbindung gebracht hatte.

Die Wiedervereinigung brachte Deutschland auch eine Wiedervereinigung mit einem Teil seiner Küche. Es war eine herzhaftere, deftigere Küche, die perfekt zum sozialistischen ostdeutschen Regime passte. In der DDR wurde unverkennbar nicht viel Wert auf Delikatessen gelegt. Der Begriff *Sättigungsbeilage* verdeutlicht, dass man die Bevölkerung satt bekommen wollte; es hingegen nicht so wichtig war, was die Leute im Endeffekt auf ihren Tellern vorfanden. Einige dieser Spezialitäten erlebten offenbar eine Renaissance im Rahmen der *Ostalgiewelle*: Während zunächst alles, was aus der ehemaligen DDR stammte, zunächst einmal mit Verachtung gestraft worden war, haben Ostprodukte wie z.B. *Rotkäppchen-Sekt* inzwischen Kultstatus.

Am bekanntesten sind wohl die *Spreewaldgurken* aus dem von Fließen und Kanälen durchzogenen Waldgebiet südöstlich von Berlin, die auch in *Goodbye Lenin* vorkommen. Außerdem die *Teltower Rübchen*, die nur im kargen Sandboden im Umland von Teltow so besonders wohlschmeckend gedeihen. Na, die deutsche Küche würde sich ganz schön abstrampeln müssen, wenn Gurken und Rüben das Großartigste waren, was sie zu bieten hatte, dachte ich. Aber immerhin hatte sogar ein Papst, Pius IX., sich diese Rüben nach Rom schicken lassen, der französische Hof hatte sie als Delikatesse betrachtet, und auch auf den Tellern der russischen Zaren waren sie häufig zu finden gewesen. Berlin hatte eine Vorliebe für Süßes, sei es die *Berliner Luft*, ein köstlicher Apfelschaum mit Fruchtsoße, die enormen *Baumkuchen,* die bis zu drei Meter hoch sein können, und die berühmten *Berliner Pfannkuchen.* Übrigens soll eine englischsprachige Zeitung bei Kennedys berühmter Rede mit dem Ausruf »Ich bin ein Berliner« gedacht haben, der US-Präsident demonstriere seine Kenntnis der Berliner Küche, und übersetzte den Satz als »I am a jelly donut« ins Englische. Peinlicher war der Patzer, der Bill Clinton unterlief, als er es seinem demokratischen Vorgänger nachtun wollte und in Köln gesagt haben soll: »Ich bin ein Kölsch.« Die ostdeutsche Küche spielt übrigens eine große Rolle in der deutschen Weihnachtskultur: Dresden ist die Heimat des *Christstollens,* und das *Berliner Brot*, eine Art Lebkuchen mit Zimt, Zuckerrübensirup und Nüssen, hatte ich auf mehreren deutschen Weihnachtsmärkten gegessen.

»Der *Stollen* ist das klassische Beispiel für kulinarische Reiseanreize«, meinte Manny. »In den letzten zehn Jahren haben alle sich auf italienischen *pandoro* sowie *panettone* und auf Zuckermandeln und *turrón* aus Spanien gestürzt. Aber Sie werden sehen, dass der deutsche *Stollen* bald ein wesentlicher Bestandteil Ihrer Weihnachtsfeiern sein wird, auf denen Sie sicher auch mit Ihren Reisen prahlen werden.«

Der Westen Deutschlands wurde hauptsächlich von Frankreich geprägt, mit Gerichten wie *Saumagen*, die an Lyons *andouillette* erinnerten und übrigens dem schottischen *Haggis* sehr ähnlich sind. Rund um Heidelberg, wo wir früher gelebt hatten, wird, wie auch in vielen anderen Gegenden Deutschlands, der köstliche weiße Spargel angebaut.

Da ich schon öfter in München und in den österreichischen Alpen gewesen war, fühlte ich mich mit der süddeutschen Küche noch am ehesten vertraut. Hier gab es *Kässpätzle*, *Schweinebraten*, viel Kalb, Kartoffelklöße, Rotkohl und eine merkwürdige Camembert-Pampe namens *Obatzter*. Außerdem die Nürnberger Lebkuchen und natürlich die *Schwarzwälder Kirschtorte.* Sie wurde angeblich 1915 von einem Bäcker namens Josef Keller erfunden und stammte nicht aus dem Schwarzwald sondern aus Bonn-Bad Godesberg. Diese Torte hatte mich als Kind begeistert, mir aber, im Übermaß in mich hineingestopft, auch eine fürchterliche Migräne eingebracht. Allenfalls das Kirschwasser darin kam aus dem Schwarzwald. Sollte mir das Nachdenken über all diese Gerichte eine Magenverstimmung einbringen, wusste ich ja, dass die Bayern alle Arten von medizinischen Schnäpsen erfunden hatten, mit denen man derselben zu Leibe rücken konnte. Zahlreiche Gelegenheiten fielen mir ein, an denen ich voller Bedauern darüber aufgewacht war, dass ich gegen besseres Wissen nicht auf die ein oder andere spätnächtliche alpine Jägermeister-Runde verzichtet hatte.

Mannys Buch versammelte zweihundert deutsche Rezepte und präsentierte Deutschland als Land mit einer ungeahnt vielseitigen Küche. Trotzdem kamen mir, wenn ich an deutsches Essen dachte, ehrlich gesagt noch immer nur vier wesentliche Bestandteile in den Sinn: Kohl, Würstchen, Kartoffeln und Brot.

»Ah, aber denken Sie an den Trick!«, riet Manny. »Den Trick, diese gewöhnlichen Zutaten zu romantisieren.«

Wie bitte? Sollte ich etwa der Kartoffel die Würde des Unbekannten geben? Oder der Wurst ein geheimnisvolles »Ansehn«? Kam mir ein bisschen sehr FKK vor.

Ich hab's versucht, Manny.

Deutschland ist, was niemanden überraschen dürfte, die Urheimat der Wurst, und der Osten Deutschlands ist ihr Epizentrum. In jeder gewöhnlichen deutschen Fleischerei gibt es mehr Wurstsorten, als man mit einer Salami erschlagen kann. Ein Frankfurter Metzger holte für mich alle Würste hervor, die er hatte, und erklärte mir stolz, in Deutschland gebe es rund 1500 Wurstsorten. Ich hätte nicht überrascht sein sollen; eingedenk des Angebots auf dem Oktoberfest hätte ich wissen müssen, dass die Deutschen wahre Meister sind, wenn es darum geht, sämtliche Teile eines Tiers zu verwerten und zu verwenden.

Ich lernte auch, dass das Wort *Wurst* eine herausragende Rolle spielt. Es gibt zahlreiche Ausdrücke und Redewendungen, die sich um die Wurst drehen: *In der allergrößten Not schmeckt die Wurst auch ohne Brot* – was immer das bedeuten mag. *Alles hat ein Ende, nur die Wurst hat zwei. Das ist mir wurst. Es geht um die Wurst.* In Deutschland kann man *ein kleines Würstchen* oder *wurstig* sein, man kann ein *Wurstblatt* lesen und es kann *Wurst wider Wurst* gehen. Außerdem wird der Süden Deutschlands durch eine kulinarische Grenze vom Norden abgetrennt, den *Weißwurstäquator*, nördlich von dem besagte Wurst, eine süddeutsche Spezialität, kaum verbreitet ist. Die Deutschen nehmen die Reinheit ihrer Wurst übrigens verdammt ernst. Es ist gesetzlich verboten, etwas anderes als Fleisch, Speck, Salz und Gewürze und bei bestimmten Sorten auch Blut und Innereien hineinzutun.

Thüringen und Nürnberg streiten sich darum, wer von ihnen die *Bratwurst* erfunden hat. Ein Nürnberger Gastwirt offerierte eine historische Erklärung für die Winzigkeit seiner Wurst: Anscheinend sind die Nürnberger Würstchen so klein, weil die Frauen von Gefängnis-Insassen sie ihren Männern heimlich durch die Schlüssellöcher der Gefängnistüren zuschoben.

Es gab also die grenzdefinierende, auch vom durchgeknallten Ludwig II. geliebte bayrische *Weißwurst*, die ich am Fuß von Neuschwanstein probiert und mit bayrischem Dunkelbier heruntergespült hatte – eine köstliche Mischung aus Schweinefleisch, Kalbfleisch, Petersilie, Zitronenschale und Gewürzen; die *Berliner Bockwurst*, die ihren Namen daher hat, dass der Berliner Gastronom Richard Scholz sie zum Bockbier anbot, und, am berühmtesten, die *Currywurst*, die bei Berlinern als *haute cuisine* gilt und die sogar in dem kleinen gelben Büchlein »Deutsche Stars. Fünfzig Innovationen, die jeder kennen sollte« erwähnt wird. Offensichtlich handelt es sich um eine Geschichte, auf die Berliner stolz sind: die Geschichte der Berlinerin Herta Heuwer, die sich 1949 an ihrem Imbissstand in Berlin-Charlottenburg langweilte, da bei Regenwetter kaum Kunden unterwegs waren, und anfing, mit Tomatenmark und Gewürzen an einer neuen Soße herumzuprobieren. Ihre Erfindung fand so großen Anklang, dass Herta sie 1959 patentieren ließ. Es gab aber auch konkurrierende Urheberrechtsansprüche, vor allem aus Hamburg, die anscheinend bis heute nicht endgültig geklärt sind. Trotzdem sieht Berlin sich definitiv als Heimat der Currywurst und will in absehbarer Zeit ein Currywurst-Museum eröffnen.

Verblüfft stellte ich fest, dass viele deutsche Wurstsorten, beispielsweise die Frankfurter, durch europäisches Gesetz vor Nachahmung geschützt sind wie Parmaschinken oder Käse. Nur Frankfurter, die in Frankfurt hergestellt sind, dürfen sich mit diesem begehrten Namen schmücken. Außerdem ist die gläserne Bankenstadt nicht nur die Heimat EU-geschützter Würstchen, sondern auch des *Äppelwoi*, der normalerweise in Keramikkrügen serviert und zu *Handkäs mit Musik*, einem speziellen, handtellergroßen Sauermilchkäse mit Zwiebeln (Musik), oder zu gigantischen Portionen *Frankfurter Rippchen* getrunken wird.

Vielleicht würde ich deutsche Würstchen nicht gerade romantisieren, aber ich würde sie von nun an sicherlich mit anderen Augen betrachten.

Was aber war mit dem Kraut, das den Deutschen ihren Spitznamen eingebracht hat? Wenn stimmt, dass man ist, was man isst, werden sie zu Recht als »Krauts« bezeichnet. Kraut wird, wie ich herausfand, überall in Deutschland gegessen, hat aber im Norden größeren Kultstatus. Aber ich wusste nicht, dass es im Deutschen gleich zwei Begriffe dafür gibt, *Kohl* (wie in Helmut) und *Kraut*, und darunter wieder zahlreiche Sorten und Varianten, beispielsweise Rot-, Weiß-, Grün-, Rosen-, Blumen- und Sauerkohl, alle, je nach Region, auch mit der Endung »kraut« zu haben. Was darauf schließen lässt, dass das Gewächs eine bedeutende Rolle im Leben der Deutschen spielt. Sie essen tatsächlich schrecklich viel Kraut, vor allem von der sauren Sorte, das mit Salz in Fässern gestampft wird und eine Weile gären muss. Übrigens werden im norddeutschen Raum sogenannte *Kohlfahrten* veranstaltet, bei denen sich Familien, Freunde, Betriebsgruppen, alle möglichen Leute eben, zusammenfinden, um mitten im Winter zu einem Landgasthof zu stapfen und dort *Grünkohl und Pinkel*, noch eine Wurstspezialität, zu essen – wobei sie sich unterwegs oft mit Schnaps wärmen. Pubertär albern, wie ich nun einmal bin, fand ich es angesichts der gastrischen Nachwirkungen übermäßigen Kohlgenusses sehr passend, dass diese Ausflüge *Kohlfahrt* hießen, denn Fahrt klingt ja so ähnlich wie das englische »fart« für Furz.

Deutschland ist also nicht nur die Wursthochburg der Welt, sondern auch die Kohlhochburg Europas, wobei allein Dithmarschen, eine Region im Norden, jährlich 80 Millionen geruchsintensive Köpfe produziert.

Was nun die bescheidene *Kartoffel* angeht, so war es Friedrich der Große, der sie zu einem Grundnahrungsmittel zu machen versuchte, indem er ihren Anbau propagierte. Im Jerichower Land werden Kartoffelfeste veranstaltet, und im Odenwald gibt es sogar eine ganze Kartoffelwoche. Selbst bei weniger kartoffeligen Deutschen kommt die Kartoffel sozusagen täglich in allen möglichen Varianten auf den Tisch, sei es als Salz-, Pell- oder Bratkartoffel, als Kartoffelkloß, Kartoffelpüree oder Reibekuchen. Auf Rügen hatte ich Kartoffelbuletten und woanders an der Ostseeküste ein köstliches Gericht gegessen, das sich *Himmel und Erde* nennt, ein himmlisch leichtes Püree aus Kartoffeln und gekochten Äpfeln mit gebratenen Zwiebeln und Speck.

»Und jetzt zum König unter den deutschen Nahrungsmitteln«, erklärte Manny. »Dem Brot!«

Würstchen. Gurken. Rüben. Kohl. Kartoffeln. Jetzt also auch noch Brot! Konnte es noch romantischer werden?

»Doch, Brot. In den letzten Jahren haben Sie sich von den Italienern alles über die Unterschiede und Varianten von etwas so Simplem wie Pasta erzählen lassen. Es ist höchste Zeit, dass die unglaubliche Vielfalt, Bekömmlichkeit und Schmackhaftigkeit von deutschem Brot endlich Anerkennung findet. Deutsches Roggenbrot ist der Traum eines jeden Supermodels!«

Für Manny war das *tägliche Brot* ebenso eine deutsche Religion wie Bier und Wurst. Für ihn war es das beste der Welt – natürlich abgesehen von unserem vorgeschnittenen, in Plastik verpackten britischen Weißbrot.

Schon merkwürdig, wie sehr Manny von deutschem Brot schwärmte. Er vermisse es schrecklich, sagte er und klang dabei, als habe er allen Ernstes *Heimweh* danach. Ich hatte irgendwo gelesen, dass während der Vorbereitungen für die Weltmeisterschaft 2006 ein deutscher Parfumhersteller auf die Idee gekommen war, eine »Schnuppertour« zu veranstalten, bei der man jedes Teilnehmerland anhand eines ganz spezifischen Geruchs identifizieren sollte. Für Deutschland stand der Geruch von frisch gebackenem Brot. Und für England? Nicht etwa frisch gemähtes Gras oder Earl Grey, sondern bizarrerweise der Geruch von After-Eights (die übrigens 1988 von einem Schweizer Unternehmen aufgekauft wurden).

»Bäcker spielen in Deutschland noch heute eine sehr wichtige Rolle. Es gibt dort immer noch rund 16000 unabhängige Bäckereien, wohingegen die Zahl in Großbritannien wahrscheinlich nicht mal die Hundert erreicht. In Deutschland ist Bäcker sein immer noch eine Berufung und ein Lehrberuf. Wie bei jedem anderen Lehrberuf dauert es drei Jahre, bis man fertig ist. Immer noch werden in den Betrieben althergebrachte Kenntnisse und Erfahrungen weitergegeben.«

Offenbar beendete Jürgen Klinsmann erst eine Bäckerlehre, bevor er die alternative Laufbahn als Profifußballer einschlug und als »diver« oder »Taucher« bekannt wurde. In einem Interview erzählte er, dass er damals 14 bis 16 Stunden am Tag arbeiten musste und Fußball im Vergleich dazu, nun ja, ein Zuckerschlecken sei. Noch heute kann man sich in der Bäckerei Klinsmann, die von seiner Familie im Stuttgarter Stadtteil Botnang betrieben wird, eine Brezel kaufen.

Ein romantisches Bild, das auf einer gesunden, soliden Grundlage beruhte: qualitativ hochwertige, frische Zutaten und unverfälschte Rezepte ohne künstliche Zusätze. Neuerdings hatten berühmte britische Küchenchefs angefangen, das Verschwinden des traditionellen britischen Brotlaibs zu beklagen. Im Gegensatz dazu hatte Deutschland mit seiner lokalen und regionalen Ausrichtung nie aufgehört, eine unglaubliche Vielzahl von Brotsorten zu produzieren, die perfekt in unsere diätbewusste, Post-Atkins-Lebensweise passten. Konnte es sein, dass deutsches Brot, genau wie Umweltbewusstsein, Dampfbäder und Kleingärten, auf dem besten Weg war, cool zu werden, und sich anschickte, dem Balsamico den Rang abzulaufen?

Außer westfälischem Pumpernickel und Oldenburger Schwarzbrot gibt es in Deutschland über 300 Brotsorten (und über 1200 Arten Gebäck und Kuchen), alle reich an Vitaminen, Kohlehydraten, Proteinen und Mineralstoffen, wobei ich wohl nicht zu erwähnen brauche, dass Reinheit auch beim

Brot in Deutschland per Gesetz geregelt ist. Der Zwischenimbiss, die *Brotzeit*, war ein wichtiger Teil des ländlichen Lebens in Deutschland, ähnlich wie das, was man bei uns »elevenses« nennt. An Stelle der britischen Tasse Tee gibt es bei den Deutschen um vier Uhr nachmittags *Kaffee und Kuchen*. Das Wahrzeichen der deutschen Bäckerkunst, das Symbol auf dem Wappen der deutschen Bäckerinnung, ist die Brezel. Sie stammt mutmaßlich aus dem in der Nähe von Heidelberg gelegenen Speyer; ihren unverkennbaren Geschmack und ihre goldbraune Farbe erhält sie dadurch, dass sie in Natronlauge getaucht wird, die, wie irgendjemand wahrscheinlich auf die harte Tour herausfand, verflixt giftig ist – es sei denn, sie wird mitgebacken.

Jetzt, wo ich darüber nachdachte, musste ich Manny recht geben: Deutsche Bäckereien waren eine Wonne für die Nase und überhaupt wundervoll, vor allem in Bahnhöfen, aber auch überall sonst, wo mich der Hunger überkommen hatte. Deutschland litt keineswegs unter einem Mangel an Schnellrestaurants mit den berühmten goldenen Bögen, und es hatte auch genügend Maxi-Menü-Menschen zu bieten. Ich hatte mich allerdings noch nie mit einem überteuerten, vakuumverpackten Sandwich begnügen müssen, sondern hatte stattdessen auf frische, köstliche, mit Schinken oder Käse belegte und liebevoll garnierte Brote oder Brötchen zurückgreifen können. Dazu trug das Brot aufschlussreiche, fantasievolle Namen, die seine Eigenschaften hervorhoben. Es wurde einem in Papiertüten überreicht, die oft mit Sinnsprüchen auch zum Thema Brot bedruckt waren: *»Mit Herz für Familie und Natürlichkeit«; »Ein Tag ohne Lachen ist ein verlorener Tag«* (wie hoch war da wohl die deutsche Lebenserwartung?); *»Wo Kinder sind, ist auch Brot«* und *»Wenn einer allein träumt, ist es nur ein Traum, wenn viele träumen, ist es der Beginn der Wirklichkeit«* (was die Polen dazu wohl sagen würden?).

Wo bekamen im Ausland lebende Deutsche und Nostalgiker wie Manny ihr täglich Brot her? Nun, sagte er, allen Widrigkeiten zum Trotz kenne er in London eine deutsche Bäckerei mit angeschlossenem Delikatessen-Geschäft. Passend für den legendären Fleischverbrauch der Deutschen lag die Bäckerei in Ham, auf Englisch Schinken, einem Vorort in der Nähe von Richmond, wo es auch eine deutsche Schule gibt und das – mit viel Fantasie – als eine Art Klein-Deutschland bezeichnet werden kann. Aber im »Backhaus« herrschte nicht annähernd eine so anheimelnde, nach Hefe duftende Wärme wie in den Bäckereien in Deutschland. Am eigentlichen Angebot war nichts auszusetzen, aber es war leider nicht das duftende Paradies der Brote und der Würste wie in Deutschland, und anders als italienische Delikatessenläden vermarktete es seine Waren auch nicht als Oralsex. Es war neutral, karg, protestantisch, als gebe es eine protestantisch-katholische Wasserscheide, die auch die Unfähigkeit Deutschlands erklärte, sich als attraktives Touristenziel zu vermarkten.

Meine Beschäftigung mit deutschen Speisen war halbwegs beendet. So weit zu »der Leib Deutschlands«. Jetzt zu »das Blut Deutschlands«.

»Wo wären Sie ohne Beck's?«, fragte Manny mit einem verschmitzten Lächeln.

Ich sah ihn verständnislos an.

»Jedenfalls nicht im WM-Finale!«

Aha! War das der berühmte amerikanische Humor?

Natürlich meinte Manny mit Beck's nicht den allmählich verblassenden Stern am englischen Fußball-Himmel, berühmt-berüchtigt für seine mit Effet getretenen Freistöße. Sondern das Bier, das Zehntausende von England-Fans, denen der erhoffte Siegestaumel versagt blieb, immerhin in eine andere Art von Taumel versetzte.

Und was, fuhr Manny fort, war mit dem deutschen Wort, das selbst der überzeugteste antideutsche *Sun*lesende englische Hooligan jeden Tag benutzte? Was war mit jenem Objekt der Begierde, dem ultimativen Heilmittel gegen jede Art von *Angst*, das im Übermaß genossen zu unfreiwilliger und wenig dekorativer FKK führen konnte und am Morgen danach einen pochenden *Weltschmerz* im Kopf hinterließ? Was war mit *Lager* – unserer Bezeichnung für helles Bier?

»Lager-louts« für exzessiv trinkende, oft ausfällig werdende Biersäufer, »getting lagered« für sich die Birne zuknallen oder einfach die Bestellung »a pint of lager« – das deutsche Wort Lager hatte mühelos Eingang in die englische Sprache gefunden. All diese Ausdrücke stammten vom deutschen Wort »lagern« ab, nach dem Brauch deutscher Bierbrauer vor der Erfindung des Kühlschranks, ihr Bier, das bei niedrigen Temperaturen langsam gären musste, den Winter über zu *lagern*. In Deutschland selbst ist »Lager« keine Bezeichnung für Bier. In Deutschland ist ein *Lager* bekanntlich etwas ganz anderes.

Meine kleine Recherche ergab, dass Deutschland der größte europäische Bierproduzent ist. Zwar werden die Deutschen beim jährlichen Pro-Kopf-Verbrauch an Bier von den Tschechen und auch den Iren übertroffen; aber sie produzieren mehr Bier mit größerer Sorgfalt und in größerer Vielfalt als jede andere Nation in Europa.

Seit Jahrtausenden ist Bier Teil des menschlichen Lebens. Zum ersten Mal wurde es vermutlich im 6. Jahrtausend v. Chr. von den Sumerern gebraut, und die alten Ägypter waren so schlau, das Getränk, das sie »kash« nannten, als Zahlungsmittel zu benutzen. Manche vermuten, dass sich davon das englische »cash« für Bargeld ableitet. Die trübe Flüssigkeit von damals, in der noch die Getreidehülsen herumschwammen, hatte nicht viel Ähnlichkeit mit unserem modernem Bier, galt aber, wie Benjamin Franklin sagte, wahrscheinlich schon damals als »der Beweis, dass Gott uns liebt und will, dass wir glücklich sind«.

Im Wesentlichen sind es die Bayern, denen wir die Perfektionierung des Biers – das Wort stammt vom Althochdeutschen »bior« – und seine Verwandlung in das Getränk, das die ganze Welt liebt, zu verdanken haben. Im 5. Jahrhundert n. Chr. waren die Bayern ein heidnischer Germanenstamm, für den das Bierbrauen eine Art Glaubensbekenntnis war. Christliche Missionare kamen partout nicht gegen die Liebe der Bayern zum Bier an und beschlossen daher, es zu übernehmen und seine Produktion durch Mönche zu fördern – zu ihrem eigenen Genuss, aber auch als Nahrungsergänzung. Denn flüssige Nahrung galt nicht als Bruch des Fastens. So kam ihnen das Bier vor allem in der Fastenzeit sehr gelegen. Die erste richtige Brauerei der Welt entstand um 1040 in Freising bei München. Es heißt, dass der mittelalterliche Mönch bis zu fünf Liter Bier pro Tag konsumierte – da können die meisten heutigen Schluckspechte wohl nicht mithalten. Das Bier war bei der bayrischen Bevölkerung dermaßen beliebt, dass es Anlass gab für Machtkämpfe zwischen Kirche und Feudalherren, die beide versuchten, das Brauen unter ihre Kontrolle zu bringen. Schließlich aber bekam die Kaufmannskaste das Gebräu, von dem keine zwei Krüge gleich schmeckten, in die Finger und verwandelte es in jenes Getränk, das wir heute kennen und lieben.

Wie ich es in den deutschen Kurorten und Saunen, bei deutschen Würsten und deutschem Brot gesehen hatte, setzten die Deutschen schon Standards bei Reinheit und Frische, als bei uns in Großbritannien von »organisch« und »bio« noch keinerlei Rede war. In einem Schub romantischer Systematisierungswut erfanden die Bayern schon im Mittelalter das *Reinheitsgebot*, in dem die Vorschriften verankert sind, nach denen Bier gebraut werden darf und muss: vor allem die Vorgabe, dass es nichts als Hopfen, Malz und Wasser enthalten darf (die Hefe kam erst später). Erstmalig 1487 von Herzog Albrecht IV. angewendet und ab 1516 (um die Zeit herum, als Luther den Protestantismus erfand) für ganz Bayern gültig, ist das *Reinheitsgebot* das älteste schriftlich niedergelegte Lebensmittelgesetz der Welt.

»Natürlich hat die Europäische Kommission in ihrer homogenisierenden Weisheit das Reinheitsgebot 1987 für unzulässig erklärt, und zwar mit der Begründung, dass es den freien Handel mit chemisch versetztem Bier innerhalb der EU behindere«, sagte Manny voller Bitterkeit. »Obwohl die meisten deutschen Brauer sich nach wie vor an das Reinheitsgebot halten, darf, der EU sei Dank, in deutschen Kneipen inzwischen auch Katzenpisse ausgeschenkt werden.«

Bier ist in Deutschland immer noch eine Art Religion. Es ist Gegenstand der Verehrung und Teil der Kultur des Landes. Seine Kräfte wurden seit je von herausragenden Persönlichkeiten des deutschen Kulturlebens gepriesen. »Das Bier schafft uns Genuss, die Bücher nur Verdruss!«, reimte der Dichter, Philosoph und Wissenschaftler Goethe; Thomas Mann notierte: »Ich trinke täglich zum Abendbrot ein Glas helles Bier und reagiere auf diese anderthalb Quart so stark ... Sie verschaffen mir Abruhe, Abspannung und Lehnstuhlbehagen.« Während Wilhelm II. sagte: »Gebt mir eine Frau, die Bier liebt, und ich erobere die Welt.« Wer immer sie war, sie hat einiges zu verantworten.

Mark Twain dagegen soll gesagt haben, dass deutsche Biere so unterschiedlich seien wie Hühner auf einem Hühnerhof. Eine Bemerkung von Twain ist selten so klar und rein wie das deutsche Bier. Obwohl er ausdrücken wollte, dass es bei Bieren keine so großen Unterschiede geben kann, räumte er doch ein, dass Deutschland eine unglaubliche Vielfalt an Bieren aufweist – über 5000 heute, weit mehr als in jedem anderen Land der Welt. In Großbritannien hat das Monopol einiger weniger Brauereien, die alle Pubs mit Ausnahme von ein paar wenigen »freien« an sich gebunden haben, dafür gesorgt, dass es an den Zapfhähnen nur eine sehr begrenzte Auswahl an echten Ales gibt. Der Rest sind importierte Lager-Biere. In Deutschland jedenfalls wäre unsere »Campaign for Real Ale«, die Kampagne für echtes Bier, völlig überflüssig. Hier spielen importierte Biere vom Fass keine so große Rolle, und viele Regionen, manchmal sogar Städte oder Ortschaften in Deutschland, haben ihr eigenes, spezielles Bier.

Beim deutschen Bier gibt es nicht nur regionale, sondern auch saisonale Unterschiede. Ich hatte nie erwogen, dass Bierherstellung auch etwas mit Jahreszeiten zu tun haben könnte. Eine Dose Stella ist nun einmal das ganze Jahr über im Supermarkt zu haben. Jetzt jedoch lernte ich, dass ein richtiges, frisches, reines Bier *vom Fass* im Frühling fertig ist, nach Abschluss der Gärung, die Ende September beginnt. Auf dem Oktoberfest hatte ich eine Überdosis *Märzenbier* getrunken, das seinen Namen wohl daher hat, dass es früher erst im März angesetzt und meistens anders gehopft wurde, um es auch über die Sommermonate haltbar zu machen. Alles sehr merkwürdig. Allein dass die Qualität des Wassers eine Rolle spielte, war mir neu. Die Vorstellung von Ernte, von unterschiedlich guten Jahren (in diesem Fall für Hopfen), schien mir mehr auf Trauben und Weine zuzutreffen. Aber die Deutschen betrachteten die Bierherstellung genauso als Kunst wie die Herstellung von Wein (was das über ihre Weine aussagt, ist eine andere Frage). Ein interessantes kulinarisches und kulturelles Phänomen.

Wie ich inzwischen gelernt hatte, wussten die Römer nie so richtig, was sie von ihren in den Wäldern hausenden germanischen Nachbarn halten sollten – und das Bier war ein Teil dieses Rätsels. In seiner *Germania*, dem ersten Reisebuch über Deutschland, äußerte sich der Geschichtsschreiber Tacitus abfällig über ihre Trinkgewohnheiten: »Als Getränk haben die Germanen ein schauerliches Gebräu, aus Gerste oder Weizen gegoren, ein Gebräu, welches mit Wein eine sehr entfernte Ähnlichkeit hat.« Er schrieb natürlich aus der Sicht des Wein gewohnten Römers, für den der Rebensaft das einzig genießbare Getränk war. Bier und Wein symbolisierten den Zusammenprall zwischen germanischer und römischer Welt; dieser Snobismus besteht bis heute fort. War der Rhein tatsächlich mehr als nur ein Fluss? War er eine kulturelle Grenze zwischen der Wein trinkenden und der Bier kippenden Welt?

Vor Louis Pasteur und vor der Erfindung des Kühlschranks brauchte man einen kühlen Ort, um Bier zu lagern, was zum Entstehen jener überaus deutschen Einrichtung, des *Biergartens*, führte. Ein echter Biergarten ist jedoch etwas völlig anderes als der mit ein paar Stühlen und Tischen bestückte Hof hinter einer x-beliebigen britischen Kneipe. Ein echter Biergarten, der angelegt wurde, um das Bier in den darunterliegenden Kellern und Gewölben noch kühler zu halten, hatte etwas Klösterliches, lag für gewöhnlich außerhalb der Ortschaft oder Stadt, wenn möglich in den Hügeln oder Bergen. Er wurde mit Kastanienbäumen bepflanzt, deren breite Blätter besonders viel Schatten spendeten und das Bier zusätzlich kühl hielten. Bayern und vor allem München sind die Heimat des *Biergartens*, bis heute Zentrum sommerlicher *Gemütlichkeit*. Ein guter Biergarten ist tatsächlich ein Eden der *Gemütlichkeit* und all jener Dinge, die an Deutschland erdverbunden, bäuerlich, traditionell und gefühlvoll sind.

Zwischendurch gab es übrigens auch einmal Ärger um die Biergärten: König Ludwig I. von Bayern verbot den meist außerhalb Münchens liegenden Biergärten, auch Mahlzeiten anzubieten – und zwar, um den Gaststätten in der Stadt einen Wettbewerbsvorteil zu verschaffen. Das führte aber nur dazu, dass die pfiffigen Gäste ihre eigene Brotzeit mitbrachten und sie an den Tischen und Bänken des Gartens verzehrten. So entstand die fröhliche Picknickatmosphäre, die ich den ganzen Sommer hindurch überall in Deutschland gesehen hatte.

Je länger das Bier gären darf und je später es gezapft wird, desto stärker wird es. So viel war selbst mir klar. Neu war mir, dass die Deutschen auf diese Weise ein ganzes Sortiment von Bieren unterschiedlicher Stärke herstellen. Ein *Bock* ist stärker als ein *Märzen*; danach kommt *Superbock; Jubiläumsbock* ist ein besonders starkes Bier, das normalerweise zu Ehren eines bestimmten Anlasses hergestellt wird. Stellen Sie sich vor, Sie wären ein Mönch kurz vor der Fastenzeit und müssten sich eine Möglichkeit einfallen lassen, die 40-tägige Zeit der Entbehrung bestmöglich zu überstehen. Sie würden tun, was jeder clevere Mönch tat: sich ein extra starkes Bier brauen, das Sie einerseits beduselt und Ihnen dabei hilft, die Tortur zu verschlafen, und andererseits einen nicht zu verachtenden Nährwert hat. Deshalb hält München im März eine Hardcore-Alternative zum Oktoberfest ab, das *Starkbierfest*, zur Feier der superstarken Fastenzeitbiere, die im Mittelalter von den Mönchen der Stadt gebraut worden waren. Alle tragen Preiskämpfernamen, die ihre Kraft und Stärke ausdrücken sollen, und sie stellen selbst für abgehärtete Trinker eine Herausforderung dar: *Triumphator*, *Maximator* und *Salvator*. Einen Gladiator oder Terminator gibt es anscheinend noch nicht.

Bei meinen diversen Besuchen in Deutschland hatte ich die Gelegenheit, die verschiedensten deutschen Biere ausgiebig zu probieren. Abgesehen vom *Märzen* und vom bayrischen *Dunkelbier* hatte ich mir auch mehrere *Stangen Kölsch* genehmigt. Kölsch ist sozusagen das andere Eau de Cologne und bezeichnet nicht nur das lokale Bier, sondern auch den lokalen Dialekt und eine ganze Lebensweise. Kölsch wird in einer Art Reagenzglas serviert und auf langen, schmalen Tabletts aufgereiht an den Tisch gebracht – Tapas in flüssiger Form, so winzig, dass in Minutenschnelle Nachschub anrauschen muss. In Berlin liebt man die *Berliner Weiße*, ein Weißbier, das nur in Berlin hergestellt werden darf und meist mit einem erfrischenden Schuss Sirup, traditionell in der Variante rot für Himbeere oder grün für Waldmeister, getrunken wird. Klang ein bisschen wie etwas, das mit einem Sonnenschirmchen serviert wird, war aber als Sommergetränk wirklich erfrischend. In Leipzip gab es die wiederentdeckte *Leipziger Gose*, ein obergäriges Bier, das mit Koriander und Kochsalz versetzt wird. Und in Lübeck, Hamburg und überhaupt an der Ostsee hatte ich mir das leichte, frische, herbe *Holsten* und andere Pilssorten schmecken lassen.

Ich entdeckte, dass die Stadt Plzeň, zu deutsch Pilsen und Namensgeberin des Pils, in der heutigen tschechischen Republik liegt, jahrhundertelang zum Habsburger Reich gehörte und dass Böhmen kulturell auch von diesem geprägt wurde. Übrigens wurde die allererste deutschsprachige Universität in Prag gegründet, und auch das berühmte *Pils* war offensichtlich deutschen Ursprungs. 1842 wurde nämlich ein bayrischer Bierbrauer, Josef Groll, nach Pilsen berufen, um das dortige Braugewerbe besser zu organisieren. Er experimentierte mit einer anderen Malzsorte und mit dem Wasser, das weicher war als jenes in München. Der goldene Nektar, der auf diese Weise zustande kam, war ein sofortiger, durchschlagender Erfolg und wurde nach der Stadt, in der er gebraut wurde, Pilsener genannt.

Manny hatte diverse Witze parat, die mir zeigen sollten, dass Bier in Deutschland Thema hitziger regionaler Rivalitäten und Spötteleien war. Anscheinend lachen die Kölner über das Düsseldorfer Bier und sagen, da es mit Rheinwasser hergestellt werde, sei es im Grunde genommen nichts anderes als recyceltes Kölsch, das ein Stück weiter flussaufwärts getrunken und wieder ausgeschieden werde. Und dann erzählte er mir noch den über den Kölner, den Hamburger und den Bremer, die sich in einer Kneipe treffen. Der erste bestellt ein Kölsch, der zweite ein Holsten, der dritte eine Cola. Die beiden ersten sehen den dritten an und fragen ihn, wieso er nicht auch ein Bier bestellt habe, ein Beck's zum Beispiel, aus seiner eigenen Heimatstadt. Er sieht sie an und sagt, da sie beide Kindergetränke bestellt hätten, hätte er es eben auch getan. Zum Schreien!

Das ungewöhnlichste Bier, das ich in Mannys Auftrag probierte, stammte weder aus den Hochburgen Köln oder München, sondern aus Bamberg, einer Stadt nördlich von Nürnberg, die sich selbst als Bierhauptstadt sieht und deren Einwohner das Doppelte des deutschen Durchschnittsverbrauchs konsumieren.

Bamberg ist eine elegante Stadt mit baumgesäumten Alleen und vielen Barockgebäuden, durchflossen von der Regnitz. Als ich den Fluss überquerte, sah ich ein Mini-Venedig kleiner, malerischer, dicht gedrängter Fischerhäuschen im Fachwerkstil, alte Mühlen, zu beiden Seiten bestürmt von rauschendem, über Wehre fließendem Wasser, in dem Seerosen und Schilf wuchsen, und ein Rathaus, teils Fachwerk, teils mit aufwendig bemalter Fassade, das ungewöhnlicherweise mitten im Fluss lag und durch zwei Brücken mit den Ufern verbunden war. Oben auf einem Hügel, hochmütig über dem Rest der Stadt thronend wie die Schlösser in Prag und in Edinburgh, lag eine Oberstadt mit barocken Kirchplätzen, überragt von den Türmen des teils romanischen, teils gotischen Kaiserdoms.

In Bamberg gibt es 58 lokale Brauspezialitäten und zehn

noch existierende unabhängige Brauereien im Familienbetrieb, die gleichzeitig beliebte Gaststätten und Restaurants sind und vielfach auch Zimmer anbieten. Um nach einem Abend des Bierprobierens einen möglichst kurzen Weg ins Bett zu haben, hatte ich mir ein Zimmer in der altersschiefen Brauerei Spezial mit ihren dunklen Fachwerkbalken genommen.

Der Spruch »Biertrinken macht dick, Wassertrinken krank« zeigt, dass Bier für viele Deutsche nicht nur der Erfrischung oder der Berauschung dient, sondern auch, wenn nicht gar in erster Linie, ein Nahrungsmittel ist. Es gab Zeiten, da Mütter ihren Neugeborenen Bier zu trinken gaben und Fabrikarbeiter sich in der Mittagspause mit Bier stärkten. Aber ich hatte noch nie gesehen, dass Menschen schon zum Frühstück Bier schluckten. Englische Fußballfans, ja. Menschen, nein.

Am Morgen kam ich die wacklige hölzerne Hintertreppe in der Brauerei Spezial herunter und wurde zum Frühstück in einen kleinen, holzgetäfelten Raum neben der eigentlichen Gaststube dirigiert. Auch sie war holzvertäfelt, eingerichtet mit schlichten, robusten Tischen und Bänken, wie ein alter Arbeiterclub, und obwohl es erst halb acht morgens war, schon halb voll mit Männern, manche alt, manche nicht so alt. Sie saßen an ihrem *Stammtisch* – Deutsche haben in Kneipen oft ihren Stammtisch – und schaufelten nicht etwa Cornflakes in sich hinein, sondern hatten ihren ersten Keramikkrug mit Bier vor sich stehen. Es wäre jedoch gänzlich verfehlt, sie für Säufer oder Gewohnheitstrinker zu halten. Sie lasen die Zeitung, unterhielten sich aufs Netteste mit Wirt und Kellnerin und diskutierten mit ihnen die Themen des Tages.

Bambergs Gründer, der im 11. Jahrhundert lebende Kaiser Heinrich II., hatte offenbar den Ehrgeiz, die Stadt zu einer Art nördlichem Rom zu machen. Also dachte ich an den bei uns geläufigen Spruch, dass man sich in Rom verhalten soll wie die Römer, und bestellte mir zu meinem Rührei mit Speck auch ein Bier. Zuerst dachte ich, es sei der Nachgeschmack des Frühstücks; aber dann ging mir auf, dass der pfeffrige Räucherfleischgeschmack in Wahrheit von meinem Bier kam. Anscheinend hatte ich nicht einfach ein Bier, sondern ein *Rauchbier* bestellt, eine Spezialität Bambergs, die aus geräuchertem Malz hergestellt wird.

Dieses Rauchbier gibt es in vielen Stärken und Varianten. Einerseits ist es ein Beispiel für die deutsche Einstellung zu Bier als einer Form der Nahrung und andererseits für die deutsche, fast romantische Entschlossenheit, Traditionen, einzigartige Geschmacksrichtungen und alte Produktionsweisen ebenso zu bewahren wie die ursprünglichen, bodenständigen Lokalitäten, in denen man Bier genießen kann.

Eines Abends ging ich auf ein letztes Glas in ein anderes der Brauhaus-Gasthäuser der Stadt, das Schlenkerla. Es war üblich, sich einfach einen freien Platz an einem der Tische zu suchen, sich hinzuquetschen, ein Bier zu bestellen und ein Gespräch mit seinen Sitznachbarn anzufangen. Als ich zum vierten Mal *Prost* gesagt hatte, nachdem ein weiteres Rauchbier vor mir aufgetaucht und mit einem Strich auf meinem Bierdeckel vermerkt worden war wie ein weiterer Tag in einem sehr angenehmen Gefängnis, hatte ich eine Lektion über das Bierbrauen im Allgemeinen und die feineren Unterscheidungen lokaler und regionaler Sorten hinter mir. Meine Lehrer, zwei Einheimische – auch sie hatten sich vorher nicht gekannt, was einem aber niemals aufgefallen wäre –, waren echte deutsche Bier-Enthusiasten. Biergourmets, falls es so etwas überhaupt gibt.

Obwohl ich mir immer eingebildet hatte, schon an der Uni mein Diplom im Biertrinken gemacht zu haben, kam ich mir hier wie ein absoluter Anfänger vor. Dass es so viel über Bier zu wissen gab! Diese Männer sprachen darüber, als wäre es Wein. Sie begutachteten seine Farbe, seine Konsistenz, die Art, wie es am Glas haften blieb, wenn man es schwenkte, sie rochen daran und kauten darauf herum, bevor sie es schließlich schluckten. Hier ging es nicht um Bier als Nahrung oder Rauschmittel, sondern als kulinarische Köstlichkeit. Nein, keiner der beiden redete von »bayrischer Gerste aus Südlage mit einem Hauch fränkischer Zitrone und einem intensiven Abgang«. Aber gewundert hätte es mich nicht.

Ich fragte mich, wieso über Bier, anders als über Wein oder Whiskey, so wenig geschrieben und gesagt wird. Wahrscheinlich wird Bier die gesellschaftliche oder religiöse Kluft nie überwinden: Bier ist das Getränk des Nordens, der Arbeiterklasse, der Bauern und der Protestanten und steht im Gegensatz zu den Weinkelchen der Châteaus südlicher Regionen. Egal wie sehr sich Biere für den Kenner voneinander unterscheiden mögen, für die meisten von uns werden sie immer »so unterschiedlich bleiben wie Hühner auf einem Hühnerhof«. Während der Wein, den man mit Kunst und Kultur verbindet, die Touristen anlockt.

Was also war mit deutschem Wein? Natürlich hatte Mark Twain auch dazu etwas zu sagen: »Die Deutschen mögen Rheinwein außerordentlich gern; man füllt ihn in hohe, schlanke Flaschen und hält ihn für ein angenehmes Getränk. Vom Essig unterscheidet man ihn durch das Etikett.«[6] Meine eigenen frühesten Erinnerungen an Wein reichen zurück zu jenem Weißwein, den wir in den letzten beiden Jahren in der Schule sonntags zum Mittagessen bekamen. Er war das Billigste, was auf dem Markt zu haben war, gut genug für ignorante Teenager. Also extrem schlecht. Und deutsch.

Zwei Weine, Blue Nun und Liebfrauenmilch, hatten für

mich seit damals alles symbolisiert, was an Deutschland schlecht war, ähnlich wie deutscher Humor und *Lederhosen*. Aber stimmte das wirklich? Wenn man *Sideways,* diesem Film über die Reise zweier Freunde zu verschiedenen kalifornischen Weingütern, glauben will, erlebte der Riesling, diese deutscheste aller Rebsorten, eine Art Renaissance. Galt das auch für den deutschen Wein im Allgemeinen?

Für Manny gab es keinen Zweifel. Aber ich war zu Anfang meiner Deutschlandreisen sozusagen auf dem falschen Fuß erwischt worden: Zur Feier jenes allerersten Abends in Deutschland mit meiner Frau in Lübeck hatte ich in meinem Überschwang den lokalen Rotwein, *Rotspon*, bestellt, obwohl die Vorstellung von deutschem Rotwein für mich so fremd war wie Kricket in Portugal. Aber ich hatte mich nun einmal kopfüber in alles Deutsche stürzen wollen. »Fusel« wäre die richtige Bezeichnung gewesen, und ein einziges Glas bescherte mir fürchterliche Kopfschmerzen am nächsten Tag. Rotspon wird übrigens keineswegs in der Umgebung von Lübeck hergestellt. Es gibt überhaupt keinen Weinanbau in Schleswig-Holstein, und Pils ist bei Weitem das beliebteste lokale Getränk. Rotspon ist ein Bordeaux, der schon seit Jahrhunderten nach Lübeck gebracht und dort zum Reifen in Barrique-Fässern gelagert wird. Die Lübecker machen keinen Hehl aus der Herkunft des Weins und glauben fest daran, dass er durch diesen Lagerungsprozess verbessert wird. Was mich betraf, so erinnerte er mich an Mark Twains Essig und hätte eigentlich in meinen Salat gehört.

Das Bild sanfter Hügel mit ordentlichen Rebstockreihen, die sich im goldenen Sonnenschein zu einem grandiosen Château hinaufziehen, war etwas, was ich mit Frankreich, Italien und Spanien verband. Doch dieses Bild traf gleichermaßen auf Deutschland zu. Mannys Reiseroute folgend fuhr ich von Frankfurt nach Wiesbaden und Mainz und besuchte zuerst das malerische Rüdesheim; weiter ging es nach Bockenheim und Deidesheim an der *deutschen Weinstraße*, und schließlich zurück nach Geisenheim, dem Beaune der deutschen Weinwelt. Was ich fand, waren nicht die endlosen Weinlandschaften der Mittelmeerländer, unterbrochen von Lavendelfeldern, Olivenhainen und Zypressen, sondern eine teils sanft hügelige, teils fast bergige Landschaft, die gleichermaßen reizvoll war. Deutsche Weinberge sind vielerorts steil und klein, deshalb wahrscheinlich mühselig und kostenaufwendig zu bearbeiten: eine komplizierte Angelegenheit, ähnlich einem deutschen Spielzeug. Wie es aussieht, ist die deutsche Weinherstellung heute noch hauptsächlich lokal, frei von Snobismus und wenig kommerzialisiert. So gut wie jedes *Weingut* hatte eine *Probierstube*, in der ich nach Herzenslust kosten konnte. Dabei hatte ich den Eindruck, dass die Winzer die guten Sachen anscheinend für sich selbst und ihre Gäste behielten. Wieder zurück in London besorgte mir Manny, weiterer Beweis für ausgezeichnete Beziehungen, eine Einladung zu einer Rheinweinprobe in der deutschen Botschaft. Und zwar nicht zu irgendeiner gewöhnlichen Weinprobe: Die deutsche Weinkönigin würde uns mit ihrer Anwesenheit beehren. Wer war sie?

Nachdem der Botschafter uns herzlich willkommen geheißen hatte, nahmen wir Platz, um uns an Spezialitäten aus dem Rheinland zu laben. Aber ehe wir zu Messer und Gabel greifen durften, erhob sich eine hübsche junge Frau mit langen dunklen Haaren, Glas in der Hand, wie um einen Trinkspruch auszubringen. Sie trug eine blitzende Tiara auf dem Kopf und ein purpurnes Miederkleid mit Rüschen, das aus dem 19. Jahrhundert zu stammen schien, machte sich als Katja Schweder bekannt und erklärte uns, wer sie war.

Jedes Jahr stellen sich 13 junge Frauen aus den 13 (ja, es gibt 13!) deutschen Weinbaugebieten – jede von ihnen die

Königin ihrer Heimatregion – in einer Art Miss-World-Wettbewerb der Wahl zur Deutschen Weinkönigin. Eine Jury aus rund siebzig Weinfachleuten – Winzern, Weinhändlern, Gastwirten und Journalisten – befragt die Kandidatinnen auf Deutsch und Englisch nach allem, was mit Weinherstellung, Weinkonsum und Tourismus zu tun hat. Die Gewinnerin fungiert als Botschafterin des deutschen Weins und nimmt während ihrer Amtszeit, teils begleitet von zwei deutschen Weinprinzessinnen, weltweit an ca. 300 Veranstaltungen im Dienst der Rehabilitation des deutschen Weinbaus teil. Die Weinkönigin soll sich nicht nur mit Wein auskennen, sondern außerdem auch charmant sein. Ob es in der deutschen Botschaft um Grauburgunder oder Spätburgunder ging, die spritzige 26-Jährige, die ich erlebte, berauschte einen allein mit ihrem Charme. Ich brauchte nicht einmal an meinem Wein zu nippen, um jedes Wort aufzusaugen, das sie von sich gab. Sie hätte selbst Liebfrauenmilch in Wein verwandeln können.

Und doch konnte ich nicht anders, als mich über den Aufwand zu amüsieren, der hinter all dem steckte und der noch sehr viel schlimmer werden sollte. Bei der Probe ging es, wie bereits gesagt, um Rheinwein, und da Katja aus dieser Region stammte, wollte sich die deutsche Zentrale für Tourismus die Gelegenheit nicht entgehen lassen, alle daran zu erinnern, dass sich im Rheinland die Heimat der Romantik befand. Und nachdem ich in Heidelberg Schwerstarbeit geleistet hatte, musste ich jetzt sehen, wie zwei Deutsche in voller 19.-Jahrhundert-Montur als die Schriftstellerin Mary Shelley und der Maler William Turner verkleidet eine fiktive Begegnung der beiden englischen Kultur-Ikonen in Szene setzten, die sich verzückt über Deutschland äußerten – in gestelztem, absolut verzückungsfreiem viktorianischem Englisch mit deutschem Akzent! Es war eine Mischung aus *Frankenstein* und *Die Kanonen von Navarone*.

Die königliche Dreifaltigkeit des Weins schien mitten aus einem deutschen Karneval entsprungen, das Ganze ein weiterer Beweis für die Liebe der Deutschen zu Kostümen und Pomp, aber auch zu kindlichen Verkleidungen und Kitsch.

»Es gibt nichts Besseres als einen guten deutschen Riesling«, sagte Manny, der mir im Büro von Infinity ein mittägliches Glas einschenkte. »Perfekt als kleine Erfrischung vor dem Mittagessen oder zu einem nachmittäglichen Teller Himbeeren mit Sahne. Wussten Sie übrigens, dass deutscher Wein Ende des 19. Jahrhunderts der teuerste und begehrteste der Welt war?«

Es fiel mir schwer, das zu glauben. Er war so zuckersüß wie ein Kitschschloss und so direkt und unsubtil wie ein *Puff*. Dazu kamen die unleserliche Frakturschrift und ein kompliziertes Klassifizierungssystem, das, gelinde gesagt, romantische Züge trug. Allein die Namen! Ich betrachtete die Flasche, die Manny geöffnet hatte, und sah mich bestätigt. Die Aufschrift lautete: »Schloßböckelheimer Kupfergrube, Riesling, Spätlese, Weingut Dönnhoff«. Das klang nicht nach einem guten Wein, sondern wie ein Rang in der deutschen Armee.

»Wussten Sie, dass es ohne die Deutschen, die ins Barossa-Valley in Südaustralien ausgewandert sind, keinen australischen Wein gäbe? Und dass viele Weingüter in Südafrika und Nordamerika von deutschen Einwanderern begründet wurden?«

Aber die für mich erstaunlichste Enthüllung war, dass einige der großen Champagnergüter, Hersteller von Prickelwasser für die High Society, ursprünglich deutsch waren – aus jener Zeit, als dieser Teil der Welt innerhalb deutscher Grenzen lag: Heidsieck, Bollinger, Moët, Krug.

»Ganz zu schweigen von den Riedel-Gläsern, die bei Weinkennern und in Sterne-Restaurants als die besten Gläser für den Weingenuss gelten.«

Wie immer hatte Deutschland die Technologie und die Lieferseite perfekt im Griff. Es konnte sich auch der Urheberschaft rühmen. Aber die moderne Zeit, die hatte es nicht im Griff, und es schaffte es nicht, aus seinen Erfolgen Kapital zu schlagen.

»Und der Weinführer 2005 spricht von ›einer der besten Rieslingernten der jüngeren Zeit, vergleichbar den Jahrgängen 1975, 1976 und 1990.‹«

Waren das Fußballweltmeisterschaftsjahre?

»Deutschen Wein muss man vielleicht entdecken, aber wenn man ihn entdeckt hat, ist er unglaublich befriedigend und lohnend. Wie Deutschland selbst – ein Wein, ein Land für Kenner, nicht für Touristen.«

Es war ein Versuch, den Namen der Liebfrauenmilch reinzuwaschen, und eine weinbauliche Metapher für meine *Wanderlust*. Vormals das hässliche Entlein der europäischen Küche, war Deutschland jetzt anscheinend eine Nation kurz vor der Entdeckung. Tief hängende Früchte, entschieden keine sauren Trauben, sondern reichlich Sauerkraut. Manny jedenfalls war überzeugt, dass ich mit meinen Besuchen in Deutschland bald den Neid meiner Freunde am Dinnertisch wecken würde. Aber mochten die Deutschen ihre Würste auch noch so wundervoll finden, ich musste immer noch davon überzeugt werden, dass sie Begehrlichkeiten auslösen konnten oder, wie die Deutschen selbst sagen würden, die sich damit ja nur allzu gut auskannten, *Futterneid*.

10. Schadenfreude

Wieso ging der Deutsche über die Straße?

die (o. Pl.): boshafte Freude über das Missgeschick, Unglück eines andern

»Wie heißt der Chef der Pekinger Verkehrspolizei?«, fragte Manny augenzwinkernd.

Ich hatte nicht die leiseste Ahnung.

»*Um-lei-tung*!«

Schweigen.

»*Um-lei-tung*«, wiederholte er und erklärte: »Es ist das deutsche Wort für ›traffic diversion‹, aber es *klingt* wie ein chinesischer Name. Jetzt kapiert?«

Das also war der sagenumwobene deutsche Humor! Was die Deutschen unter Ironie verstanden, konnte ich mir nicht einmal ansatzweise vorstellen, und beim Sarkasmus tat sich sicherlich eine gewaltige Verständniskluft zwischen uns rasend komischen englischen Meistern des Humors und völlig überforderten, verständnislos kopfschüttelnden Krauts auf.

»Witz und Geist eines Volkes sind ein bei Touristen sehr begehrter Wert«, redete Manny weiter. »Die Liebenswürdigkeit einer Nation wird danach beurteilt, wie man ihre Menschen auch in dieser Hinsicht wahrnimmt.«

Falls Witz und Geist für Touristen tatsächlich eine Rolle spielten, war es um Deutschland nicht sehr gut bestellt, denn in der internationalen Liga der Humorlosigkeit galten die Deutschen als Dauerweltmeister. Dicht gefolgt von einer gewissen, germanisch angehauchten Sorte Amerikaner, so wie Manny einer war.

»Vielleicht wissen Sie einfach zu wenig über deutschen Humor.«

Gut, aber es konnte doch wohl keinen Zweifel daran geben, dass der einzige humoristische Zweck der Deutschen darin bestand, als Prügelknabe zu dienen: wegen ihrer Vergangenheit und weil sie unseren hintergründigen Humor, auf den wir so stolz waren, nicht verstanden. Was konnte es Vergnüglicheres geben als den Anblick einer Doppelbedeutung, die völlig unbemerkt über den Schädel eines deutschen *Dummkopfes* hinwegsegelte.

»Ja, ja, die Freude über die Dummheit oder das Missgeschick anderer. Ein so fundamentaler Bestandteil britischen Humors. Da empfinden Sie es doch sicher geradezu als Ironie, dass ausgerechnet die Deutschen einen wunderbaren Begriff dafür haben. *Schadenfreude*.«

Schadenfreude. Klang gut. Ich hatte das Wort nicht gekannt, mich allerdings immer königlich amüsiert, wenn anderen ein Missgeschick oder Unglück passierte.

Aber bloß weil die Deutschen eine Menge über Leid und Unglück anderer wussten, mussten sie noch lange keinen Sinn für Humor haben.

»Wussten Sie zum Beispiel, dass Andrew Sachs, der unter anderem den Manuel in *Fawlty Towers* gespielt hat, gebürtiger Deutscher ist?«

Es gab also einen Spion in unserer Mitte!

Manny erzählte weiter, dass die Deutschen versucht hatten, eine deutsche Version dieser Serie zu produzieren. Aber es blieb bei einem Pilotfilm mit dem Titel »Zum letzten Kliff«. Außerdem hatten sie in einer bizarren, masochistischen Anwandlung absonderlicher *Selbstwahrnehmung 'Allo 'Allo* importiert.

Übrigens, so Manny, hätten die britischen Behörden vor dem Zweiten Weltkrieg antideutsche Witze verboten. Da

Großbritannien damals mit Deutschland befreundet war, galt es als schlechtes Benehmen, Witze auf Kosten des Landes und vor allem auf Kosten Adolf Hitlers zu machen, der schließlich das Staatsoberhaupt war. Während des Krieges wurde der Humor allerdings zu einer wichtigen Waffe im Arsenal beider Seiten. Wir hatten Noël Coward und Charlie Chaplin, die Deutschen hatten Joseph Goebbels. Es war also kein wirklich fairer Wettstreit. Goebbels war das einem Tourismusverbandsleiter Ähnlichste, was die Nazis hatten. Obwohl Jazz eigentlich verboten war, stellte er ein Jazzorchester zusammen, »Charlie and his Orchestra«, das nur in Propagandasendungen fürs Ausland zum Einsatz kam. Sänger war Karl »Charlie« Schwedler, ein Klempnerssohn aus Duisburg, der jeweils die erste Strophe eines englischsprachigen Klassikers wie »Stormy Weather« oder »Making Whoopee« im Original sang, um sie dann zu persiflieren, was dann so klang: »Don't know why, I can't look into the sky, stormy weather/Since the Germans got their planes and ships together.« Angesichts von Mannys bizarrem Enthusiasmus für Deutschland, der an übersteigerten Patriotismus grenzte, war es vielleicht verzeihlich, dass ich Heimway allmählich für einen anglisierten deutschen Namen hielt!

Sehr viel später, versicherte mir Manny, hätten die deutschen Boulevardblätter, wenn es um England gegen Deutschland ging, nicht nur eingesteckt, sondern auch ausgeteilt. Anscheinend bezeichneten sie die Briten als *Inselaffen* und versuchten, uns mit Seitenhieben wie »Ihr könnt ja nicht einmal ein ordentliches Bier zapfen« zu treffen. Nicht gerade sehr kränkend, aber inzwischen verstand ich ein bisschen besser, was sie meinten. Oder sie spotteten: »Wieso geht ihr eigentlich in der Badehose in die Sauna?« Kein Kommentar.

»Sie müssen mir nicht glauben«, sagte Manny. »Machen Sie sich selbst ein Bild.«

Dafür musste man vor Ort sein. In Deutschland. Ich musste mich bei Deutschen umhören, um zu sehen, ob es das Vaterland in Humor und Komik zu einem *Vorsprung* gebracht hatte, der über Witze hinausging, die einem so ins Auge sprangen wie gewisse Körperteile an einem Nacktbadestrand. Es würde ein kurzes Modul werden!

Aber halt! War Boris Becker nicht neuer Team-Captain in der Sport-Comedy-Quiz-Sendung *They Think It's All Over*? Wahrscheinlich hatten sie ihn nur genommen, damit ihnen die Witze über das Herummarschieren in *Lederhosen* und über zweiminütige FKK-Spiele in den Besenkammern japanischer Restaurants nicht ausgingen.

Manny schlug vor, mich erst einmal in der deutschen Gemeinde in London umzutun. Gab es überhaupt eine? Und falls ja, wo versteckte sie sich?

Als ich Freunden gegenüber erwähnte, was ich vorhatte, rückten viele von ihnen – nach Jahren! – damit heraus, dass sie etwas hatten, was sie als ihren »deutschen Freund« bezeichneten. Als seien Bekanntschaften mit Deutschen etwas Peinliches, das man am besten geheim hielt. Allerdings ergaben diese Freunde noch keine Gemeinde. Schließlich erzählte mir Manny von einem monatlichen Treffen in Soho, an dem er manchmal teilnahm, einem Treffen des sogenannten »Towel Club«. Guter Name, Handtuch-Club, dachte ich, und möglicherweise das erste Aufblitzen eines Funkens deutschen Humors. Trotzdem würde ich auf Nummer sicher gehen und versuchen, so früh wie möglich da zu sein.

Es wurde ein sehr angenehmer Abend, fast *gemütlich*, wenn nicht sogar lustig, und er war der Beweis dafür, dass Deutsche mit Humor englischen Einflüssen ausgesetzt gewesen sein mussten. Als ich ging, war ich im Besitz einer ellenlangen Liste deutscher Komiker, Comedy-Shows und Filme, über die sich die Clubmitglieder anscheinend schieflachen konnten. Da ich keine Lust hatte, stundenlang vor meinem DVD-Player zu hocken und mir anzugucken, was Deutsche komisch fanden, fragte ich nach den Highlights.

Offenbar gab es eine Fernsehsendung, die so etwas wie nationalen Kultstatus besaß – *Dinner for One*. Erstmals wurde sie 1963 im deutschen Fernsehen ausgestrahlt und steht seit 1972 jedes Silvester auf dem Programm. Im *Guinness-Buch der Rekorde* von 1988 wird sie als die »weltweit am häufigsten wiederholte Fernsehproduktion« aufgeführt und ist auch in vielen anderen Ländern zu sehen. Allerdings nicht in Großbritannien! Und das, bezeichnenderweise, obwohl diese Bastion deutschen Humors der Sketch eines britischen Autors ist, gespielt von britischen Schauspielern, und zwar auf Englisch!

»Fahren Sie nach Deutschland. Sehen Sie selbst«, drängte mich Manny.

Da ich diesen kulturellen Meilenstein auf keinen Fall verpassen wollte, machte ich mich mit meiner Frau und meinem kleinen Sohn auf den Weg, um den letzten Tag des Jahres mit Deutschen zu feiern. Übrigens wird dieser Tag in Deutschland »Silvester« genannt. Nicht etwa, weil dann endlose *Rocky*-Wiederholungen im Fernsehen laufen, sondern weil es der Todes- und Namenstag von Papst Silvester I. ist.

Berchtesgaden, im äußersten Südosten Deutschlands gelegen, ist ein beliebtes deutsches Ferienziel sowohl für Sommer- als auch für Winterurlaube. Es liegt in den deutschen Alpen, so weit im Süden, wie man in Deutschland kommen kann, ohne in Österreich zu sein.

Beherrscht von den steilen Wänden des Watzmann-Massivs, ist es eine der schönsten Ecken Europas, die ich je besucht habe. Eine Legende besagt, der Waze oder Wazemann sei ein König gewesen, der zusammen mit seiner Frau und seinen sieben Kindern die ganze Gegend terrorisierte, wofür alle zusammen von Gott in Berge verwandelt wurden. Auch der kristallklare, blaugrüne Königssee, der sich wie ein Fjord zu Füßen der Berge erstreckt, heißt nach ihm. Es ist der höchstgelegene und sauberste See Deutschlands, und die auf einer Halbinsel gelegene Kirche St. Bartholomä, die zu einem Jagdschlösschen gehört, ist ein beliebtes Postkartenmotiv.

Wir kamen an einem stillen, verschneiten Tag am Königssee an: Vor uns lag St. Bartholomä, die kleine weiße Kirche mit ihren hellgelb abgesetzten Fenster- und Türeinfassungen, zwei rot gedeckten Zwiebeltürmen und roten Kuppeldächern. Der See, leicht überfroren, fing die feierlich langsam fallenden Schneeflocken auf. Es war, als seien wir nach Russland versetzt worden, mitten hinein in *Dr. Schiwago*. Oder in die magische Welt von Narnia. Es gab sogar eine Herde sanftäugiger Bambis, die uns beobachteten, als wir unseren dick eingemummten kleinen Sohn auf einem alten Kufenschlitten à la *Rosebud* durch den umliegenden Wald zogen.

Schon als wir das Boot bestiegen, die einzige Möglichkeit, St. Bartholomä zu erreichen, wenn man nicht einen sehr langen Fußmarsch auf sich nehmen wollte, herrschte eine märchenhafte Atmosphäre. Mir hatte es gegraut bei der Aussicht auf eine kitschige Bootsfahrt mit einem monströsen Touristendampfer, auf dem uns jemand die Ohren mit Offensichtlichem vollsülzen würde. Aber wir waren in Deutschland, und keine Monsterdampfer durften die Wasser des Königssees verschmutzen. Nur eine begrenzte Zahl von Fahrgastschiffen war auf dem See erlaubt, untergebracht in stilvollen hölzernen Bootshäusern, und sie mussten alle mit Elektromotoren ausgerüstet sein. Das schlanke, glänzende Holzboot, in dem wir seidenweich und fast lautlos den lang gestreckten, schmalen See entlangglitten, war so elegant wie die Boote bei der Ruderregatta in Henley.

Gott sei Dank war auch unser Bootsführer kein stundenweise bezahlter Fremdenführer. Der etwa 40-jährige Einheimische trug den schlichten blauen Overall eines Automechanikers und erwies sich als beeindruckender Musiker. Der See ist nämlich auch für sein Echo berühmt. An klaren Tagen wird ein Ton, an einem bestimmten Punkt des Sees ausgestoßen, angeblich bis zu siebenmal von den zerklüfteten Bergwänden zurückgeworfen.

Der Mann machte den Motor aus. Während wir langsam auf die entsprechende Stelle zutrieben, zog er einen Instrumentenkasten unter einer Bank hervor und entnahm ihm ein abgegriffenes altes Flügelhorn. Er räusperte sich, stellte sich in die Mitte des Bootes und ließ einen wundervoll klaren, weichen Ton erschallen, auf den selbst New Orleans' Buddy Bolden stolz gewesen wäre und der in der verschneiten Stille gedämpft als Echo hin- und hergeworfen wurde. Schließlich ging der Mann zu einem melodischen, heiteren Walzer über – übrigens hat der Walzer seinen Ursprung in dieser Ecke der Welt – und beendete seine Darbietung mit einem schnellen, chromatischen, fast bluesigen Riff. Jeder Ton war einzeln und klar und mit leiser Verzögerung zu hören, bevor er sich über dem Wasser mit den anderen zu einem Akkord vereinte. Der ganze See hallte wider von diesen Klängen – wie die marmorne Halle eines Märchenpalastes, in dem eine Blaskapelle in einem abgelegenen Ballsaal aufspielt. Die Berge sangen.

Bei unserer Rückkehr ans Ufer waren Vorbereitungen für ein Feuerwerk im Gange. Eine kleine Bühne für die Musik wurde aufgebaut, ebenso Buden mit Stehtischen, an denen außer Bier, Glühwein und den üblichen Würstchen auch Fisch aus dem See verkauft wurde. Die Buden erfüllten die Luft mit diesem herrlich deutschen, festlichen Duft nach Nelken und Zimt. Wie schon an der Ostsee, auf den Weihnachtsmärkten und auf dem Oktoberfest konnte ich auch hier erleben, dass die Deutschen wirklich wundervolle Feste für die ganze Familie ausrichten.

Wir kehrten in unseren kleinen, familiären *Gasthof* zurück, brachten unseren Sohn zu Bett und setzten uns zur Feier des Jahresendes zu einem Dinner for Two. Dann sahen wir uns mit den Wirtsleuten und mehreren anderen Gästen, lauter Deutschen, *Dinner for One* im Fernsehen an.

Dinner for One ist ein kurzer, in Schwarzweiß gedrehter Film über ein Essen am Silvesterabend in einem viktorianischen Herrenhaus. Die Dame des Hauses, Miss Sophie, hat, wie jedes Jahr, ihre vier Freunde, Sir Toby, Admiral von Schneider, Mr Pommeroy und Mr Winterbottom eingeladen, die allerdings alle schon lange tot und daher nicht anwesend sind. Butler James trifft letzte Vorbereitungen. Als Miss Sophie erscheint, erkundigt er sich: »Same procedure as last year, Miss Sophie?« Worauf Miss Sophie würdevoll »Same procedure as every year, James« antwortet. Dieser Dialog wiederholt sich vor jedem Gang, den James aufträgt. Der arme James wird zusehends betrunkener, da er für jeden der nicht anwesenden Gäste einen Toast ausbringen und das Glas leeren muss. Und so trinkt er sich durch Sherry zur Suppe, Weißwein zum Fisch, Champagner zum Hühnchen und Portwein zum Obst. Das Ausbringen der Trinksprüche – jeder der nicht anwesenden Gäste hat einen eigenen, ganz speziellen – wird immer undeutlicher, übertriebener und lauter, das Einschenken wie auch der Weg von Anrichte zu Tisch, um den Tisch herum und wieder zurück immer unfallträchtiger. Fast jedes Mal stolpert James dabei über den Kopf eines Tigers, den wohl einer von Miss Sophies Vorfahren geschossen hat und der als Vorleger zwischen Tisch und Anrichte liegt. Als das Mahl vorbei ist, verkündet Miss Sophie, dass sie sich nun zurückziehen möchte. Der Butler hilft ihr beim Aufstehen und fragt sie ein letztes Mal: »Same procedure as last year, Miss Sophie?« Wieder antwortet sie: »Same procedure as every year, James!« Die Kamera fährt auf James zu, der mit Miss Sophie am Arm die Treppe hinaufsteigt und mit einem Zwinkern in die Kamera erwidert: »Well, I'll do my very best!«

Bei diesen Worten gluckten die Deutschen um mich herum und wahrscheinlich im ganzen Land vor *Gemütlichkeit*, umhüllt von der Behaglichkeit des Vertrauten. Erst jetzt war das alte Jahr vorbei und das neue konnte kommen.

Dinner for One ist eine Art Parodie auf die Exzentrik und die viktorianische Etikette einer gesellschaftlich nicht mehr relevanten englischen Aristokratie, die weiterhin an ihre eigene Wichtigkeit glaubt und in ihrer eigenen Welt voller Illusionen lebt. Meinten die Deutschen voller *Schadenfreude*, dass wir Engländer alle so waren? Oder äußerten sich hier eher Nostalgie, liebevolle Sympathie und vielleicht eine Spur Neid auf unsere britischen Traditionen?

Der in Hamburg gedrehte Sketch begnügte sich mit minimaler Kameraführung und spielte nur in diesem einen Zimmer. Ein kleines Drama mit absurdem, fast ausschließlich visuellem Humor, das mir, wie ich zugeben musste, ausnehmend gut gefiel. Wegen seiner Einfachheit und seines Understatements, aber auch wegen seines Inhalts. *Dinner for One* steckte voller kleiner Details, die sich wunderbar nacherzählen ließen und bei denen man sofort verstand, dass sie zum Kult geworden waren.

Nachdem wir am Nachmittag mit dem Schlitten die verschneiten Hänge Berchtesgadens hinuntergefahren waren, schlitterten wir nun, am Abend, in ein deutsches neues Jahr. »Guten Rutsch!«, wünschen sich die Deutschen und glauben oft selbst, es bedeute, man möge im Wortsinn gut in das neue Jahr hineinrutschen, als sei es keine zeitliche, sondern eine physische Grenze, die es zu überqueren gelte. In Wirklichkeit aber leitet sich der Ausdruck vom jiddischen »rosch« ab und bedeutet »Kopf« oder »Anfang«. Ich hatte bisher noch nie über die Verbindung zwischen Deutsch und Jiddisch nachgedacht, die zweifellos ein gutes Beispiel für Ironie war.

Deutsch klingt in nicht deutschen Ohren äußerst schwerfällig, widerborstig und rau. Seine Vorliebe für abstrakte Begriffe macht es eher geeignet für philosophische Erörterungen als für leichtherziges Geplauder und Geistreicheleien. Meines Wissens waren Schopenhauer und Nietzsche nicht gerade für ihre Spontaneität oder ihren Humor bekannt.

Genau dieses Stereotyp des alles analysierenden Deutschen, der an Humor herangeht wie an einen Audi-Motor, hatte ein deutscher Komiker, wie ich herausfand, zu seinem Vorteil umgemünzt. Eine Google-Eingabe der Worte »German«, »Stand-up« und »Comedian«, würde wohl kaum etwas anderes ergeben als: »Es wurden keine mit Ihrer Suchanfrage übereinstimmenden Dokumente gefunden«, oder vielleicht noch: »Meinten Sie (wirklich?) deutsche Stand-up-Comedians?« Doch ich erhielt weit mehr Ergebnisse, als ich für diese seltene Spezies, die ich aufrief, erwartet hatte. Zu ihnen gehörte ein Deutscher, der in London lebte, mit einem englischen Programm auftrat und 2005 den »Hackney Empire New Act of the Year« als bester neuer Comedian gewonnen hatte. Die Sache musste einen Haken haben. Das musste ich mir ansehen. Das Gute daran war, dass ich vielleicht doch nicht nach Deutschland fahren musste, um einen Stand-up-Comedian zu finden.

Er hieß Henning Wehn und bezeichnete sich selbst als »der deutsche Comedy-Botschafter im Vereinigten Königreich«. Das erste Mal sah ich ihn als einen von zehn Komikern in der letzten Runde eines BBC-Nachwuchstalente-Wettbewerbs im Ginglik Club, einer ehemaligen öffentlichen Bedürfnisanstalt. Henning war als Letzter an der Reihe. Angetan mit einer spießigen Strickjacke, die aussah wie von C & A, eine Stoppuhr um den Hals gehängt, gab er den peniblen, alles analysierenden Deutschen, der jeden Witz mitstoppte, um ihn anschließend dem Publikum zu erklären, ganz gleich, ob es ihn verstanden und gelacht hatte oder nicht. Der Witz lag in der Art der Erklärungen: voller umstandskrämerischer Ausdrücke und Details, eingebettet in lange, komplizierte Satzgebilde mit haufenweise ineinander verschachtelten Nebensätzen. Es hätte fast als Understatement durchgehen können.

Zum Programm gehörten auch diverse gewagte *Selbstwahrnehmungs*-Gags. »Wieso ging mein Großvater über die Straße?« Antwort: »Um in Frankreich einzumarschieren.« Oder: »Haben Sie schon gehört? England hat sich problemlos für die Weltmeisterschaft qualifiziert. Vor Polen und Österreich. Unsere beiden wichtigsten Provinzen sind auch nicht mehr das, was sie einmal waren.« War das deutsche *Schadenfreude*? Wehn war unverkennbar derselben Auffassung wie Manny: Es war höchste Zeit, dass die Briten allmählich umdachten. Tatsächlich heimste er eine Menge Lacher ein, was darauf schließen ließ, dass Einstellungen sich vielleicht tatsächlich änderten. Während der Weltmeisterschaft tourte er mit einem einstündigen Programm unter dem Titel »Drei Weltmeisterschaften und ein Weltpapst« durch Großbritannien. Es enthielt weitere gewagte Kriegswitze – z. B. den über den deutschen Logiker, der sich an der Diskrepanz zwischen der Zahl der Weltkriege, die Deutschland auslöste, und der Zahl der Reiche, die diese Kriege verursachten, störte und vorschlug, da Deutschland jetzt eine Republik sei, solle es einen dritten anfangen, um die Symmetrie herzustellen.

Nach der Vorstellung sprach ich mit Wehn über Deutschsein und Humor. Er kam aus der Nähe von Dortmund, also aus dem Ruhrgebiet, dem ehemals grau-verrußten Zentrum der deutschen Schwerindustrie, vergleichbar mit den britischen West Midlands. 2002 kam er nach England, wo er in einer ganz normalen Firma arbeitete. Er fand die Bürowitze, die dort auf seine Kosten gemacht wurden, tatsächlich lustig. »Wollen wir in das neue polnische Restaurant gehen? Lieber nicht, hinterher kriegen wir Henning nie wieder da weg.« Wehn mochte diese Stereotype und sah nicht ein, warum man Leute zwingen sollte, sie aufzugeben. Ihm schien es besser, ein Land vieler Stereotype als eins ohne welche zu sein. Er klang genau wie Manny.

Über seine noch relativ junge Karriere als Komiker erzählte mir Wehn, dass er nach ein paar Jahren normaler Berufstätigkeit eines Abends zu einer Veranstaltung in Greenwich gegangen sei und (typisch deutsche *Großmannssucht*) gedacht habe, was dort geboten würde, könne er besser! Mit teutonischer Gründlichkeit hatte er anschließend Zeitschriften wie *Viz* analysiert und stundenlang auf dem Klo studiert (ich hatte Visionen von Eureka-Rufen, wenn dieser Philosoph die Witze »kapierte«). *Viz* als eine Art »Englisch für Ausländer«? Wieso eigentlich nicht?

Bedauerlicherweise schaffte Wehn es nicht in die Endrunde des Nachwuchswettbewerbs der BBC. Das lag nicht etwa daran, dass er beim Elfmeterschießen der Komiker verloren hätte (wenn es so etwas gäbe, würde England immer gewinnen). Nein, einer seiner Gags – irgendwas darüber, dass Frauen zu Hause bleiben und den Abwasch machen sollten, statt zu versuchen, Fußball zu verstehen – wurde als sexistisch gewertet, weswegen die BBC ihn disqualifizierte. Also ehrlich! Was sollte aus der Impro-Night im berühmten Comedy Store werden, wenn man sich so etwas nicht mehr erlauben durfte?

Neben Henning Wehn hat das Ruhrgebiet viele gute Komiker hervorgebracht. Allerdings haben die Deutschen die unterschiedlichsten Ansichten darüber, wo in ihrem Land das Zentrum der Komik liegt. Die einen sagen Köln, andere Hamburg, wieder andere Berlin. Wir Vereinigten Königreichler wissen um die unterschiedlichen Humorvarianten der Geordies aus Newcastle-on-Tyne, der Scousers aus Liverpool, der Londoner Cockneys, der cornischen Bevölkerung, neuerdings auch der indischen und sonstigen asiatischen Gemeinden. Sie alle ziehen sich ständig gegenseitig durch den Kakao, und alle gemeinsam machen sich über die »Brummies« lustig, die Bewohner Birminghams. Vielleicht ließ die manchmal übertriebene Toleranz, die im Nachkriegsdeutschland herrschte, keine Witze auf Kosten anderer zu. Aber in Großbritannien waren diese sich ständig kabbelnden Enklaven Teil eines wundervollen Ganzen mit vielen verschiedenen Facetten, das andere nicht ausschloss.

Manny hatte mich aufgefordert, mir in Hamburg und München diverse Varietés und Kleinkunstbühnen anzusehen. Aber dort ging es um Musik, Tanz und Zauberkunststücke mit ein paar Witzen dazwischen, die die alte deutsche Komik repräsentierten. Man konnte sich das alles ansehen, es in sich aufnehmen, beklatschen und ja, auch darüber lachen, aber es war nicht boshaft. Es war das genaue Gegenteil von *Schadenfreude*. Es war Wohlfühl-Komik. Anders ausgedrückt, *Gemütlichkeit*.

Was ich in Hamburg und München sah, war eine aktuelle Version des Kit-Kat-Club aus *Cabaret*. Im Berlin der 1930er-Jahre hatte es noch keine Stand-up-Comedy gegeben, und diese Art Varieté war die perfekte Möglichkeit, sich über das vorherrschende politische Klima lustig zu machen. Berlin war damals einzigartig. Dort herrschte ein libertäres Klima des Alles-ist-erlaubt, das böse politische Sticheleien und offene Zurschaustellungen von Polygamie, Lesbianismus und Cross-Dressing möglich machte. Aber das Varieté passte nicht mehr in die schnelllebige, rund um die Uhr geöffnete Informationswelt von heute, in der nacktes Fleisch und offen pornographische Angebote fast überall zugänglich sind. Was ich sah, gehörte in dieselbe Schublade wie der Zirkus und war ein weiterer Beweis für die Vorliebe der Deutschen für Verkleidungen. Vielleicht war das Leben in großen Teilen Deutschlands ein *Cabaret*, aber von fortschrittlichem Sinn für Humor konnte keine Rede sein. Der Clown war das komische Äquivalent zum Gartenzwerg. Und falls Hamburg tatsächlich die britischste deutsche Stadt war, so galt das jedenfalls nicht bezogen auf ihren Sinn für Humor.

Auf der Suche nach der Partymentalität der Stadt hatte Manny mich bereits nach Köln geschickt. Jetzt pries er es als Hochburg der Liebe zur Satire und lockeren Lebensart. Alles ist relativ. Kölns berühmtester Aktivposten, vom sattsam bekannten Duftwasser einmal abgesehen, ist sein *Dom*, dessen gotische Türme die Skyline der Stadt bestimmen. Anscheinend witzeln die Kölner, dass sie diesen Dom noch nie im Ganzen gesehen haben, weil aufgrund seiner gewaltigen Ausmaße immer irgendwelche Teile aus Renovierungsgründen unter Gerüsten verborgen sind. Ein Zeichen dafür, dass sie sich und ihre Stadt nicht allzu ernst nahmen. Das konnten sie sich auch nicht leisten. Denn das moderne Köln ist nicht besonders schön. Im Krieg schwer zerstört und nach dem Krieg als charakterloses Sammelsurium grauer, mittelhoher Häuser wieder aufgebaut, ist es umgeben von einem ständig verstopften Autobahnring und geprägt vom Gerumpel allgegenwärtiger Straßenbahnen. Vielleicht steht der Humor einer Stadt im umgekehrten Verhältnis zu ihrer oberflächlichen Schönheit, jedenfalls besaßen die Kölner tatsächlich einen Witz, der keiner äußeren Pracht bedurfte und durch ihr Fehlen vielleicht umso ausgeprägter war.

Wie Manny gesagt hatte, gab es einen Mann, der mittlerweile von fast allen Kölnern geliebt wurde und der als Personifizierung deutschen Geists und deutscher Satire gelten konnte. Neben Konrad Adenauer ist er der berühmteste Sohn der Stadt: der mit dem Nobelpreis für Literatur ausgezeichnete Schriftsteller und Humorist Heinrich Böll (verstorben 1985), von dem zwar sehr vieles ins Englische übersetzt wurde, der aber trotzdem in Großbritannien nicht sonderlich bekannt ist.

In den 1950er-Jahren prangerte Böll die Arbeitsethik der Zeit des Wiederaufbaus und des *Wirtschaftswunders* an. Er war die Stimme der Außenseiter und der an den Rand der Gesellschaft abgedrängten Einzelgänger, die trotz ihrer Intelligenz sinnlose und unbedeutende Arbeiten verrichteten. So z.B. der Bahnhofsbeamte in einem kleinen Dorf, in dem Öl gefunden wurde, woraufhin der Ort einen Boom erlebt, dann aber wieder in die Bedeutungslosigkeit zurücksinkt; der Mann, der die Passanten auf einer Brücke zählen muss, seine »Geliebte« aber ungezählt lässt, weil sie nicht in die Statistiken seiner Bosse eingehen soll; der Mann, der in einer sozusagen vorausahnenden »grünen« Parabel bei einer Versicherung unerwünschte Drucksachen aus der Post aussortiert und Berechnungen darüber anstellt, welche Verpackungen in Kaufhäusern, aber auch generell, sich entsorgen bzw. gleich einsparen lassen würden; und der Intellektuelle, der einen Job in einer Fabrik annimmt, wo alle so voller Tatendrang stecken, dass sie bis zu 13 Telefone gleichzeitig bedienen, sich mit dem Mund Notizen machen, mit den Zehen Strickmaschinen betätigen, weil sie sich sonst unterfordert fühlen würden, und neben ihrer Arbeit noch weiteren Berufstätigkeiten nachgehen oder Studienabschlüsse machen. Was die Fabrik herstellt, wird an keiner Stelle gesagt.

Wie es aussieht, gelten Bölls Beobachtungen auch noch in einem 21. Jahrhundert, in dem Konzerne »Human Resources«-Abteilungen unterhalten und das von herablassenden, aus Amerika stammenden Euphemismen für unqualifizierte Arbeiten, vor allem für Entlassungen und Betriebsschließungen geprägt ist.

Böll liebte das Humoristische in Deutschlands kollektivem Wunsch, die Vergangenheit zu bewältigen, gefangen zwischen Obsession, Illusion und dem Bedürfnis, wieder mit sauberer Weste dazustehen. So in der Geschichte des jungen Mitarbeiters einer Rundfunkanstalt, der in einem bereits aufgenommenen Vortrag das Wort »Gott« durch eine sehr viel längere Umschreibung ersetzen, d. h. es herausschneiden, die Umschreibung einsetzen und die Bänder wieder zusammenkleben muss. Dabei, aber auch bei seiner Arbeit insgesamt, hört er so viel hohles Zeug, dass er Schweigestellen, die er gelegentlich auch herausschneiden muss, sammelt, mit nach Hause nimmt und sie sich abends anhört, um sich von der Welt der leeren Worte abzuschotten. Bölls Weihnachtserzählung »Nicht nur zur Weihnachtszeit« berichtet von einer Familie, die so tun muss, als sei jeden Tag Heiligabend, damit die verrückte alternde Tante keine hysterischen Anfälle bekommt. Die Scharade, die für ein paar Tage gedacht war, zieht sich Wochen und Monate hin, bis zum Schluss zwei Jahre vergangen sind. Jeden Abend, ob Sommer oder Winter, müssen sich alle zum gleichen Essen an den Tisch setzen, dieselben Weihnachtslieder singen und den gleichen Ablauf durchspielen. Sie müssen sogar Weihnachtsbäume klauen, um die alte Frau zufriedenzustellen. Schließlich lassen sich die Familienmitglieder von Schauspielern vertreten, und die Kinder werden durch Wachspuppen ersetzt.

»Humor hat zwar weltweit gemeinsame Grundlagen und somit eine gewisse Internationalität, trotzdem bringt jede Nation mit ihren eigenen Gegebenheiten ein ganz eigenes Universum des Humors hervor«, versicherte mir Manny. »Sie können nicht hoffen, den deutschen Humor zu verstehen, solange Sie Deutschland nicht verstehen. Und das ist wichtig für Ihre *Wanderlust*.«

Wir Briten hatten Kriegswitze über Deutschland; aber ich habe gehört, dass die Deutschen, masochistisch, wie sie waren, auch Kriegswitze über sich selbst hatten. Wie würde man das auf Deutsch nennen? *Selbstschadenfreude*? Oder *Selbstironie*?

Illusion spielte vielerorts eine große Rolle. Zum Beispiel in *Goodbye Lenin*, einem der wenigen deutschen Filme, der auch in Großbritannien lief und eine moderne Version von Bölls Weihnachtsgeschichte zu sein schien. Die Komödie handelt von einer Ostberliner Familie, die, obwohl die Mauer längst gefallen ist, die Illusion aufrechterhalten muss, dass die DDR noch existiert. Die Familie fürchtet, dass die Mutter, eine überzeugte Genossin, die ein paar Wochen vor dem Fall der Mauer in ein Koma fiel, sonst nach dem Aufwachen am Schock sterben könnte, weil ihre geliebte DDR nicht mehr existiert. In *Cabaret*, das ja kein deutscher Film ist, ist der Kit-Kat-Club ein Ort, wo die Berliner hingehen können, um ihre Sorgen zu vergessen und über die schwulen Nazikarikaturen auf der Bühne zu lachen – während die echten Nazis draußen die Stadt in Brand stecken und Juden, Schwule, Sozialisten und Kommunisten verprügeln. Und *Dinner for One*? War nicht auch das eine Geschichte über das Leugnen von Realität oder über den Zwang, an der Vergangenheit festzuhalten? Und war die Liebe der Deutschen zu diesem Sketch, den sie sich Jahr für Jahr ansahen, vielleicht nicht ein weiterer Beweis für ihren Hang zu Illusionen vor einem manchmal bedrohlichen Hintergrund?

Ich hatte diese Neigung zu Illusionen genauso in der *Gemütlichkeit* erkannt, die auf dem Oktoberfest die Realität überlagerte, wie im Idealismus, der das Wesen des deutschen romantischen Denkens ausmachte, und darin, wie die deutsche Nation auf einem Ideal der Vergangenheit aufgebaut worden war. Die Liebe zur Illusion lag, nach meinen Erfahrungen, in den Clownerien der deutschen Komik, in den Gartenzwergen, im Kitsch von Neuschwanstein, in den fantastischen Erzählungen eines Baron von Münchhausen, im Märchen vom Schlaraffenland und im Vorherrschen kindlicher Fantasien im deutschen Leben. Jetzt sah ich sie in der deutschen Populärkultur, im Fernsehen und in der Literatur. Der Gedanke, dass hier ein nationaler Charakterzug zum Tragen kam, lag nahe: Die Deutschen hatten offenbar nicht nur etwas Simples, Kindliches und Idealistisches, sie waren auch anfällig dafür, sich hinters Licht führen zu lassen. Man musste nicht sehr geistreich sein, um einen Deutschen zu amüsieren, wie also konnten die Deutschen Witz produzieren?

Waren es, von außen betrachtet, vor allem die Rheinländer mit ihrer römischen Vergangenheit, die Satire schaffen konnten und zu schätzen wussten, während der Rest Deutschlands Biere kippte und über Bananenschalenwitze lachte? Brachte Wein den deutschen Geist zum Funkeln, während Bier ihn einlullte und vor allem dazu gut war, Mönchen das Verschlafen der Fastenzeit zu erleichtern? Aber was war mit dem hochgelobten latinischen Geist der Bayern, die das Bier doch liebten? Nun, Bayern war katholisch. Als der erste Münchener *Grüß Gott* statt *Guten Tag* zu mir sagte, ging mir auf, dass ich mich in einer katholischen Region Deutschlands befand. Obwohl die Fertigstellung von Kölns gotischem Wahrzeichen von den protestantischen Preußen mitfinanziert worden war, ist die Stadt überwiegend eine katholische Stadt, die seit 1475 als Freie Reichsstadt zum Heiligen Römischen Reich Deutscher Nation gehörte. War deutscher

Humor eine religiöse und kulinarische Angelegenheit und der Rhein nicht nur eine religiöse und kulinarische Grenze, sondern der Rubikon für Europas Sinn für Witz und Ironie? Gab es auf der einen Seite Sonne, Wein, List, Korruption und Humor, auf der anderen grau-in-graues Wetter, Bier, Butter, Ernsthaftigkeit, Effizienz und Bananenschalenwitze? Protestanten aus dem Land, in dem die Abweichlerreligion das Licht der Welt erblickte, und alle, die nördlich davon lebten, nahmen das Leben zu ernst. Für sie war Humor zu oberflächlich und zu schwer greifbar, und die Früchte spontaner Höhenflüge von Geist und Fantasie waren entweder nicht existent oder nicht gern gesehen. Wie viele Komödien kamen schon aus Skandinavien? Die Sorte Amerikaner, die einen ausdruckslos anstarrte, wenn man einen auch nur entfernt subtilen Witz machte, gehörte unweigerlich zu George W. Bushs protestantischem Bibelgürtel. Wieder mal war Nacktsein alles.

Und was war mit der jiddischen Tradition, Sprache zu unterlaufen, sich selbst und andere aufs Heftigste ins Lächerliche zu ziehen? Jiddisch und Deutsch sind eng miteinander verwandt, aber offensichtlich ist der deutsch-jüdische Sinn für Humor, so er überhaupt überlebt hat, ebenfalls ausgewandert, hat seinen Namen geändert und jahrzehntelang den amerikanischen Witz im Showbiz-Humor aufgepäppelt.

Humoristisches Vergangenheitsbewusstsein, lernte ich jetzt, ist nur ein Beispiel jenes Humors, der für Deutschland und seine Geschichte einzigartig ist.

Berlin war eine preußische Stadt und in meinen Augen ein Synonym für humorlosen Militarismus, für die Disziplin des Protestantentums und der persönlichen Verantwortlichkeit, die im nahen Wittenberg das Licht der Welt erblickt hatten. Und doch sollte ich feststellen, dass die Bewohner Berlins stolz auf ihren ausgeprägten Sinn für Witz und Ironie sind. Wie war das möglich?

Wie ich anhand der fortschrittlichen Haltung zur Nacktheit gelernt hatte, war das Preußen des 18. Jahrhunderts ein Preußen der Künste, das den Blick auf Frankreich richtete; das Preußen des wunderschönen Sanssouci in Potsdam mit seiner französischen Gartenanlage; und das Preußen, das eine Zuflucht, kein Ghetto, für die religiösen Flüchtlinge Europas war, darunter Zehntausende von Hugenotten und religiös verfolgte Böhmen. Ganz anders als zur Zeit der Nazis. Und hier lag die Antwort; vielleicht die Antwort auf das Geheimnis des Humors jeder Nation: Einwanderung.

Berlin war wieder einmal an vorderster Einwanderungsfront, als sich die Mauer im November 1989 für Millionen von Ostdeutschen öffnete, die nach fast drei Jahrzehnten der Teilung und nach fast fünf Jahrzehnten des Lebens unter einer anderen Ideologie praktisch »Ausländer« waren. Anfänglich herrschte große Euphorie über die Vereinigung; doch die wirtschaftlichen Belastungen dieser Wiedervereinigung zusammen mit nachlassendem Wirtschaftswachstum führten zu Ressentiments und Entfremdung, die sich in einem eigentümlichen internen Rassismus äußerten. Einer der größten Nutznießer dieser Situation war der deutsche Humor. Endlich hatten die Deutschen verstanden: Humor erforderte einen Feind!

Henning Wehn zog über die »undankbaren und faulen Ostdeutschen« her, die bei der letzten Bundestagswahl für die PDS gestimmt hatten. Und tatsächlich hatte die Wiedervereinigung Deutschlands ein Untergenre des Humors hervorgebracht, den *Ossi-Wessi-Humor*, angesiedelt zwischen *Jammer-Ossis* und *Besser-Wessis*. Es gab Witze über Ossis, die mit einem BMW nicht zurechtkamen, weil sie nicht an Autos mit einer Leistung von mehr als 60 km/h gewöhnt waren, und

Witze über Wessis, die ihre BMWs auf den von Schlaglöchern übersäten Ossi-Straßen zu Schrott fuhren. Der Trabi ersetzte den Manta in den Billigauto-Witzen, die Anfang der 90er-Jahre in Umlauf waren, und wurde zu einer Ikone mit Retro-Status. In Berlin konnte man nicht nur haufenweise Mauerbrocken kaufen, sondern auch Spielzeug-Trabants, säckeweise Ostmark, die kaum weniger wert war als am 10. November 1989, und kleine blaue Notizbüchlein, in denen die Regeln und Vorschriften der früheren DDR durch den Kakao gezogen wurden.

Das sich allmählich herausbildende Phänomen, wehmütig auf die angeblich goldenen Tage der DDR zurückzublicken, wurde als *Ostalgie* bekannt. Es beschreibt einen ironischen Zustand der *Sehnsucht* nach einem verlorenen, neuerdings wieder geliebten Land mit allem, was dazugehörte. Diese Sehnsucht beschränkte sich nicht auf Trabis, sondern umfasste nahezu alle ehemaligen DDR-Produkte – selbst Esswaren, die mit der Ankunft von McDonalds verloren oder doch fast verloren gegangen waren. *Goodbye Lenin* spielt mit dieser Ostalgie und lässt Freunde und Familienmitglieder durch die Gegend rennen, um *Rotkäppchen-Sekt* und *Spreewaldgurken* zu beschaffen. In den 1990er-Jahren feierte man Ostalgie-Partys (Zutritt vermutlich nur mit Visum); es gab sogar Pläne für einen Ostalgie-Park in der Nähe von Berlin, wo das Leben in der DDR mitsamt Einschränkungen und Kalter-Krieg-Atmosphäre nachempfunden werden sollte. Der übertrendige Kölner Verleger Taschen brachte Bücher heraus, in denen DDR-Design gefeiert wurde, und irgendjemand versuchte sogar, »DDR« als Marke patentieren zu lassen.

Das alles wäre ohne Humor nicht möglich. Wo sonst gab es das schon? Ich wüsste jedenfalls nicht, dass die Franzosen sich beeilt hätten, bei Lyon ein Vichy-Land zu eröffnen.

Inzwischen war *Ostalgie* hauptsächlich nur noch touristische Geschäftemacherei und höchstens noch von ökonomischem Interesse für die Berliner, die sich längst weiterbewegt hatten. Aber auf ihrem Höhepunkt hatte die Rückbesinnung auf Qualität und Geschmack von Ostprodukten auch zur Konsequenz, dass man nicht mehr unbesehen alles im und aus dem Westen besser fand. Bizarrerweise drehte sich die hitzigste Debatte um Verkehrsampeln:

Im Westteil Deutschlands war das rote oder grüne *Ampelmännchen,* das einem sagte, ob man die Straße gefahrlos überqueren konnte oder nicht, eine schlichte, statische Figur. Im Osten war das grüne Männchen wie ein elektronischer *Wanderer* mit Hut und Mantel angetan und kam beschwingten Schritts daher. Nach dem Fall der Mauer begann man, alle ostdeutschen Ampeln nach und nach durch das bundesdeutsche Modell zu ersetzen. Aber nach einer Debatte, die es auf die Titelseiten der Zeitungen und bis in den Bundestag schaffte, kam man überein, dass die Bevölkerung der vormaligen DDR ihr geliebtes Ampelmännchen behalten konnte. In manchen Fällen wurden Ampeln sogar wieder zurückgetauscht. Dass ein Ampelmännchen zum Helden nationaler Debatten werden konnte, schien die nationale Vorliebe für Fantasien zu bestätigen. Es war zum neuen *Gartenzwerg* geworden. In Erinnerung an die roten Telefonhäuschen und die Doppeldeckerbusse, bei denen man so wunderbar auf- und abspringen konnte und die aus meiner eigenen Stadt verschwunden waren, wünschte ich mir, manchmal wären wir Briten auch eine Nation von Gartenzwerg-Liebhabern.

Nach dem Fall der Mauer machten die Berliner eine Tugend aus dem schizophrenen und anomalen Zustand ihrer Stadt, die von der bedeutendsten europäischen Verwerfungslinie des 20. Jahrhunderts in zwei Hälften geteilt worden war. Das ständige Sich-aneinander-Reiben der beiden Hälften wurde nun zur ergiebigen Quelle von Humor und Kreativität, Lichtjahre von der *Cabaret*-Tradition aus Bob Fosses Film entfernt, die mein Bild der Stadt bestimmt hatte. Berlin hatte diese Tradition hinter sich gelassen, sie war nach Hamburg, München und sonst wo in Deutschland geflüchtet.

Einwanderung und Fremdheit waren also wichtig für Humor. Ossis und Wessis, die sich ja nirgends sonst räumlich so nah waren wie in Berlin, mussten sich erst langsam kennenlernen. Aber es gab auch noch andere »Fremde« in Berlin. So international Deutschland sich auch geben mochte, für mich war es, was seine Bewohner anging, immer ein Monokulturland gewesen. Schließlich liebten die Deutschen Reinheit beim Bier, bei der Wurst, bei der persönlichen Hygiene und in ihrem Blut. Jetzt erst wurde mir klar, dass in Deutschland Menschen vieler Nationalitäten lebten, vor allem, seit sie ab Mitte der 50er- bzw. Anfang der 60er-Jahre als *Gastarbeiter* angeworben worden waren, weil es in der boomenden Industrie an Arbeitskräften mangelte. Die größte Gruppe stellten die Türken dar, und die größte türkische Gemeinde gab es in Berlin.

Ich machte Bekanntschaft mit »Kanaksprach«, so genannt nach dem abfälligen Ausdruck für Menschen mit meist südländischem Aussehen. Diese Subkultursprache hat sehr viel Ähnlichkeit mit der »bling«-Sprache asiatischer und westindischer britischer Rapper und R & B-Musiker. Verleger brachten Kanak-Kultur-Kompendien heraus. Der deutschtürkische ehemalige Bundestagsabgeordnete Cem Özdemir schrieb unter dem Titel »Ich bin Inländer« ein satirisches Buch über seine Erfahrungen als Deutscher türkischer Herkunft und als Bundestagsabgeordneter. Es gab eine Comedy-Sketch-Show des türkisch-deutschen Duos Erkan und Stefan sowie eine Seifenoper namens *Türkisch für Anfänger*, die ein bisschen an *The Kumars at No. 42* erinnerte. Allmählich eroberte die Immigranten-Bevölkerung des Landes die Medien und wurde zu einem Teil der Populärkultur. Zumindest in Berlin war multikulti hip und in aller Munde, und nun, da in Deutschland schon die dritte oder vierte Generation türkischer Mitbürger lebte, profitierte auch der Sinn für Humor dieser – von mir nie vermuteten Regenbogen-Nation – von der Blutauffrischung.

Berlin nimmt einen besonderen Platz in Deutschlands Comedy-Szene ein. Wie besonders, zeigte sich 2006, als in einigen europäischen Ländern und in Deutschland aufgeregte Debatten über (angeblich) antimuslimische Karikaturen geführt wurden. Teheran stellte für kurze Zeit sogar die *Sun* mit ihrer antideutschen Xenophobie in den Schatten, als der iranische Außenminister empfahl, Israel nach Schleswig-Holstein zu verlagern, da seine Entstehung Deutschlands Schuld sei, und andeutete, Angela Merkel sei ein neuer Führer. In dieser aufgeheizten Situation reagierte der Berliner *Tagesspiegel* mit einer eigenen gewagten Karikatur: Da um diese Zeit darüber debattiert wurde, ob Soldaten der Bundeswehr bei Spielen der Fußballweltmeisterschaft als Sicherheitskräfte zum Einsatz kommen sollten, wurden vier Bundeswehrsoldaten als Fußballer abgebildet, die gegen vier iranische Fußballspieler antraten und die mit ihrem Vollbart wie Selbstmordattentäter daherkamen.

Anscheinend hatten deutsche TV-Comedy-Shows sogar Emmys gewonnen – und zwar in der Kategorie, für die sie jeweils nominiert worden waren. Eine davon, *Berlin, Berlin*, war sogar in vierzehn andere Länder verkauft worden; allerdings nicht nach Großbritannien und auch an kein anderes englischsprachiges Land. Ich beäugte den beängstigend hohen und folglich unberührten Stapel von DVDs mit deutschen Comedy Shows, den Manny mir gegeben hatte. Den Hüllen zufolge hatte anscheinend keine davon, nicht einmal *Traum-*

schiff Surprise, eine schwule Verballhornung von *Raumschiff Enterprise*, britische TV-Sender oder auch nur britische Läden erreicht. Nicht nur, weil sie vielleicht nicht lustig waren, sondern weil man deutsch können musste, um sie zu verstehen. Da immer weniger Schüler in Großbritannien bis zum Abitur Deutsch lernen, hätten die Filme genauso gut Lateinisch sein können.

»Großbritannien hat ein grundsätzliches Import-Export-Problem, wenn es um jedwede Form der Kultur geht, die nicht aus dem eigenen Land kommt«, beharrte Manny. Und das von einem Amerikaner, wenn auch einem mit Sympathien für Deutschland!

»Es liegt an Ihrem falschen Stolz darauf, früher einmal ein riesiges Empire gehabt zu haben. Deshalb sind Sie anderen Kulturen gegenüber so snobistisch. Ein Wunder, dass Sie sich überhaupt die Mühe machen, ins Ausland zu reisen.«

Hatte nicht schon Cecil Rhodes erklärt: »Als Engländer geboren zu werden, ist der erste Preis in der Lotterie des Lebens.«

»Aber *Wanderlust* und die Romantik wahren Reisens werden Leuten mit dieser Einstellung immer verschlossen bleiben.«

Vielleicht wurde es wirklich Zeit, die Herablassung aufzugeben, die aus irgendeinem Grund tief in mir verwurzelt war – auch wenn Satire wunderbar dazu geeignet schien, die deutsche *Großmannssucht* zurechtzustutzen. Vielleicht waren die Einfuhrbeschränkungen für Deutsches doch ein bisschen arg streng. Über den polnischen oder portugiesischen Sinn für Humor ereiferte sich ja auch niemand. Konnten wir angesichts unserer neuen, mit New Labour entstandenen politischen Korrektheit – der Antithese zu Cecil Rhodes – noch so sicher sein, dass wir die Vorherrschaft auf dem Gebiet der Komik weiterhin behalten würden?

»Glücklicherweise ist Humor nichts, was nur eine einzige Nation für sich gepachtet hat. Und glücklicherweise gibt es auch keinen Maßstab für Humor, der auf der ganzen Welt gültig ist. Humor ist kein Starbucks oder McDonalds. Geben Sie dem deutschen Humor eine Chance«, flehte Manny.

Nun, ich hatte Deutschlands ganz eigenen türkischen und Ossi-Wessi-Humor entdeckt und zollte ihm zumindest Respekt. Ich hatte Humor in der deutschen Werbung gesehen: Ein Optiker an der deutschen Märchenstraße hatte seine Brillen mit dem Spruch beworben: »Damit ich dich besser sehen kann.« In der U-Bahn auf dem Rückweg vom Müller'schen Volksbad hatte ich gesehen, wie ein junger Mann aus einer Gruppe Münchener auf ein paar betrunkene Italiener zuging und so tat, als sei er ein Fahrscheinkontrolleur. Die Italiener, die keine Fahrscheine hatten, bekamen einen Heidenschreck, bis sie merkten, dass die Einheimischen sie nur auf den Arm nahmen.

Ich hatte Buchläden durchstöbert und deutsche Witzbücher erstanden, die mir bestätigten, dass es in Deutschland ähnliche Witze wie bei uns über Blondinen, über regionale Unterschiede (die Ostfriesen sind die britischen Iren), Politiker und Frauen gibt. In den Bücherregalen sah ich, dass deutsche Verleger Bücher wie den fiktiven Reiseführer *Molwanien* übersetzt und herausgebracht hatten. Ich merkte, dass die Deutschen große Fans von *Monty Python* waren und eine erfolgreiche deutsche Version von *The Office* unter dem Titel *Stromberg* produziert hatten. Würde es eines Tages auch eine deutsche Version von *Little Britain* geben, einer Serie, in der britische Exzentrik auf die Schippe genommen wird? Sie könnte *Klein Deutschland* heißen (eine nette Anspielung auf Bismarcks Vision von einer vereinten deutschen Nation ohne Österreich) und sich mit Nudisten, Gartenzwergen, Saunen, Puffs, Würstchen, Fahrrädern und Leder beschäftigen; und

Henning Wehn könnte vielleicht sagen: »Ich bin der einzige Komiker im Land.«

»Bei so vielen Beweisen des Gegenteils verstehe ich nicht, wieso Deutschland es nicht geschafft hat, das Stereotyp des komischen Niemandslandes loszuwerden«, sagte Manny provozierend.

Nun, wieso etwas ändern, was funktioniert? Die europäischen Nationen hatten ihre charakteristischen Eigenarten zugewiesen bekommen, und die waren inzwischen so festgelegt wie Grenzen. Tut uns leid, Leute. Deutschland würde für alle Zeiten nicht nur humorlos bleiben, sondern auch eines der wichtigsten Ziele für die *Schadenfreude* anderer. Nicht umsonst hatte der ehemalige Kanzler Helmut Kohl gesagt, er wünsche, er käme aus einem einfacheren Vaterland, in dem die Vergangenheit nicht überall, wo man hinsah, zutage tritt. Dem Himmel sei Dank für »das schwierige Vaterland Deutschland«. Der britische Humor wäre sonst verloren.

Ich erinnerte mich an geschäftliche Begegnungen mit Deutschen, bei denen eine rigide professionelle Etikette keine Abschweifungen, Frotzeleien oder oberflächlichen Witzeleien zuließ und das wenige an Humor, das vielleicht einmal aufblitzte, eher verkrampft wirkte. Vergleichen Sie das mit dem britischen Geschäftsmann, der eine PowerPoint-Präsentation üblicherweise mit einem Witz einleitet, weil er weiß, wie langweilig es ab jetzt eventuell wird. Jedenfalls gab es immer, einerlei ob die verantwortungsbewusste protestantische Arbeitsethik daran schuld war oder der romantische Geist, der das Arbeitsambiente in ein System verwandeln will, eine klare Trennlinie zwischen dem öffentlichen und privaten Leben eines Deutschen. Das heißt, auch zwischen der Haltung und den Dingen, die er sich bei der Arbeit einerseits und in seinem Leben außerhalb der Arbeit andererseits erlaubte.

In Großbritannien fängt Humor vielleicht in den Comedy

Clubs an, aber über kurz oder lang durchdringt er Kneipen, Dinnerpartys und die gesamte Arbeitswelt. Er zeigt sich in der britischen parlamentarischen Tradition der Zwischenrufe und in einer aggressiven *Schadenfreude*, bei der es darum geht, als Erster zu ziehen oder erschossen zu werden. Dafür braucht man ein ausgeprägtes Gefühl der eigenen Identität. Aber die Stärke ihrer Identität war etwas, wie ich herausgefunden hatte, derer die Deutschen sich sehr bewusst waren, vor der sie aber auch Angst hatten. Die Briten freuen sich über Unglück und Missgeschick anderer und leben manchmal sogar davon. Ein Nachkriegsdeutschland, das sich ähnlich verhalten hätte, wäre zu beängstigend gewesen, also hatten die Deutschen ihren eigenen Humor kastriert.

Vor diesem Hintergrund, sagte Manny, hatte die deutsche Comedy keine sehr lange Tradition und war nicht sonderlich weit entwickelt. Unser englisches *wit* ist mit dem deutschen *Witz* verwandt, aber jahrzehntelang hatten die Deutschen, wie ihr Helmut Kohl höchstpersönlich gesagt haben soll, so viel Angst zu lachen, dass sie sich dazu im Keller versteckten. Vielleicht kann eine neue Generation endlich einfach nur des Lachens wegen lachen, ohne logische Begründungen dafür suchen zu müssen.

Der britische Humor ist zweifellos auch ein Symptom britischer Nervosität, des Bedürfnisses, das Eis zu brechen, nicht sagen zu wollen, was wir wirklich meinen und Distanz zu halten, ohne unfreundlich zu erscheinen. Diese Eigenschaften fielen einem Land direkter, FKK-begeisterter Würstchenstopfer mit Gernegroß-Neigungen natürlich nicht leicht. Ich war mir nicht sicher, ob man nur dem Krieg die Schuld daran geben konnte.

Ich hatte Vorstellungen von einer florierenden deutschen Comedy-Industrie. Ja, die Deutschen würden sich gewiss wünschen, Humor wäre etwas, das sich ergründen, vorhersagen und systematisieren ließ; ein Objekt, das es zu perfektionieren galt, wie ein Auto. Ich stellte mir angehende deutsche Stand-ups in Laborkitteln vor, wie sie Autowitze durch Windtunnel jagten, um ihre Effizienz zu überprüfen.

Folglich konnte ich meinen Augen (und meinem Glück) nicht trauen, als ich las, dass der TV-Sender Sat 1 Universitätskurse in Stand-up-Comedy sponsorte. Konnte man Standup überhaupt studieren? Und war vorstellbar, dass ein gewisser Heiner Uber aus München eine (in Deutschland) erfolgreiche Kette von Lachschulen eröffnet hatte? Er versuchte anscheinend, der Schreber/Jahn/Kneipp des Lachens zu sein. Die Klassen fangen mit Übungen an, die den guten alten Kreislauf ankurbeln sollen, danach müssen die Schüler im Raum umhermarschieren, »ho-ha-ha-ha-ha« von sich geben und sich gegenseitig in die Augen sehen. Schließlich werden sie durch eine Vielzahl von Lachern geführt, vom Löwengebrüll zum Gekicher, aufgefordert, mit den Armen zu schlagen wie Hühner, bevor sie sich auf den Boden legen und sich eine lustige Begebenheit aus ihrer Kindheit in Erinnerung rufen müssen. Offensichtlich endet die Übung immer damit, dass die Gruppen sich unisono vor Lachen nicht mehr halten können. Im Alter von fünf Jahren hatte Herr Uber von seinem Vater gesagt bekommen, dass nur dumme Leute lachen. Jetzt, wo Deutsche 260 Euro für einen zweitägigen Kurs zahlen, in dem sie den Ententanz tanzen, und diese Kurse in ganz Deutschland überbucht sind, hat Uber selbst auf dem Weg zur Bank allen Grund zum Lachen.

»Beweisführung abgeschlossen«, sagte ich zu Manny. Solange das die vorherrschende Einstellung blieb, würde in Deutschland das clowneske Varieté Vorrang vor der Standup-Comedy haben und jeden *Vorsprung* in Richtung auf etwas Natürlicheres, Spontaneres und Umfassenderes behindern, den es in der deutschen Comedy vielleicht gab. Jahrhundertelang hatten die Deutschen sich selbst (und andere) mit düsterer Philosophie deprimiert. Jetzt versuchten sie, Comedy und Gelächter in eine Geschäftsphilosophie nach betriebswirtschaftlichen Kriterien zu verwandeln. Romantische Perfektion und spontaner Humor waren wie Hund und Katze. Comedy war ein Trabant, kein Audi, und die Deutschen brauchten weniger eine computerisierte Benzineinspritzanlage, als vielmehr eine kataklysmische komische Konversion.

11. Zeitgeist

Der Klang deutscher Musik

der (o. Pl.): für eine bestimmte geschichtliche Zeit charakteristische allgemeine Gesinnung, geistige Haltung

»Bald haben Sie es geschafft«, verkündete Manny.

Was für eine Erleichterung!

»Vergessen Sie nicht, was ich gesagt habe: Reisen ist das neue Einkaufsparadies, in dem Länder wie Markenartikel gehandelt werden. Wenn Sie ein deutsches Auto kaufen, in eine italienische Oper gehen oder Urlaub in Südfrankreich machen, reagieren Sie auf das Image dieses Produkts – genau wie wenn Sie sich neue Pumas kaufen, die übrigens auch aus Deutschland kommen. Regierungen, Großkonzerne, Hotelketten – alle geben Millionen für Marketing- und Imageberater und Trendscouts aus, die nur die Aufgabe haben, immer neue Kunden anzulocken.«

Was hatte Manny denn auf einmal gegen seine Berufsgenossen?

»Das gilt vor allem für die Populärkultur, die ebenfalls bestimmt, ob ein Produkt von unser aller Reiseradar erfasst wird oder nicht. Was also wissen Sie über deutsche Populärkultur? Was wissen Sie über moderne deutsche Musik, deutsche Filme, deutsche Kunst?«

Als Land vergeistigter *Fahrradmänner,* deren Köpfe ständig in den Wolken schwebten, hatte Deutschland auf den Gebieten klassische Musik, Malerei, Theater, schöne Literatur und Philosophie einen enormen Beitrag zur europäischen *Hochkultur* geleistet. Aber was war mit der Niedrigkultur? Die Welt der letzten Jahrzehnte war eine oberflächliche Lo-

Fi-Welt schnelllebiger Neuheiten, Berühmtheiten und Werte. Wie kam die deutsche Mentalität damit zurecht? War es möglich, dass es in Deutschland keine Seichtheit gab? Im Werbejargon würde das Land garantiert als »klassisch«, keineswegs als »zeitgenössisch« bezeichnet werden. Tatsächlich besagten Mannys Statistiken, dass beachtliche 46 Prozent aller Deutschlandbesucher, die nicht aus geschäftlichen Gründen hinreisten, mittleren Alters oder älter waren und hauptsächlich von Bayreuths Wagneropern-Marathon angelockt wurden. Quangos, die den »Fall Deutschland« unter die Lupe genommen hatten, waren zu dem Schluss gekommen, dass es dem Land »an weiblichen Attributen mangelte«. Keine große Überraschung, wenn man davon ausging, dass die vielen *Puffs* etwas über die deutsche Haltung Frauen gegenüber aussagten. Hochkultur war kraftvoll, zäh, männlich und markant, während die bequemlichkeitsliebende, konsumorientierte Welt der Unterhaltung kuscheliger und weiblicher war. Deshalb hatte Deutschland ein Problem, die Jugend der Welt anzulocken.

Auch das war nicht verwunderlich. Von Pumas und Birkenstocks einmal abgesehen, kam mir Deutschlands Beitrag zur globalen Populärkultur ziemlich minimal vor. Es sei denn, man zählte den Turner-Preis mit, so ziemlich die unterste Stufe der Kulturleiter, der vor kurzem an die Deutsche Tomma Abst verliehen worden war. Und zwar für ein paar überbewertete, geometrisch-mäandernde Krakeleien in Öl, von denen sie selbst zugab, dass sie am Anfang nicht wusste, was zum Schluss dabei herauskommen würde. Deutsche Spitzensportler waren hauptsächlich für ihre gnadenlose Überlegenheit und nicht für ihr Flair bekannt, deutsche Fotomodelle waren eher unauffällig und unspektakulär und für Klatschkolumnisten völlig uninteressant, und trotz Boss, Lagerfeld und Sander konnte man Deutschland kaum als Modemekka bezeichnen. Und wo waren die deutschen Bestseller, die deutschen Erfolgsfilme und vor allem die deutschen Bands, die weltweit die Charts anführten? Eigentlich hätte man doch meinen sollen, das romantische Gemüt sei wie geschaffen für unser sentimentales Popzeitalter. Aber nein, anscheinend nicht. Dieses Land der Protestanten, die sich nackt an Stränden oder in Puffs herumfläzten, schien mit Oberflächlichkeit und Sentimentalität nichts am Hut zu haben.

Was, außer Pornos und der Hintergrundkulisse für Kriegsfilme wie *Gesprengte Ketten,* hatte Deutschland dem Kino schon zu bieten? Für mich sahen alle Deutschen auf der Leinwand aus wie Anton Diffring, jener deutsche Schauspieler mit den durchdringend blauen Augen und der abgehackten Sprechweise, der praktisch in jedem besseren Kriegsfilm den Nazi-Offizier oder Lagerkommandanten gab. Außerdem hatte ich Schwarz-Weiß-Bilder von Wim Wenders' Engeln vor Augen, die ein bisschen wie Manny aussahen, sich per U-Bahn, Bus oder zu Fuß durch die Stadt bewegten, vielen verschiedenen Menschen beim Denken zuhörten und ihnen gelegentlich unbemerkt eine Hand auf die Schulter legten. Was sie selbst dachten oder zueinander sagten klang philosophierend, lyrisch, aber wenn man mich fragte, hatte Goethe im Kino nichts zu suchen. Und dann war da noch *Heimat*, das dreiteilige Epos über die moderne deutsche Seele, dessen dritter Teil allein fast 700 Minuten dauerte – ein *Gesamtkunstwerk*, das Wagner'sches Durchhaltevermögen erforderte. Die Deutschen hielten es mit dem Kino wie mit der Philosophie. Geschichten verloren sich in der Besessenheit ihrer eigenen Bedeutung. Genau wie der Humor eignete sich auch das Kino nicht für die Liebe der Deutschen zu großen Ideen und tiefschürfenden Analysen. Auf halbem Weg vergaßen sie, dass sie eigentlich eine Geschichte erzählen wollten.

Und was die deutsche Musik anging – konnte ich irgendwelche deutschen Songs oder Bands nennen? Von der Nazi-Hymne, dem Horst-Wessel-Lied, einmal abgesehen kannte ich nur die »99 Luftballons« von Nena. Außerdem erinnerte ich mich vage an eine Nicole, die irgendwann den Grand Prix d'Eurovision gewonnen hatte. Den Grand Prix! Musste ich mehr sagen?

Welche Musik aus anderen Ländern kam bei den Deutschen an? Dazu fielen mir nur zwei Worte ein: The Hoff! David Hasselhoff, den der Rest der Welt nur als Schmierenschauspieler kennt, der mit seinem Auto redet, oder als Mitch Buchannon, den Rettungsschwimmer aus *Baywatch,* der sich durch seine imposante Brustbehaarung auszeichnet. Aber die Deutschen glaubten anscheinend, er könne singen, und hatten ihn zu einem ihrer größten Rockstars gemacht. Er *musste* deutsche Wurzeln haben.

Von den zehn Alben, die er in Deutschland herausgebracht hatte, würde man, mit ein bisschen Glück, bei Virgin vielleicht gerade mal eins finden, wahrscheinlich unter ›World Music‹. Jedenfalls war der Song, der den Deutschen, und ihm selbst, am unvergesslichsten in Erinnerung blieb, ein ausgemachter Glückstreffer, die Cover-Version eines deutschen Hits aus den 70ern namens »Auf der Straße nach Süden«, der selbst eine Cover-Version war. Wieder mit ursprünglich englischem Text und Titel kam »Looking for Freedom« 1989 auf den Markt, genau zu der Zeit, als sich die Situation auf der anderen Seite der Mauer immer mehr zuspitzte, und hielt sich im aufregenden Herbst des Jahres, in dem die Mauer fiel, acht Wochen auf Platz eins der deutschen Charts. Rein zufällig war er zur Hymne des Mauerfalls geworden, und der damalige deutsche Kanzler, Helmut Kohl, lud Hasselhoff denn auch prompt zur Feier der wiedervereinten Stadt zu einem großen Kitsch-Softrock-Silvesterkonzert nach Berlin ein. Später behauptete the Hoff, mit zum Fall der Mauer beigetragen zu haben. »Ich bin ein bisschen traurig, dass im Berliner Museum am Checkpoint Charlie kein Foto von mir hängt. Immerhin habe ich am Brandenburger Tor in der Silvesternacht 1989 mit einer Million Menschen ›Looking for Freedom‹ gesungen … Nach meinem Auftritt habe ich kleine Stücke mit den deutschen Farben Schwarz, Rot und Gelb aus der Mauer gehauen. Das größte Stück habe ich zu Hause, die kleinen habe ich an Kollegen von ›Baywatch‹ verschenkt.« Sehr nett von dir, David.

Allzeit bescheiden übernahm the Hoff dann auch noch die Rolle des Botschafters. Nicht nur für Deutschland, sondern für ganz Europa: »Viele Amerikaner machen Witze darüber, dass ich in Deutschland so populär bin. Sie haben ja keine Ahnung, wie schön Europa ist. Wie reich an Kultur und Spaß und Wärme und Kindern … Kinder brachten mir Tausende von Blumen.« Wer brauchte bei so einem Fürsprecher noch einen Tourismusverband?

Nachdem the Hoff in Deutschland mit Schlagzeilen wie: »Hasselhoff: Not since the Beatles« bejubelt worden war, versuchte er, die britischen Charts zu erobern, und schaffte es 1993 mit der Single »If I Could Only Say Goodbye« immerhin auf Platz 35. Hätte er doch nur Goodbye gesagt! Aber nein, jetzt, im Jahr 2006, war er wieder da, nervte mit seiner Liebenfrauenmilch-süffigen Softrock-Single »Jump into my Car« und wurde mit Verspätung, aber immerhin, auch im Vereinigten Königreich gefeiert – ähnlich wie der Trabant. Hatten die Briten endlich ein Talent erkannt, das die Krauts schon seit Langem bejubelten?

»Fahren Sie nach Berlin«, legte Manny mir ans Herz. »Dort werden Sie ein völlig neues junges Deutschland hören und sehen und erleben.«

Ber-lin. Zwei Silben, in denen das gesamte 20. Jahrhundert und meine ganze Kindheit hindurch viele verschiedene Bedeutungen mitgeschwungen hatten. Berlin stand für Hitler, den Zweiten Weltkrieg, *Finale in Berlin* mit Michael Caine und eine merkwürdige Mauer à la Pink Floyd, hinter der ein trauriges, verbotenes Land lag. Der Kalte Krieg sorgte dafür, dass Deutschland auch weiterhin ein Land der Soldaten, der Grenzübergänge und der Stacheldrahtzäune blieb und Berlin sein verstörend magnetisches Filmgesicht des Geheimnisvollen und Bedrohlichen, des Gefährlichen und des Bösen behielt. Es war verbunden mit einem Gefühl, das ich von Prora auf Rügen und vom Reichsparteitagsgelände in Nürnberg kannte. Die Deutschen mit ihrer Vorliebe für abstrakte Begriffe und zusammengesetzte Hauptwörter hatten doch sicher einen passenden Ausdruck für die Magie des Bösen. Nein? Wie wäre es dann mit *Teufelszauber*?

»Vor Ausbruch des Zweiten Weltkriegs«, sagte Manny, »machten Berlin und Paris sich gegenseitig den Rang als Zentrum des kulturellen Universums streitig. Wie eine Art Hollywood zog Berlin Sonderlinge, Flüchtlinge, Glücksritter, Investoren und Schwindler an. Und Mädchen, ›each and every one of them a virgin‹, jedes einzelne natürlich Jungfrau, wie es in *Cabaret* heißt. Wie Sally Bowles in Isherwoods Berlin-Romanen arbeiteten sie als Tänzerinnen in Kabaretts, Varietés und Klubs und »bumsten« mit den männlichen Gästen, immer in der Hoffnung, entdeckt zu werden und es in der Welt zu etwas zu bringen. Berlin war eine Stadt der Musik, des Films, der Mode und der architektonischen Neuerungen. Wie Marlene Dietrich, eine der größten musikalischen Töchter Berlins, sang, war es die *›ewig junge Stadt‹*.«

Hitler soll Berlin wegen seiner Freizügigkeit und seiner Liberalität gehasst haben – und weil es so völlig anders als sein geliebtes, *gemütliches* München war. Denn während der ungestümen, apokalyptischen Jahre der Weimarer Republik, so Manny, hatte Berlin jenes gewisse Etwas, das die Grundlage jeder Popkultur ist.

»In Berlin herrschte wirklich, was die Deutschen *Zeitgeist* nennen.«

Und nach dem Krieg? Nun, auch hier konnte Manny sich auf einen bedeutenden Künstler berufen, David Bowie, der in den 1980er-Jahren im Westberliner Stadtteil Schöneberg lebte und auf den die Stadt ganz offensichtlich großen Einfluss ausübte. »Es war eine Stadt der Extreme. Sie schwankte zwischen dem Absurden – Drag-Queens, Transvestiten, schrille Nachtclubs – und zutiefst radikalem, marxistisch-politischem Denken. Sie war wirklich das Zentrum des neuen Europa. Alles spielte sich hier ab .... Berlin hat etwas ganz Besonderes. Das ganze 20. Jahrhundert hindurch war es der kulturelle Dreh- und Angelpunkt Europas. In Berlin herrscht eine künstlerische Intensität, wie ich sie nirgends sonst erlebt habe. Paris? Paris können Sie vergessen. Berlin hat's.«

Das war nun wirklich ein dickes Lob. Vielleicht hatte Manny recht, und die Kultur eines Landes, die bis in die 30er-Jahre hinein in allem ebenso lebendig, innovativ und entscheidend für Europa wirkte wie die Frankreichs, war nach 1945, anders als ich gedacht hatte, nicht ein für alle Mal untergegangen. Auf der Suche nach dem deutschen Humor hatte ich gesehen, dass das Leben, zumindest in Berlin, kein *Cabaret* mehr war und die Stadt sich weiterentwickelt hatte. Was würde Bowie Anfang des 21. Jahrhunderts hier finden? Und würde Berlin, wie die gleichnamige Band sang, »take my breath away«? Würde es mir den Atem verschlagen?

An einem Montagmorgen – Heathrow war wie üblich rappelvoll, Massen von Geschäftsleuten jetteten in alle Ecken

Europas – flog ich los. In der Abflughalle war ich von Anzugträgern umgeben gewesen, aber im Flieger nach Berlin saßen nur Gestalten, die garantiert keine Geschäftsleute waren: lange Haare, Lederjacken, Turnschuhe, Billigreisetaschen. Während die Maschinen nach München, Düsseldorf, Frankfurt und Köln ausgebucht schienen, war der erste Flieger der Woche in die deutsche Hauptstadt halb leer.

Es war Februar. In Deutschland hatte es wochenlang geschneit. Meine Maschine landete von Osten her, nachdem wir eine Weile über *Plattenbauten* gekreist waren. Diese immer gleichen Fertigbau-Wohnblocks, meist grau, gelegentlich aber auch in einem vergeblichen Versuch, sie ein bisschen fröhlicher zu gestalten, grellorange oder gelb gestrichen – das architektonische Erbe der DDR-Stadtplaner. Der Flughafen Tegel war so winzig, wie man es heutzutage nur noch in Filmen sieht: Plastikröhren im Stil der 60er-/70er-Jahre mit abgerundeten Fenstern führten einen ins Flughafengebäude, und schon stand man vor den Gepäckbändern. Gleich dahinter kam der Zoll, und schwupps war man schon draußen. Früher hatte es in Berlin vier Flugplätze gegeben, einen für jede der vier Mächte, denen ein Teil von Berlin gehörte. Einer von ihnen war Tempelhof, Prunkstück der Nazi-Architektur, der Flughafen, über den die Luftbrücke abgewickelt wurde, mit der die im Sommer 48 über die Stadt verhängte sowjetische Blockade gebrochen wurde. Jedenfalls hatte ich in Tegel das Gefühl, nicht in einer Metropole, sondern vielleicht eher in einem Nest wie Bristol gelandet zu sein.

Draußen herrschte *Ostblock*wetter. Schnee und Eis auf den Bürgersteigen, dick in Mäntel, Hüte, Mützen und Schals eingemummte Menschen, alle Geräusche eigenartig gedämpft. Über uns ein weiter, offener nördlicher Himmel mit einem

Licht, das die umliegenden Seen wie den Wannsee widerzuspiegeln schien, an dem sich einst hohe Nazis getroffen hatten, um Völkermorde zu planen, der für die Berliner aber vor allem an den Wochenenden immer ein Ort für Badevergnügen und Bootsfahrten gewesen war.

Im Taxi hatte ich das Gefühl, mich in einer Stadt ohne Zentrum zu befinden. Straßen und Häuser, grau und kummervoll im Schnee, zogen sich endlos hin. Unvermittelt tauchte das von seiner Postkartenkuppel gekrönte Reichstagsgebäude auf, Sitz des deutschen Bundestags. Ein Stück daneben das Brandenburger Tor, kleiner als sein Mythos.

Die Stadt war eine Baustelle. Anscheinend galt man in der Welt der Architektur nichts, wenn man kein Projekt in Berlin hatte. Renzo Piano, Daniel Libeskind, Norman Foster und andere hatten alle im zerbombten und dann jahrzehntelang brachliegenden Kern der Stadt herumgebuddelt. Kennedys »Ich bin ein Berliner« war nichts Besonderes mehr. Inzwischen wollte anscheinend jeder Berliner sein. »Unter den Linden«, der eindrucksvolle Boulevard, der einst die Champs-Elysées von Berlin war und es eines Tages wieder sein wird, bekam ein Lifting verpasst. Bald sollte der Palast der Republik abgerissen werden. Der hässliche frühere Sitz der Volkskammer, des Parlaments der DDR, hatte sein *Ostalgie*-Haltbarkeitsdatum überschritten. Aber anscheinend war in Berlin schon immer gern gebaut worden. 1906 hieß es in der *Berliner Morgenpost*: »Berlin steht unter dem Zeichen der Spitzhacke. An allen Ecken und Enden verkünden Wolken aus Staub, Barrikaden aus Schubkarren und plakatbeklebte Bauzäune, dass etwas verschwindet, um Neuem Platz zu machen. Es ist ein nie endender Prozess von Aufstieg und Fall im modernen Berlin. Fast könnte man von einer regelrechten Abrissmanie sprechen …«

Straßenhändler verkauften Mauerbrocken an alle, die ein

Stückchen Geschichte ergattern wollten. Auch ich hatte irgendwo in einem Schrank einen orangefarbenen Betonsplitter liegen, den mir mal jemand geschenkt hatte. Keine Ahnung, ob er wirklich ein Stück der Berliner Mauer oder einfach nur auf einer x-beliebigen Baustelle aufgelesen und von einem Straßenhändler angemalt worden war. Ich bin sicher, wenn man alle Betonsplitter zusammenfügen würde, die seit November 1989 an Touristen verkauft wurden, würde sich eine Mauer ergeben, die mindestens doppelt so lang und hoch wäre wie das Original.

Jahrhunderte vor der Mauer, die die Stadt teilte, war Berlin aus zwei getrennten Städten entstanden, Berlin und Cölln. Nachdem sie sich zusammengeschlossen hatten und zusammengewachsen waren, vereinnahmten sie, so wie London, im Laufe der Zeit die umliegenden Dörfer. Als die neu ernannten Kaiser Ende des 19. Jahrhunderts Geld in die Stadt pumpten, die sie zur Metropole ihres erst kürzlich gegründeten Nationalstaats erwählt hatten, wuchs die Stadt so schnell, dass die Leute sagten, man könne in Charlottenburg geboren werden und in Berlin sterben, ohne dass man hätte umziehen müssen. Heute ist Charlottenburg eins der schickeren, baumreichen Viertel im zentralen westlichen Teil der Stadt. Schon in den 20er-Jahren, in seiner absoluten Glanzzeit, war Berlin eine geteilte Stadt: Der Kurfürstendamm repräsentierte damals wie heute das reiche Westend, während weiter im Osten, wo Fabriken die Luft verpesteten und folglich die ärmeren Leute wohnten, ein kälterer Wind wehte. Übrigens erhielten die Russen 1945 den Ostteil der Stadt nicht etwa deshalb, weil sie von Osten her angerückt waren. Sie wollten ihn, weil sie wussten, dass ihre Ideen bei der ärmeren Bevölkerung besser ankommen würden.

Die neue Mitte Berlins war das Gegenteil von Paris mit seiner grandiosen Symmetrie und seinen klaren Linien. Ruhig, schwer zu entziffern, ein wenig enttäuschend und alles andere als schön. Allen Bemühungen der globalen Architektenelite zum Trotz war es nicht gelungen, ein identifizierbares Ganzes zu schaffen. Die Skyline der Stadt hatte, bis auf den Fernsehturm am Alexanderplatz, den die DDR-Regierung als Symbol der technischen Überlegenheit des Ostens hochgezogen hatte, nichts auf den ersten Blick Unverwechselbares. Trotzdem war Berlin für mich die einzige Stadt Deutschlands, die sich wie eine richtige Metropole anfühlte. Das barocke München mit seinen Laptops und Lederhosen kam mir im Vergleich zu Berlin provinziell vor, Frankfurt war ohne seine Finanzleute und Banker am Wochenende menschenleer, Köln und Hamburg mit ihrer ausgeprägten lokalen Identität hatten für mich nichts Globales. Berlin schon. Es hatte tatsächlich das gewisse Etwas. Vielleicht lag es am Blues-Brothers-Rumpeln der Straßen- und Hochbahnen, an den lockeren Sprüchen und der Wurstigkeit seiner Taxifahrer (es gibt sie wirklich, die sprichwörtliche Berliner Schnauze), an den allgegenwärtigen Graffitis oder an der Art, wie Schäbiges und Zufälliges neben plötzlich angesagten Bars und Kneipen zu finden war. Jedenfalls empfand ich Berlin als Inbegriff von Urbanität. Und obwohl keine Berliner Straße einen unverwechselbaren Stil besitzt und es an jeder Ecke immer noch verwahrloste Brachen gibt, erinnerten mich einige dieser überraschend freien Flächen und leeren, asphaltierten Grundstücke an Teile von New York oder den Londoner Bezirk Hackney. Selbst völlig verfallene Gebäude waren integraler Teil der Stadt.

Ich hatte mich in einem Hotel in Kreuzberg eingemietet, dem Stadtteil, in dem Checkpoint Charlie liegt, der berühmte Kontrollpunkt zwischen den vormaligen amerikanischen und sowjetischen Sektoren. Wieso »Charlie«?, hatte ich mich immer gefragt. Jetzt erfuhr ich, dass es der dritte amerikanische

Checkpoint gewesen und dementsprechend nach dem militärischen Alphabet benannt worden war. Die beiden ersten hießen Alpha und Bravo.

Kreuzberg gehörte zum ehemaligen Westberlin, aber mit seinen Fabrikgebäuden und den für Berlin typischen vierstöckigen Wohnhäusern, sah der früher einmal hauptsächlich von Arbeitern bewohnte Bezirk kaum anders aus als entsprechende Bezirke im Osten der Stadt. In den 70er- und 80er-Jahren waren zahlreiche Häuser in Kreuzberg, wie auch anderswo, von militanten Studenten und Jugendlichen vor dem Abriss bewahrt worden. Auf den Straßen zeugten Plakate oder Graffity immer noch von wachem politischem Denken und engagiertem Handeln, auch wenn sich hier und da Veränderungen in Richtung Bürgerlichkeit abzeichneten, sich schickere Bars und Geschäfte ansiedelten.

Mein Hotel war eine umgebaute ehemalige Telefonfabrik, schlicht und ergreifend »Die Fabrik« genannt. In den großen, hellen Räumen des Backsteingebäudes mit dem breiten Bürgersteig davor waren die ursprünglichen stählernen Stützpfeiler und Träger erhalten geblieben. Alle Zimmer gingen auf einen Innenhof, wie er für viele der alten Berliner Mietshäuser typisch ist. Es war die Art von postindustriellem, absolut zeitgeistigem Gebäude, nach dem sich alle großen Städte heutzutage die Finger lecken würden.

Eigentlich war die Fabrik mehr ein Gästehaus als ein Hotel, durchdrungen von jenem ganz eigenen deutschen Gefühl für Gemeinschaft, gemeinschaftliches Wohnen und Rücksicht auf andere, das die Wohngemeinschafts- und Kommunenbewegung früherer Jahre charakterisierte. Es gab Gemeinschaftsbadezimmer, die von den Bewohnern peinlich sauber und ordentlich gehalten wurden. Geheizt wurde mit einer Solaranlage, und das Foyer war ein Sammelsurium an Broschüren und Flyern von Clubs, Kneipen und Treffpunkten für Anhänger aller nur denkbarer Aktivitäten und Glaubensrichtungen.

Das Personal bestand aus freundlichen, hippen jungen Leuten, die mit der Nase meist tief in einem Buch steckten, darüber auch schon mal die Grundsätze der Gastfreundschaft vergaßen und versuchten, ihren studentischen Lebensstil mit ein bisschen nicht sonderlich schwer verdientem Geld zu finanzieren. Sie arbeiteten abwechselnd an der Rezeption und im zur Straße gelegenen Café, für sie fast ein zweites Wohnzimmer, wo sie ihre eigene Musik auflegen, etwas trinken, rauchen und mit ihren Freunden zusammensitzen konnten.

Während es draußen schneite und die Scheinwerfer vorbeifahrender Autos im Licht des späten Nachmittags flackerten, fühlte ich mich in einen privaten Jim-Jarmusch-Film hineinversetzt. Berlin war eine mitteleuropäische Café-Stadt *par excellence*, voller anregender Lokalitäten für Leute, die, wie der österreichische Schriftsteller Alfred Polgar es ausdrückte, »allein sein wollen, aber dazu Gesellschaft brauchen«. Orte, wo sich selbst Menschen, die nicht rauchten, fast dazu verleitet fühlten, und wo jeder, so wie der junge Amerikaner in *Cabaret*, ein Schriftsteller oder aber Künstler war und einfach nur zu sein fast einem Beruf gleichkam. Ich setzte mich, um Zeitung zu lesen und wie die anderen um mich herum gelegentlich einzigartige Gedanken zu Papier zu bringen, die perfekt zum Augenblick passten, aber keinerlei Sinn mehr ergeben würden, wenn ich sie irgendwann später las.

Zu den Reise-Unterlagen, die Manny mir mitgegeben hatte, gehörte auch ein Taschenbuch des deutschen Autors Sven Regener, das erstaunlicherweise ins Englische übersetzt und bei uns unter dem Titel *Berlin Blues* veröffentlicht worden war. Es schildert mehrere Monate, bis zum Mauerfall, im Leben eines liebenswerten Träumers, dem seine Freunde den Spitznamen »Herr Lehmann« (so auch der deutsche Originaltitel) verpasst haben, und ebendieser Freunde, die alle entweder in Kneipen arbeiten oder ständig dort herumhängen. Der Autor macht keinerlei Versuch, Berlin zu beschreiben oder hochtrabende geschichtliche und emotionale Aussagen zu treffen. Falls überhaupt, schildert er eine eher stoische Beziehung zur Mauer, sodass ihr Fall am Ende des Romans eher zum Nicht-Ereignis gerät. Wir haben es nur mit einem Haufen Leute zu tun, die ihren Spaß haben, sich in dieser oder jener Kneipe treffen und Existenzielles erörtern. Beispielsweise ob die Zeit langsamer oder schneller verläuft, wenn man betrunken ist, und ob man den Sand in der gedachten Sanduhr als »betrunkenen Sand« bezeichnen kann. Außerdem versuchen sie sich wenig überzeugend als Jungunternehmer und Künstler. »Denk an die Elektrolyte«, lautet das liebevolle Mantra, das Karl, der beste Freund des Antihelden, herunterbetet, um diesen dazu zu bringen, als Ausgleich zum Bier genügend Salz zu sich zu nehmen. Kein Wunder, schließlich ist Berlin die deutsche Stadt, die am besten weiß, was ein *Katerfrühstück* ist.

Herr Lehmann schert sich nicht um geschichtliche Ereignisse und hat, wie Heinrich Böll, nicht viel übrig für die Arbeitsethik des übrigen Deutschlands. Ziemlich am Anfang gerät Herr Lehmann in einen Fast-Streit mit einer jungen Frau, die er sehr mag, weil sie sagt, hinter einem Tresen zu stehen, sei kein Lebensinhalt: »Was willst du damit sagen, Lebensinhalt?«, wehrt er sich. »Was ist der Inhalt eines Lebens? Ist das Leben ein Glas oder eine Flasche oder Eimer, irgendein Behälter, in den man etwas hineinfüllt …? Ist das Leben so? Nur ein Behältnis für was anderes? Ein Faß vielleicht? Oder eine Kotztüte?« Der Autor vertritt die sanfte, existenzialistische Sichtweise, dass, egal was man tut oder nicht tut, seinen Wert hat, solange man einigermaßen bescheiden und ein netter Typ ist.

Obwohl ich mich anfänglich damit schwertat, dass im Buch so wenig passiert, half es mir, Berlin besser zu verstehen. Hinter den wortreich und intensiv geführten Gesprächen der vor sich hin philosophierenden Vieltrinker spürt man die reale Zeit, die Freundschaft und die Kunst tiefgründigen Gedankenaustauschs, die mir in den Cafés und Kneipen überall begegneten.

Wie in London schien es auch hier weit mehr Zugezogene als echte Einheimische zu geben. Wie Herr Lehmann waren die meisten (ehemalige) Studenten, die teils von den unglaublich niedrigen Mieten und den riesigen alten Wohnungen mit den hohen Decken angelockt wurden, teils aber auch von der Anonymität einer Großstadt, in der man alles und jedes sein konnte, ohne dass sich irgendjemand darum scherte. Viele junge Berliner waren, wie Herr Lehmann, vor der elterlichen *Gemütlichkeit,* vor den sonst in Deutschland vorherrschenden Traditionen und vor seiner Arbeitsethik geflüchtet. Früher auch vor der Einberufung zur Bundeswehr, denn in Berlin gab es wegen des Viermächtestatus der Stadt keine Bundeswehr, und Berliner Bürger konnten nicht zur Bundeswehr eingezogen werden. Folglich strömten zahlreiche, vor allem politisch aktive Jugendliche nach Berlin, um dem Wehrdienst zu entgehen.

Berlin war der Maxime »Leben und Leben lassen« treu geblieben, die sich in *Cabaret* zeigt, die aber, wie ich jetzt mitbekam, durchaus nicht neu war. So hatte schon Friedrich der Große die Auffassung vertreten, jeder solle »nach seiner Fasson selig werden«. Anders als im restlichen Deutschland gab es in Berlin praktisch keine Sperrstunde, die dafür sorgen sollte, dass auf den nächtlichen Straßen irgendwann Ruhe einkehrte. Berlin war, einzigartig für Deutschland, sozusagen an sieben Tagen der Woche fast rund um die Uhr geöffnet. Das ging auf die Anfangsjahre des Kalten Krieges zurück, als man in den westlichen Sektoren einerseits und im russischen Sektor andererseits versuchte, sich gegenseitig auszustechen und seinen jeweiligen Bewohnern beweisen wollte, dass man sowohl die bessere Ideologie als auch das insgesamt angenehmere Leben zu bieten hatte.

Heute drückt der homosexuelle Bürgermeister der Stadt bei gelegentlich veranstalteten improvisierten und nicht genehmigten Raves gerne mal ein Auge zu. Und im Berliner Nachtleben gibt es immer noch so viel Androgynie, Transvestismus und offene Homosexualität wie 1929, als Christopher Isherwood hier lebte.

Übrigens war es ein deutscher Wissenschaftler, Magnus Hirschfeld, der den Begriff »Transvestit« prägte. Unter dem Titel »Der Einstein des Sex« verfilmte Rosa von Praunheim das Leben dieses Mannes, der das ganze Spektrum der sexuellen und erotischen Bedürfnisse erforschte und sein Leben lang für die Aufhebung der Gesetze kämpfte, die Homosexualität unter Strafe stellten. Er trug mit dazu bei, dass sich die schwule Subkultur in Deutschland und vor allem in Berlin entwickeln und viel offener auftreten konnte, sodass die Stadt nun noch mehr im Einklang mit dem Geist des 21. Jahrhunderts steht.

Die Love Parade, bis 2006 Berlins jährliche Hommage an Erotik, Lebenslust und Androgynie, fand im Juli 1989 erstmals als Geburtstagsgeschenk für den Berliner DJ Dr. Motte statt. Damals zogen rund 150 Personen unter dem Motto »Friede, Freude, Eierkuchen« über den Kudamm. Bald zog die Love Parade weit über eine Million Raver an. Die größte freie Tanzveranstaltung der Welt (typisch deutscher Gigantismus) setzte sich über mehrere Jahrtausende Zivilisation hinweg und machte Sex unter freiem Himmel und am helllichten Tag salonfähig. Wo anders wäre das möglich? Unglaublicherweise, und vielleicht symptomatisch für die Toleranz im Berlin und Deutschland der Nachkriegszeit, war die Love Parade offiziell eine Demonstration und keine Unterhaltungsveranstaltung, was bedeutete, dass die Stadt für die Beseitigung der an Augias (und an das Glastonbury-Festival) gemahnenden Berge von Dreck, Getränkedosen, Kondomen, Essensresten und Styroporbechern aufkommen musste, die hinter der Love Parade zurückblieben.

In Berlin könnte man sich noch heute wie Isherwood monatelang vergraben und sich eine billige, heruntergewirtschaftete großbürgerliche Wohnung mit einer trinkfreudigen lesbischen Nachtclubsängerin und Gelegenheitsprostituierten teilen. Die Stadt Helmut Newtons ist auch heute noch sexuell aufgeladen. Allerdings nicht so schreiend, grell und käuflich wie St. Pauli.

Ja, es gab noch oppositionelles linkes Denken unter den jungen Leuten, mit denen ich sprach. Aber wie echt war es? Oder wie notwendig? Ahmten sie heute, in ruhigeren, konsumorientierteren Zeiten, nicht nur die ehrlichere Einstellung ihrer Eltern, der Protestler von 1968, nach, als das Gespenst des Zweiten Weltkriegs noch viel deutlicher im Rückspiegel zu sehen war? Es drängte sich der Eindruck auf, dass all diese »Künstler« und »Schriftsteller«, die mit ihren iBooks in den Cafés herumhockten, nur eine bürgerliche Vorstellung dessen auslebten, wie ein Künstler oder Schriftsteller zu sein hatte. Selbst die Straßen vormaliger Ostberliner Arbeiterviertel, wie beispielsweise Prenzlauer Berg, füllten sich inzwischen mit Kinderwagen schiebenden Müttern und betuchten Medienfuzzis, die sich in bester Grunge-Manier nach Kräften proletarisch gaben. Schwer zu sagen, wo die Grenze lag zwischen echter studentischer Mittellosigkeit und vorgetäuschter Armut. Berlin summte vor künstlerischer Aktivität, aber auch vor stilisierter Untätigkeit. Verwandelte es sich zu guter Letzt doch noch in eine Mittelschichtstadt? Oder würden neue Impulse dafür sorgen, dass es revolutionär und avantgardistisch blieb?

Wie schon zu Zeiten Isherwoods schien es in Berlin fast keine Mittelschicht zu geben. Als Bowie hier lebte, fiel ihm im Übrigen auf, dass es kaum Leute mittleren Alters gab. Perfekt für Künstler, da der Künstler für gewöhnlich keinen größeren Feind hat als die Bourgeoisie, die seine Ideen verkitscht. Diese Situation hatte allerdings eine Kehrseite, wie manche Berliner eingestanden. Berlin mochte ein Hort der Kreativität sein, aber es war auch mehr oder weniger bankrott; seine Kreativität und seine hochrangige Architektur wurden von außen finanziert. Und obwohl es inzwischen die Hauptstadt des wiedervereinten Deutschland war, wanderten Investoren und Firmen ab oder kamen nach wie vor gar nicht erst hin. Die Deutsche Bahn, einer der größten Arbeitgeber des Landes, drohte Anfang 2006, es vielen anderen nachzutun und aus Berlin wegzuziehen. Viele der schicken neuen Designer-Büroblocks im aufgemotzten Zentrum der Stadt standen leer. Diese Situation spiegelte sich auch im gesellschaftlichen Leben wieder. Die Zeitungen waren voll von Artikeln über die Eröffnung von Berlins erstem Yuppie-Etablissement, Lounge, Bar und Nachtclub in einem, dem Goya, in einem Gebäude, das ganz früher einmal ein Theater gewesen war. Es war für Gott weiß wie viele Millionen umgebaut worden und galt als Wegbereiter in die Welt der hippen Hotels und teuren, angesagten Nachtclubs. Aber alles deutete darauf hin, dass es ein Flop werden würde. Berlin war nicht bereit für einen Club ohne Schräges, Schroffes, Kantiges – und würde es vielleicht nie sein. Die betuchtere Jugend der Stadt wurde möglicherweise allmählich bourgeois, ohne es jedoch zuzugeben.

Ich kannte das Gefühl. Laut Manny war es ein zentraler Bestandteil meines *Weltschmerzes*. Wenn unsere heutige Welt instabiler wäre, würde Berlin mit geborgter Zeit leben, wie vor dem katastrophalen Zusammenbruch 1929, als die Banken in den USA in der Folge des Börsenkrachs die Gelder und Kredite zurückriefen, die vorher die deutsche Wirtschaft am Leben erhalten hatten. Für mich fühlte sich das moderne Berlin an wie eine provisorische Bühne.

Mit seinen Mietshäusern aus dem 19. Jahrhundert, seinen meist gelben Straßen- und Hochbahnen, seinem Existentialismus à la *Cabaret* und Jim Jarmusch, und trotz seines gelegentlich aufgesetzt wirkenden Verfalls, hatte Berlin jede Menge Filmcharakter. Es war, erfuhr ich, das geistige Zuhause der deutschen Filmindustrie und brüstete sich gern mit seinen Verbindungen zur populären Filmwelt, seien sie auch noch so weit hergeholt.

Passenderweise betrat ich die Berliner Bühne genau zur Zeit der Filmfestspiele, der Berlinale, als sich die Filmkritiker der Stadt in teutonischen Selbstanalysen hinsichtlich der Befindlichkeit des deutschen Films ergingen.

Tatsächlich spielte Deutschland in den Anfangsjahren des Films eine herausragende Rolle und legte den Grundstein für vieles, das noch heute auf der Leinwand zu sehen ist. Die Berliner Ufa-Filmstudios waren einmal ein europäisches Hollywood – übrigens sind Berlin und Los Angeles Partnerstädte – und vieles, was in Kalifornien folgte, triumphierte und den Rest der Welt eroberte, basierte auf den Ideen und Stilrichtungen, die hier entwickelt worden waren.

Der expressionistische Horrorklassiker *Das Cabinet des Dr. Caligari* über einen mörderischen Jahrmarktsschausteller, verzerrte Perspektiven, baute Spannung auf und machte ausgiebigen Gebrauch von Schatten – auf eine Weise, die vom Film Noir, Alfred Hitchcock, dem aus Österreich emigrierten Billy Wilder und von Orson Welles übernommen wurde. Hitchcock, der sein Handwerk in der Ufa erlernte, sagte später, die Deutschen hätten den stärksten Einfluss auf ihn ausgeübt. Das deutsche Kino schuf die Vorlage für die trashige, chandlereske Welt von Privatdetektiven, paranoiden Einzelgängern und trügerisch engelgleichen Frauen.

Fritz Langs *Metropolis*, eine Parabel auf die Entmenschlichung des Menschen durch die Maschine, war der erste und oft nachgeahmte Science-Fiction-Film der Welt. Auch Madonna, diese spitzbusige Überfrau-Maschine, lehnte sich in ihrem »*Express yourself*«-Video (Regie David Fincher) daran an.

Mit *Nosferatu*, Murnaus Verfilmung des Dracula-Mythos aus dem Jahr 1922, kam die Geburtsstunde des Horrorfilms. Max Schreck (das Vorbild für den *Shrek*) gab den bleichen Grafen Orlok mit den spitzen Ohren, dem unsteten Blick, den extrem langen, dünnen Fingern und den langsamen, steifen Bewegungen und ging als Prototyp des Vampirs in die Populärkultur ein. Die Szenerie – zerklüftete, düstere Berge und eine Stadt mit hohen Häusern und finsteren Gassen, Bogengängen und Treppen, in der man wunderbar herumschleichen und sich verstecken konnte – inspirierte die albtraumartigen Landschaften vieler späterer Horrorfilme. So wie die Gebrüder Grimm die Landschaft der Märchen schufen, schufen die deutschen Filmemacher die nicht minder bewaldeten Landschaften der Albträume.

Schön und gut, aber mir wollte einfach kein deutscher Film einfallen, der die Brücke in die frivolere Welt der Popkultur geschlagen hatte, in der Ideen, zumindest außerhalb Deutschlands, weniger gefragt waren als schlichte Unterhaltung. Gab es deutsche Produktionen, die es bis zum Oscar geschafft hatten? Manny hatte eine Herausforderung für mich. Konnte ich die Darsteller aufzählen, die die *Glorreichen Sieben* gespielt hatten? Klar doch. Neben Eli Wallach als Bösewicht waren es Yul Brynner, Steve McQueen, Charles Bronson, Robert Vaughn, Brad Dexter, James Coburn und, und … wie hieß er denn noch gleich? Horst Buchholz. Natürlich ein Deutscher!

Und wer war der König des Dschungels? Es schien ebenso viele Tarzans zu geben wie Bäume im Wald. Aber ein Darsteller des lendenschurzbekleideten Urwaldmenschen war mehr mit der Rolle identifiziert worden als jeder andere: der schüchterne Schwimmer und fünfmalige Olympiasieger Johnny Weissmüller, ein im ehemaligen Österreich-Ungarn geborener Sohn deutschsprachiger Banater Schwaben. Der David Hasselhoff des Schwarz-Weiß-Films. Sein Schurz erinnerte an eine Lederhose, und Tarzan-Filme waren mehr als nur angehaucht vom Karl-May-Mythos. Da war es schon passend, dass sich ein Mensch germanischer Abstammung als Personifizierung des Dschungel-*Übermenschen*, im Einklang mit dem Wald und unverkennbar ein Fan körperlicher Ertüchtigung, auf seinem täglichen *Trimmdichpfad* von Baum zu Baum schwang.

Und hatte ich gewusst, dass *The Sound of Music*, ein Film, den im englischsprachigen Raum jeder kennt, ursprünglich ein deutscher Film mit dem Titel *Die Trapp-Familie* unter der Regie von Wolfgang Liebeneiner war. Lange bevor Richard Rodgers und Oscar Hammerstein (der ebenfalls deutsche Wurzeln hatte) die Bühnenrechte erwarben, um ein Musical daraus zu machen, aus dem dann schließlich der Film entstand?

Manny hatte noch mehr auf Lager.

Hinter amerikanischen Kassenschlagern wie *The Perfect Storm (Der Sturm)*, *Poseidon*, *Independence Day* und *The Day after Tomorrow* steckten die deutschen Regisseure Wolfgang Petersen, von dem auch *Das Boot* stammt, und der »schwäbische Spielberg« Roland Emmerich.

Deutsche Großmannssucht trifft deutsch-romantischen Sinn für das Kosmische und Mythische.

Und nachdem der deutsche Regisseur Wim Wenders 1987 bis auf die Jury in Cannes alle mit *Der Himmel über Berlin* verblüfft hatte, traf er 1998/1999 mit *Buena Vista Social Club* nicht nur den *Zeitgeist*, sondern kurbelte darüber hinaus die kubanische Tourismusindustrie an.

Manny beließ es nicht bei den beweglichen Bildern. Schließlich gab es ja auch noch die Soundtracks. Wo wäre *Vom Winde verweht* ohne Max Steiners *Tara-Thema*? Oder der *Gladiator* ohne die Musik von Hans Zimmer zum Sieg der Römer über seine germanischen Vorfahren und ohne die unter die Haut gehenden Klänge, die die Handlung auf echt deutsche Weise zu einer universalen, ewigen Aussage über den menschlichen Willen erheben? Das Kino bot den perfekten Rahmen für romantische symphonische musikalische Ambitionen.

In jüngster Zeit fanden Programmfilme in Britannien eine größere Akzeptanz, und etliche deutsche Produktionen hatten es tatsächlich durch den britischen Zoll geschafft. Wie zum Beispiel *Lola rennt*, ein hoch dynamischer, kunstvoller, in Berlin spielender Film, der drei verschiedene Enden hat. Regie führte Tom Tykwer, der später *Das Parfum* verfilmte, die angeblich nicht zu verfilmende, geruchsintensive Geschichte eines Mörders nach dem gleichnamigen Roman des deutschen Autors Patrick Süskind, der – eine Seltenheit – zu einem internationalen Bestseller wurde. Da waren ja auch noch *Goodbye Lenin* mit seinem subtilen, leisen Humor und seiner *Ostalgie* für eine nicht mehr existierende DDR, *Der Schuh des Manitu*, eine praktisch unübersetzbare Parodie auf die deutsche romantische Begeisterung für den Wilden Westen, und *Der Untergang*. Dieser Film über die letzten Tage im Berliner Führerbunker stellt einen Wendepunkt in der deutschen Filmfinanzierung und Nachkriegsselbstwahrnehmung dar und wurde verdientermaßen für den Oscar nominiert.

Der vielleicht signifikanteste Durchbruch der letzten Zeit war jedoch *Gegen die Wand*, allein schon deshalb bemerkenswert, weil ein Deutscher türkischer Abstammung, Fatih Akin, für Drehbuch und Regie zeichnet. *Gegen die Wand* erzählt die Geschichte einer knallharten, selbstzerstörerischen Beziehung zwischen zwei Deutschtürken der zweiten Generation, die sich in einem Krankenhaus kennen lernen, nachdem beide einen halbherzigen Selbstmordversuch unternommen haben, um sich ihren jeweiligen persönlichen Tragödien zu entziehen (bei dem Mann ein Todesfall, bei der Frau die Tyrannei einer erstickend traditionellen Familie). Die beiden beschließen, eine Scheinehe einzugehen, damit die Frau dem Druck des Vaters entkommt, und verlieben sich trotz des beträchtlichen Altersunterschieds und ihrer völlig verschiedenen Lebensweisen ineinander. *Gegen die Wand* gewann 2004 den Goldenen Bären, der von der Berlinale verliehen wird und fand auch den Weg in das ein oder andere britische Kino.

Wie im Bereich Comedy trug Deutschlands neuer Multikulturalismus auch hier Früchte. Und dieser Multikulturalismus war, wie Berlins liberale Einstellung zur Homosexualität, ein Zeichen dafür, dass Deutschland den internationalen *Zeitgeist* einholte.

Galt das auch für die deutsche Musik?

Für mich, der ich in einer musikalischen Familie aufgewachsen bin, waren Deutschland und Musik immer Synonyme gewesen. Meine Mutter gab Klavierunterricht, und in unserem Haus stapelten sich die Notenbände mit deutschen Sonaten, Präludien und Klavierkonzerten. Mein Vater spielte im Schulorchester das Fagott, war begeisterter Wagnerianer und nannte Unmengen von Tonbändern und Schallplatten der großen deutschen Komponisten und Dirigenten sein

Eigen. Lange Urlaubsreisen im Auto auf dem europäischen Festland wurden begleitet von einem Medley klassischer Musik auf Kassetten. Ein oder zwei Stücke gefielen sogar meinem Bruder und mir ganz gut: Gustav Holsts *Die Planeten* und die berühmte Passage aus Prokofjews *Romeo und Julia*, als es um die Auseinandersetzung zwischen Montagues und Capulets geht. Aber der Rest war für uns und unsere bockigen Jungenohren nur langweiliges, blödsinniges Gedudel.

Ich selbst spielte Klavier – allerdings wurde ich nicht von meiner Mutter unterrichtet, weil sie ständige Streitereien fürchtete – und musste morgens immer schon um sieben aufstehen, um Tonleitern zu üben. Außerdem spielte ich Waldhorn und wurde vor allem mit Beethoven und Mozart vertraut. Nach Jahren pubertärer Rebellion merkte ich schließlich, dass es eine ganze Menge klassischer Musik gab, mit der ich doch etwas anfangen konnte.

Mein Bruder dagegen hatte ein immer wieder unterbrochenes Verhältnis zu einer Geige, das durch ein schmerzliches Erlebnis während eines Schüleraustauschs sein endgültiges Ende fand.

Sebastian Crisper war der jüngste Sohn einer großen österreichischen Familie, die entfernt mit weitläufigen Verwandten von uns befreundet, sehr musikalisch und außerdem sehr ehrgeizig war. Als Sebastian den Sommer bei uns verbrachte, kamen wir am Anfang ganz gut miteinander aus. Ich brauche wohl nicht zu betonen, dass er den Aufenthalt bei uns aufgrund seines ausgezeichneten Englisch als unnötig erachtete. Je öfter wir Tennis spielten, desto verbiesterter wurde er, bis er den Schläger durch die Gegend donnerte und Wutanfälle à la McEnroe hinlegte, weil der Ball seiner Meinung nach »in« gewesen war. Mit ihm artete sogar das Obstpflücken auf einem nahen Bauernhof zu einem Wettstreit aus.

Später besuchte mein Bruder Sebastians Familie in ihrem Sommerhaus in den österreichischen Bergen, wo ihm eine typisch deutsche musikalische Demütigung zuteil wurde. Eines Abends nach dem Essen holte die ganze Familie ihre Violinen, Violas und Celli hervor und gab die *Kleine Nachtmusik,* als spielten sie an der Wiener Staatsoper. Mein Bruder, der seine eigene Fiedel nicht dabeihatte, bekam eine geliehen, musste sich aber schon wenige gequälte Takte später sagen lassen, er ruiniere die Soirée, und wurde ins Publikum verwiesen. Wie es schien, hatte Mozart kein Stück für eine qualvoll dahinscheidende Katze geschrieben.

Ich bin also mit Beethoven, Brahms, Schumann, Schubert, Haydn, Händel und den Bachs aufgewachsen und wusste, dass Deutschland die *Heimat* der klassischen Musik war. In *Peeps at Germany* wurde das schon 1911 betont: »Wahrscheinlich wissen Sie, dass die größten Komponisten der Welt Deutsche waren und jeder Musiker, der etwas auf sich hält, zu irgendeinem Zeitpunkt seiner Laufbahn wenn irgend möglich nach Deutschland geht.« Heutzutage gibt es in Deutschland allem Anschein nach mehr registrierte Orchester, Chöre, Opern- und Kammermusikensembles als in jedem anderen Land, doch sie alle waren keine Heimstatt für simple Amateur- und Hobbymusiker. Wie mein Bruder auf schmerzliche Weise erfahren musste, gab sich der deutsche Mensch dem Üben und Ausüben von Musik mit hehrer Inbrunst hin.

War es die der Harmonielehre zugrunde liegende Mathematik, die den Deutschen derart zusagte? Harmonie ist eine Metapher für die Gesetze von Natur und Universum und macht die Musik zur romantischsten aller Künste. Mehr als jedes andere Medium befähigte sie die Romantiker, das Reich der Gefühle und die Tiefe menschlicher Existenz auszuloten. Beethovens Symphonien sind reiner Ausdruck des menschlichen Willens und die *Ode an die Freude* am Schluss seiner neunten und letzten Symphonie eine Hymne an den menschlichen Geist.

Johann Sebastian Bach ist der wahre Mathematiker der klassischen Musik. Als seien sie Multiplikationstabellen oder eine Art musikalischer *Trimmdichpfad*, machte er musikalische Formen zu mathematischen Übungen. Allein die Erwähnung seines Namens weckte in mir Erinnerungen an qualvolle Frühmorgenstunden am Klavier. Denn während die meisten Leute sich damit begnügen würden, ein Präludium oder eine Fuge in ein oder zwei Tonarten zu komponieren, musste Bach natürlich hingehen und sowohl ein Präludium als auch eine Fuge in *sämtlichen* Tonarten hinfrickeln – jeweils in Dur und in Moll, versteht sich, wahrscheinlich für den Fall, dass seine Idee sonst nicht bedeutungsvoll genug wäre. Aber seine liebste Form war wohl die Fuge mit ihrem ebenmäßigen, mechanischen Rhythmus auf- und absteigender Noten, die die Musik beharrlich vorantreiben. Wie ein perfekt eingestellter Motor ist die Fuge (es sei denn, sie wird von mir gespielt), der Inbegriff von *Vorsprung durch Musik*. Musikalische Wissenschaft.

Mit seinem Werk setzte Bach einen protestantischen musikalischen Standard, ähnlich wie vor ihm Luther für die deutsche Sprache. In der ersten Hälfte des 18. Jahrhunderts war Bach Deutschlands großer Musikerzieher, so wie Jahn, Schreber, Kneipp und die anderen es zu Anfang des 19. Jahrhunderts auf ihren Gebieten wurden. Seine Studien und Kompositionen besaßen pädagogischen Wert und erlaubten es den Schülern, an den Bauklötzen der Musik zu üben, so wie Kinder es mit Froebels echten Bauklötzen taten. Mozart studierte ihn endlos und soll, als er seine Musik das erste Mal hörte, ausgerufen haben: »Das ist doch einmal etwas, aus dem sich etwas lernen lässt!« Beethoven nannte Bach den »Urvater der Harmonie« und beschrieb seinen universalen Einfluss mit dem Wortspiel, Bach solle »nicht Bach, sondern Meer« heißen. Goethe wiederum sagte, wenn er Bachs Musik höre, sei das, »als wenn die ewige Harmonie sich mit sich selbst unterhielte«.

Wieso war das relevant? Diese Musik war schließlich Hochkultur und der Grund dafür, dass die Über-50-Jährigen, eine Zielgruppe, der ich nicht angehörte, nach Deutschland kamen.

Es war relevant, weil Bach mehr war als nur klassische Musik. Laut Manny bilden die Strukturen seiner Musik die Grundlage aller Jazz- und Pop-Musik, angefangen bei seiner Ouvertüre Nr. 3 in D-Dur, auch bekannt als »Air auf der G-Saite«, die dank des Werbespots für Hamlet-Zigarren und dank des Orgelriffs in Procul Harums Hit-Single »A Whiter Shade of Pale« zu einem echten Stück Popmusik wurde. Denkwürdige Autowerbespots verwenden den von Heulen und Zähneklappern geprägten Eröffnungschor aus Carl Orffs *Carmina Burana* (ein Werk, das im Grunde genommen von den ziemlich schmutzigen Fantasien eines Haufens deutscher Mönche handelt). Und die 90er-Jahre-Band Farm ist nur eine von sehr vielen, die Pachelbels Endloskanon mit ihrer Hit-Single »All Together Now« plagiierten.

Deutsche Einflüsse lagen also offensichtlich sowohl dem Kino als auch der Popmusik zugrunde. Aber wie bei gutem deutschem Wein musste man ziemlich lange danach suchen.

Trotzdem, dachte ich. Wenn man danach gehen wollte, was junge Leute auf ihren iPods hörten, schien mir Deutschland die Kluft zwischen klassischer und Popmusik nicht überbrückt zu haben. Es war mir, als betrachte man die Leistungen und Errungenschaften der alten Griechen und vergleiche sie mit ihren heutigen Landsleuten. Woher diese Kluft angesichts des enormen musikalischen Erbes des Landes? Was war nach 1945 schiefgelaufen? Oder gab es irgendwo deutsche Musik, die ich kennen und lieben und sogar mitsingen können sollte und die den *Zeitgeist* widerspiegelte?

Nach dem Krieg fingen junge Deutsche an, alles abzulehnen, was ihre Eltern und Großeltern getan hatten, sie wollten mit der Geschichte ihres Landes nichts zu tun haben. Während ihre Eltern Schnulzen und Schlagern à la Margot Eskens, Caterina Valente und Peter Alexander lauschten, weigerte sich die deutsche Jugend, deutsch Gesungenes auch nur anzuhören, und stürzte sich auf ausländische Musik, vor allem aus den USA und Großbritannien. Sicher, es gab auch deutsche Schlagerversionen großer Elvis-Songs, so wie während des Krieges Liedtexte wie »Lili Marleen« übersetzt wurden und Kulturgrenzen überwanden. Aber die jungen Deutschen wollten die Beatles, wie ich nicht zuletzt aus Hamburg wusste, und vor allem englisch gesungene Songs. Auf Deutsch über Liebe, Verlust und Sehnsucht zu singen war verpönt. Diese Themen hatten nichts mehr mit der rebellischen neuen jungen deutschen Teenagergeneration zu tun, es waren alte, romantische Begriffe aus einer dunklen, beschämenden, schmutzigen Vergangenheit.

Wenn aber doch auf Deutsch gesungen wurde, mussten die Texte einen *Anspruch* haben, eine Botschaft. Sie mussten politische oder gesellschaftliche Forderungen stellen, so wie die 68er mit ihrer Nacktheit und ihren Kommunen und Baader-Meinhof mit ihren Bomben Forderungen gestellt hatten.

Der Durchbruch kam mit der *Neuen Deutschen Welle*, die nichts mit Haarstyling zu tun hat. Sie kam mit Udo Lindenberg, Ulla Meinecke, Ina Deter oder Nina Hagen. Die Neue Deutsche Welle war, zumindest zu Anfang, wie ich bei Manny erfuhr, deutscher Punk-Rock, links orientiert und hochgradig politisch. Nenas *99 Luftballons* hatten nichts mit Kindergeburtstagen zu tun, es waren Sperrballons in einem Anti-Kriegs-Lied. Nena sang damit gegen die Aufrüstung mit

Cruise Missiles und Pershings und alle Ungerechtigkeiten der Welt an.

Schon lange vorher hatte es den Krautrock gegeben. Mit zu den ersten Vertretern gehörten Tangerine Dream, deren Texte intellektuelle, sozio-politische Parodien waren und deren elektronische Klänge den Synthesizer-Rock der 80er-Jahre vorwegnahmen. Vielleicht. Ich war mir ziemlich sicher, dass es auch genau der Krach war, mit dem wir uns während des Studiums aus purer Bosheit nach durchzechten Nächten gegenseitig aus dem Tiefschlaf rissen.

Die deutsche Elektronikband schlechthin war jedoch Kraftwerk, bestehend aus vier wunderlichen Fahrradfreaks aus Düsseldorf. Sie brachten die Programmierung in die Popmusik. Rundum verdrahtet, hackten sie auf ihren selbst gebastelten elektronischen Instrumenten herum wie Mechaniker, die einen Mercedes reparieren. Mit ihrem roboterhaften Auftreten wirkten sie wie Labortechniker, die akustische Autos oder hörbare Hugo-Boss-Anzüge zusammenbauten. Das war wirklich *Vorsprung durch Musik*, mit einem fugenähnlichen Pulsschlag, zu dem man fast – aber nur fast – tanzen konnte. Immerhin gab es hier die Rückverbindung zu Bach und Deutschlands großen musikalischen Ahnherren.

Anscheinend war selbst das, was Kraftwerk machten, so jedenfalls Manny, ein ironisches Statement über eine kaputte, technologiebesessene, entmenschlichte Welt. Kraftwerk waren das musikalische Äquivalent der 80er-Jahre zu Fritz Langs *Metropolis*. Aber hatten die vier undurchdringlichen Typen, die behaupteten, Live-Musik zu spielen, wirklich etwas mit Ironie zu tun?

Wenn ich an meine eigene Plattensammlung zurückdachte, waren die 80er-Jahre tatsächlich ein relativ deutsches Jahrzehnt, kantig und metallisch, dominiert von Synthesizern, Samplern und Sequencern. Damals war Deutschland das

Land der *Technik*, und die deutsche Sprache wurde für kurze Zeit zum Inbegriff für die klangliche Rechtwinkligkeit elektronischer Musik. Internationale Bands gaben sich sogar Namen wie Spandau Ballet und Bauhaus. Deutschland hatte den Weg für die New Romantics bereitet – für Human League, Depeche Mode, OMD und wie sie alle hießen – und für das stilloseste aller Jahrzehnte.

Dann, Mitte der 1990er, ereignete sich eine Revolution: Deutsche Bands fingen an, wieder in ihrer Muttersprache zu texten und zu singen, und das sagte etwas Signifikantes nicht nur über die zeitgenössische deutsche Musik aus, sondern auch über die deutsche Gesellschaft. Deutschlands Jugend fand, dass inzwischen genug Zeit vergangen und seit dem Krieg genug Geschichte gemacht worden war, um wieder auf Deutsch, und über so altmodische Themen wie die Liebe, singen zu können.

In Berlin entdeckte ich die verführerisch-mädchenhafte Stimme von Annett Louisan, Deutschlands Antwort auf Nora Jones oder Katie Melua, die die deutsche Liedertradition mit sehnsuchtsvollen, jazzig-folkigen Songs in die Moderne holte. Für Ohren, die von Jazz-Folk-Sängerinnen aus aller Welt verwöhnt waren, mochte Louisans Stimme vielleicht durchschnittlich klingen, aber für Deutschland und die deutsche Pop-Musik war sie erstrangig. Außerdem hörte ich 2raumwohnung, das Unglaublichste, was man sich nur vorstellen kann – ein deutsches Pop-Duo, das deutsche Melancholie nahtlos mit leichfüßigen Rhythmen und Harmonien verbindet.

Zum ersten Mal konnten Leute wieder in die deutsche Vergangenheit zurückgehen und ohne *Anspruch* über Liebe, Verlust und ganz normale menschliche Dinge singen. Wie die deutsche Komik, der deutsche Film, die deutsche Küche und der deutsche Humor hatte auch die deutsche Musik fünfzig Jahre verloren.

Es gab andere Bands, wie die deutschen Rapper Die Fantastischen Vier oder Wir sind Helden, die ein einmaliges Konzert in London gaben, das bis auf den letzten Platz ausverkauft war. Dank der Segnungen der grenzenlosen digitalen Welt würde diese für anglophone Ohren erst einmal fremdartig klingende Musik vielleicht auch den Weg auf die iPods der jungen Briten finden.

Aber der wirkliche Soundtrack für Berlin und damit für den deutschen *Zeitgeist* war wieder einmal die Stimme von Sven Regener – diesmal nicht als Schriftsteller, sondern in seiner Doppelfunktion als Leadsänger und Songwriter der deutschen Band Element of Crime. Sie machten vor allem sanfte, melodische Songs, getragen von einer akustischen Gitarre und den sehnsüchtigen Klängen von Trompete und Harmonika, die die Refrains ausfüllten. Eher zurückhaltend produziert, erinnerten sie an französische Filmmusik aus den Sechzigern und Siebzigern oder an Kurt-Weill-Songs aus der Weimarer Zeit, gemixt mit einem Hauch Lou Reed, Bob Dylan und Gainsbourgs melancholischen Philosophierereien. Sie klangen wie alte, wiederentdeckte Songs, waren aber original. Gesungen von einer rauen Stimme, die sich nicht immer darum scherte, ob sie den richtigen Ton traf, beschworen sie eine pikareske, nachtschwärmerische Welt herauf wie die, in der sich Regeners Alter Ego Herr Lehmann bewegt: die romantische Schönheit städtischer Einsamkeit und das Zusammengehörigkeitsgefühl in der letzten U-Bahn; Pfützen, Nieselregen und die weiße Sonne eines Wintermorgens. Das war das Berlin, in dem ich eine Woche gelebt hatte.

Wie in Regeners Buch war die Botschaft positiv: »Lass dich nicht unterkriegen, mach keine großartigen Pläne, hadere nicht mit dem Schicksal. Genieße die Gegenwart, und wenn das bedeutet, dass du mehr mit einem alten Penner gemein hast, mit dem du an irgendeiner Straßenecke eine rauchst, dann ist es eben so.« Für Element of Crime ging es nicht um »*Du bist Deutschland*« und was man werden konnte, sondern darum, was man bereits war. Im Einklang mit dem Zeitgeist zu sein bedeutete nicht, großen Zielen, Lösungen und Systemen hinterherzuhecheln und der Größte sein zu wollen, sondern stillzustehen: »*Wo deine Füße stehen / ist der Mittelpunkt der Welt.*« Eine unaufdringliche, schlichte und bewundernswerte Message – ein Gegenmittel für die deutsche *Angst* – und für mich wieder ein Hinweis darauf, dass das Berlin der großen Geschichte, sei es nun das der Mauer, der Ostalgie oder des Zweiten Weltkriegs, das Berlin der Touristen und nicht das der echten Berliner war. Wieder einmal schwer fassbar, hatte Berlin sich weiterentwickelt. Es war mit der Zeit gegangen.

Meine Reise durch die deutsche Pop-Kultur war fast zu Ende. Aber Mannys Plan sah noch einen Abstecher in die kleine Stadt Dessau eine gute Stunde südwestlich von Berlin vor. Doch was hatte eine Provinzstadt in Sachsen mit *Zeitgeist* zu tun? Nun, hier würde ich offenbar verstehen, welchen fundamentalen Beitrag Deutschland zur modernen Kultur geleistet hatte, womit nicht nur die schönen Künste gemeint waren, sondern alles, womit man das Leben auskleidet, sozusagen die ganze Tapete des Lebens.

Wie Isherwood sagte ich Berlin Lebwohl und fuhr, vorbei an der Lutherstadt Wittenberg, nach Dessau.

Dessau ist die Heimat des Bauhaus, womit nicht die 80er-Jahre-Rockband aus Northampton gemeint ist, sondern die Kunst-, Design- und Architekturschule, deren Vertreter – Maler, Architekten und sonstige Künstler –, an erster Stelle der deutsche Architekt Walter Gropius, radikale Vorschläge zum Bauen und Wohnen entwickelten. Dieses Mal war es keine Idee, mit der die geistige Welt neu definiert würde, wie

Luther es getan hatte, sondern eine, die unsere dingliche Welt umgestalten wollte. Das Bauhaus war der Anfang dessen, was man Design nennt.

Vor dem Bauhaus wurde Ästhetik nur auf die schönen Künste angewandt. Die Bauhausbewegung änderte das, indem sie Form und Funktion miteinander verband, Alltagsgegenstände zu Objekten von Design machte und dem Vertrauten die Aura des Unvertrauten verlieh. Dank des Bauhauses war Kunst zum ersten Mal nicht mehr nur an den Wänden oder auf Sockeln und Podesten zu finden, sondern in allem und überall. Man konnte sie in die Hand nehmen, sich darauf setzen und sie für alles Mögliche benutzen. Angefangen bei der Architektur beschäftigte man sich mit dem gesamten menschlichen Wohnraum, bis hin zur Gabel, mit der man aß, oder zur Tasse, aus der man trank.

Klingt in meinen Ohren fast romantisch, war es aber nicht nur. Oberstes Gebot und Erbe des Bauhauses war und ist, dass die Form der Funktion untergeordnet ist und Gegenstände in erster Linie darauf reduziert werden müssen, was sie tun sollen. Daher der Birkenstock-Schuh zum Gehen, der Mercedes zum Fahren und der Loewe-Fernseher, um Fußball zu gucken. Wie protestantisch, karg, steril und typisch deutsch! Was war mit Rüschen und Verzierungen und Schönheit um der Schönheit willen?

Aber wie immer man es auch drehte und wendete, die Bauhaus-Welt war nun einmal die Welt, in der wir mittlerweile alle lebten. Rüschen sind inzwischen Kitsch; seit Ludwig II. und die ähnlich geschmacklosen Viktorianer nicht mehr unter uns weilen, hat niemand von uns mehr Lust, Zeit oder Platz, überkandidelte Schlösser zu bauen oder längst überholte Stilrichtungen zu imitieren. Nicht einmal, wenn wir Deutsche sind. Wir haben die überladenen deutschen Landschaften unserer kindlichen Fantasie hinter uns gelassen und sind zur

Kindergarten-Schlichtheit der Froebelschen Bauklötze übergegangen, die den großen amerikanischen Architekten Frank Lloyd Wright inspiriert haben sollen.

Die iPod-Welt wurde vom Bauhaus ersonnen und erdacht: seien es die Wolkenkratzer, die auf die Ideen eines Mies van der Rohe zurückgehen, die weißen Geräte von Siemens, Bosch oder Braun, die wir zu Hause herumstehen haben, oder eins der vielen deutschen Autos, das wir vielleicht einmal besaßen. Einen Birkenstockschuh könnte man sozusagen als den Wolkenkratzer der sommerlichen Fußbekleidung sehen.

Über das alles hatte ich noch nie wirklich nachgedacht. Jetzt jedoch kam ich zu dem Schluss, dass sich die westliche Welt seit dem Zweiten Weltkrieg unwissentlich an einer ursprünglich deutschen Vision orientiert hatte, die Deutschland direkt ins Herz des globalen *Zeitgeists* versetzt. Die Populärkultur war nicht mehr nur Musik, Film und Teenager-Kult. Die ganze Welt war ein interaktiver, grenzfreier Vergnügungspark, in dem selbst Reisen und Reiseziele, wie Manny betont hatte, zu Verkaufsgegenständen und Verkaufsobjekten mutierten. Eine auf das Wesentliche reduzierte Annäherung an Form und Funktion war offenbar der augenblickliche Trend und würde es so lange bleiben, wie wir in Städten lebten, in denen der Platz knapp war und uns nichts anderes übrig blieb, als unser Leben und unser Denken zu entrümpeln. Die städtische Welt war, wie ich jetzt wusste, eine deutsche Welt.

12. Lebensraum

Sandburgen bauen

der: 1. (Biol.) Biotop (a, b) 2. Raum, Umkreis, in dem sich jmd. od. eine Gemeinschaft (frei) bewegen u. entfalten kann

»Und nun zum letzten Modul. Vielleicht finden Sie ja doch noch Ihr Eldorado!«

Bald war ich frei!

»Jeder Engländer möchte ein Haus im Ausland besitzen. Er betrachtet es als sein Geburtsrecht, das er mit dem Empire erworben hat, und glaubt, dass zumindest eine Ecke in einem fremden Land für immer englisch sein sollte. *Lebensraum*. Darum geht es. Um britischen *Lebensraum.*«

Mir fiel der alte Witz ein: Wenn du bei einem Deutschen zu Hause bist und wissen willst, wo der *living room* ist, frag bloß nicht nach dem *Lebensraum*, sondern nach dem *Wohnzimmer*.

Ich tat, als verstünde ich nur Bahnhof.

»Ich erkläre es Ihnen«, sagte Manny.

Der Begriff *Lebensraum*, noch so einer, der ein ganzes Ideengebäude ausdrückt, wurde offenbar seit den 1870er-Jahren benutzt. Seine Verfechter wandten die sozialdarwinistischen Theorien insofern schöpferisch an, als sie die grandiose Idee ausheckten, Wohlergehen und Entwicklung eines Volkes hänge von seiner Fähigkeit ab, seinen Lebensraum auszudehnen. Kaiser Wilhelm wollte einen »Platz an der Sonne«, das heißt Kolonien; aber die Eroberung neuen *Lebensraums* wurde dann zur Hauptlosung der faschistischen und imperialistischen Politik zwischen den beiden Weltkriegen – und bekanntlich auch der nazideutschen. Weil die Nazis es vor allem auf die Gebiete im Osten Europas abgesehen hatten, marschierten sie dort zuerst ein. Was dabei herauskam, ist gleichfalls bekannt. Heute erfüllen sich die Deutschen ihren Wunsch nach Lebensraum Gott sei Dank nur noch mit ihrem berühmten Run auf die Liegestühle.

Setzte Manny nun den leidenschaftlichen Wunsch der Briten nach Grund und Boden im Ausland mit einem fest im Volk verankerten Neoimperialismus gleich? Wie konnte er es wagen?

»Britische Bürger haben bisher 24 Milliarden Pfund für Wohnungen und Grundbesitz in anderen Ländern ausgegeben. Kein Wunder! Sie widmen ganze Zeitschriften und den halben Immobilienteil in den Zeitungen dem Erwerb ausländischen Wohnbesitzes, manchmal in einem einzigen Land. Britische Immobilienmakler haben Zweigstellen in allen europäischen Städten und Orten, in denen sie lukrative Immobiliengeschäfte wittern. Jene Leute, die sich keine Immobilie im Ausland leisten können, haben in unzähligen Fernsehsendungen und -serien wie *A Place in the Sun* die Möglichkeit, den Traum vom Leben in der Ferne auszuleben.«

Schön und gut. Wie die Deutschen sind wir Briten ein weit gereistes Völkchen, ja, wir scheinen sogar gleich viel Zeit *nicht* im eigenen Land wie die Germanen zu verbringen. Doch unsere Haltung zu ausländischem Wohnbesitz unterscheidet sich gewiss nicht von der anderer Nationen.

»Doch, doch«, sagte Manny. »In keinem anderen europäischen Land gibt es derart ausgeprägte Begehrlichkeiten danach, nirgendwo sonst ist es so üblich geworden, eine Wohnung im Ausland zu kaufen. Und die Briten kaufen sie nicht nur als Investition oder als Ferienwohnung – das könnte ich ja noch verstehen –, sondern sie wollen gleich ihr ganzes Leben umkrempeln. Alles hinzuschmeißen, sich eine Ruine am Ende der Welt zu kaufen und sich in Pidgin-Französisch oder -italienisch mit fehlender Elektrizität, nicht funktionierenden Wasserpumpengeneratoren und kopfschüttelnden Dorfhändlern herumzuschlagen – das ist ihr Schönstes. Was ich sehr seltsam finde. Ob die Angst, die sie über Jahre hinweg in der Northern Line aufgestaut haben, der Grund ist? Oder sind die Briten im tiefsten Inneren eine Nation von Möchtegern-Bauern? Von Buchhaltern, die Oliven pflanzen, und Bankern, die Winzer werden wollen?«

Ganz abwegig war das nicht. Ruinen sind romantisch; das hatte Heidelberg bewiesen. Wenn man dem gnadenlosen Konkurrenzkampf entkommen wollte, warum dann nicht ein Utopia suchen, ein britisches Schlaraffenland verlorener ländlicher Unschuld?

»Gleichzeitig können alle, die das Umgekehrte anstreben, es gar nicht abwarten, einen sündhaft teuren Schuhkarton von Wohnung in London zu kaufen und sich das hyperangesagte Designerzeugs anzuschaffen, das Sie, Ben, natürlich mit Verachtung strafen. Komisch, was?«

Manny hatte recht. Wie oft hörte man schon, dass Italiener in Scharen leer stehende Brauereien in Yorkshire restaurierten oder Tausende von Spaniern ein Hotel Fawlty Towers im idyllischen Torquay betrieben? Das Leben geht merkwürdige Wege.

»Allerdings restaurieren die Briten nicht jede dämliche Landruine in jedem x-beliebigen Land!«

Natürlich nicht. Wir hatten unsere eigene Vorstellung davon, wo wir ländliche Unschuld fanden.

»Sie meinen, ihre Idylle fänden sie immer nur in ganz bestimmten Teilen der Welt, wie in Britisch-Chiantiland oder Chelsea-sur-Loire. Und die Costas Bravas und Costas del Sol sind schon lange Außenposten Vorstadtbritanniens und Andalusien die Partnerprovinz von Holland Park.«

All diese Reiseziele haben sich seit den Zeiten der viktorianischen Kavaliersreisen nicht geändert, was natürlich mit dem Klima zu tun hat. Doch wenn die Leute heute in einer, wie sie es empfinden, klinisch reinen, geregelten Welt nach Veränderung suchen, suchen sie auch das Chaos und die Unbekümmertheit: Sie wollen aus der Strenge des Nordens in die *disinvoltura* und Spontaneität mediterraner Gefilde entfleuchen. In der Durchorganisiertheit und Spielzeugstadt-Perfektion an der Ostseeküste würden sie *disinvoltura* vergeblich suchen.

»Aber was ist mit Deutschland?«, bohrte Manny weiter.

Nun ging es wieder von vorn los …

»Warum nicht eine Jugendstilvilla an der Ostsee oder ein *Fachwerkhaus* im Schwarzwald?«

Ich hatte im Verlaufe meiner Therapie viele Orte und Gegenden in Deutschland wunderschön gefunden: die Ostseeküste und ihr Hinterland, das hessische Märchenland oder den Königssee bei Berchtesgaden. Doch mir wäre nicht im Traum eingefallen, dorthin zu ziehen.

»Warum schwärmen alle nur vom *dolce vita* oder von Luftschlössern in Spanien? Wo auf den Bücherregalen sind die Elogen auf die deutsche Lebensart?«

Die würde es erst geben, wenn die Leute zurück zur Natur wollten. Aber so radikal?

Es gab keine Titel wie *Unter der Sonne des Rheinlands*, *Mein Jahr in Sachsen* (was wie *mein Jahr in der Verbannung* klang) oder *83 Millionen Deutsche können sich nicht irren*. Gott bewahre! Selbst wenn es der Fall wäre, würden sie es nie zugeben! Nicht einmal Tony Hawks war mit dem Kühlschrank durch Deutschland getrampt oder hatte jeden einzelnen der deutschen Nationalkicker zu einer Partie Tennis aufgefordert. Die waren bestimmt viel zu gut. Es hatte auch bisher niemand gemeint, er müsse eine verfallene Scheune in Bayern kaufen und über deren Instandsetzung ein Buch mit dem Titel *Unter den Bratwürstl* verfassen. Immer vorausgesetzt, dass man in Deutschland eine Scheune fände, die verfallen durfte.

Welche Bücher über Deutschland würden in den reichen Grafschaften rund um London auf den Nachttischen liegen? Soweit ich wusste, keine. In den Buchhandlungen gab es eben keine teutophile Ferienlektüre, mit der man sich auf einen Liegestuhl fläzen würde – wenn man vor den Deutschen einen ergattert hätte ... Der Name Deutschland war weit davon entfernt, zum Träumen vom anderen Leben anzuregen. *Ein Engländer in Krautland*?

Von Mannys leidenschaftlichen Argumenten allmählich beeindruckt, durchkämmte ich nun doch die Immobilienseiten nach Angeboten dort. Trotz unendlich vieler Zeitungs- und Zeitschriftenseiten mit ausländischen Immobilien fand ich keine einzige Anzeige für Deutschland. In der alphabetischen Reihenfolge war dort, wo Deutschland hätte auftauchen müssen – nichts. Ich hatte auch noch nie gesehen, dass Deutschland in *A Place in the Sun* vorkam. Bulgarien hatte es immerhin schon geschafft, und auf Albanien mussten wir sicher nicht mehr lange warten. Doch Sätze wie »Mein Mann und ich haben gerade ein riesiges Landgut in der Nähe von Frankfurt gekauft. Natürlich gibt es noch viel daran zu tun, aber wir renovieren es und wollen unseren eigenen *Apfelwein* keltern ...«, hörte man nicht. Ich suchte sogar den Auslandsimmobilienmakler unweit meiner Wohnung auf, um zu sehen, wie er reagierte, wenn ich mich nach Objekten in Deutschland erkundigte. Wie erwartet, ziemlich verdutzt.

Das Land der protestantischen Arbeitsethik klang offenbar zu sehr nach »Mühe und Arbeit«. Doch wenn Briten ins Ausland zogen, wollten sie ihr Leben entschlacken, sie suchten das Einfache – also das Gegenteil von technischem *Vorsprung*: Rückschritt statt Fortschritt.

Mittlerweile hatte ich mich weidlich in Deutschland umgetan und viele Aspekte deutscher Lebensart kennengelernt. Doch ob ich wirklich das Gemüt eines deutschen Wanderers hatte, würde sich in dem mir bevorstehenden Härtetest zeigen – das Gerede von den neokolonialistischen Gelüsten einmal beiseitegelassen. Konnte Deutschland meine *Heimat* werden? Konnte es mein »Traum vom anderen« sein?

Recht bedacht, hatte ich auf deutschen Straßen sowohl in den Städten als auch auf dem Land merkwürdigerweise nie Maklerschilder vor Häusern gesehen. Wurden keine zum Verkauf angeboten? Scheinbar nicht, denn die Deutschen wohnen in ihrer Mehrheit – mehr als die anderen Europäer – zur Miete, und es gibt nicht so viele Eigenheime, die den Besitzer wechseln könnten. Lag das an der romantischen Furcht vor Schulden und der angeborenen protestantischen Aversion gegen Hypotheken? Hatte dieses als Liegestuhl-Usurpator berühmte Volk etwa keine gut geölte Maschinerie zur Inbesitznahme von Land?

Ich dachte an die wunderbaren Wohnungen mit den hohen Zimmerdecken in Berlin. Wie schön wäre es, eine von denen zu besitzen. Oder eine Butze in den Weinbergen am Rhein oder eine private Nudistenklause in der wilden mystischen Natur Rügens.

»Eine Wohnung? Ein Ferienapartment? Können Sie sich nichts Romantischeres vorstellen? Wie wär's mit einem verfallenen Schloss? Da könnten Sie das deutsche Kind noch mal so richtig aus sich rauslassen.«

Ich konnte von Glück reden, wenn ich mir einen Strandkorb leisten konnte! Aber vielleicht sollte ich mich zumindest einmal informieren. Schlösser gab es schließlich nicht nur in Spanien. In Deutschland hundertmal mehr, und ein paar mussten doch zu haben sein. Ja! Wenn ich meine finanzielle

Situation einen Moment außer Acht ließ, hatte ich plötzlich Riesenlust, mir eins zu kaufen.

Also, wieder ins Internet. Diesmal riet mir Manny, eine Website aufzusuchen, die er offenbar kannte: Living_Space.com. Es war eine Nobel-Reiseagentur in Kalifornien und merkwürdigerweise nicht in Deutschland.

Living Space bot sich als Organisator teurer und ungewöhnlicher Themenferien rund um die Welt an, mit denen man beim Reisepoker manchen Stich machen konnte: Fliegenfischen in Patagonien, Golfen in China und – nur in den Vereinigten Staaten – zahnmedizinische Reisen. Was heutzutage *Wanderlust* alles bedeuten konnte ...

Aber Deutschland kam vor! Hier hatte ich das Wundertier in der Welt des Reisens entdeckt: eine Website, die Deutschland an den Mann (und die Frau) bringen wollte. Living Space bot Europatouren im Porsche an und Ausflüge zu historischen Stätten wie Schlössern und Burgen sowie zu Weihnachtsmärkten. Insgeheim hatte ich deutsche »Wellness«-Wochen und FKK-Trips an die Ostsee mit Gratisnacht in einem Puff erwartet. Doch als ich den Link »Schlösser – jetzt investieren« erblickte, juckte es mich sofort in den Fingern. Ich klickte ihn an, und folgender Text erschien: »Schloss zu verkaufen – Haben Sie schon einmal davon geträumt, Schlossherr zu werden? Es ist leichter, als Sie denken!«

Ich las weiter, dass es in der früheren DDR viele Schlösser und Herrenhäuser gebe, die man, aus welchem Grund auch immer, habe verfallen lassen und die renoviert werden müssten. Vor mir sah ich bezaubernde Fotos, und die Namen der Anwesen klangen so fantastisch wie Purschenstein, Pudelwitz und Fürstenberg; sie schrien geradezu nach einer Rolle in einem Grimm'schen Märchen. Kein Wunder, dass Mary

Shelley ihren Dr. Frankenstein, den Schöpfer des Monsters, nach einem deutschen Schloss benannt hatte.

Das Wort *Schloss* konnte alles bedeuten: von ausgewachsenen Schlössern mit Türmen, Erkern und Zinnen bis hin zu relativ schlichten Herrenhäusern. Meist in verheerendem Zustand. Es bedurfte schon einer gehörigen Portion Fantasie, sich eine dieser baufälligen Immobilien in renoviertem Zustand vorzustellen. Sicher nichts für Mr und Mrs English aus Guildford, die von einem schnuckeligen, kleinen deutschen Bed-and-Breakfast träumten. Einen Vorzug indes besaßen alle »Schlösser«: Land. Sie lagen inmitten von riesigen Parks, ja, eigenen Wäldern und Seen. Einerlei, wie viel Arbeit man hineinstecken musste – es hatte etwas Surreales.

Neugierig geworden, beschloss ich, eine E-Mail an die Kontaktadresse zu schicken. Doch was sollte ich sagen? Ich musste mir etwas einfallen lassen und mich als seriöser Investor präsentieren, sonst würde ich nie eine Antwort bekommen. Ich schrieb, ich gehörte zu einem Konsortium, das Deutschland als Zielland für die Ausdehnung seiner Geschäftstätigkeit erkoren habe, und sonst noch einiges an allgemeinem Bla-bla-bla, das aber sehr erfahren klang. Ob man mir bitte weitere Informationen über Prozedere und Preise, Fotos und Standorte der angebotenen Liegenschaften zukommen lassen könne?

Mehrere Tage lang hörte ich nichts und glaubte schon, meine Mail habe meinen Mangel an ernst gemeinten Absichten verraten. Eines Nachmittags nahm ich schließlich all meinen Mut zusammen und rief an, um zu wissen, woran ich war.

Eine fröhliche Frau in – der Stimme nach – mittleren Jahren namens Martine meldete sich in dieser typisch amerikanisch kumpeligen Art und war sehr freundlich und hilfsbereit, wobei die Grenze zwischen sicher und bestimmt und leichtgläubig die ganze Zeit fließend war. Unter Beibehaltung meiner Investorenfassade hielt ich einen ausgiebigen Schwatz mit ihr. Diese weit entfernten Botschafter Deutschlands in Kalifornien hatten meine Neugierde erregt. Es stellte sich heraus, dass sowohl Martine als auch ihr Gatte in Deutschland geboren, aber mit ihrer Familie nach dem Krieg in die USA emigriert waren. Offenbar plagte sie ein wenig das Heimweh.

Martine entschuldigte sich, dass sie mir die angeforderten Informationen nicht längst geschickt hatte, und versprach, dies unverzüglich zu tun. Sie empfahl mir auch, dass wir (d. h. mein Konsortium und ich) bei ernsthaftem Interesse eine einwöchige Besichtigungstour zu den Objekten unternehmen sollten, die für uns in Frage kämen.

Etwa eine Woche später brachte mir die Post ein dickes Paket mit Lageplänen, Grundrissen, Fotografien und anderen detaillierten Angaben. Zum Beispiel mit Vorschlägen zur Nutzung jedes der ungefähr 20 Objekte: Nach Renovierung konnte man unter anderem Kurheime, Hotels oder Pensionen daraus machen. Ich traute meinen Augen nicht. Denn ich sah ein paar erstaunliche, wunderschöne Anwesen, wenn auch in einem Zustand beispiellosen Verfalls und Ruins. In Großbritannien wären sie längst von Bauspekulanten oder dem National Trust aufgekauft worden. Fing ich jetzt endgültig an zu spinnen? Schon der Kaufpreis dieser Schlösser würde horrend sein, ganz zu schweigen davon, welche Unsummen man in die Instandsetzung stecken müsste. Dann klappte mir wieder der Kiefer herunter: Gut, die Kosten für die Instandsetzung würden sich zwar auf weit über siebenstellige Summen belaufen – immerhin sollten schicke Hotels oder Wellness-Anlagen entstehen –, aber die Gebäude selbst und das umliegende Land waren zu einem Spottpreis zu haben. Nicht, dass ich auch nur ein Spottgeld übrig gehabt hätte – doch diese Märchenschlösser gab es offenbar wirklich für ’n Appel und ’n Ei. Das konnte nicht mit rechten Dingen zugehen. Ich wurde ganz gieprig.

Das Infomaterial enthielt ausgearbeitete Vorschläge zu Besichtigungsfahrten, sollten ich und »meine Partner« einige der Objekte in Augenschein nehmen wollen. Living Space hatte sogar eine Art Faktotum vor Ort, einen Herrn Ortlieb. Der hatte allerdings seinen Preis. In dem kühnen, einwöchigen Reiseplan, den Martine ausgearbeitet hatte, waren einbezogen ein tägliches Beraterhonorar für das Besichtigen der Anlagen plus die Kosten für Herrn Ortliebs Verpflegung und Benzin und – das klang obligatorisch – die Übernachtungen in seinem renovierten Schloss. Letztendlich nur für das Vergnügen, in einer Woche etwa 10 Immobilien zu besichtigen, sollte man mehrere Tausender hinblättern. Konnte Deutschland sich eine solche Exklusivität leisten? Ich schickte eine markige Antwort im Duktus meines neu entdeckten Bauinvestor-Doppelgängers, hielt mich aber bedeckt. Erwähnte einen bevorstehenden Geschäftsbesuch in Deutschland, während dessen ich Zeit für einige Besichtigungen erübrigen könnte, und fügte hinzu, dass ich viele andere geschäftliche Verpflichtungen hätte und mich flexibel halten müsse. Dann harrte ich der Dinge, die da kommen sollten.

Das Problem war, dass ich mich allmählich selbst in dieser Rolle ernst nahm. Ich bildete mir ja schon halbwegs ein, ich könne wirklich eines dieser Schlösser kaufen. Es hatte mit dem Scherz begonnen, ob überhaupt ein Mensch ein Stück von Deutschland haben wollte, und sich nun zu einer langsam furchterregenden Idee entwickelt. Sicher, im gegenwärtigen Stadium meines Lebens fand ich durchaus, dass ich beruflich einmal etwas anderes machen sollte – vielleicht mal etwas Unternehmerisches, das auch Spaß brachte. »Schluss mit dem Bürojob und dem Gehalt, das jeden Monat pünktlich auf dem Konto eingeht!«, sagte mein neues romantisches Ich. »Mach was anderes, etwas für dich! Etwas Selbstbestimmtes.« Das schaffte ich finanziell natürlich nicht allein; doch ich hatte schon oft mit Freunden überlegt, ob wir nicht eine Bar oder einen Club eröffnen sollten. Warum nicht ein Schloss?

Als ich einigen von ihnen meinen Vorschlag unterbreitete, erntete ich zunächst nur Hohn und Spott, die aber allmählich einer allgemeinen Amüsiertheit und schließlich sogar einer gewissen Neugierde wichen. Irgendwie waren die Jungs von der Idee angetan, besonders nach ein paar Bieren, und wollten zum Schluss alle, dass ich mir die Sache anschaute und davon berichtete. Obwohl ich ihre Fragen »Wofür willst du denn das Schloss? Willst du nach Deutschland ziehen? Gehört es zu deiner neuen Ferienplanung, oder soll es ein Zweitwohnsitz werden? Was sind die Zielvorgaben?« nie beantwortete. Zielvorgaben? Ihr könnt mich mal! Das war genau jenes Denken in Verkaufsargumenten, markt- und markenorientiert, das Manny mir ja gerade austreiben wollte. Ich jedoch war von einer *Idee* hingerissen. Was kümmerte mich ihr unromantisches Geschwätz? Andererseits hatten sie nicht unrecht. Zu irgendeinem Zeitpunkt würde man mir solche Fragen stellen; da heckte ich besser schon mal eine Story aus.

Living Space meldete sich mit konkreten Angaben zu Herrn Ortliebs Tätigkeit. Man hatte sich mit ihm in Verbindung gesetzt, und er war bereit, mir fünf Tage im Februar verschiedene Objekte im Dreieck Berlin-Leipzig-Dresden zu zeigen. Er wartete auf eine definitive Antwort von mir.

Fünf Tage verfallene Schlösser besichtigen! Über was sollte ich als Pseudo-Investor fünf Tage lang reden? Welche klugen Fragen stellen – zu welchem Zweck die jeweiligen Schlossanlagen wohl am besten geeignet wären?

Ich schrieb Herrn Ortlieb, dass ich während meines einwöchigen Aufenthalts in Deutschland »viele wichtige Verpflichtungen hätte und im Prinzip ausgebucht« sei, mich aber einen Nachmittag und den folgenden Vormittag frei machen könne. Um ein Auto, das wir benutzen könnten, müsse er sich nicht kümmern – das hätte ich. Doch ich würde sehr gern eine Nacht in seinem *Schloss* verbringen. »Alles klar«, lautete die Antwort, und wir vereinbarten, miteinander zu sprechen, sobald ich in Berlin war.

So kam es, dass ich binnen eines Monats wieder dort war und die Sache ohne (oder nur sehr geringe) zusätzliche Kosten sowie ohne Gesichtsverlust durchziehen konnte.

Köpenick war einst ein wunderschönes Städtchen am Zusammenfluss von Dahme und Spree mit Brücken, Türmen und eleganten öffentlichen wie privaten Gebäuden. Heute ist es ein wunderschöner Randbezirk im Berliner Südosten, hat aber seine kleinstädtische Atmosphäre bewahrt und ist ein beliebter Ausflugsort für die Hauptstädter; ein wenig wie Richmond in London. Als Schauplatz der Geschichte des Hauptmanns von Köpenick hat es einen besonderen Platz in der deutschen Alltagsgeschichte.

Es war einmal – oder genauer: Im Jahre 1906 kam einmal ein alter Schuster, der Wilhelm Voigt hieß und viele Jahre im Zuchthaus gesessen hatte, nach Berlin. Nun, da er entlassen worden war, wollte er sich eine Arbeit suchen und brauchte dazu einen Pass. Doch ohne Arbeit bekam er keinen Pass. Er versuchte es immer wieder, aber vergeblich; und er erhielt wegen seiner Unverschämtheit sogar noch ein Aufenthaltsverbot für Berlin und Umgebung. Trotzdem blieb er, kaufte sich eines Tages in ein paar Trödelläden eine Hauptmannsuniform zusammen, zog sie an und war nun in den Augen seiner preußischen Mitbürger ein preußischer Hauptmann. In dieser Eigenschaft hielt er zwei Trupps Gardesoldaten an, unterstellte zehn davon seinem Kommando und setzte sich mit ihnen in Marsch – nach Köpenick. Dort stürmte er das Rathaus, um sich, wie er später erzählte, einen Pass zu verschaffen. Das gelang ihm aber nicht, weil es kein Passamt gab. Da ließ er den Bürgermeister mit einem gefälschten Haftbefehl durch seine Soldaten festnehmen und beschlagnahmte, um allem die Krone aufzusetzen, gegen Quittung die Stadtkasse mit etwas über 4000 Mark. Es dauerte nicht lang, und er wurde selbst arretiert und nach einem zweitägigen Prozess zu vier Jahren Zuchthaus verurteilt. Doch es war zu spät. Er war schon zum Volkshelden avanciert. Sogar Kaiser Wilhelm Zwo zeigte sich amüsiert und erließ ihm großzügig die Hälfte der Strafe.

1931 schrieb Carl Zuckmayer (nicht als Erster) ein Bühnenstück über Voigts Schelmenstreich – Untertitel: »Ein deutsches Märchen« –, und es wurde insgesamt achtmal verfilmt. Heute ist es Teil der (gesamt)deutschen populären Kultur. Das Besondere daran? Nun, Voigt entlarvte die Neigung der Preußen, einer Uniform größeren Respekt zu zollen als dem Mann, der darin steckt. Voigt lebte im Militärstaat Preußen; und es sollte nur gut zwei Jahrzehnte dauern, bis ein anderer Uniformliebhaber an der Spitze des deutschen Staates die Liebe der Deutschen zu Uniformen auf sehr schmerzliche Weise – diesmal sogar weltweit – bekannt machen sollte.

Aber ich war nun in Berlin und sollte einen Geschäftsmann treffen, dessen Geschäft das Handeln mit Schlössern und deren millionenschwere Restaurierung war und der mich für einen seriösen, erfahrenen Investor hielt. Der seine Zeit nicht vergeuden durfte. Eingedenk dessen, dass sich der Hauptmann von Köpenick mit der Uniform unverdienten Respekt verschafft hatte – trug ich einen Anzug.

Ich traf Herrn Ortlieb an einem kalten, verschneiten Dienstagmorgen vor der Kanzlei seines Berliner Anwalts. Wir hatten bisher zweimal kurz miteinander telefoniert; da war er knapp und präzise gewesen. Ich erwartete jemanden, der groß, hellwach und geschäftig war. In Osteuropa wimmelte es von solchen Beratern und Unternehmern mit Goldgräbermentalität. Manche machten, seitdem die Zeiten sich geändert hatten, dort einen ordentlichen Reibach, und vermutlich gehörte Siegfried Ortlieb zu ihnen. Zumindest aber erwartete ich einen Mann in einem schicken, gut geschneiderten deutschen Anzug.

Pustekuchen. Der Mann, der in meinen Golf stieg und mir herzlich die Hand schüttelte, war klein, sportlich, mit bestimmt Ende fünfzig schon älter und hatte schütteres, grau werdendes Haar, sehr helle Augen und einen preußischen herunterhängenden weißen Schnurrbart, der seinem Träger eine traurige, nachdenkliche Miene verlieh. Statt einer hochprofessionellen Samsonite-Akentasche hatte er eine mit einem Wust von Papieren vollgestopfte Ledermappe dabei. Er trug auch keinen Anzug, sondern einfach nur Hemd und Pullover unter einem unförmigen Mantel. Nach seiner Kleidung beurteilt – wie der Schuster Voigt –, war er eher Oberstudienrat als Immobilienhai.

Nachdem wir uns begrüßt hatten, kamen wir überein, aus der Stadt herauszufahren und über das Geschäftliche erst zu reden, wenn wir auf der richtigen Straße waren. Wir waren spät dran, denn bei dem ersten Objekt wartete schon jemand auf uns. Siegfried dirigierte mich durch das Verkehrsgewirr. Ansonsten sprachen wir kaum, bis wir den Stadtrand Berlins erreichten, wo sich die Grenze zwischen Stadt und Land verwischte und massige Wohnblocks mit Läden und Gaststätten inmitten riesiger Felder, Schrebergärten und Brachflächen standen.

Als wir an einer Würstchenbude am Straßenrand hielten und zu reden begannen, wollte ich schon meine Masche abspulen, die ich, da ich ja damit gerechnet hatte, in die Mangel genommen zu werden, viele Male durchgeprobt hatte. Doch Siegfried war eine so ländlich sanfte, ja, fast zerstreute Seele, dass ich informeller und freundlicher zur Sache ging.

Ich erzählte ihm, dass ich zu einer Gruppe von Leuten gehörte, die über ihre Arbeit hinaus weitere Interessen hätten, gemeinsam in ein größeres kommerzielles Unternehmen investieren wollten und Deutschland als unerschlossenen Immobilienmarkt entdeckt hätten. Nicht nur das. Wir betrachteten die Bundesrepublik und insbesondere den Osten als einen nicht ausgeschöpften Markt für die Freizeitindustrie, was den meisten Briten nicht bekannt sei. Unseren Recherchen nach seien jedoch Land und Leute jung und dynamisch. Von meinem neu erworbenen Wissen hinsichtlich des deutschen *Zeitgeistes* ungeniert Gebrauch machend, nannte ich Berlin als Beispiel. Angesichts der britischen Gepflogenheiten von kurzen Städtereisen, verlängerten Wochenenden und mehrmaligen jährlichen Kurzurlauben seien wir zu dem Schluss gekommen, dass deutsche Schlösser kommerzielles Potenzial hätten.

Aber was für eins? Unter praktischer Anwendung der unterschiedlichen Erkenntnisse aus meiner bisherigen Therapie erzählte ich ihm, wir hätten keine Pension oder ein hippes Hotel im Sinn. Das sei langweilig und im Grunde überholt, wenn auch vielleicht nicht in dieser Gegend. Ich hätte mich in Deutschland und der deutschen Lebensart umgetan und festgestellt, dass das Land die Bedürfnisse einer vom Reisen übersättigten Klientel, die ständig auf der Suche nach neuen, einzigartigen und trendigen Zielen sei, perfekt befriedigen werde.

Donnerwetter noch mal! Manny hätte seine helle Freude an mir gehabt. Denn ich fuhr fort, dass ich eine Reihe von Traditionen kennengelernt hätte, die unseres Erachtens britischen Besuchern wie auch Ortsansässigen gefallen würden. Ich redete über die deutsche Tradition des Kurens und der körperlichen Ertüchtigung, die ich mit solchem Vergnügen persönlich erlebt hätte, und dass Heilbäder und Wellness-Wochenenden im Vereinigten Königreich sehr beliebt seien. Des Weiteren sei die feine deutsche Küche bisher ja kaum bekannt, und auch die Ostseeküste und andere Teile Ostdeutschlands seien von den Briten noch zu entdecken – sie seien geradezu ein heiliger Gral für Reisemüde. Es kämen ja auch schon immer mehr junge Leute aus Großbritannien allein oder zu zweit nach Berlin, um die Partyszene und die avantgardistische Kultur zu genießen. Im Prinzip dächten wir an ein Hotel mit Bar und Nachtclub, mit angesagter deutscher Küche, wo man nächtens tanzen oder an der Bar abhängen und sich tagsüber in einem Wellness-Center verwöhnen oder allen möglichen Aktivitäten in der Umgegend frönen konnte. Also alles ganz einfach. Und dass wir das den Gästen in einem umgebauten, renovierten Schloss bieten wollten, sei der Extrabonus.

Als Dreingabe ein bisschen FKK wäre auch nicht zu verachten, dachte ich insgeheim. Wir könnten ja dem sächsischen Fremdenverkehrsamt den Werbeslogan »Sei sächsy« vorschlagen und damit das Unsrige tun, die Gegend aufzupeppen. Nur mussten wir die potenziellen englischen Touristen noch auf den Geschmack bringen. Wenn man den Umsatzzahlen des Pascha trauen durfte, war die Sache aber äußerst lukrativ. Ich stellte mir eine Episode von *A Place in the Sun* vor: »Hallo, allerseits! Willkommen zu der Sendung, in der wir ein paar Londoner Jungs kennen lernen, die zusammengeschmissen haben, um ein supergeiles Hotel mit integriertem Bordell in Deutschland zu eröffnen!«

Ich war regelrecht beeindruckt von mir! Die Masche war gut. Nein! Noch besser: Ich hatte eine kapitale Idee!

Siegfried nickte nur, als ich die Details herunterbetete. Ob er mich für einen Schaumschläger hielt, gab er nicht zu erkennen. Er war Architekt, stellte sich heraus, und kümmerte sich mehr um die praktische Umsetzung der Pläne. Hätten wir uns schon überlegt, wie groß die Immobilie sein solle, die wir suchten? Ach ja, die *Großmannssucht*. Groß natürlich. Auf jeden Fall groß. Er rasselte eine Reihe zweckdienlicher Fragen nach Standort und Businessplan herunter, die ich prompt damit beantwortete, dass dies hier erst mal nur ein vorbereitender Erkundungstrip sei und ich alles »mit meinen Partnern« erörtern werde. Ich nannte ein paar der Schlösser, die mir in den Unterlagen von Martine gefallen hatten, nicht etwa einfache Herrenhäuser, sondern lauter Prachtbauten mit allem dazugehörigen Schnickschnack. Hatte ich mittlerweile den gleichen Geschmack wie die Fußballer aus der britischen Premier League?

Nach etwa 45-minütiger Fahrt kamen wir zum ersten Objekt in Dahlwitz-Hoppegarten, das direkt an der nach Osten aus Berlin hinausführenden S-Bahnlinie gleich hinter der Stadtgrenze liegt. Der Ort, halb Dorf, halb Vorort, wirkte gottverlassen, 40 Jahre Vernachlässigung im Realsozialismus waren unübersehbar. Villen aus dem 19. und frühen 20. Jahrhundert standen neben Schönheiten verfehlter sozialistischer Planungspolitik. Viele Häuser waren mit Brettern vernagelt und Graffiti beschmiert, und es gab jede Menge unterfinanzierter, verwahrloster kommunaler Bauten und Anlagen.

Ein Schloss war die Immobilie, die wir besichtigten, nicht. Sie stand ein Stück abseits der Straße, hatte aber keine hochherrschaftliche Auffahrt, auf der man sich langsam dem Haus hätte nähern können. Die vornehme zweistöckige Ruine – zwei lange Flügel beiderseits eines Eingangs mit Säulen und Giebelaufsatz, ein übermächtiger Turm – stand inmitten einiger Hundert Morgen Land. Aber irgendetwas stimmte nicht an den Proportionen. Wenn man die baulichen Details betrachtete, wirkte das Gebäude, als solle es viel größer erscheinen, als es real war; man sah manch grandiose architektonische Geste, die zu groß für das war, was da stand. Traurig war auch, dass alle Fenster mit Eisengittern verbarrikadiert waren; offenbar war das Haus zurückerstattet worden.

Ein Mann in blauem Overall begrüßte uns, führte uns hinein und erzählte uns von der Geschichte des Anwesens. Es war ursprünglich Sitz eines dort ansässigen Adligen gewesen, zu DDR-Zeiten aber verstaatlicht und als Grundschule und Heim für die jungen Pioniere benutzt worden. Als ich die abblätternden, feuchten Wände betrachtete und im Geist das Freudengeschrei und Gekreische unbeschwert herumtollender Kinder hörte, fand ich das Ganze doch ein wenig makaber. Es hatte etwas Gespenstisches, und ich verspürte keinerlei Wunsch mehr, Fragen zu stellen, die einem Bauunternehmer angestanden hätten. Pflichtschuldigst machte ich in dem düsteren Winterlicht ein paar schlecht belichtete Fotos, und wir gingen zurück zum Auto.

Es war gegen ein Uhr mittags, und trotz des winterlichen Lichts hatten wir bis Anbruch der Dunkelheit noch Zeit, zwei, drei Objekte zu besichtigen. Weitere konnten wir am nächsten Vormittag anschauen.

Schweigend fuhren wir durch Brandenburg, eine flache Landschaft mit gepflügten Feldern, die nur ab und zu von kleinen Wäldern und gelegentlich von einem Bauernhof unterbrochen wurden. Man sah kaum moderne Gebäude, keine Fabriken, keine Sünden verfehlter realsozialistischer Stadtplanung. Dem Hinterland der Ostseeküste vergleichbar fühlte ich mich wie mit einer Zeitmaschine ins 19. Jahrhundert katapultiert.

Das nächste Schloss war wirklich eines: Eine breite geschwungene Auffahrt führte zu einem stilvollen barocken Eingang mit säulenbewehrtem Torbogen und schönen Stuckverzierungen. Es hatte eine gräuliche Sandsteinfassade, drei, vier Stockwerke mit großen Empfangsräumen, Ballsälen und Schlafzimmern; die drei Gebäudeteile hatte man offenbar zu verschiedenen Zeiten und in verschiedenen Stilen angebaut. Zur Linken waren eine Orangerie, Ställe und ein Gärtnerhaus, zur Rechten eine verwitterte Holzbrücke und ein höher gelegener Fußgängerweg, der ins nahe Dorf mit Kirche und Rathaus führte. Soweit das Auge reichte, erstreckten sich wunderbare Parkanlagen mit See und viel Wald. Frei stehend, grandios und perfekt proportioniert, hatte dieses Schloss Flair und Stil eines Adelssitzes. Und war für einen lächerlichen Betrag zu haben!

Der Haken war, dass es praktisch im Niemandsland lag. Wir waren etwa eineinhalb Stunden von Berlin entfernt, und das winzige Dorf war nur durch einen Bus an den öffentlichen Verkehr angeschlossen. Ich sah weder eine Pension noch irgendwelche Gasthäuser. Das Dorf habe höchstens 4000 Einwohner, und die meisten seien alt, sagte Siegfried. Da war ein Nachtclub oder eine Bar, die ihre *Gemütlichkeit* stören würde, sicher das Letzte, was sie vor ihrer Haustür wollten.

Auf ein solches Problem würden wir aber überall in Ostdeutschland stoßen; ich hatte es ja schon an der Ostseeküste gesehen. Sosehr Berlin, Dresden und Leipzig als dynamische Städte gepriesen wurden, im Grunde mangelte es im Osten immer noch an Geld und Jobs. Viele Einwohner wanderten ab. In den Sommerferien hatte ich die gelangweilten Jugendlichen auf den verlassenen Plätzen in den Städten und Dörfern Mecklenburg-Vorpommerns gesehen. Aber selbst Berlin war bankrott, und die Investitionen gingen auch dort drastisch zurück. Siegfried bestätigte mir, dass zwar schon von »Silicon Sachsen« die Rede sei, doch die angebliche Wiederbelebung dieser Region noch keine merklichen Auswirkungen auf das verfügbare Einkommen der Bewohner habe.

Siegfried erzählte von einem Projekt namens Tropical Islands im Bundesland Brandenburg, einem nicht gerade billigen Vergnügungszentrum für Ostler, die es sich nicht leisten konnten, mit ihren wohlhabenderen Landsleuten auf Mallorca einen draufzumachen. Eine clevere Unternehmensgesellschaft hatte eine riesige Fabrikationshalle für Zeppeline aus den 90er-Jahren in ein Strandfantasieland am westlichen Rand des Spreewalds verwandelt, mit unendlich hohen Räumen, viel Sand und vielen *Strandkörben*, um die man sich balgen konnte. Nach anfänglicher Begeisterung und nachdem der Reiz des Neuen erloschen war, kamen die Leute aber nicht mehr. In dieser Region hatten sie einfach nicht das Geld, um es für solche Sperenzchen auszugeben.

Siegfried war Westdeutscher, von Beruf, wie gesagt, Architekt; er interessierte sich seit einigen Jahren für deutsche Geschichte und besonders für die Geschichte der Adelssitze im Osten des Landes. Er hatte ein Schloss gekauft und renoviert, das er nun als Pension mit Ferienwohnungen für wenige Gäste führte. Dort würden wir ja übernachten. Das Projekt zu verwirklichen hatte mehrere Jahre gedauert; er hatte viel dabei gelernt und viele wichtige Beziehungen geknüpft, die er im Ernstfall spielen lassen konnte.

Living Space wurde von seinem Cousin gemanagt, einem US-Amerikaner, dessen Vater nach Kalifornien emigriert war, und Siegfried fungierte als Agent der Firma. Denn er wusste als Einziger, welche Immobilien eventuell zum Verkauf standen, wer die lokalen Honoratioren und Beamten waren, die immer noch das Sagen über die meisten Immobilien hatten, und woher man Zuschüsse bekam.

Er erzählte mir, der DDR-Staat habe weder das Geld noch den Wunsch gehabt, die *Schlösser* des Landes in Schuss zu halten. Sie wurden alle als steingewordene Symbole einer feudalen Vergangenheit, eines überkommenen Elitedenkens und der sozialen Ungerechtigkeit betrachtet – was alles ausgemerzt werden sollte. Viele Schlösser und Herrenhäuser, die Generationen lang im Besitz der dort ansässigen Familien gewesen waren, wurden vom Staat enteignet, nur um dann dem Verfall überlassen zu werden. Die Regierung des wiedervereinigten Deutschland pumpte – oft zum Ärger der Westdeutschen, die in einer stagnierenden Wirtschaft zunehmend unter Arbeitslosigkeit und Reallohnverlust litten – viel Geld in den Osten und gab gelegentlich auch Subventionen, um das vernachlässigte nationale Erbe zu retten. Der Geldstrom floss nun aber spärlicher, und die Subventionen wurden viel gezielter eingesetzt. Manche Bürgermeister und Stadträte wollten nicht noch mehr Hotels, während andere sie durchaus begrüßten, weil sie hofften, sie würden Touristen und Jobs in die Gegend bringen. Bestimmt aber war bisher noch niemand an die Behörden im Osten herangetreten, weil er ein Hotel-Bordell eröffnen wollte.

Ach, hätte ich doch nur eine Million Euro, dachte ich, als wir weitere Schlösser besichtigten. Beate Uhse hätte das mit links geschafft. Mittlerweile hatte ich jedweden Sinn für Realität und Proportionen verloren. Aus lauter Jux und Dollerei wollte ich ein Stück deutsches Schloss besitzen – das später sogar im Wert steigen mochte. Dieser Gedanke elektrisierte mich. Zum Teufel mit meinen Partnern und dem Bar-Nachtclub-Projekt! Vielleicht konnte ich meine Frau überreden, mit mir nach Sachsen oder Brandenburg zu ziehen und eine schnuckelige Bio-Pension in einem deutschen Schloss zu eröffnen, kurzum, wie Tom und Barbara Good in der britischen 70er-Jahre-Sitcom *The Good Life*, das alternative Leben zu beginnen.

An jenem Nachmittag sah ich noch drei Immobilien: eine

frühere, ausgesprochen unwohnliche preußische Kaserne mit Exerzierplatz, ein heruntergewirtschaftetes, schäbiges Hotel mit Golfplatz und ein bildschönes Herrenhaus mit Ställen und malerischem See samt Seerosen und Schwänen. Als die Dunkelheit hereinbrach, war Schluss mit Besichtigungen. Außerdem war ich fix und fertig. Fast jedes Objekt hatte seine ganz eigene Schönheit und die Patina vergangener Noblesse. Ich fand schier unfassbar, dass es so viele gab, die geradezu nach einem neuen Besitzer schrien. Ich hatte keine Ahnung, was ich als Nächstes tun sollte, war jedoch überzeugt, dass ich an was dran war.

Bevor wir zu Siegfrieds Schlossrefugium fuhren, machten wir auf seinen Vorschlag einen Zwischenstopp in Meißen, der Heimat des berühmten handbemalten Porzellans. Nachdem wir das Geschäftliche hinter uns hatten, wollte er mir mehr über Sachsen erzählen. Durch die Arbeit an seinem Schloss hatte er wirklich eine große Begeisterung für die Sozialgeschichte dieses Teils der Welt entwickelt.

Meißen erinnerte mich an Marburg, das ich auf meiner Fahrt über die Deutsche Märchenstraße besucht hatte. Dom und Albrechtsburg erhoben sich steil über die Elbe, die Altstadt mit den spätmittelalterlichen Fachwerkhäusern und den schönen Elbsandsteinbauten des sächsischen Barock zog sich ins Tal hinaus. Aus einem leeren Restaurant auf dem Burgberg schauten wir auf die funkelnden Lichter der unter uns liegenden Stadt, und bei einem wohlverdienten Glas Elbtaler *Grauburgunder* erzählte Siegfried mir aus seinem Leben.

Es ging um einen Teil der deutschen Geschichte – von Großbritannien aus gesehen sozusagen die andere Seite der Medaille und dort nicht sehr bekannt.

Siegfrieds Familie kam aus Schlesien, einer ehemals deutschen Provinz, die heute zu einem winzigen Teil in der Bundesrepublik Deutschland und Tschechien und ansonsten in Polen liegt. Nach Ende des Zweiten Weltkrieges vertrieben die Polen auf Beschluss der Siegermächte etwa vier Millionen Menschen aus dieser Provinz, wobei Hunderttausende misshandelt oder umgebracht wurden oder auf andere Weise starben.

Siegfrieds Vater hatte den Krieg an der Ostfront überlebt und wurde mit der gesamten Familie 1946 vertrieben. Siegfried selbst kam kurz danach in Westdeutschland und nicht in seiner eigentlichen *Heimat* zur Welt. Er wuchs in dem Bewusstsein auf, dass ein Teil seiner Familiengeschichte in Polen lag. Der Vater weigerte sich, jemals wieder an den Ort zu fahren, wo die Familie gewohnt hatte, und Siegfried gestand mir, auch er habe sich nie dazu überwinden können. Er habe sich lieber mit der Gegend und den Menschen beschäftigt, die deutsch geblieben und jetzt wieder bundesdeutsch seien. So habe er die eigene Familiengeschichte sozusagen in der Geschichte anderer Menschen gelebt. Das Schicksal der Vertreibung teilte die gesamte Familie Ortlieb mit Freunden und Verwandten, darunter Siegfrieds Cousin Herman, der, wie er ja schon erzählt hatte, in Kalifornien aufgewachsen war und dort mit seiner Frau Martine Living Space betrieb.

Die Hunderte von altehrwürdigen Herrenhäusern und Schlössern aus dem Besitz des ehemaligen DDR-Staates, die keiner mehr haben wollte oder renovieren konnte, konnten sich jetzt Hochstapler wie ich oder japanische Investoren unter den Nagel reißen und ein Hotel oder sogar Bordell daraus machen. Living Space betätigte sich dabei als Makler. Das Einzige, was die Adelsfamilien zurückfordern konnten, waren Kunstgegenstände und sonstige Objekte. Natürlich immer unter der Voraussetzung, dass man noch welche fand. Das Familiengold, den Kandinsky oder die Kronjuwelen aufzuspüren war allerdings fast unmöglich, da der Staat zu DDR-

Zeiten einen blühenden, devisenträchtigen Handel mit Antiquitäten und Kunstobjekten betrieben hatte.

Den Wortschwall von Siegfried hatte ich nicht erwartet. In seiner missionarischen, eindringlichen Art war er Manny sehr ähnlich. Offenbar traf er nicht oft Leute, denen er von seiner Begeisterung für die jüngste deutsche Geschichte erzählen konnte. Und von seiner Traurigkeit. In seiner eigenen Familie vergaß man zwar das erlittene Unrecht und Leid nie, doch verbittert war man nicht. Ich spürte auch seine Sehnsucht nach einem Leben, in dem noch Werte gegolten hatten. Ich blickte an meinem Anzug herunter, dachte daran, wie geschickt ich mich für diesen Tag vorbereitet hatte, und fühlte mich schuldig. Der Makler, den ich mir vorgestellt hatte, unterschied sich doch sehr von dem älteren Mann mit den feuchten Augen, der nun vor mir saß.

Siegfried erzählte mir, Sachsen sei einst die Wiege Deutschlands gewesen, Hochburg der deutschen Kultur, immer bestrebt, Preußen voraus zu sein. Er behauptete, alles wahrhaft Deutsche beginne in Sachsen und breite sich südlich und westlich von dort aus. Nicht nur in Musik und Künsten – die im Leipzig von Bach und Schumann blühten, wo der Urfaust in Auerbachs Keller mit dem Teufel getanzt habe und in dem Goethe eine Episode seines Opus magnum spielen lasse –, sondern auch in der Wirtschaft. Die Dresdner Bank, eine deutsche Großbank, sei, wie der Name schon sage, 1872 in Sachsen gegründet worden.

1707–09 habe Johann Friedrich Böttger das rote und weiße Hartporzellan erfunden, und ab 1710 habe sich mit der zunächst unter seiner Administration stehenden Meißener Porzellanmanufaktur mit der berühmten Marke der beiden gekreuzten blauen Schwerter die Porzellanindustrie in Kontinentaleuropa entwickelt. Zwickau sei mit Horch, später Audi und dann Auto-Union eine berühmte Autostadt in Deutschland gewesen. Mit dem Firmenemblem der Auto-Union, den vier Ringen, sei in der DDR übrigens der Wartburg versehen worden.

Bei der Fahrt durch Sachsen hatte ich gesehen, dass das Land zwar verlassen wirkte, die Städte aber ihren Platz im Herzen der europäischen Kultur allmählich wieder zu finden schienen. Die Häuserfassaden waren nicht mehr grau, sondern strahlten in den verschiedensten Gelb- und Rosatönen, und viele verfallene Gebäude bekamen ein Lifting, ein neues Leben und einen neuen Zweck. Nichts verkörperte diese Wiedergeburt besser als die neu erstandene Frauenkirche in Dresden, der Petersdom der protestantischen Welt in der Stadt, die Elbflorenz genannt wurde und wird. Stein für Stein hat man die Kirche wieder aufgebaut. Turmkreuz und Kugel sind eine Spende des britischen Dresden Trust und wurden in einer Londoner Kunstschmiede hergestellt; deren Werkstattleiter war Sohn eines Bomberpiloten der Staffel, die Stadt und Frauenkirche in den letzten Tagen des Zweiten Weltkriegs in Schutt und Asche legte. Die Frauenkirche und das Kreuz sind auch ein Symbol der *Selbstwahrnehmung* und Wiedererstehung, ja, der Versöhnung der eleganten barocken Stadt (unsterblich gemacht von Canaletto, der hier fast 20 Jahre lang als Hofmaler wirkte) mit ihrer schlimmen Geschichte im 20. Jahrhundert.

Südöstlich von Dresden liege die »Sächsische Schweiz«, erzählte Siegfried, ein Traumland voller seltsam geformter Sandsteinfelsen, ähnlich den Kalksteinstalagmiten, die ich sicher im Frankenland östlich von Bayreuth gesehen hätte. Für *Wanderer* sei es ein Paradies. Die Wege führten durch Flusstäler und Felsformationen mit Wasserfällen, durch kleine Dörfer mit lauschigen Gasthäusern.

Und natürlich gab es eine Schmalspurbahn, ohne die mir keine deutsche Landschaft auszukommen scheint.

Siegfried träumte davon, diesen Teil der Welt bekannter und beliebter zu machen. Wo hatte ich das schon mal gehört? Er war mit seiner Schlosspension Mitglied in einer dem Landmark Trust sehr ähnlichen Vereinigung, in der sich die Besitzer renovierter Schlösser in Deutschland zusammengetan hatten, um Touristen bei Touren nach dem Motto »Von einem Ort zum anderen« die Gelegenheit zu bieten, an geschichtsträchtigen Orten abzusteigen. Mir fiel ein, wie sehr ich mich über das *500 Charming Hotels and Inns in Germany* in Mannys Therapiepaket mokiert hatte. Die Schlösser in der Organisation waren nämlich von anderem Kaliber. Deutschland erschien darin in einem sächsy, höchst verführerischen Licht. Ich sah nicht ein, warum Deutschland und insbesondere Sachsen nicht so populär wie die Loire oder die Dordogne werden sollten.

Es war stockdunkel, als wir an Siegfrieds Schloss ankamen. Es war aus dem 17. Jahrhundert und lag inmitten eines Parks am Rande eines winzigen Dorfes. Ein wunderbares Gebäude, ein solider, typisch deutscher Landsitz mit mächtigen Mauern und kleinen Fenstern. Ich sah sofort, dass es perfekt, beinahe zu perfekt, renoviert worden war. Das Mauerwerk war glatt weiß verputzt, wie ich es überall in Deutschland gesehen hatte und was für einen Engländer immer leicht unecht aussieht. Noch dazu hatte Siegfried die Fenster in einem merkwürdig leuchtenden Rot streichen lassen. Aber so hatte es sicher ursprünglich ausgesehen.

Im Inneren war es nicht minder makellos. Eine Treppe mit wunderschönen glatten Steinplatten führte zur Eingangshalle, die wie ein Antiquitätenladen aussah: Schränke, Sideboards und Eckstühle aus verschiedenen Perioden, Perserteppiche, Schwerter, Eberköpfe und Porträts von Leuten, die mit dem Schloss nichts zu tun hatten, aber aussahen wie aus dem

17. Jahrhundert. An den Ergebnissen von Siegfrieds Bemühungen um und Hingabe an die Geschichte gab es nichts auszusetzen. Wenn man 1,5 Millionen Euro aufbrachte und mehrere Jahre seines Lebens darauf verwandte, ein Schloss zu renovieren, konnte man es nicht mit Ikea-Möbeln vollstellen.

Siegfried zeigte mir mein Zimmer im ersten Stock, das heißt, mein*e* Zimmer. Ein Vorraum, eine Kochnische und ein riesiges Schlafzimmer, mit einigen nicht zusammenpassenden Einrichtungsgegenständen aus verschiedenen Epochen und von zweifelhafter Bequemlichkeit ausgestattet und kindlich pastellblau gestrichen, als sei es ein Kinderzimmer. Ich rechnete schon damit, einen Nachttopf anstatt eines Badezimmers vorzufinden. Die Kochnische passte überhaupt nicht zu der ansonsten detailgetreuen Renovierung; sie sah mehr nach Skihütte aus. Doch Siegfried behauptete, die meisten seiner Gäste wollten eine solche Gelegenheit zum Selbstkochen. Er bot also normalerweise kein Abendessen an, die Gäste wollten sich selbst versorgen, besonders da die engere und weitere Umgebung nur mit wenigen Restaurants und Gasthäusern gesegnet war. Na, diese Gegend wartete offenbar sehnlichst nach einem von Briten geführten Restaurant mit Bar!

Am Ende der mit rotem Teppich belegten Treppe war ein Absatz, in dessen Ecke sich zwei Wachsfiguren über einen Schreibtisch beugten, an dem eine dritte saß, die ein Dokument unterzeichnen wollte. Preußische Soldaten in voller Uniform. Als ich fragend auf sie deutete, erklärte Siegfried mir stolz, dass sie dort standen, seit er bei einem Dorffest das Schloss für die Öffentlichkeit zugänglich gemacht und eine Ausstellung lokaler Geschichte stattgefunden hatte. Wann?, fragte ich. Letzten Sommer. Und Siegfried hatte das Ausstellungsstück immer noch nicht abgebaut. Das fand ich ein bisschen schräg.

Siegfrieds Frau servierte uns ein umfängliches Mahl mit

Suppe, kaltem Braten, Käse und Salat sowie fantastischem frischem Vollkornbrot. Müde von all dem Gesehenen und Gehörten, gab ich das, so höflich ich konnte, zu verstehen und zog mich zurück. Nachts träumte ich von einem *Schloss* in Sachsen.

Nicht, dass ich mehr *Lebensraum* brauchte, als ich hatte, doch in der unternehmerischen Ecke meines Hirns murmelte es, wie sinnvoll es sei, eines zu kaufen. Deutschland war auf dem Immobilienmarkt ebenso unberührt wie auf dem Reisemarkt. Sachsen hatte eine reiche Sozial- und Kulturgeschichte sowie lebenslustige, kreative Städte, deren Blick in die Zukunft gerichtet war. Es hatte ursprüngliche, reizvolle, weite Landschaften, in jeder Hinsicht so idyllisch wie die anderer Länder, die viel überlaufener waren. Es hatte zwar keine Olivenhaine und Zitronenbäume, aber Weinberge und jede Menge kleine Bierbrauereien. Ich musste mich beeilen …

Am nächsten Morgen schlenderte ich durch eine gefrorene Landschaft, die über Nacht mit Schnee eingestäubt worden war, ein Pünktchen unter einem riesigen, kalten blauen Firmament. Von Siegfried und diesem seltsamen Land, das ich in den vergangenen Monaten bereist und mit dem ich mich angefreundet hatte, fühlte ich mich wahrhaftig aufgebaut, gestärkt und gerührt. Etwas sagte mir, dass ich mit Deutschland noch einiges zu tun haben würde, was nicht unbedingt mit dem Kauf des Schlosses zusammenhing, das ich mir nun sehnlichst wünschte. Vielleicht empfand ich ja nun endlich *Sehnsucht*: ein rundum romantisches, rundum deutsches Sehnen.

13. Wanderlust

Wiedererweckt

die (o. Pl.): Lust, Freude am Wandern

Die Wende. So bezeichnen die Deutschen die ersten Monate nach dem Fall der Mauer. Seit ich Manny kennen gelernt und mich auf sein Rehabilitationsprogramm in Sachen Reisen eingelassen hatte, war auch in meinem Verhältnis zu Deutschland eine Wende eingetreten, und ich war nicht mehr willens, biestig zu seinen Bewohnern zu sein. Ich, der ich bis vor kurzem ein Fall von verloren gegangener Wunderlust war, war nun ein Fall von wiedergefundener *Wanderlust*.

Für mich war Deutschland immer ein Teil des »alten Europa« gewesen, was auch aus amerikanischer Sicht richtig erschien. Aber inzwischen war mir klar, dass es sich hier um eine der jüngsten europäischen Nationen handelte. Bis vor kurzem hatte ich fast nichts über die 83 Millionen Menschen gewusst, mit denen ich sozusagen Tür an Tür lebte, und hätte den Umriss ihres Landes auf keiner Landkarte auf Anhieb gefunden. Dabei hatte Deutschland auf mich bedrohlich groß gewirkt – nicht nur in militärischer Hinsicht, sondern auch auf den Gebieten Kunst, Literatur, Musik und Philosophie –, als existiere es tatsächlich schon seit Tausenden von Jahren, wie die Deutschen selbst glauben und andere gern glauben machen würden. Aus diesem Grund hatte ich, wie die Deutschen selbst, zu viel von Deutschland erwartet. Diesem Anspruch war es nicht gerecht geworden. Umgekehrt hatte ich, beeinflusst von der karikierenden Darstellung des Landes, die Deutsche als farb- und humorlos beschrieb, herzlich wenig von Deutschland erwartet. Und trotzdem hatte es meinen

Ansprüchen nicht genügt. Eine Situation, in der es nur verlieren konnte.

Manny hatte mich nicht so sehr auf eine Reise durch Deutschland als vielmehr durch die deutsche Seele geschickt und durch die *Spiegelwand* von Ideen, Vorlieben, Sehnsüchten und Obsessionen, die in dieser Seele schlummern. Dabei hatte ich nicht nur mein Deutschlandbild modifiziert, sondern war auch meinen Vorurteilen zu Leibe gerückt und sollte nun eigentlich zu einer neuen Lebenssicht zurückgefunden haben, in der Zauber und Magie wieder eine Rolle spielten. Schließlich hatte ich die Kunst erlernt, ein Deutscher zu sein, und wusste jetzt, dass Deutschland das wundervollste Land der Welt war!

Es war keine einfache Annäherung gewesen, ähnlich kompliziert wie die zwischen den beiden Hälften Deutschlands nach Jahrzehnten der Entfremdung. Aber ich hatte die ursprüngliche, wilde, grenzenlose Bedeutung der Romantik wiederentdeckt und stand auch wieder in Kontakt mit meiner eigenen romantischen Seite. Ich hatte gelernt, mich neu zu verlieben, und sollte jetzt nicht nur erfüllt sein von neuer *Sehnsucht* nach den wunderschönen Flüssen, Seen, Bergen und Wäldern Deutschlands, sondern auch der ganzen übrigen Welt. Ich sah Deutschland inzwischen mit anderen Augen: als Land voller Sonne, Sand, Strandkörbe und Inseln. Ich wusste um die gesundheitlichen und philosophischen Vorteile der Nacktheit, würde meiner Schwäche für Bikinis nicht mehr nachgeben und den menschlichen Körper als philosophischen Gegenstand respektieren. Ich hatte die Deutschen nicht an den Küsten und Landeplätzen bekämpfen müssen. Stattdessen hatte ich sie auf ihrer täglichen Suche nach Reinheit und *Gesundheit* begleitet – in ihren Kurorten, auf ihren Fahrradtouren, Wanderungen, Trimmdichpfaden, sogar in ihren Bordellen. Ich war stolzer Besitzer einer *Leder-*

hose und hatte mich überhaupt zu Leder, wenn nicht gar zur deutschen Mode insgesamt, bekehrt.

Ich hatte viel über die Deutschen gelacht, gelegentlich aber auch mit ihnen, entzückt über einen Sinn für Humor, von dem ich inzwischen wusste, dass jeder Deutsche ihn irgendwo verbarg. Ich hatte einen liberalen und toleranten deutschen Staat kennen gelernt und ein alle einschließendes, harmloses und ein bisschen geistloses Partygefühl, das sie *Gemütlichkeit* nannten. Hier und da war ich sogar einer knospenden deutschen Populärkultur begegnet, die versuchte, 60 verlorene Jahre aufzuholen, und die kurz davor stand, cool zu sein. Aus Deutschland stammte, wie ich von Manny erfahren hatte, so ziemlich alles, was mich umgab, von den musikalischen Harmonien über den Film noir bis hin zum modernen Design. Bloß wusste das so gut wie keiner. Es war inzwischen ebenso cool, ein Ökokrieger deutschen Stils zu sein wie einen Kleingarten à la Schreber zu besitzen.

Inzwischen wusste ich die Feinheiten von deutschem Brot, deutscher Wurst, deutschem Bier und sogar von deutschem Wein zu schätzen – und überhaupt Deutschlands vielseitige regionale Küche, die allmählich anfing, sich einen Namen zu machen. Denn Deutschland besaß tatsächlich eine große regionale Vielfalt und einen beneidenswerten Sinn für lokale Kulturen und Traditionen, von denen ich nicht die geringste Ahnung gehabt hatte. Ich hatte sogar gelernt, die deutsche Sprache als kraftvoll und ausdrucksstark zu lieben, und zwar nicht nur im Zusammenhang mit militärischen Befehlen und Pornofilmdialogen (oder einer Mischung aus beidem). Inzwischen verfügte ich über eine beeindruckende Liste deutscher Ausdrücke, die absolut cool klingen würden, wenn ich sie auf Dinnerpartys beiläufig in die Unterhaltung einwarf. Vor allem aber verstand ich die herausragenden technologischen Leistungen Deutschlands nicht mehr als trockene

Wissenschaftsbesessenheit, sondern als leidenschaftliche Suche nach Perfektion und Harmonie, als das Ergebnis romantischer, Tantalusqualen-getriebener, tiefgründiger Seelen. Die Welt bleibt oft hinter unseren Erwartungen zurück, doch das Land, das ich gefunden hatte, schwelgte in Fantasien und hatte sich den Geist kindlichen Staunens und kindlicher Illusionen bewahrt. Auch meine Frau hatte sich in Deutschland verliebt und wollte unseren Sohn sogar auf die deutsche Schule in Ham schicken. Beim Thema Gesichtsbehaarung schaltete sie allerdings nach wie vor auf stur.

Eigentlich gefiel ich mir ganz gut in meiner neuen Rolle als wahrer Romantiker. Okay, technisch war ich eine Niete und hatte kaum ein Vorstellung davon, was sich alles unter der Motorhaube eines Autos verbarg, aber den Kitsch und den kindlichen Idealismus, den bekam ich gut und sehr gerne hin. Wahrscheinlich steckt eben in jedem von uns ein verkappter Ludwig II.

Selbst der deutsche Botschafter wäre nun mit mir zufrieden. Ich hatte ein paar Dinge über die deutsche Geschichte gelernt und ein Land entdeckt, das nicht etwa von einem Eisernen Kanzler geschmiedet worden war, sondern von einem Mönch, einem Nudisten, einem Gärtner, einem Dichter, einem Turnlehrer, einem *Bademeister*, zwei märchenliebenden Brüdern, einer Pornokönigin und vielen anderen mehr. Luther, Pudor, Jahn, Kneipp, Goethe, Schreber, die Gebrüder Grimm, Beate Uhse und zahlreiche andere hatten gemeinsam die Froebelschen Bauklötze geschnitzt, auf denen die deutsche Nation aufgebaut war. Deutschland war nicht Hitler oder das Dritte Reich. Es war Mutter Natur, Nudismus, Gärtnerei, Sex, Sport, Hygiene, Badeorte, Bier, Brot, Würstchen und Protestantismus.

Das Beste daran war, dass es nicht zu viele Touristen gab. Allein die Tatsache, dass es eine noch so gut wie unentdeckte Ecke des Globus war – wenn auch nicht unbedingt ein Shangri-La –, reichte aus, es cool und zu einem unerwarteten As am Reisepokertisch zu machen. Kurz schwelgte ich in delirösen Visionen von einer Dinnerparty in einer Post-Selbstwahrnehmungs-Welt: Statt Sancerre gibt es Riesling, und der Gastgeber hat ein trendiges Kartoffelpüree mit gekochten Äpfeln, Zwiebeln und Speck aufgetischt. »Eine deutsche Spezialität«, erklärt er, »›Himmel und Erde‹ mit Namen. Wirklich wundervoll, findet ihr nicht auch?« Währenddessen schreit der Gewinner des iPod-Krieges auf: »Hört euch das an! Ich hab ein bisschen auf iTunes rumgesurft und bin dabei auf eine wundervolle deutsche Jazz-Folk-Sängerin gestoßen.« Und natürlich sind alle Anwesenden nackt – in Anlehnung an einen neuen, total angesagten deutschen Lebensstil-Trend.

Als sich die Unterhaltung dem Thema Reisen zuwendet, bin ich mit dem Blatt, das ich auf der Hand habe, ziemlich zufrieden. Vergessen Sie die Safari in Mosambik und die Hundeschlittenfahrt zum Nordlicht, sogar das Pärchen, das seinen Urlaub in einer »Wander-und-Wellness«-Oase irgendwo in Deutschland verbrachte, was seit Neuestem ziemlich *zeitgeist* ist. »Also ich ...«, eine gut gesetzte Pause erhöht die Spannung, »ich habe gerade ein geräumiges sächsisches Schloss mit hundert Hektar Land in der Nähe von Leipzig gekauft. Natürlich gibt es noch eine Menge daran zu tun; aber wir werden demnächst nach Deutschland ziehen, es von Grund auf renovieren und unseren eigenen *Elbwein* anbauen.« Dagegen kann keiner anstinken. Full House!

Okay, vielleicht war diese Vision doch ein kleines bisschen zu visionär. Aber eins war sicher: Ich hatte bisher nur die Oberfläche angekratzt und war, um mit den Schlussworten von *Cabaret* zu sprechen, entschieden ein Fall von »*Auf Wiedersehen, à bientôt*«. Und das war ganz entschieden ein Sieg fürs *Vaterland*.

14. Weltmeister

We are the Champions

der, die: Sieger in einer Weltmeisterschaft

Bevor ich meine Therapie bei Manny beendete, fuhr ich noch einmal ohne Anleitung nach Deutschland, um zu überprüfen, was ich kulturell gelernt hatte und ob ich mich hinfort ohne Hilfe seiner »Module« dort bewegen konnte.

Vom Fußball einmal abgesehen (den man weitgehend vergessen konnte), war die Fußball-Weltmeisterschaft 2006, deren Gastgeber Deutschland war, ein faszinierender Moment in der Geschichte des Landes.

Seit 1966 hatten die Engländer die Deutschen immer nur unter dem Blickwinkel des Fußballsports betrachtet: Die zwei wichtigsten *Beinah*siege der englischen Nationalmannschaft waren nervenaufreibende Kampfspiele samt Verlängerung und Elfmeterschießen – beide gegen die Deutschen. Mir bot die WM nun reichlich Gelegenheit, meine neu entwickelten Sympathien für das Land zu erproben.

In Deutschland war Fußball natürlich auch ein emotional aufgeladenes Thema. Seit der Fußball-WM 1954, als Westdeutschland (dank der Schraubstollen, erfunden von einem gewissen Deutschen namens Adi Dassler, der am 18. August 1949 adidas gegründet hatte) gleich bei der ersten Teilnahme nach Kriegsende durch das sogenannte Wunder von Bern den Titel gewann, zeigte sich, wie unsicher die Deutschen im Hinblick auf ihre nationale Identität waren. Bei und nach dem Sieg in Bern empfanden sie sich wieder als Nation und sangen gleich die verbotene *erste* Strophe der Nationalhymne. Fahnen schwenkten sie nicht.

Doch 2006 war Deutschland Gastgebernation, und die Deutschen wollten nicht nur alle gängigen Klischeevorstellungen über sich widerlegen, sondern auch von allen geliebt werden. Ihre Mannschaft wollten sie allerdings diesmal patriotischer unterstützen. Würden alle Dämme brechen? Was würde passieren?

Na, zunächst einmal erreichten die Besucherzahlen Rekordhöhen. In den britischen Boulevardzeitungen feierte, wie vorhersehbar, die Deutschenfeindlichkeit fröhliche Urständ. Die größte englische Invasion auf deutschem Boden seit dem Zweiten Weltkrieg wurde zur Nagelprobe für Rückfalltendenzen in die Rhetorik desselben und für die deutsch-englische Diplomatie.

Sven Väth richtete früh einen Appell an die Fans, bitte nicht auf den Tribünen ihr geliebtes »Ten German Bombers« zur Melodie von »Ten Green Bottles« anzustimmen. Die BBC schrieb einen Wettbewerb für andere Melodien und Texte aus, die man singen konnte, ohne beleidigend zu werden. Es kamen solch herrliche Vorschläge wie »Jürgen has only got one Ballack« (was »Jürgen« schmähen sollte, er habe »nur ein Ei [ball]«) und »Everybody wants to rule the world«. Martin Peters, ein Held der englischen Nationalmannschaft von 1966, finanzierte eine Kollektion T-Shirts, auf denen Spitfires bei Angriffen auf deutsche Städte und Bilder von Churchill zu sehen waren, der mit dem Victory-Zeichen grüßte. Fans konnten sich von den Boulevardzeitungen gesponserte Klingeltöne mit Ausschnitten aus Kriegsliedern und Churchills Kriegsreden auf ihre Handys herunterladen. Als die deutsche Regierung ankündigte, sie werde – falls die Dinge außer Kontrolle gerieten (was in Stuttgart dann der Fall war) – zur Unterstützung der Polizeikräfte mehrere Tausend deutsche Soldaten abstellen, war das für die *Sun*, für die Zeitung mit den großen roten Buchstaben in den Schlagzeilen – ein rotes Tuch: »Britskrieg« statt »Blitzkrieg« lautete die Überschrift über einem Panik schürenden Artikel, der den Eindruck vermittelte, dass England-Fans von Panzerdivisionen durch die Straßen gejagt werden würden.

Die deutsche Zentrale für Tourismus heuerte die Hilfe von Deutschlands Fußball-Erzfeind Geoff Hurst an. (Der mit dem Hattrick bei dem 66er-Finale im Londoner Wembley-Stadion und dem denkwürdigen »klar war er über der Linie«.) Nun erschien er auf Plakaten in der Londoner U-Bahn mit dem leicht abgewandelten ersten Teil des berühmten Satzes von Kenneth Wolstenholme, der das Finale damals kommentierte: »›Sie dachten, es sei Schluss …‹, doch das war erst der Beginn meiner Liebesaffäre mit Deutschland.« »Deutschland. Ich hatte Riesenspaß. Den haben Sie auch!« und »Deutschland. Unschlagbar bei Kurztrips.«

Na, das war ein Ding: Hurst gegen Peters, beide auf ihre Weise im Dienste Deutschlands!

Die Website der britischen Botschaft bot ein einfallsreiches Wörterbuch mit wichtigen Fußballsätzen auf Deutsch, damit die englischen und deutschen Fans die Spiele hinterher in der Kneipe wortgewandter und flüssiger gemeinsam analysieren konnten. Es umfasste Taktisches und Kritisches wie »abseits«, »Querpass« und »Das war ein Grottenkick« bis zum Überstrapazierten, doch mittlerweile Sprichwörtlichen wie »der Ball ist rund« und »nach dem Spiel ist vor dem Spiel«.

Ich hatte sogar gehört, dass das Goethe-Institut Deutschunterricht anbot, mit Hilfe dessen die Fans lernen konnten, den Schiedsrichter zu beleidigen. »Schiri, bist du blind?«

Ob das Goethe-Institut wohl englische Fußballfans erreichte?

Trotz aller prophylaktischen Maßnahmen – wie immer würde sich die »Wahrheit auf dem Platz zeigen«.

Am Vorabend des Spiels England gegen Schweden in Köln

sah ich auch prompt etwa 100 englische Fans, die sich, Svens Bitten krass zuwiderhandelnd, vor einem Polizeiaufgebot auf dem Domplatz um die Schultern fassten, auf- und absprangen und »Ten German Bombers« sangen. Die Beamten saßen cool, fast schon lässig zusammen und warteten vermutlich auf ein bisschen ernst zu nehmende Action.

Die war in London. Wo Claudia Schiffer sich stadtweit zu Beginn der Weltmeisterschaft, lasziv wie Kate Moss und nur in eine schwarz-rot-goldene Flagge gehüllt, auf Plakaten räkelte und mit den Worten »Invest in Germany, Boys« für den Standort Deutschland warb. Vor gar nicht einmal so vielen Monaten hatte ich gewitzelt, dass ich nicht genau wüsste, ob ich dem Anblick der deutschen Flagge in London schon gewachsen wäre.

Konnte es sein, dass Deutschland sich endlich von seiner düsteren Vergangenheit befreite und stolz die Fahne schwenken durfte, ohne von der eigenen Presse mit einem Hagel an Beschimpfungen bombardiert zu werden? Ja, allem Anschein nach ja. In Köln wie im gesamten Land fuhren all die gut gewienerten deutschen Qualitätsautos mit ebenso vielen Landesfähnchen herum, wie man es in England sah. Die Deutschen verliehen damit allerdings nicht pöbelhaften nationalen Überheblichkeitsgefühlen Ausdruck, sondern sie erlebten einen erhebenden Moment in ihrer Geschichte. Ist das der Anfang einer neuen Zeitrechnung?, fragten sie sich. Wenn der Weltmeisterschaftszirkus das Land verlassen hat, wagen wir es dann immer noch, Flagge zu zeigen?

*Angst*erfüllten Patriotismus verströmte auch der offizielle WM-Song, der wiederum bewies, dass die deutsche Musik ihr kopflastiges Erbe noch nicht abgeschüttelt hatte. Man hatte ein Lied des deutschen Schlagermusik-Veteranen Herbert Grönemeyer ausgesucht. (Vor Jahrzehnten spielte er den ängstlich-sensiblen Leutnant Werner in *Das Boot* und zog dann wegen der jedem deutschen Popmusiker dort garantierten Anonymität nach London.) Auf Englisch »Celebrate the Day«, auf Französisch »Fêter la journée«, hatte Grönemeyer »Zeit, dass sich was dreht« mit zeitgeistigen westafrikanischen Beats aufgepeppt, das blinde Sängerpaar Amadou und Mariam aus Mali dazu gebeten und – einen *Anspruch.* Da war er wieder, samt sperrigem reflexivem Verb. Für die Deutschen hieß der Subtext, diese Extraschicht umfassenderer Assoziationen und Bedeutungen, dass es eben nicht nur Zeit für den Anpfiff in einem Fußballspiel war, sondern unter anderem auch dafür, dass Deutschland sich aufraffte und begann, das Leben als halb volles statt halb leeres Glas zu sehen. In einem Interview mit dem *Spiegel* zog Grönemeyer Parallelen zwischen dem Text seines Songs und dem Gedicht »Herbsttag« des österreichischen Dichters Rilke. Dass englische Fans in der englischen Fassung viel Keats entdeckten, möchte ich bezweifeln.

Gott sei Dank wurde alles wunderschön. Die deutsche Mannschaft hatte einen unerwartet guten Lauf, das Multikulti-Team spielte mit ungermanischer Spielfreude und brasilianischer Ballverliebtheit – und schoss auch ein paar Tore. Im Verlauf der WM unterstützte bald sogar *ich* Deutschland, wenn auch nur, weil es gegen Argentinien spielte.

Wie ich schon auf dem Oktoberfest erlebt hatte, zeigte Deutschland, dass es wusste, wie man Großereignisse organisiert. Und einen Monat lang wurde es zur größten Partymeile auf dem Planeten.

Ich fuhr ohne Eintrittskarte nach Köln. Nachdem ich am Nachmittag auf einem der Fanfestplätze Deutschland gegen Ecuador gesehen hatte, lehnte ich das Angebot einer überteuerten Karte für das Abendspiel der Engländer gegen die Schweden von einem Liverpooler Schwarzhändler dankend ab. Denn die Kölner Fanmeile lag – vor der gewaltigen Domkulisse – direkt am Rhein, ein mit einem Absperrseil abgestecktes Areal, ungefähr so groß wie zwei Fußballfelder. Der Eintritt war frei. An einem Ende und in der Mitte war jeweils eine riesige Leinwand aufgebaut; es gab die übliche Ansammlung gastlicher Würstchenbuden und Bierzelte, vor und zwischen den Spielen wurden die Fans mit rhythmischer Musik und Infos aus der Lautsprecheranlage beschallt. Es war wie beim Karneval, doch Platz genug, um auf dem Rasen zu chillen oder Fußball zu spielen und so zu tun, als schösse man ein (utopisches) Tor für England. Dass die Deutschen sich mal wieder in großem Stil um Hygiene und Recycling bemühten, war unübersehbar.

Wie gesagt schaute ich mir die Partie Deutschland – Ecuador an und war gerührt, wie gefühlvoll Tausende von deutschen Fans ihre Nationalhymne intonierten. Sie waren von England-Fans umgeben, die auf das Abendspiel warteten und anscheinend auch alle mitsangen. Vielleicht blickte ich ja mittlerweile schon durch eine schwarz-rot-goldene Brille (und hatte drei Adler statt drei Löwen auf dem Hemd), doch kurzzeitig hin und weg von der schönen Atmosphäre, die das Gastgeberland uns bereitete, schmetterte ich mit allen Fanfestteilnehmern die dritte Strophe des Deutschlandliedes.

Die Zeitungen, überrascht von solch unschuldigem Patriotismus, schlugen wie eh und je warnende, selbstanalytisch deutsche Töne an. Sie schienen sich, verblüfft und offenbar des Mantras des neurotischen Pessimismus beraubt, der ihrer Existenz schon so lange Sinn und Zweck verlieh, verwundert die Augen zu reiben: »Das kann doch nicht wahr sein!«

Das schlagendste Beispiel für alles, was ich über das moderne Deutschland gelernt hatte, war für mich der junge Deutsche, der meine beiden Freunde und mich für zwei Nächte in seine Wohnung aufnahm. Als ich mich in letzter Minute um Unterkunft bemühte hatte, war ich auf eine Website namens »host-a-fan« gestoßen, auf der Deutsche in allen Städten, in denen Spiele stattfanden, Besuchern Zimmer in ihrer Wohnung anboten. Eine Idee, die einerseits deutsch pragmatisch, andererseits dem Umweltschutz und dem Wohngemeinschaftsgedanken verpflichtet war. Deutschlands Weltmeisterschaftsslogan lautete »Zu Gast bei Freunden« – die Besucher sollten sich wie bei Freunden fühlen, selbst wenn sie nicht dasselbe Team anfeuerten, und dafür sorgten die Deutschen hundertfünfzigprozentig. Darunter machten sie's ja nie.

Als ich die Anfrage ins Netz stellte, ob jemand drei nette englische Fans (ehrlich, das habe ich geschrieben) unterbringen könne, wurde mein E-Mail-Postfach mit Angeboten überschwemmt, sodass wir sogar wählerisch sein und uns aussuchen konnten, welche Internetfotos uns am besten gefielen. Schließlich entschieden wir uns für die Wohnung eines Oliver Dienhoff.

Wir kamen gegen neun Uhr abends an und wollten eigentlich nur schnell unsere Taschen abstellen, um gleich wieder loszuziehen. Wir wollten nicht zur Last fallen; doch vielleicht verbargen wir dahinter auch nur den typisch englischen Wunsch, unter uns zu bleiben. Aber nein! Oliver hatte ein Festmahl vorbereitet: Wir wurden mit Mengen von Bier, Würstchen und Schinken begrüßt, sodass wir uns rasch näher kennen lernten. Es war wirklich wie in einer Wohngemeinschaft, in der man andere stets willkommen heißt und das, was man hat, mit ihnen teilt. Und so sollte das »Host-a-fan«-System ja auch funktionieren! Oliver war Englischlehrer mit dem typischen *über*-untadeligen Englisch. Er und sein Freund – hey! Deutschland war, wie ich ja schon aus Berlin und von der Love Parade wusste, tatsächlich auf der Höhe des *Zeitgeistes* – hatten sich vor kurzem getrennt; es fiel ihm schwer, finanziell über die Runden zu kommen und die Miete für seine große Wohnung aufzubringen. Frech gesagt, waren wir so was wie seine *Mietjungs,* wenn auch nur für kärgliche 20 Euro pro Person.

Oliver war ein fantastischer Gastgeber. Wir saßen und redeten bis in die frühen Morgenstunden. Als wir am nächsten Tag aufstanden, war er schon zur Arbeit gegangen, hatte aber wieder riesige Mengen Brot, Wurst und Käse zum Frühstück aufgetischt. Auf seinem sonnenüberfluteten Balkon machten wir uns darüber her und breiteten uns dann in seiner Wohnung aus. Er hatte eine deutsche Qualitäts-Hi-Fi-Anlage, und nachdem wir seine CD-Sammlung durchforstet hatten, wurden seine Nachbarn bald von Kraftwerk geweckt. Wir fühlten uns vollkommen zu Hause.

Oliver hatte gesagt, er werde gern später zu uns stoßen. Und so tauchte er abends prompt auf der Fanmeile auf, eingewickelt in die St.-Georgs-Flagge, die ich, weil es mir zu peinlich war, sie zu tragen, auf seinem Sofa hatte liegen lassen.

Während der Weltmeisterschaft 2006 zeigte Deutschland der Welt zum ersten Mal umfassend, wie es wirklich ist. Vergessen Sie Italien – Deutschland als Nation gewann den Weltcup! Wie die deutschen Fans (in perfektem Englisch) sangen: »Football's coming home.« Olivers Wohnung und Gastfreundschaft waren wie ein Mikrokosmos Deutschlands und er ein exzellenter Botschafter seines Landes, das sich als sonniges, fröhliches Partyland erwies, wenn auch immer noch als eines, das den Wunsch danach verbissen und manchmal naiv bis zum bitteren Ende durchzog. Wenn wir aus Teheran gewesen wären, hätte Oliver sich wahrscheinlich in die iranische Flagge gehüllt.

15. Auf Wiedersehen

»Und so lernte ich, wieder offener zu sein und Deutschland zu lieben.«

Gebanntes Schweigen. Ich hatte meine Karten auf den Tisch gelegt, aber eigentlich war ich inzwischen, zumindest in der Theorie, weit über dieses alberne Reisepoker hinaus. Und mein *Weltschmerz* war geheilt.

Der Adler war gelandet. Spott und Hohn hatten sich in die Neugier von Menschen verwandelt, die sich auf keinen Fall dabei erwischen lassen wollten, wie sie einen neuen Reisetrend verpassten.

»Wow. *Vorsprung durch Deutschland*. Ist ja nicht zu fassen!«

»*Deutschland über alles*? Ich lass mich auch reisetherapieren!«

»Wie hieß der Typ noch mal, bei dem du warst?«

»Gibst du mir seine Adresse?«

Manny hatte einen völlig neuen Trend ausgelöst. Aber ich wusste immer noch nicht, wer Manny war.

Es war Zeit, meine Therapie zu beenden – und die Rechnung zu bezahlen.

Ich fuhr ins Infinity-Büro. Aber dieses Mal gab es zu meiner Begrüßung keine Renate, keine symbolische Brezel und keinen Kaffee in einer feinen Villeroy & Boch-Tasse. Manny war allein in seinem leer geräumten, kahlen Büro, das so trostlos wirkte wie eine Bühne ohne Kulissen und Requisiten. Verschwunden waren der Springbrunnen, der Zimtgeruch und die Beethovenklänge, verschwunden auch die Ledermöbel, der Schreibtisch, die Bilder und die gerahmten Zitate. Nur noch nackte, weiße Wände, die das Echo meiner Schritte zurückwarfen. Manny saß unter einer einzelnen nackten Glühbirne auf einem Plastikstuhl.

Er hob den Kopf und begrüßte mich, ohne auf meine Überraschung einzugehen, wie ein alter Freund, der recht behalten hat.

»Und? Was ist aus Ihrem Weltschmerz geworden? Vergessen?«

»Aber Manny! Wo ist …?«

»Herman. Nennen Sie mich Herman.«

»Wieso denn …?«

Er wartete, bis es bei mir klick machte.

»Herman? Sie heißen Herman Heimway?«

Er nickte kühl lächelnd.

Bilder und Gedanken blitzten vor meinem inneren Auge auf, während mein Verstand versuchte, diese Enthüllung zu verarbeiten: die kupferne Arminiusstatue des ursprünglichen »Hermann«, des Urvaters des deutschen Volkes, wenn man so wollte, im Teutoburger Wald. Für Amerikaner, deren Nation sich, wie die deutsche, aus vielen unterschiedlichen Gruppierungen zusammensetzt, sind Namensänderungen – in Mannys Fall, um weniger deutsch zu klingen – nichts Besonderes. Dann die verdächtigen Verbindungen zur deutschen Botschaft. Und was das angebliche Syndrom anging? War Heimway nicht nur eine Amerikanisierung des deutschen *Heimweh*? Hatte Manny sein Deutschsein verleugnet und sich insgeheim gleichzeitig nach der *Heimat* verzehrt? Wie freudianisch – und wie deutsch.

»Sie sind Deutscher?«

Herman nickte.

»In Deutschland geboren.«

Das erklärte seine Kenntnis und seine perfekte Aussprache der seltsamsten deutschen Worte.

»Sie haben übrigens einen Cousin von mir kennen gelernt. Siegfried. In Sachsen.«

Natürlich. Siegfried, der sich auch nach einer verlorenen Heimat zu verzehren schien. Siegfried Ortlieb, dessen Name denn auch passenderweise von der Liebe zu einem Ort sprach. Hatte er nicht gesagt, die Internet-Immobilienfirma, die er vertrat, Living Space, gehöre seinem Cousin Herman? Natürlich! »Living Space« bedeutete *Lebensraum*! Und wer war Martine?

»Martine ist meine Frau.«

Herman war also im Grunde nichts anderes als ein Reiseveranstalter. Nein, weit schlimmer: Deutschland war kein Heilmittel. Sonst hätte er mich auch nach Norwegen oder sonst wohin schicken können. Er hatte die ganze Zeit Hintergedanken gehabt.

»Die Reisetherapie, der *Weltschmerz*, Ihr sogenanntes Heimway-Syndrom und die Werte des Tourismus: Alles war die ganze Zeit nur eine Vorspiegelung falscher Tatsachen?«

Und das Infinity-Büro vielleicht bald wieder eine Klinik für künstliche Befruchtung? Herman kein Freud, sondern ein Kurpfuscher?

»Das nun nicht gerade. Aber ich fand, ich sollte endlich reinen Tisch machen.«

Typisch deutsch. Genau wie Günter Grass. Unfähig, auf Dauer zu lügen.

»Und die ganze Zeit, in der Sie mich hinters Licht geführt haben, wollten Sie nur ein bisschen ›Frühling für Deutschland‹? ›Deutschland is on the rise again‹? ›Deutschland is happy and gay‹?«, schrie ich ihm zwei Zeilen aus Mel Brooks »Frühling für Hitler« entgegen. »Ha! Sie sind wütend, weil Deutschland, das Land, das Sie insgeheim lieben und dem

Sie sich zugehörig fühlen, so schlecht angesehen ist. Und die ständigen *Cabaret*-Songs. ›Der morgige Tag‹ gehört Deutschland? Wollten Sie mir das sagen?«

Wie ich es so oft bei ihm gesehen hatte, setzte Manny sich in Positur.

»Vergessen Sie eins nicht: Reisen ist die neue Unterhaltungsindustrie.«

Ich hatte keine Lust mehr auf sein kalifornisches Gefasel.

»Das Diktat der Marke. Loyalität schaffen, auch wenn es keinen wirklichen Grund dafür gibt. Das ist das Ziel aller Länder im Propagandakrieg, der sich globaler Tourismus nennt. Bloß war Deutschland bisher leider unfähig, sich selbst als Marke zu verkaufen. Und so wurden die Leute dazu verleitet, nicht nach Deutschland fahren zu wollen. Aber wie Sie selbst gesehen haben, hat es alle Alleinstellungsmerkmale und bietet alle Kundenvorteile, die man sich nur wünschen kann! Gesundheit, Humor, Sonne, Spaß, Sex, Essen, Fantasie, was immer Sie wollen!«

Herman hatte sich wieder in Rage geredet. Diese Stimmungsumschwünge von klinisch-nüchtern zu leidenschaftlich, auch sie waren deutsch.

»Auf der Grundlage lächerlicher Pyramidentheorien, dubioser Graphiken und eines wahren Jargonwusts hat die amerikanische Gutachterwelt Länderlisten und -indizes erstellt. Auf denen findet sich Deutschland so ziemlich an letzter Stelle.«

Bedank dich bei deinen Vorfahren, dachte ich.

»Ich war selbst einer von diesen überbezahlten geistigen Masturbationskünstlern, bis ich beschloss, ihnen zu beweisen, dass sie sich irrten. Ich wollte ihre Theorien widerlegen. Das Heimway-Syndrom ist vielleicht noch nicht offiziell anerkannt, aber ich werde es ihnen zeigen!«

Ich war eine Schachfigur in einem aufgeregten Kleinkrieg

sich gegenseitig befehdender Akademiker und Psychohanseln gewesen!

»Zum Teufel mit allen, die immer nur das Coole suchen. Ich glaube an Romantik, basta! Ich wollte Ihnen zeigen, dass der heilige Gral des Reisens in Deutschland zu finden ist.«

Hermans Stimme überschlug sich, als hätte sich das alles schon seit Langem in ihm aufgestaut. Schließlich verstummte er. Auch mein Ärger ließ etwas nach, als ich im Licht meiner deutschen Erfahrungen über seine Worte nachdachte. Ein bisschen bemitleidete ich ihn sogar wegen der Zwickmühle, in der er steckte.

»Ich hoffe, dass Sie zumindest etwas über Ihre eigenen Vorurteile gelernt haben. Denn das Reisen sollte ein Spiegel Ihrer selbst und Ihrer eigenen Kultur sein. Im Gegensatz zu dem, was die meisten Leute denken, geht es beim Reisen darum, überall auf der Welt Ähnlichkeiten und menschlich Verbindendes zu entdecken, nicht Unterschiede. Der Feind ist heutzutage doch ganz woanders. Inzwischen haben Sie ja sogar Ihre eigene britische Selbstwahrnehmungskrise und fragen sich: ›Was ist eigentlich british?‹ Ein schönes Beispiel ist der sogenannte ›cricket test‹ und die Frage, ob die verschiedenen Immigranten-Gemeinschaften in Großbritannien bei Nationalspielen die britische Mannschaft statt die ihrer Herkunftsländer unterstützen sollen oder sollten. Was für eine Ironie, dass die Briten die Selbstprüfung zur Nationalsache gemacht haben. Willkommen als Deutsche!«

Er stand auf, ging nachdenklich im Zimmer hin und her und zitierte wieder aus *Cabaret*.

»›Is it a crime to fall in love?! All I am asking is ein bisschen Verständnis …!‹ Deutschland ist ein missverstandenes Genie von Land«, fuhr er resigniert fort und sang halb weiter: »›She's clever, she's smart, she reads music. She doesn't smoke or drink gin like I do …‹«

Dann drehte er sich um und sah mir in die Augen.

»Wissen Sie, meiner Meinung nach kann man daran, wie jemand über Deutschland und seine Kultur denkt, erkennen, wie weit es mit seiner eigenen Kultur her ist. Deutschland ist auf den ersten Blick vielleicht nicht so leicht zu lieben wie südliche Länder. Aber Europa ohne Deutschland wäre wie Hamlet ohne den Dänenprinzen.« Es wunderte mich kein bisschen, dass Manny jetzt auf Shakespeare zu sprechen kam. Irgendwie taten die Deutschen ja fast so, als sei er einer der Ihren. Zumindest nahmen sie für sich in Anspruch, dass Goethe, Wieland, Herder und Schlegel ihn wiederentdeckt hatten.

»Deutschland«, fuhr Manny fort, »ist die Nagelprobe für den wahren Reisenden. Und wenn Sie etwas über Romantik gelernt und die Romantik für sich selbst wiederentdeckt haben, freut mich das sehr. Bis vor ein paar Monaten haben Sie Deutschland noch für gewöhnlich gehalten. Jetzt aber romantisieren Sie es!«

Noch trug ich zwar kein »I love Germany«-T-Shirt, aber ich musste zugeben, dass ich schon eine ganze Weile nicht mehr an *Weltschmerz* gelitten hatte.

»Vielleicht wurden Sie von etwas geheilt, vielleicht wurde Ihre Neugier wieder geweckt, vielleicht haben Sie Ihre *Wanderlust* wiedergefunden?

Wenn ich Faust war, dann war Herman mein Mephistopheles gewesen. Vielleicht aber auch mein Schutzengel.

Er setzte sich wieder.

»Vielleicht sind Sie jetzt wieder ein echter Reisender, auf der Suche nach dem Wahren und Absoluten.«

Er schloss die Augen in jener priesterlichen Exaltiertheit, die ich von ihm kannte.

»*Indem ich dem Gemeinen einen hohen Sinn, dem Gewöhnlichen ein geheimnisvolles Ansehn, dem Bekannten die Würde des*

Unbekannten, dem Endlichen einen unendlichen Schein gebe, so romantisiere ich es.«

Manny löste sich aus seiner Trance, öffnete die Augen, erhob sich und beugte sich zu mir.

»Belassen Sie es nicht bei Deutschland. Fahren Sie als Nächstes nach Taiwan!«

Und in einem letzten Stimmungsumschwung zurück zum nüchternen Geschäftsmann hielt er mir als Herman die Hand hin.

»Es war nett, mit Ihnen zu arbeiten, Ben«, sagte er. »Aber jetzt muss ich los.«

Damit ging Herman, wer immer er war, aus meinem Leben und ließ mich, umgeben von vier nackten weißen Wänden, allein zurück.

Die letzten Worte, die ich von ihm hörte, waren die Schlusszeilen des mir inzwischen vertrauten Liedes, die er auf seinem Weg durch den Korridor sang.

»›I understand your objection. Granted the problem's not small ...‹« Ich verstehe Ihre Bedenken. Das Problem ist tatsächlich nicht klein ...

Mehr kam nicht. Der Satz hing in der Luft, als warte er auf meine Reaktion. Ich lächelte. Herman wollte, dass ich ihn zu Ende führte.

»›But if you could see her through my eyes ...‹« Aber wenn Ihr sie mit meinen Augen sehen könntet – Ich machte eine Pause, so wie Joel Grey es wahrscheinlich getan hatte, und flüsterte dann die Worte, die Herman mir in den Mund gelegt hatte: »›She wouldn't look German *at all*!‹«

Nein, sie sah tatsächlich nicht mehr deutsch aus.

16. Wortschatz

Die deutsche Sprache

der (Pl. selten): 1. Gesamtheit der Wörter einer Sprache; 2. Gesamtheit der Wörter, über die ein Einzelner verfügt

Als Mark Twain in *Bummel durch Europa* seine Deutschlanderlebnisse niederschrieb, stellte ihn die Komplexität der deutschen Sprache offensichtlich auf eine so harte Probe, dass er ihr im Anhang ein eigenes Kapitel, »Die schreckliche deutsche Sprache«, widmete.

War es Zeit für eine Neubewertung?

Fremdsprachen waren seit je die größte Schwäche der Briten. Während 97 Prozent aller Deutschen Englisch können, über ein Viertel davon nach eigener Einschätzung fließend, verfügen, nach meiner Kenntnis, nur 22 Prozent der Briten zumindest über Grundkenntnisse der deutschen Sprache. Daran wird sich so schnell auch nichts ändern, denn 2006 hatten nur rund 90 000 britische Schüler Deutsch als Abiturfach, wodurch es definitiv zu einem Minderheitenfach wurde. Mark Twain war überzeugt, dass ein begabter Mann 30 Jahre braucht, um Deutsch zu lernen. Er meinte, wenn die deutsche Sprache so bleibe, wie sie sei, müsse man sie »bei den toten Sprachen absetzen, denn nur die Toten haben Zeit, sie zu lernen«.

»Aber Sprache ist wichtig für das Verständnis jeder Kultur, denn Sprache formt unsere Gedanken«, hatte Herman gesagt. »Sie müssen die Sprachbarriere überwinden, wenn Sie Ihre *Wanderlust* wiederfinden wollen.«

Wie in einem Land der Dichter und Denker nicht anders zu erwarten, ist Deutsch eine Sprache der Substantive, nicht der Verben, eine Sprache der abstrakten Begriffe, nicht der Taten. So erkundigen sich die Deutschen zum Beispiel: *»Ist das Ihnen ein Begriff?«*, statt direkt zu fragen: »Wissen Sie, was ich meine?« Worte statt Taten, könnte man sagen. Mark Twain beschrieb es so: »Jedesmal, wenn der literaturkundige Deutsche in einen Satz taucht, bekommt man ihn nicht wieder zu sehen, bis er auf der anderen Seite seines Atlantischen Ozeans mit dem Verb zwischen den Zähnen wieder auftaucht.« Außerdem spöttelte er, dass deutsche Zeitungen »in Druck gehen müssen, ohne überhaupt bis zum Verb gekommen zu sein«.

Die Substantive, insbesondere die zusammengesetzten, sind die Stärke der deutschen Sprache und machen sie zu einem mächtigen und ausdrucksstarken Werkzeug. Laut Twain ziehen sich diese »großartigen Bergketten quer über die Druckseite« und sind »so lang, daß sie eine Perspektive aufweisen«. Ich selbst war auch auf verdammt lange Gebilde gestoßen, von denen Twain meinte, man solle den Sprecher auffordern, »sie in Abschnitten vorzubringen, mit Pausen zum Einnehmen von Erfrischungen«. Ich hatte herausgefunden, dass Deutsch die Übersprache für abstrakte Begriffe war. Goethe hatte gesagt: »Denn eben wo Begriffe fehlen/ Da stellt ein Wort zur rechten Zeit sich ein.« Und die Deutschen machten daraus eine Kunstform. Flexibilität ist kein Wort, das ich normalerweise in einem Satz verwenden würde, in dem schon das Wort »deutsch« vorkommt, aber anscheinend lassen sich im Deutschen nach Belieben sämtliche Wörter miteinander verbinden, wie Legosteine. Was besonders nützlich ist, wenn man sich in einem Nebensatz verheddert hat und die Verben sich am Satzende stapeln. Es heißt oft, das Englische sei die reichste Sprache, was Zahl und Bandbreite von Wörtern, Nuancen und Betonungen angeht; doch das Deutsche hat eine mit nichts zu vergleichende unendliche

Fähigkeit, neue Wörter zu bilden. So wie die Inuit angeblich haufenweise Ausdrücke für die verschiedenen Arten von Schnee haben, die ihre Welt bestimmen, so haben die Deutschen endlos viele Worte für die Begriffe, Ideen und Komplexe, die die ihre beherrschen.

Daher ist es keine Überraschung, dass die Psychotherapie mit ihrer Liebe für Begriffe und Konzepte eine sozusagen deutsche Wissenschaft ist. Inzwischen bin ich sicher, dass sie den Deutschen im Amerikaner anspricht. Daher ist es für Amerikaner – und inzwischen auch für mich – nicht nur übliche Praxis, zum Therapeuten zu laufen; die Psychotherapie scheint auch Einzug in die Geschäftswelt im Allgemeinen gehalten zu haben. Unternehmensberater und Trendscouts – und jetzt auch Reisetherapeuten – mit all ihren Dogmen gehören in die Psychoschublade. Aber das ganze Psychogefasel ist ursprünglich nicht amerikanisch, sondern deutsch: Verbalsubstantive wie *disintermediation, servitisation, commoditisation und interiorisation* gehören alle zu der Sorte nicht-englisch, das Mark Twain gehasst hätte. Wie auch Substantive, die aus Verben gebildet werden, wie »a learn« und »a build«. Es war, als versuchten die Amerikaner, nicht nur den Sinn der deutschen Worte, sondern auch ihre Struktur ins Englische zu übertragen, um neue zusammengesetzte Wörter zu bilden, die alle falsch klangen.

Bei aller Kritik an der deutschen Sprache hat Mark Twain ihren Wortreichtum und ihre Ausdruckskraft geliebt. Vielleicht war sein Anhang in Wirklichkeit Ausdruck der Zuneigung. Schließlich ist Deutsch wahrscheinlich die europäische Sprache, die dem modernen Englisch am ähnlichsten ist. Ohne die Sachsen, die aus Deutschland kamen und sich in Sussex (Südsachsen), Essex (Ostsachsen) und Middlesex niederließen, hätte es keine Anglosachsen und kein modernes Englisch gegeben. Chaucers Mittelenglisch war, wie auch Jiddisch, Holländisch und Dänisch, nur eine niedere, »verfälschte« Version des Hochdeutschen. Und es gibt auch im Englischen noch Zeiten, zu denen wir das Verb gern ans Ende des Satzes platzieren. Meistens, ironischerweise, wenn wir versuchen, poetisch und dramatisch zu sein, wie zum Beispiel beim Ehegelübde: »Til death do us part.« Bis dass der Tod uns scheidet.

Twain wusste um die Ursprünge seiner eigenen Sprache und dass sie in der Schuld des Deutschen steht. Um ein Haar wäre Deutsch übrigens seine Muttersprache geworden, zumindest einer populären, aber unbewiesenen Legende nach. 1794 oder 1795, so geht die Geschichte, fehlte angeblich nur eine Stimme, um Deutsch zur offiziellen Sprache der noch nicht so lange bestehenden Vereinigten Staaten zu machen. Angeblich fand die Abstimmung in der Independence Hall in Philadelphia statt, dem Herzen der Deutsch sprechenden Einwanderergemeinschaft. Noch ein bisschen farbenfroher wird das Ganze durch den Zusatz, dass Englisch nur gewann, weil ein Wahlberechtigter gerade auf dem Klo war.

Twain hielt das Deutsche vielleicht für eine schreckliche Sprache, aber es ist die Sprache, die eine spezielle Sorte Amerikaner hervorbrachte. Als echter Brite, der in der Tradition von Twains (zugegeben anglo-irischem) Counterpart auf dem Gebiet der Geistreichelei, Oscar Wilde, aufwuchs, könnte ich dasselbe, nämlich dass sie schrecklich ist, von seiner Sprache behaupten.